플로우가 보이는 머신러닝 프로젝트

우아한 머신러닝을 위한
완벽한 데이터 분석 with 파이썬
플로우가 보이는 머신러닝 프로젝트

초판 1쇄 발행 2022년 5월 25일

지은이 **임선집, 채호창, 곽랑주**
편　집 **윤나라**
펴낸이 **한창훈**

펴낸곳 **루비페이퍼**　등록 2013년 11월 6일(제 385-2013-000053호)
주소 경기도 부천시 길주로 284 913호
전화 032-322-6754　팩스 031-8039-4526

홈페이지 www.RubyPaper.co.kr
ISBN 979-11-86710-80-7

- 이 책은 저작권법에 따라 보호받는 저작물이므로 무단 전재와 무단 복제를 금하며,
  이 책 내용의 전부 또는 일부를 이용하려면 저작권자와 루비페이퍼의 서면 동의를 받아야 합니다.

- 책값은 뒤표지에 있습니다.

- 잘못된 책은 구입처에서 교환해 드리며, 관련 법령에 따라서 환불해 드립니다.
  단 제품 훼손 시 환불이 불가능 합니다.

사랑하는 부모님께

서문

오랜 공부와 학계 경험을 통해서 깨달은 교훈 중의 하나는 새로운 것을 배울 때는 너무 어려운 건 피해야 한다는 것입니다. 이 교훈은 제가 학생을 가르칠 때 가장 큰 원칙으로 삼고 있으며, 2017년 University of Central Oklahoma(UCO)에 부임해서 Master of Science in Business Analytics(MSBA) 프로그램을 위해 새로운 과목을 개설할 때도 이 원칙을 고수하였습니다.

파이썬은 초보자가 배우기 좋은 언어입니다. 프로그래밍을 처음 접하는 사람은 문법 때문에 포기하는 경우가 많은데, 파이썬은 간결하고 세련된 문법으로 프로그래밍의 핵심 개념을 아주 쉽게 배울 수 있게 해 주는 훌륭한 언어입니다.

이처럼 쉽고 범용적인 언어인 파이썬은 데이터를 정제하고 분석하고 시각화하며, 머신러닝과 딥러닝을 통해 비즈니스 의사결정을 할 때 사용되고 있습니다. 파이썬은 이제 단순히 프로그래머를 위한 언어가 아니라 재무, 의료, 전자상거래, 기술 등 다양한 분야에서 비즈니스를 위한 필수적인 도구가 되었습니다. 많은 전문가가 파이썬을 모르는 임직원은 빅데이터 시대에서 도태될 확률이 높다고 예측할 정도입니다.

하지만 대다수의 파이썬을 이용한 데이터 분석이나 머신러닝 책들은 비즈니스를 위해 쓰였다기보다는 데이터 과학이나 컴퓨터 공학적 측면에서 쓰인 책이어서 초보자들이 비즈니스 데이터 분석을 체계적으로 배우기 힘든 면이 있습니다. 저 또한 MSBA 학생들을 위한 좋은 교과서를 찾기 어려웠고, 비즈니스를 위한 파이썬 책이 필요하다고 항상 느끼고 있었는데 임선집 선생님과 이 책을 출간하게 되어서 매우 기쁘게 생각합니다.

이 책은 임선집 선생님과 제가 SAS Enterprise Miner로 만든 머신러닝 프로세스를 파이썬으로 처음부터 끝까지 재구성해보는 프로젝트 내용을 담았습니다. 한국은 물론 미국에도 이런 형식의 책은 지금까지 없었습니다. 그런 의미로 이 책은 독자들이 데이터 처리와 머신러닝을 배우는 데 큰 도움이 될 것을 확신합니다.

서문

제가 쭉 지켜봤던 임선집 선생님은 탁월한 강사입니다. 학생들 성공에 대한 열정이 누구보다도 높습니다. 파이썬을 이용한 데이터 처리와 머신러닝을 처음 배우는 사람들이 어떤 부분을 어려워하고 헷갈려 하는지 잘 알고 있고, 그래서 이 책은 어느 입문서보다 접근하기 쉽고 정리가 잘 되어 있습니다. 또한, 이 책은 데이터 처리와 머신러닝의 전반적인 과정을 프로젝트 중심으로 체계적으로 보여줍니다. 이런 접근 방식은 새로운 분야를 배우는 데 아주 효과적입니다.

디지털 혁신은 데이터 분석 및 머신러닝을 통한 빠른 의사 결정을 요구합니다. 기술에 대한 투자는 결국 신속한 의사결정과 그에 따른 성과로 결정되기 때문입니다. 그런 측면에서 파이썬은 머신러닝과 딥러닝을 통한 의사결정에 중추적인 도구이므로 파이썬이 어떻게 비즈니스에 활용되는지 이 책을 통해 잘 이해할 수 있기를 바랍니다.

에드먼드, 오클라호마 UCO 교정에서 채호창

서문

'내가 외국에서 파이썬을 배울 줄이야…'

어느 날 문득 정신을 차려보니 30명 안팎의 학생들 틈바구니에서 중년인 제가 파이썬 수업을 듣고 있었습니다. '음… 문과생인 내가 여기 앉아 있어도 되나?' 하는 불안한 마음부터 들었지만, 그렇습니다. 어찌어찌 인생을 살다 보니 머나먼 미국 오클라호마주의 한 주립 대학에서 MSBA 수업을 듣고 있는 저 자신을 발견했습니다.

이 책은 코딩 한 줄도 할 줄 모르던 나이 든 중년 아저씨가 생전 처음 파이썬을 배우면서 좌충우돌한 경험을 바탕으로 하고 있습니다. 미국 대학만의 자유로운 분위기에서 수년 동안 수업과 프로젝트를 병행하면서 파이썬을 이용한 데이터 처리와 머신러닝에 대해 나름의 배경지식과 노하우를 축적할 수 있었습니다. 그리고 지도 교수님이신 채호창 교수님께서 깊이 있는 전공 지식을 전해 주셔서 참으로 행복하게 배울 수 있었습니다.

영어권 전공 서적과 국내 서적을 살펴보면 내용이 좋은 책들이 참 많습니다. 다만, 지나치게 영역이 세분화된 파이썬과 머신러닝 책은 확 트인 전체 시야를 제공하지 못하고 독자들을 미로에서 헤매게 만들 우려가 있습니다. 그래서 파이썬 데이터 처리와 머신러닝 실행 및 분석 전체 과정을 처음부터 끝까지 끊김 없이 하나의 예제로 실행하는 책이 필요하다고 느꼈습니다. 그리고 미국 MSBA 과정에서 깨달은 파이썬 및 머신러닝에 대한 경험과 팁을 공유하기 위해 이 책을 쓰게 되었습니다.

따라서 이 책의 목표는 다음과 같습니다.

- 파이썬 데이터 처리와 머신러닝, 딥러닝을 하나의 프로젝트로 처리할 수 있습니다.
- 문과생도 쉽게 이해하고 실행할 수 있는 파이썬 코드 예제 및 설명을 제공합니다.
- 프로젝트 전체 과정 중에 어디를 실행 중인지, 해당 과정을 왜 해야 하는지 이해합니다.

아무쪼록 독자 여러분에게 이 목표를 함께 이루어가는 즐거운 여정이 되기를 바랍니다.

임선집

일러두기

이 책을 읽을 때 다음 사항을 참고하기 바랍니다.

- 이 책에서 설명하는 회사 이름·제품 이름 등은 각 회사의 상표 또는 등록 상표입니다.
- 이 책에서 TM, ©, ®은 생략했습니다.
- 이 책은 지은이의 실제 경험을 신중하게 검토하여 집필하고 편집했습니다. 단, 이 책의 기술과 관련된 운용 결과의 모든 손해 및 장애는 책임지지 않습니다.
- 이 책에서 다루는 내용은 2022년 출간 월 기준의 정보입니다.
- 이 책의 3장과 관련한 온라인 강의를 유데미 '파이썬 머신러닝 Starter 강의(초급)'에서 들을 수 있습니다.
  - www.udemy.com/course/stroke-starter
- 저자의 유튜브 채널 Jason SJ Yim에서는 강의의 일부를 무료로 제공합니다.
- 부록으로 책의 심화 과정인 고급 프로젝트 내용을 PDF 파일로 제공하며, 아래 주소에서 다운받을 수 있습니다.
  - www.github.com/jasonyim2/book1
  - www.rubypaper.co.kr

이 책 내용과 관련된 문의는 jasonyimg@gmail.com으로 받습니다.

목차

01부
머신러닝과 딥러닝을 배우기 전에

01 유용한 사전 지식

1.1 교수님! 강의 순서가 바뀌었어요 ··· 16
1.2 머신러닝 모델을 먼저 돌려 봐? ··· 18
1.3 이 책의 구성 ··· 22

02 머신러닝과 딥러닝 소개

2.1 머신러닝과 딥러닝 ··· 23

2.2 머신러닝의 종류 ··· 25
    2.2.1 지도 학습 ··· 25
    2.2.2 비지도 학습 ··· 27
    2.2.3 강화 학습 ··· 28

2.3 파이썬 ··· 30

2.4 라이브러리 ··· 35
    2.4.1 넘파이 ··· 35
    2.4.2 판다스 ··· 37
    2.4.3 사이킷런 ··· 40

2.5 텐서플로와 케라스 ... 43
2.6 이 책의 실습 환경 ... 44
    2.6.1 주피터 노트북 ... 44
    2.6.2 코랩 ... 48
    2.6.3 실습 자료 다운받기 ... 53

02부 머신러닝 프로젝트

03 뇌졸중 예측 분석(초급 프로젝트)

3.1 뇌졸중은 어떻게 발병하지? ... 56
3.2 뇌졸중과 관련된 데이터를 모으자 ... 57
3.3 그전에도 뇌졸중이 발병한 적이 있을까? ... 60
3.4 0.08세도 뇌졸중이 온다고? ... 61
    3.4.1 데이터 불러오기 ... 62
    3.4.2 ID 변수 설정 ... 66
    3.4.3 타깃 변수 생성 ... 68
    3.4.4 기타 변수 데이터 처리 ... 70

목차

3.5 어떤 요인이 뇌졸중에 영향을 미칠까?   76

    3.5.1 결측값이 50% 초과인 변수 제거   77

    3.5.2 요약 통계 및 도수분포표 검토   78

    3.5.3 이상값 제거   83

    3.5.4 상관계수 검토   88

    3.5.5 시각화   91

    3.5.6 t-검정   97

3.6 어떤 머신러닝 모델을 사용할까?   100

3.7 드디어 머신러닝 모델을 돌려보자   101

    3.7.1 데이터 추가 처리   101

    3.7.2 데이터 분할 및 대체   110

    3.7.3 결정 트리 모델   120

    3.7.4 로지스틱 회귀 모델   133

    3.7.5 사이킷런 신경망 모델   149

    3.7.6 K-최근접 이웃 모델   155

3.8 그래서 뇌졸중을 예방할 수 있을까?   160

04 주택 가격 분석(중급 프로젝트)

- 4.1 주택 가격은 어떻게 형성될까? · 162
- 4.2 주택 가격에 관련된 데이터를 구하자 · 163
- 4.3 주변 주택 가격이 얼마지? · 165
- 4.4 주택과 인구 통계를 함께 활용하자 · 166
    - 4.4.1 데이터 불러오기 · 167
    - 4.4.2 ID 변수 설정 · 169
    - 4.4.3 데이터 병합 · 173
    - 4.4.4 타깃 변수 생성 · 175
    - 4.4.5 기타 변수 데이터 처리 1 · 183
    - 4.4.6 기타 변수 데이터 처리 2 · 190
- 4.5 어떤 요인이 주택 가격에 영향을 미칠까? · 202
    - 4.5.1 결측값이 50% 초과인 변수 제거 · 203
    - 4.5.2 요약 통계 및 도수분포표 검토 · 204
    - 4.5.3 이상값 제거 · 210
    - 4.5.4 상관계수 검토 · 223
    - 4.5.5 시각화 · 226
    - 4.5.6 t-검정 · 237
- 4.6 어떤 머신러닝 모델을 사용할까? · 240

목차

4.7	머신러닝 모델을 돌려보자	242
	4.7.1 데이터 추가 처리	243
	4.7.2 데이터 분할 및 대체	249
	4.7.3 랜덤 포레스트 모델	251
	4.7.4 그레이디언트 부스팅 모델	257
	4.7.5 라쏘 모델	263
	4.7.6 텐서플로 케라스 신경망 모델	295
	4.7.7 서포트 벡터 머신 모델	310
	4.7.8 회귀 및 릿지 모델	315
	4.7.9 XGBoost 모델	321
	4.7.10 LightGBM 모델	328
4.8	그래서 주택 가격은 얼마일까?	334

03부 딥러닝 프로젝트

05 합성곱 신경망 이미지 분석

5.1	미니 데이터세트 만들기	350
5.2	데이터 업로드하기	352
5.3	데이터 불러오기	356
5.4	데이터 셔플 및 배치 생성	364
5.5	합성곱 신경망 모델 생성 및 실행	365

06 순환 신경망 텍스트 감성 분석

6.1 데이터 다운받기 374

6.2 데이터 불러오기 375

6.3 데이터 처리 376

6.4 텐서플로 Dataset 형식으로 변환 379

6.5 데이터 셔플 및 배치 생성 381

6.6 텍스트 인코더 생성 383

6.7 순환 신경망 모델 생성 및 실행 384

부록 A 머신러닝 주요 개념

부록 B 딥러닝 주요 개념

부록 C 고급 프로젝트

부록 D 데이터 정의 및 기타

※ 부록은 www.github.com/jasonyim2/book1 또는 www.rubypaper.co.kr에서 다운로드할 수 있습니다.

PART

01

머신러닝과
딥러닝을
배우기 전에

Part 1에서는 머신러닝 프로젝트를 효과적으로 수행하는 데 필요한 사전 지식과 머신러닝, 딥러닝을 소개합니다.

01 _ 유용한 사전 지식

02 _ 머신러닝과 딥러닝 소개

01 유용한 사전 지식

이 장에서는 효과적으로 머신러닝을 배우기 위한 순서를 논의합니다. 그리고 머신러닝과 딥러닝 프로젝트를 수행할 때 주의를 기울여서 점검해야 하는 부분을 기술합니다.

1.1 교수님! 강의 순서가 바뀌었어요

 / 에피소드 1

> 우연찮은 인연으로 미국의 한 대학에서 MSBA(비즈니스 분석 과정, Master of Science in Business Analytics)를 전공할 때의 일입니다. 첫 학기에는 파이썬, 두 번째 학기에 SAS Enterprise Miner(이하 SAS EM)를 배웠습니다. 그런데 두 번째 학기가 중간쯤 지났을 무렵, 학생들이 이구동성으로 SAS EM을 파이썬보다 먼저 배웠어야 했다고 말하기 시작했습니다. 왜 그랬을까요?

다음은 데이터 처리와 머신러닝 흐름도(flow chart)입니다.

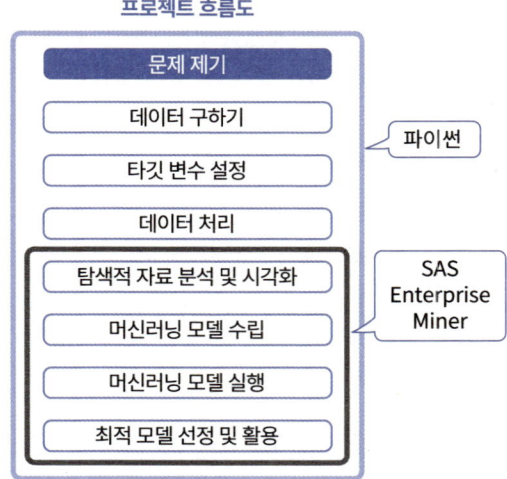

머신러닝에 특화된 SAS EM은 코딩이 필요 없습니다. 클릭 앤 드래그(click and drag) 방식으로 메뉴만 누르면 되는 유저 인터페이스를 갖고 있으며, 프로세스 흐름도를 다이어그램

(diagram)으로 제공합니다. 전체 프로세스는 클릭 한 번으로 실행할 수 있습니다. 이해가 직관적이고, 사용이 편리합니다. 다음은 SAS EM 흐름도의 예시입니다.

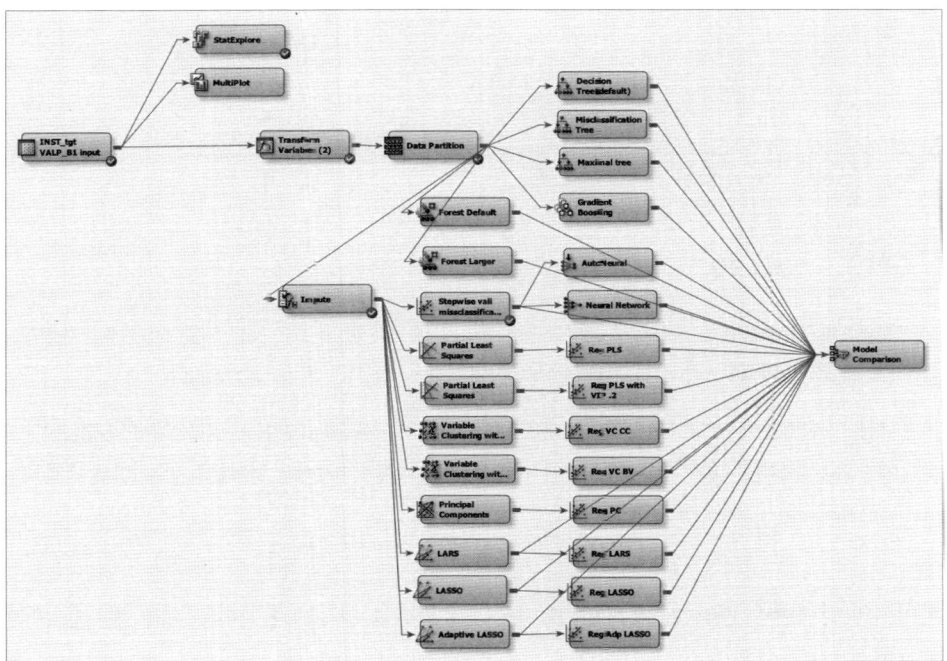

흐름도의 가장 오른쪽에 있는 상자(이하 노드)인 Model Comparison 노드를 마우스로 클릭하면, 처음 노드부터 마지막 노드까지 순차적으로 자동 실행됩니다. SAS EM에서는 이처럼 마우스만 클릭하면 머신러닝 모델들이 수 분 내에 실행됩니다. 감탄이 절로 흘러나옵니다. 반면에 오픈소스 기반인 파이썬은 위 흐름도의 각 노드를 일일이 코딩으로 짜서 실행해야 합니다. 초보자에게는 쉬운 일이 아닙니다.

하지만 SAS EM도 단점이 있습니다. SAS EM은 상용 프로그램이라서 기업이나 대학의 지원 없이 개인이 이용하려면 라이선스 비용이 매우 많이 듭니다. 따라서 이 책에서는 SAS EM의 흐름도가 지닌 장점만 따와서 파이썬 코딩에 응용하겠습니다. 즉, 흐름도를 염두에 두고 파이썬으로 데이터 처리와 머신러닝 모델 코딩을 구현해 나가겠습니다. 전체 공정을 한눈에 보여주는 프로세스 흐름도를 참고하면 전체 흐름에서 멀어져 헤매는 불상사를 방지할 수 있습니다.

아울러 파이썬에는 SAS EM에 없는 큰 장점이 있습니다. 데이터 처리는 아무래도 파이썬으로 해야 제맛입니다. 데이터 처리를 제대로 하지 않으면 후반부의 머신러닝과 딥러닝 결과가 왜곡됩니다. 지금은 이 말이 잘 이해되지 않을 수 있지만, 앞으로 함께 공부하면서 차차 알아보도록 합시다.

1.2 머신러닝 모델을 먼저 돌려 봐?

 / 에피소드 2

> 저는 1학기 때 파이썬을 배우면서 전체 흐름을 몰라 안개 속에 붕 떠 있는 듯한 느낌이었습니다. '이렇게 간단한 코딩들만 배워서는 전체 그림이 안 보이는데…'하는 부정적인 생각도 들었습니다.
>
> 그러나 2학기가 시작되고 SAS EM을 배우면서 MSBA과 학생들이 흐름도의 필요성에 눈을 떴습니다. 처음 파이썬을 배울 때부터 전체 데이터 처리 및 머신러닝 과정을 숙지하고, 단계별로 수행하면 좋을 것 같다는 아이디어가 그때 떠올랐습니다.

파이썬의 강력함과 편리함을 느끼려면 머신러닝 모델을 실제로 작성하고 실행 결과를 확인해보면 됩니다. 그러나 머신러닝 모델을 실행하는 부분은 데이터 처리와 탐색적 자료 분석 과정이 끝난 후인 머신러닝 프로세스의 거의 마지막에 해당하므로, 이러한 선행 조치 없이 막무가내로 머신러닝 부분만 먼저 돌릴 수는 없습니다.

교과서 안에서의 이상적인 상황에서는 머신러닝 부분만 실행하는 것이 가능할 수도 있지만, 현실 데이터를 사용하면 아예 머신러닝 모델 자체가 돌아가지 않을 가능성이 큽니다. 왜일까요?

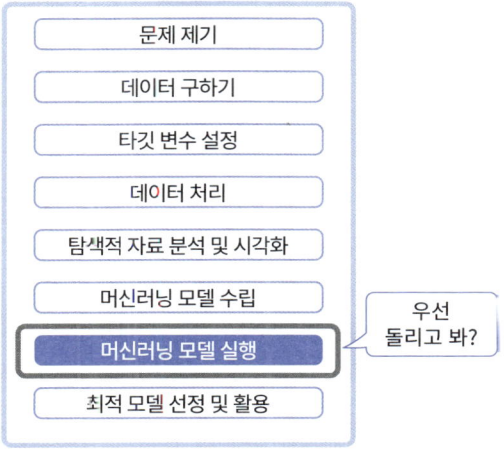

예를 들어 필요한 데이터 처리 단계를 모두 수행했다고 가정하고, 머신러닝 모델 중 하나인 사이킷런 신경망(neural network) 모델 코딩의 마무리 부분만 살짝 맛보기로 하겠습니다. 신경망 모델의 자세한 실행 과정은 3.7.5절에서 살펴봅니다

```
# Neural Network 모델
from sklearn.neural_network import MLPClassifier
from sklearn.metrics import accuracy_score

clf_mlp = MLPClassifier(max_iter=2000, random_state=0)

clf_mlp.fit(X_train, y_train)
pred = clf_mlp.predict(X_test)
accuracy = accuracy_score(y_test, pred)

print ("Training set score:{:.5f}".format(clf_mlp.score(X_train, y_train)))
print ("Test set score:{:.5f}".format(accuracy_score(y_test, pred)))
```

머신러닝 모델을 수립하고 실행하는 과정은 대개 위와 같은 구조입니다. 물론 앞에 좀 더 부수적인 코드들이 있으나, 핵심인 마지막 몇 줄만 가져왔습니다. 여기 보이는 코드는 여덟 줄이지만 실제로는 수십 줄의 선행 코딩이 필요합니다.

우리가 집중하기로 한 이 여덟 줄의 코드 중에 처음 두 줄은 라이브러리를 불러오는 코드고, 마지막 두 줄은 그냥 결과를 출력하라는 print 명령문입니다. 그럼 남은 네 줄이 머신러닝 모델 부분의 핵심입니다. 이렇게 간단한 코드로 머신러닝 모델을 실행하고 결과까지 다 얻을 수 있을까요? 정말 그럴까요? 실상은 그렇지 않습니다.

 / 에피소드 3

졸업 프로젝트로 머신러닝 팀 프로젝트를 수행했는데. 우리 프로젝트는 학기 중간까지 우수한 성적을 받고 있어서 팀원들 모두 유유자적한 시간을 보내고 있었습니다. 그러다가 졸업하기까지 20여 일이 남은 평화로운 일요일 밤 11시, 미국판 카카오톡에 해당하는 WhatsApp이 미친 듯이 울리기 시작했습니다.

프로젝트 팀 발표를 10여 일 앞두고 형편없는 중간 성적이 떠서 놀란 팀원들이 연락해 온 것입니다. 그 이름도 찬란한 F 학점 경고! 단 한 번도 받아본 적이 없는 성적 경고를 받았습니다. '이러다가는 졸업도 위험해진다. 왜 F 학점 경고를 받았을까? 무슨 일이 있어도 졸업은 꼭 해야 한다.'는 신념으로 데이터와 코드를 뚫어지게 바라보았습니다. 도대체 무슨 일이 벌어진 것일까요?

그날 새벽 5시, 마침내 팀원들과 어디가 잘못됐는지 발견했습니다.

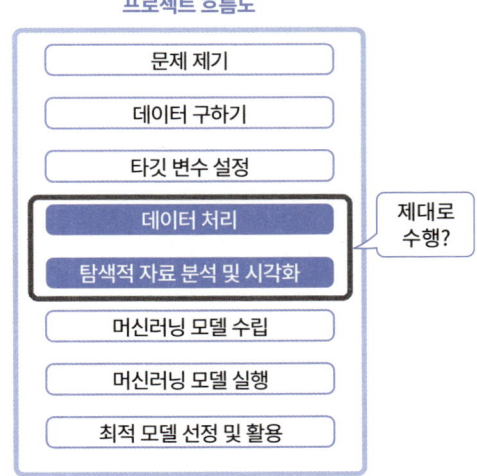

우리 팀은 프로젝트를 빨리 끝마치기 위해 프로젝트의 중간 프로세스를 대강 처리하는 실수를 저질렀습니다. 즉, 탐색적 자료 분석 단계에서 중요한 사항을 고려하지 않은 채 어영부영

넘어간 후 막무가내로 머신러닝 모델을 돌려버린 것입니다. 만약 이런 일이 회사에서 일어났다고 생각한다면 머신러닝 모델 결과를 전혀 신뢰할 수 없어 엄청난 질책을 받을 것이고, 잘못된 머신러닝 결과는 회사에 커다란 손실을 유발할 수도 있습니다.

결국 우리 팀은 그 후 일주일간 밤을 새우며 탐색적 자료 분석을 다시 해야 했습니다. 프로젝트 흐름도에 표시된 데이터 처리와 탐색적 자료 분석을 완전히 새로 수행했더니 머신러닝 모델 실행 결과도 모조리 달라졌습니다. 졸업 발표 전에 이 프로젝트를 간신히 수정했고, 다행히 F 학점을 맞지 않고 좋은 점수로 졸업할 수 있었습니다. 휴! 지금이야 웃으면서 말하지만, F 학점이 어른거렸던 그날은 평생 잊지 못할 정도로 당혹스러웠습니다.

이 에피소드에서 얻을 수 있는 교훈은 무엇일까요? 파이썬 입문자는 머신러닝 모델을 실행하는 것이 목표이기 때문에 그 앞의 전처리 과정을 속성으로 끝내려는 경향이 있습니다. 왜 아니겠습니까? 저를 포함한 MSBA 학생 모두가 그랬습니다. 그런데 이는 그야말로 대참사를 불러옵니다. 그래서 지드 교수님께서는 졸업 직전에 가장 중요한 교훈을 우리 팀에게 알려주신 것입니다. 우리가 배운 2년간의 MSBA 과정의 대미는 이것이었습니다. 우리 모두는 이처럼 중요한 메시지를 배움의 마지막에서야 간신히 깨달을 수 있었습니다.

상용 프로그램인 SAS EM은 머신러닝의 자동화를 지향하기 때문에 이 툴로 머신러닝 모델 수십 개를 한꺼번에 돌리는 것은 일도 아닙니다. 복잡한 연산이 없으면 몇 분이면 충분합니다. 보고 있으면 감탄이 절로 나옵니다. 물론 "파이썬으로 코딩하면 머신러닝을 자동화하기 힘들잖아요?"라고 반문할 수 있습니다. 옳은 지적입니다. 그러나 대부분의 머신러닝 파이썬 코드는 매우 간단하기 때문에 코딩이 어려워서 머신러닝 모델을 실행하지 못하는 경우는 드뭅니다. 심지어 저 같은 문과생 출신도 그다지 어렵지 않다고 느꼈을 정도니까요.

물론 머신러닝 절차를 다 처리하려면 많게는 수십 줄의 파이썬 코드가 필요합니다. 지금은 수십 줄이 길게 느껴지겠지만, 머신러닝 모델마다 대부분 동일한 코드를 '복사 및 붙여넣기' 신공으로 해결할 수 있기 때문에 이는 결코 긴 코드가 아닙니다. 즉, 파이썬에서 머신러닝 코딩은 크게 부담되는 부분이 아닙니다.

반면에 탐색적 자료 분석 및 데이터 처리는 자동화가 매우 힘든 부분입니다. 매번 인간의 판단과 조치가 필요합니다. MSBA 전공 과정을 통틀어 졸업 학기 때 우리 팀의 실수를 통해 깨달은 가장 큰 교훈이자 핵심은 바로 탐색적 자료 분석 및 데이터 처리의 중요성이었습니다.

1.3 이 책의 구성

앞에서의 교훈을 반영하여 이 책은 다음과 같이 구성하였습니다.

- Part 1에서는 머신러닝과 딥러닝, 파이썬의 기초에 대해 소개하고 실습 환경을 설치합니다.
- Part 2와 Part 3에서는 흐름도를 기준으로 어느 단계를 진행하고 있는지 확인하면서 현실 데이터를 가지고 데이터 분석 및 머신러닝과 딥러닝 프로젝트를 처음부터 끝까지 수행합니다.
- Part 2의 머신러닝 프로젝트는 난이도별로 실습하기 위해 가장 쉬운 초급 프로젝트는 3장에, 중급 프로젝트는 4장에 실었습니다. 특히 4장의 데이터 처리는 복잡한 현실 데이터와 유사하므로 현장에서 큰 도움이 될 것입니다.
- Part 3의 5장과 6장에서는 딥러닝 모델을 다룹니다. 구체적으로 5장에서는 합성곱 신경망 이미지 분석을, 6장에서는 순환 신경망 텍스트 감성 분석을 시행합니다.
- 학습을 돕기 위해서 부가 설명과 자료를 담은 부록을 PDF 파일로 제공합니다. PDF에는 머신러닝, 딥러닝 이론에 대한 자세한 설명과 좀 더 어려운 고급 프로젝트 내용을 담았습니다. 그리고 스택 오버플로 사이트(www.stackoverflow.com) 이용법 및 중급, 고급 프로젝트에 쓰인 데이터의 정의를 수록해 두었습니다.

위에서 소개한 것처럼 이 책에서는 데이터 분석 및 머신러닝 전 과정을 프로젝트로 수행하고, 별도로 두 개의 딥러닝 모델을 수행합니다. 특히 데이터 처리, 탐색적 자료 분석, 그리고 머신러닝과 딥러닝 모델링이 유기적으로 결합된 머신러닝 프로젝트가 대단히 중요합니다. 이 프로젝트를 모두 마치고 나면 실무에서 어떤 데이터를 만나도 당황하지 않고 머신러닝 프로젝트를 실행할 수 있을 것입니다.

또한 군데군데 유학 시절의 에피소드와 각종 팁으로 제가 파이썬과 머신러닝을 배우면서 저지른 어처구니없는 실수들을 공유하였습니다. 아울러 초보자의 마음을 가장 잘 아는 문과생 출신인 제가 최대한 쉽게 코드를 설명하였으니 이 책으로 파이썬과 머신러닝, 딥러닝을 재밌게 공부할 수 있기를 바랍니다. 틀리더라도 시도해보세요!

02 머신러닝과 딥러닝 소개

이 장에서는 머신러닝과 딥러닝 개념을 소개합니다. 머신러닝을 실행하는 데 필요한 파이썬 라이브러리를 소개하고, 딥러닝을 위해 필요한 텐서플로 및 케라스 패키지도 소개합니다. 이어서 이 책의 실습 환경인 주피터 노트북과 코랩 설치 방법을 알아봅니다.

2.1 머신러닝과 딥러닝

 / 에피소드 4

> 첫 학기에 파이썬 기초를 배웠습니다. 서문에도 적어두었지만 적지 않은 나이에 문과생 출신인 저는 난생 처음 프로그래밍 언어를 모국어도 아닌 영어로 배웠습니다. 그런데 신기하게도 생각했던 것만큼 복잡하지 않아서 그럭저럭 따라갈 만했습니다. 이것은 제가 명석해서가 아니라 파이썬이 생각보다 쉽기 때문입니다. 파이썬은 한두 줄만 입력해도 결과를 즉시 볼 수 있기 때문에 에러가 나도 고치기 쉽습니다.
>
> 두 번째 학기에는 응용 비즈니스 분석 수업을 들었습니다. 수업 초기만 해도 제가 머신러닝을 본격적으로 배우고 있다는 사실을 몰랐습니다. 왜냐하면 수업에서 SAS사의 상용 통계 패키지인 SAS EM을 사용했는데, 분석 절차가 그냥 통계의 한 과정으로 보였기 때문에 '통계를 이용해서 이런 것도 할 수 있구나.' 정도로만 인식했기 때문입니다. 두 번째 학기가 끝나고 연구 프로젝트의 일부로 SAS EM이 아닌 파이썬으로 머신러닝 모델을 구축했을 때야 비로소 머신러닝이라는 개념과 친숙해졌습니다.
>
> 저의 이러한 경험으로 볼 때, 처음에는 통계와 머신러닝을 구분하는 것이 중요합니다. 머신러닝을 공부할 때 나오는 많은 개념이 통계 과목에서도 다루는 것들입니다. 머신러닝은 통계 기법을 활용하여 컴퓨터가 데이터를 가지고 학습하게 만듭니다. 즉, 통계와 머신러닝은 서로 떼어낼 수 없는 관계입니다. 따라서 머신러닝 기법을 어느 정도 다룰 줄 알게 되면 통계 기법을 더 자세히 알아보는 것도 좋은 머신러닝 모델을 만드는 데 많은 도움이 됩니다.

옥스퍼드 영어 사전에 나오는 머신러닝의 정의는 다음과 같습니다.

> **머신러닝 정의 1:**
> 데이터의 패턴을 분석하고 추론하는 알고리즘과 통계 모델을 사용하여 인간의 명확한 후속 지시 없이 스스로 배우고 적응할 수 있는 컴퓨터 시스템

이 정의는 머릿속에 잘 들어오지 않을 수도 있습니다. 'AI 시대, 문과생은 이렇게 일합니다'라는 책에서는 머신러닝의 정의를 다음과 같이 훨씬 간단하게 내립니다.

> 머신러닝 정의 2:
> 학습을 통해 특정 업무를 실행할 수 있는 인공지능

이처럼 머신러닝은 컴퓨터 시스템에 알고리즘을 활용하는 것을 포함합니다. 그렇다면 딥러닝은 또 무엇일까요? 딥러닝은 머신러닝의 한 부분입니다. 머신러닝에서 예전부터 신경망 모델을 활용해왔는데, 2010년대 들어서 신경망을 겹겹이 포갠 다층 신경망을 활용한 머신러닝 기법이 각광을 받게 되었습니다. 이 다층 신경망을 이용한 머신러닝을 딥러닝이라고 부릅니다.

앞의 머신러닝 정의 2에서 인공지능(이하 AI)이라는 개념이 언급됩니다. AI는 머신러닝과 딥러닝을 포괄하는 가장 큰 개념입니다. AI란 인간과 같이 생각하는 능력을 가진 기계로서 하드웨어 및 소프트웨어를 포괄하는 시스템을 의미합니다. AI는 인류의 오랜 꿈이었는데, 최근에 딥러닝 모델이 발전하면서 특정 분야에서 드디어 인류를 앞서는 성과를 보이기 시작했습니다.

1940년대부터 시작된 AI 개념은 초기 단계에 단순 신경망을 연구하기 시작하면서 발전했고, 당시에는 AI가 곧 신경망을 의미하기도 했습니다. 그 후 단순 신경망의 한계가 밝혀지면서 결정 트리, SVM 등 다양한 머신러닝 기법이 이를 대체했다가 최근에 다층 신경망인 딥러닝 모델이 가장 각광받는 머신러닝 기법 중 하나로 떠올랐습니다.

통계, AI, 머신러닝, 딥러닝이라는 개념을 종합해서 하나의 그림으로 나타내면 다음과 같습니다.

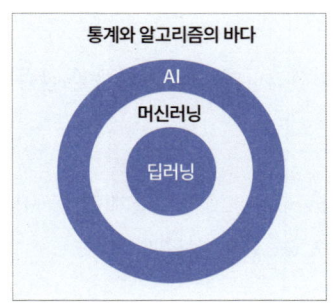

가장 바깥에는 통계와 알고리즘의 바다가 있습니다. 이 바다에 담긴 바닷물은 통계로 이루어져 있습니다. 이 바닷물은 AI, 머신러닝, 딥러닝 모두에 스며들어 있는 핵심 기능입니다. 이러한 바닷속에 AI가 가장 큰 개념으로 머신러닝을 포괄하고, 머신러닝의 일부분으로 딥러닝이 존재합니다.

2.2 머신러닝의 종류

 / 에피소드 5

머신러닝이라는 개념이 자리 잡기도 전에 통계를 배운다는 기분으로 응용 비즈니스 분석 수업을 듣는데 난데없이 지도 학습과 비지도 학습이라는 개념이 나왔습니다. 영어로 들어도 도무지 개념이 안 잡히는 것은 마찬가지였습니다.

'Supervised learning과 Unsupervised learning이라니… 도대체 무슨 뜻인가? 왜 이런 게 필요하지?'라는 의구심이 먼저 들었습니다. 이러한 학습 방법의 구분은 왜 필요한 것일까요?

당시 저는 소속 대학교 국제학생처에서 학생 신분으로서 파트 타임 근무를 하고 있었습니다. 제 Supervisor(상관)는 처장님이었습니다. 'Supervised가 보스를 모신다는 뜻인가?'라는 얼토당토않은 생각을 하며 수업을 들었던 기억이 납니다. 머신러닝에서 지도 학습이란 실제로 어떤 뜻일까요?

2.2.1 지도 학습

지도 학습이란 입력 변수(설명 변수)와 출력 변수(타깃 변수)의 값이 주어진 상태에서 머신러닝 모델이 학습하는 것을 의미합니다. 이렇게 학습된 머신러닝 모델을 입력 변수만 있는 추가적인 데이터세트, 즉 테스트 데이터세트에 적용하여 원래 데이터세트에는 없는 출력 변수를 산출해내는 데 사용합니다.

한번은 아이와 함께 길을 걸으면서 도로 위에 지나가는 차를 보고 벤츠, BMW, 현대차, 기아차 등 자동차 제조사 이름을 알려준 적이 있습니다. 아직 차에 대해 별로 관심이 없던 아이가 불쑥 다음과 같이 질문을 던졌습니다. "아빠는 어떻게 차를 슬쩍 보기만 해도 어떤 차인지 다 알아?" 이 문제는 대표적인 지도 학습의 예입니다.

아마 저 같은 중년 아저씨는 웬만하면 이 정도는 맞출 수 있을 겁니다. 모델명까지는 정확하게 못 맞추더라도요. 제 두뇌에서는 어떻게 이런 학습이 일어났을까요? 그것은 제가 수많은 자동차 디자인을 수십 년 동안 도로에서 봐왔고, 기회가 될 때마다 제조사 이름을 확인했기 때문입니다.

자동차가 가진 디자인을 개별 입력 변수라고 치면 자동차 꽁무니에 있는 제조사명은 출력 변수의 레이블(값)입니다. 머신러닝에서 입력 변수와 쌍을 이룬 출력 변수에 레이블이 달려있으면 지도 학습 중 분류(classification) 문제에 속합니다.

수많은 자동차 디자인을 보고 '아, 디자인이 이런 특징이 있는 차는 대부분 A 회사구나' 등으로 판단할 수 있게 되면 지도 학습이 어느 정도 이루어진 것입니다. 제조사 이름을 가리고 신차 디자인을 보여줘도 자동차에 관심 있는 사람은 제조사를 대체로 짐작할 수 있습니다. 이렇게 출력 변수의 값을 추정하는 과정을 추론이라고 합니다.

그리고 아이에게 "소나타는 2,000만 원대에서 시작하고 그랜저는 3,000만 원대에서 시작하고, 중형 외제 차는 아마 6,000만 원으로도 부족할 걸?" 이렇게 가격대를 알려줬습니다. 이것 역시 지도 학습의 결과입니다. 즉, 자동차 디자인이 입력 변수고 자동차 가격이 출력 변수입니다. 사람이든 기계든 입력 변수와 출력 변수가 쌍으로 연결된 데이터를 보고 학습합니다.

단, 이 경우에 출력 변수인 자동차 가격은 1,000만 원대부터 수억 원의 가격대까지의 다양하게 분포합니다. 자동차 가격은 숫자 그 자체이므로 출력 변수에 분류 레이블이 필요 없습니다. 이처럼 출력 변수가 연속적인 숫자의 값 형태를 취할 때는 지도 학습 중 회귀(regression) 문제에 속합니다. 사람은 자동차 크기나 디자인을 보고 자동차 가격대를 추정할 수 있는데, 기계도 그럴 수 있을까요? 머신러닝 모델에 의하면 가능합니다.

정리하면, 출력 변수의 값이 불연속적이고 몇 개의 범주로 나눠진다면 그것은 분류 문제입니다. 국내 도로에서 볼 수 있는 자동차의 제조사는 아무리 넉넉하게 잡아도 수십 개 미만일 것 같습니다. 즉, 자동차 회사명이 출력 변수가 되면 분류 문제입니다.

반면에 자동차 가격은 제조사가 설정하는 대로 1천만 원대에서 수억 원대까지 연속적으로 존재합니다. 이처럼 연속적인 출력 변숫값을 가지는 경우는 회귀 문제입니다.

2.2.2 비지도 학습

지도 학습이란 머신러닝 모델이 학습을 하기 위해서 입력 변수와 출력 변수가 동시에 주어져야 한다고 했습니다. 반면에 비지도 학습이란 입력 변수만 있고 출력 변수는 주어지지 않은 상태에서 머신러닝 모델 스스로 학습하는 것을 의미합니다. 좀 더 쉽게 말하자면 입력 변수만 주어졌을 때 입력 변수의 패턴을 보고 분류하는 것이 비지도 학습입니다.

다시 자동차 얘기를 해보겠습니다. 지도 학습에서는 자동차 제조사명을 출력 변수로 알고 있는 상태에서 학습을 했는데, 이번에는 자동차 제조사명을 머신러닝 모델에 입력하지 않은 채 디자인만으로 자동차를 구분하라고 머신러닝 모델에게 명령했다고 가정하겠습니다. 이때 머신러닝 모델은 제조사명을 출력 결과로 내놓을 수 있을까요? 답은 '내놓을 수 없다'입니다.

대신에 머신러닝 모델은 입력 자료의 이미지 특성, 예를 들어 자동차 앞뒤 모양, 옆 모양, 실내 계기판 디자인 등 다양한 디자인 속성을 잡아내서 분류를 시도합니다. 자동차의 제조사가 약 20개라면 사람이 머신러닝 모델에 출력 변수 범주 개수를 20개로 지정할 수 있습니다.

만약 출력 변수의 분류 범주 개수를 2개로 지정하면 머신러닝은 차를 국산 차와 외제 차로 구분할 가능성보다는 소형차와 대형차, 혹은 승용차와 미니밴 등으로 구분할 가능성이 더 큽니다. 즉, 머신러닝 모델은 데이터를 사람이 생각한 기준과는 다르게 구분할 수 있습니다.

2.2.3 강화 학습

강화 학습은 지능을 가진 에이전트가 특정한 환경에서 복수의 행동을 선택하여 누적 보상을 최대화하는 학습 방법입니다. 강화 학습을 사용하는 기계의 예로, 집 안에서 윙윙거리며 먼지를 빨아들이는 로봇 청소기를 들 수 있습니다. 제가 유학 시절에 살았던 아파트는 품질이 그다지 좋지 않은 카펫이 깔려 있어서 먼지가 많았습니다. 그래서 로봇 청소기를 큰맘 먹고 사서 일주일에 두 번씩 사용했습니다. 어느 날은 이 로봇 청소기가 도대체 어떤 로직으로 방 안을 배회하는지 궁금하기도 했습니다. 유학을 마칠 때가 되어서야 강화 학습이라는 개념을 알게 되어 로봇 청소기가 돌아다니는 방향이 어떻게 정해지는지 알게 되었습니다. 회사마다 자기들만의 독특한 로직이 있기 때문에 저는 개략적인 방법만 설명하겠습니다.

처음에 로봇 청소기는 나아가거나 회전하는 방향을 랜덤하게 설정합니다. 그러다가 무언가에 부딪히면 다시 랜덤하게 방향을 바꿉니다. 로봇 청소기를 학습시키기 위해서 제조사는 로봇 청소기에 보상 및 벌점 프로그램을 장착합니다. 단위 시간당(예를 들어 30초간) 먼지를 빨아들이는 양이 많으면 보상 점수를 부여하고, 양이 너무 적으면 벌점을 부과합니다. 중간에 손을 대지 않는 한 로봇 청소기는 1시간 정도 청소를 하다가 재충전을 위해 충전용 도킹 센터로 돌아옵니다. 즉, 이 로봇 청소기는 특정 장소에서 1시간씩 작동합니다. 이것을 환경 (environment)이라고 합니다.

환경은 큰 틀에서는 대부분 바뀌지 않는데, 이 예에서는 먼지가 쌓이는 양만 시간과 장소에 따라 약간씩 달라질 뿐입니다. 그리고 1시간 동안의 작동은 반복해서 일어납니다. 이 1시간 동안 최대한의 쓰레기를 모아서 높은 보상 점수를 받도록 로봇 청소기는 자신의 행동 (action)을 학습합니다. 그 결과, 시간이 지날수록 로봇 청소기는 좀 더 나은 청소 방향을 설정하는 습관을 갖게 됩니다.

강화 학습을 영화로 비유한다면 톰 크루즈와 에밀리 블런트 주연의 엣지 오브 투모로우 (Edge of Tomorrow, 2014)를 들 수 있습니다. 주인공 둘은 외계 생명체와 전쟁을 한 특정한 날을 매일 같이 반복합니다. 여기서 매일 반복되는 전장은 강화 학습에서 환경이 되고, 보상 점수는 최대한 오랜 시간 살아남는 것이며 벌칙 점수가 쌓여서 임계점에 달하면 죽게 됩니다.

영화에서 주인공들은 수십 번, 수백 번 같은 전투를 계속하여 끝내 전장을 벗어나갈 수 있는 곳까지 전진합니다. 거기가 이 강화 학습의 끝입니다. 이 영화의 공식 트레일러에 나오는 캐치프레이즈(catchphrase), 그리고 원작 소설의 제목은 모두 'Live, Die, and Repeat'입니다. 그야말로 강화 학습을 설명하기에 최적의 슬로건입니다.

로봇 청소기와 영화 엣지 오브 투모로우에는 묘한 공통점이 있습니다. 같은 환경에서 매번 실행이 반복되는 것인데, 어디선가 이러한 장면을 많이 본 것 같습니다. 그렇습니다. 바로 게임 속입니다. 강화 학습이 가장 잘 통용될 수 있는 분야가 끊임없는 반복 실행이 가능한 환경이다 보니 게임이 최적입니다. 구글의 인공지능 프로그램인 알파고나 더 성능이 뛰어난 후속 프로그램인 알파제로 등이 기본적으로 강화 학습 계열의 딥러닝 모델입니다.

머신러닝과 알파고!

저는 우연한 기회로 굉장히 늦은 나이에 유학을 결심하였습니다. 지인에게 출국 인사를 하러 가는데 마침 그날이 알파고와 이세돌의 대국이 한참 벌어지는 때였습니다. 바둑에 관심이 많은 지인은 알파고와 인간이 벌이는 세기의 대결이라고 굉장히 흥분했지만, 저는 바둑에 취미가 없었던지라 별로 관심이 없었습니다. 게다가 첫 유학 전공은 MBA여서 바둑하고는 아예 관계가 없었습니다. 그런데 MBA를 졸업하고 MSBA 프로그램을 추가로 선택해서 배우다 보니 제가 배운 머신러닝 기술이 알파고와 연결된다는 것을 깨닫게 되었습니다. 와우! 우연이 이렇게 머신러닝과의 인연으로 이어질 줄은 꿈에도 몰랐습니다.

또한, 저는 예전부터 외국어 배우기가 취미였습니다. 그러나 들인 노력에 비해 실력이 많이 늘지 않아서 그냥 막연하게 이런 생각을 하곤 했었습니다. '은퇴해서 시간이 생기면 혹은 다음 생에 프로그래머로 태어나면 언어 자동 번역 프로그램에 도전해 봐야겠다.' 그런데 딥러닝 모델 중에 순환 신경망과 트랜스포머 기술을 사용하면 언어 자동 번역 프로그램 영역에 도전할 수 있다는 사실 또한 알게 되었습니다. 번역 결과물을 향상시키기 위해서는 여기에 강화 학습을 적용할 수도 있습니다.

이렇게 저에게는 파이썬, 머신러닝, 딥러닝 기술이 인생의 제2막을 맞게 해주었습니다. 여러분에게도 이 기술들이 새로운 기회가 되기를 기원합니다.

2.3 파이썬

이 절에서는 머신러닝을 실행하기 위해서 사용하는 프로그래밍 언어인 파이썬을 소개합니다.

 / 에피소드 6

> 수업에서 파이썬을 처음 배울 때 쿡북(cookbook) 형태의 교재로 배웠습니다. 주로 파이썬의 판다스 라이브러리를 설명한 책이었습니다. 요리책이라는 의미의 쿡북은 여러 기법을 레시피처럼 담고 있습니다. 따라서 프로그래밍 언어 책 중에 쿡북이라는 제목을 달고 있으면 백과사전식 편찬으로 가급적 모든 기능을 다 보여주는 구성이라고 생각하면 됩니다.
>
> 마침 교재가 어렵지 않고 잘 정리되어 있어서 즐겁게 한 학기를 배웠지만 뭔가 찜찜했던 점이 있었습니다. 그게 무엇이었을까요? 아래에서 파이썬, 넘파이, 판다스를 설명하면서 이 기묘한 위화감을 설명하겠습니다.

우선 프로그래밍 언어 인기도를 살펴보기 위해서 프로그래머들의 질의응답 사이트인 스택오버플로(www.stackoverflow.com) 사이트의 질의응답 인기 언어를 찾아봤습니다. 다음 그래프를 보면 파이썬은 2017년부터 자바를 제치고 1위를 독주하고 있습니다. 많은 사람들이 배우고, 사용 중이라는 뜻입니다.

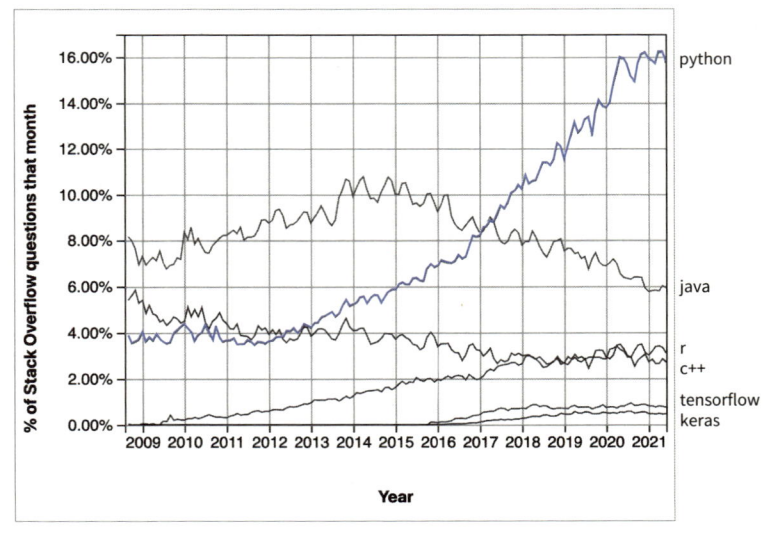

파이썬 공식 사이트에 있는 정의에 의하면, 파이썬은 인터프리터식(interpreted), 객체지향(object-oriented), 고급(high-level) 프로그래밍 언어이며, 동적 시맨틱스(dymanic semantics)를 제공합니다. 잠깐 뭐라고요? 하나도 이해가 안 된다고요? 저도 처음에는 무슨 말인지 몰랐습니다. 하나씩 개념을 살펴봅시다.

첫째, 인터프리터식은 파이썬 코드를 파이썬 인터프리터에 바로 보내서 실시간으로 기계어로 변환하는 것입니다. 이이 반해 전통적인 C 언어는 중간어 컴파일러라고 하는 별도의 번역 프로그램이 필요합니다.

둘째, 객체지향이란 컴퓨터 프로그래밍을 객체(object)라는 속이 빈 상자를 만들어서 그 안에 다양한 내용을 채우고, 객체 각는 상자끼리 메시지를 주그받고 데이터를 처리할 수 있게 하는 컴퓨터 프로그래밍 기법입니다. 예를 들어서 x, y 같은 변수를 만들 경우, 이 변수도 파이썬은 객체로 취급합니다. 객체는 속이 빈 컨테이너라고 생각하면 가장 이해가 쉽습니다. 그 안에 어떤 것도 채울 수 있습니다.

셋째, 고급 프로그래밍 언어는 사람이 직관적으로 사용하기에 쉽고, 이해하기 편한 언어라는 뜻입니다. 마지막으로 동적 시맨틱스는 파이썬이 쓰는 변수들이 동적인 객체라는 것을 의미합니다. C 언어에서는 변수 하나하나의 타입(type)을 지정해줘야 합니다. 반면에 파이썬은 변수의 타입을 지정하지 않아도 스스로 인식합니다. 예를 들어 x=1이라고 입력하면 파이썬은 x 변수(객체)가 정수형임을 인식합니다. 그리고 바로 다음에 x='A'라고 입력하면 파이썬은 x 변수가 문자열임을 자동으로 인식합니다.

프로그램에 x 같은 변수를 수백 개 쓴다고 생각해 보세요. 수백 개의 변수에 일일이 데이터 타입을 지정해주고 프로그램을 짜는 C 언어와, 변수의 데이터 타입을 미리 지정할 필요 없이 프로그램을 짜는 파이썬 중이 어느 것이 더 편리한지는 비교할 필요도 없습니다. 동적 시맨틱스를 사용하는 파이썬이 압도적으로 편리합니다.

실제로 파이썬 코딩을 해보겠습니다. 이 책에서는 머신러닝 모델은 주피터 노트북으로, 딥러닝 모델은 구글 코랩을 이용해서 실습합니다. 아직 주피터 노트북의 설치 과정을 설명하지 않은 관계로, 인터넷만 되면 즉시 실행할 수 있는 구글 코랩에서 간단한 파이썬 코드를 소개하겠습니다. 참고로 몇 가지 예외 사항을 제외하면 주피터 노트북에서 작동하는 파이썬 코드는 구글 코랩에서도 잘 작동합니다.

웹 브라우저를 열고 colab.research.google.com에 접속합니다. 구글 로그인을 하지 않은 상태에서는 다음과 같은 화면이 나옵니다.

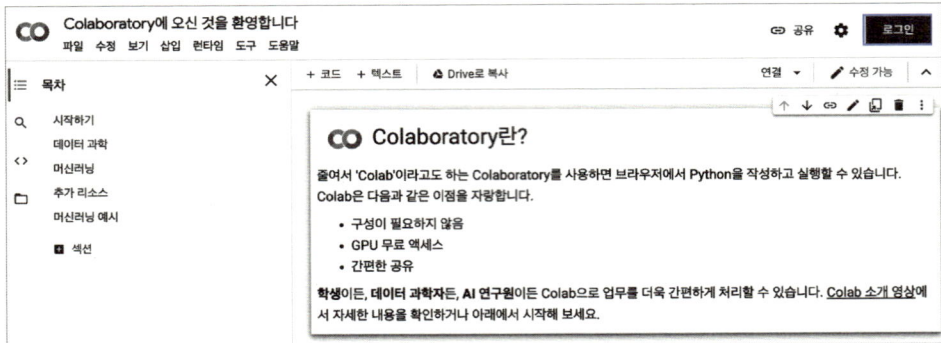

위 화면에서 오른쪽 상단의 로그인 버튼을 클릭하고 구글에 로그인하세요. 코랩을 처음 쓴다면 로그인을 했을 때 다음과 같은 화면이 뜹니다.

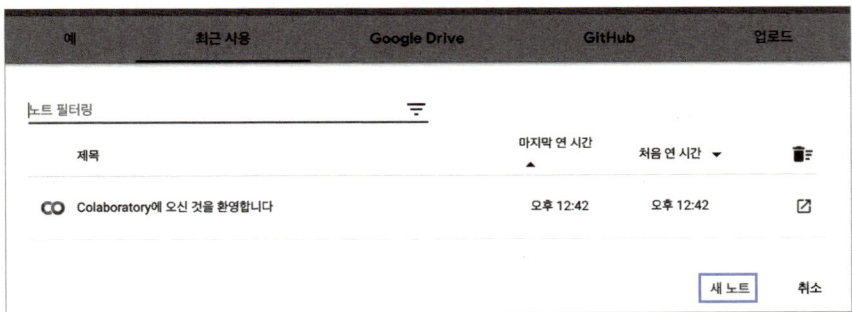

화면 오른쪽 하단에 보면 〈새 노트〉라는 버튼이 있습니다. 이것을 클릭합니다. 그러면 코드를 입력할 수 있는 구글 코랩의 노트북이 열립니다.

이제 위의 코드 셀에 파이썬 코드를 입력해보겠습니다. 아래 코드를 입력한 후 실행 단축키인 〈Shift〉 키와 〈Enter〉 키를 동시에 누릅니다.

```
x = 1
type(x)
```
```
int
```

코랩의 입력창과 결과 화면은 위와 같은 형식을 띕니다. 다만, 이 책에서는 가독성을 위해 아래와 같이 코드와 결과문을 구분하여 표기하겠습니다.

```
x = 1
type(x)
```

【실행 결과】
```
int
```

위의 코드를 보면 x라는 변수(객체)에 1이라는 숫자를 입력하고, 다음 줄에서 x의 타입을 물어봤습니다. 그랬더니 정수(int)라고 출력됐습니다. x 변수의 값을 'A'로 바꿔보고 다시 type을 물어보겠습니다.

```
x = 'A'
type(x)
```

【실행 결과】
```
str
```

이제는 변수 x의 타입이 문자열(str)로 바뀌었습니다. 이것이 동적 시맨틱스, 즉 동적 객체에 대한 간단한 예시입니다. 그럼 제가 파이썬 수업 첫날, 난생처음 작성한 코드는 무엇이었을까요? 바로 다음과 같이 1과 2를 더하는 간단한 수학 연산이었습니다. 코드를 실행할 때는 〈Shift〉 키와 〈Enter〉 키를 동시에 누르는 것을 잊지 마세요.

1+2

【실행 결과】

3

와우! 이 간단한 코드 하나로 문과생 중년 아저씨인 저는 무한한 용기를 얻었습니다. '이거 혹시 파이썬이 쉬운 거 아냐?'라는 희망 고문과 함께요. 결과적으로 파이썬은 어렵지 않았습니다. 처음으로 파이썬 코드를 돌려 본 그날의 뿌듯함은 힘든 유학 생활을 버텨내는 데 많은 용기를 주기까지 했습니다.

 / 에피소드 7

R과 파이썬의 차이점은 무엇일까? 저와 지도 교수님은 이런 주제를 가지고 토론한 적이 있습니다. 참고로 R과 파이썬은 둘 다 배우기 쉽고 이해하기도 쉬우면서 코드도 짧습니다. 파이썬 코드도 간결한데 R은 더 짧습니다. 교수님과 R과 파이썬의 차이점에 대해 의견을 나누다가 문득 다음과 같은 비유가 떠올랐습니다. 'R은 맥이고 파이썬은 윈도우다' 이것은 어디까지나 비유입니다.

통계학자들에게 R은 사실상 표준 프로그래밍 언어입니다. 전 세계 통계 논문은 대부분 R을 사용해서 발표됩니다. 다만 R은 대용량 데이터 처리에 시간이 많이 소요되고 통계 외에는 확장성이 부족합니다. 전문적인 통계 업무를 처리하는 데만 탁월한 언어라는 뜻입니다.

반면에 파이썬은 R보다 통계 부분이 완벽하지는 않지만 관련 라이브러리들이 계속해서 빠르게 업데이트됩니다. 그리고 범용 프로그래밍 언어로서 다방면에 능통합니다. 강력한 오픈소스 지원도 받습니다. 결정적으로 대용량 데이터를 처리할 때 R보다 훨씬 빠릅니다.

수년 전 맥북을 처음 사용하면서 깜짝 놀랐던 점이 맥북은 한 달 내내 끌 필요가 없다는 점이었습니다. 낡은 맥북을 물려받았는데도 업무를 수행하고 수업 과제를 작성할 때 최소 한 달간은 그 어떤 메모리 정체도 없었습니다. 그런데 맥 고유의 업무 영역을 벗어나 무언가 확장하려고 하면 영 시원찮았습니다. 주어진 일을 윈도우보다 훨씬 효과적으로 수행해내는 데 비해 업무 영역을 확장하기가 어렵습니다.

즉, 특정 통계 영역을 잘하는 R은 맥, 범용 프로그래밍 언어를 잘하는 파이썬은 윈도우라고 생각하면 쉽게 이해될 것 같습니다. 결론적으로 머신러닝에는 파이썬이 더 적합합니다.

2.4 라이브러리

앞으로 설명할 넘파이, 판다스, 사이킷런은 모두 파이썬 라이브러리의 일종입니다. 라이브러리는 프로그래밍 코드의 집합처로서 이용자가 특정 작업을 위해 직접 일일이 코드를 작성하는 대신에 라이브러리에서 기능을 호출하여 많은 작업을 쉽게 실행할 수 있게 합니다.

라이브러리를 이용해서 히트 친 대표적인 제품은 소니의 플레이스테이션을 예로 들 수 있습니다. 90년대 당시 닌텐도가 휩쓸고 있던 일본 게임기 시장에서 소니는 플레이스테이션이라는 신제품을 들고 시장을 개척하려 했습니다. 이를 위해 여러 가지 혁신을 도입했는데, 게임 개발 소프트웨어 부분에서의 최대 혁신은 라이브러리의 도입이었습니다.

경쟁 업체인 닌텐도의 서드 파티(third party) 개발자들은 소프트웨어 개발을 위해 게임마다 특정 기능을 별도로 프로그래밍해야 했습니다. 반면에 소니는 서드 파티 개발자들을 끌어들일 방안이 필요했고, 이를 위해 플레이스테이션 게임에서 자주 프로그래밍해야 하는 기능들을 묶은 라이브러리를 만들었습니다. 이 라이브러리를 서드 파티 개발자들이 자유롭게 이용하게 되면서 플레이스테이션 게임 개발이 매우 쉬워졌습니다.

즉, 우주선이 총을 쏘는 기능을 구현해야 한다고 하면 닌텐도 개발자들은 일일이 게임마다 별도로 프로그래밍해야 했지만, 플레이스테이션 게임 개발자들은 그냥 라이브러리를 불러와서 총 쏘는 기능을 추가하기만 하면 됐습니다. 닌텐도와 소니 중 어느 쪽이 서드 파티 개발자들에게 인기가 높았을까요? 당연히 소니가 게임 개발 경쟁에서 이겼습니다.

2.4.1 넘파이

넘파이라는 파이썬 라이브러리는 과학적 연산에 특화되어 있고, 다차원 배열(array) 계산을 쉽게 처리합니다. 배열은 쉽게 말해서 숫자들의 나열이라고 이해하면 쉽습니다. 넘파이로 인해서 파이썬의 연산 속도가 매우 빨라졌으며, 넘파이 사이트(www.numpy.org)에는 왜 넘파이가 C에 근접하는 속도로 빠른지 다음과 같이 설명되어 있습니다.

```
c = a * b
```

위와 같은 코드에서 a와 b는 배열이고, 각각 100개의 숫자로 이루어져 있다고 가정하겠습니다. 그러면 배열 a의 첫 번째 원소를 a_1, 두 번째 원소를 a_2, 이런 식으로 나열하면 마지막 원소는 a_{100}이 됩니다. 배열 b도 마찬가지로 b_1, b_2, $\cdots$, b_{100}으로 나타낼 수 있습니다. 그럼 c를 계산하기 위해서는 다음과 같은 계산 과정이 필요합니다.

$$c = (a1*b1) + (a2*b2) + \ldots + (a100*b100)$$

c = a * b라는 코드는 사실 위와 같은 복잡한 연산을 단 한 줄로 나타낸 것입니다. 사람이 이해하기도 쉽습니다. 그리고 위의 내부 계산 과정은 넘파이에 내장되어 미리 컴파일된(pre-compiled) C 언어로 처리됩니다. 만약 a와 b가 각각 백만 개의 원소를 가지고 있다고 해도 이렇게 내장된 C 언어로 처리하므로 속도가 굉장히 빠릅니다.

넘파이 사이트의 사용자 가이드에 있는 넘파이 코드를 예시로 살펴보겠습니다. 먼저 넘파이 라이브러리를 불러와서 약칭을 np로 명명합니다. 그리고 1, 2, 3으로 구성된 배열 a를 만듭니다.

```
import numpy as np
a = np.array([1, 2, 3])
print(a)
```

【실행 결과】
```
[1 2 3]
```

이제 4, 5, 6으로 구성된 배열 b를 만듭니다.

```
b = np.array([4, 5, 6])
print(b)
```

【실행 결과】
```
[4 5 6]
```

배열 a와 b를 곱한 후에 배열 c에 저장합니다.

```
c = a * b
print(c)
```

【실행 결과】
[4 10 18]

배열 c의 첫 번째 원소는 4(=1*4), 두 번째 원소는 10(=2*5), 세 번째 원소는 18(=3*6)이 됩니다. 이러한 연산을 파이썬의 if나 for, while 같은 반복문을 이용해서 일일이 원소끼리 곱하도록 코딩할 수도 있습니다. 그러나 그런 파이썬 코드는 직관적으로 이해하기도 어렵고 연산 시간 또한 깁니다.

만약 위의 예처럼 세 개짜리 원소를 가진 배열이 아니라 10만 개짜리 원소를 가진 배열 두 개를 곱하는 것이라면 연산 시간은 대단히 중요하게 고려허야 할 요소가 됩니다. 이런 연산을 내장된 C 언어로 빠르게 처리해주는 파이썬 라이브러리 넘파이는 과학과 통계 연산의 사실상 표준입니다.

2.4.2 판다스

판다스 라이브러리는 패널 데이터(panel data)를 전문적으로 다루는 라이브러리입니다. 패널 데이터는 엑셀 자료처럼 행과 열이 있는 데이터라고 생각하면 됩니다. 혹은 한 축은 변수를 나타내고, 다른 한 축은 시간을 나타내는 시계열 데이터를 생각해도 됩니다.

판다스는 불러온 패널 데이터를 데이터프레임이라는 형식으로 저장합니다. 판다스는 파이썬 생태계에서 데이터 탐색과 분석을 위한 메인 도구로 쓰입니다. 왜 그럴까요? 데이터를 사용자에게 직관적으로 보여주기 때문입니다. 그래서 판다스를 이용하면 데이터를 어떻게 처리할지 아이디어가 쉽게 떠오릅니다.

저는 수년 만에 귀국해서 국내외 파이썬 책들을 다시 한번 살펴볼 기회가 있었습니다. 오래된 책들은 대체적으로 코드를 읽기가 조금 힘들었는데, 상당수가 판다스보다는 넘파이와 파이썬의 반복문을 주로 사용했기 때문입니다. 최근에 나온 파이썬 책들은 대부분 판다스를 사용하면서 코드 가독성이 많이 향상되었습니다.

게다가 판다스 문법이 넘파이 문법보다 직관적으로 이해되기 때문에 좀 더 쉽습니다. 따라서 데이터를 탐색하고 분석하는 데 가급적 판다스를 먼저 쓰고, 판다스로 부족하면 넘파이를 쓰는 게 좋습니다. 제가 파이썬을 처음 배웠을 때 '혹시 파이썬이 쉽지 않을까?'라는 희망을 첫 수업에서 가졌다고 말씀드린 바 있습니다. 그것은 당시 교재가 판다스를 주로 가르치는 책이었기 때문이었습니다.

판다스를 잘 사용하면 파이썬의 반복문을 최소화할 수 있습니다. 반복문을 많이 사용하면 코드가 5줄, 10줄 넘어가는 것은 예사여서 가독성이 많이 떨어집니다. 혹시 에러라도 나면 어디부터 고칠지 엄두가 잘 나지 않습니다. 판다스 라이브러리의 가장 큰 효용은 이런 파이썬 반복문의 사용을 최대한 줄이고, 간단한 코딩으로 데이터를 분석할 수 있다는 점입니다.

앞에서 우리는 c = a * b 코드를 실행한 바 있습니다. 이를 넘파이를 이용하지 않고 파이썬의 반복문으로 짜보겠습니다. 아래 코드 역시 넘파이 사이트에서 가져왔습니다.

```
c = []
for i in range(len(a)):
    c.append(a[i]*b[i])
```

넘파이를 사용하면 한 줄이었던 코드가 파이썬 반복문으로 짜면 벌써 세 줄짜리 코드가 됩니다. 아울러 range, len, append 함수와 리스트, 인덱싱 기능을 알아야 위의 코드를 이해할 수 있습니다. 이런 반복문이 10줄 이상이면 코드를 이리저리 쫓아다니면서 해석해야 합니다.

그럼 판다스 예문을 살펴보겠습니다. 우선 판다스 라이브러리를 불러오고 pd로 명명합니다. 그리고 넘파이 라이브러리도 다시 한번 불러오고 np로 명명합니다.

```
import pandas as pd
import numpy as np
```

그다음 3행 3열의 행렬을 만들어 이를 데이터프레임 df로 저장합니다. 여기서 df는 변수명이므로 다른 어떤 변수명으로 대체해도 무방합니다.

```
df = pd.DataFrame(np.array([[1, 2, 3], [4, 5, 6], [7, 8, 9]]),
                  columns=['a', 'b', 'c'])
```

head 명령어를 사용하여 생성한 데이터프레임 df의 값을 확인합니다.

```
df.head()
```

【실행 결과】

	a	b	c
0	1	2	3
1	4	5	6
2	7	8	9

데이터프레임 df가 의도한 대로 만들어졌습니다. 위의 데이터프레임 생성문에서는 np.array를 써서 좀 복잡하게 작성했는데, 실무에서는 엑셀이나 csv 형태의 자료를 pd.read_excel 혹은 pd.read_csv 명령어로 불러오므로 간편하게 데이터를 불러와서 데이터프레임 df에 저장할 수 있습니다.

이제 컬럼 a, b, c에 담긴 자료의 통계값을 확인하기 위해 describe 명령어를 사용합니다.

```
df.describe()
```

【실행 결과】

	a	b	c
count	3.0	3.0	3.0
mean	4.0	5.0	6.0
std	3.0	3.0	3.0
min	1.0	2.0	3.0
25%	2.5	3.5	4.5
50%	4.0	5.0	6.0
75%	5.5	6.5	7.5
max	7.0	8.0	9.0

위 결과에서 전체 개수(count), 평균(mean), 표준편차(std), 최솟값(min), 1사분위수 (25%), 중위수(50%), 3사분위수(75%), 최댓값(max)을 확인할 수 있습니다. 이제 컬럼 a 에 담긴 개별 값의 분포를 확인하기 위해 value_counts 명령어를 사용합니다.

```
df['a'].value_counts()
```

【실행 결과】
```
7    1
1    1
4    1
Name: a, dtype: int64
```

컬럼 a에는 1, 4, 7이라는 값이 있고, 값의 개수가 1개씩인 것으로 나옵니다. 그런데 1, 4, 7 이 정렬되어 있지 않아서 보기가 불편합니다. 이를 오름차순으로 바꾸기 위해 위의 코드에 sort_index(ascending=True)를 덧붙입니다.

```
df['a'].value_counts().sort_index(ascending=True)
```

【실행 결과】
```
1    1
4    1
7    1
Name: a, dtype: int64
```

원하는 결과가 나왔습니다. 판다스 라이브러리는 엑셀 형태의 행과 열이 있는 데이터, 즉 패널 데이터를 다루고 이를 데이터프레임으로 저장하는데, 이 데이터프레임 형식의 자료를 다루는 것이 매우 편리합니다. 파이썬이 배우기 쉬운 언어라고 할 수 있는 것은 판다스 라이브러리 덕분입니다.

2.4.3 사이킷런

사이킷런(scikit-learn) 라이브러리는 파이썬에서 데이터 예측 분석에 특화된 라이브러리이며 머신러닝 모델링은 이 라이브러리를 통해서 수행됩니다. 사이킷런은 앞에서 기술한 넘파이, 판다스, 그리고 추가로 맷플롯립(matplotlib) 라이브러리 등에 기반하여 구축되었습니다. 참고로 맷플롯립 라이브러리는 데이터의 시각화를 담당합니다.

사이킷런 라이브러리를 통해서 할 수 있는 일은 분류, 회귀, 차원 감소, 군집 분석, 모델 성능 평가, 특성 추출 및 정규화 등을 포함한 데이터 전처리 등 머신러닝의 전반적인 영역이 포함됩니다. 따라서 이 책에서는 딥러닝 신경망 모델을 제외한 대부분의 머신러닝 모델을 사이킷런 라이브러리를 통해 수행합니다.

다음은 사이킷런 사이트(www.scikit-learn.org)에 있는 간단한 사이킷런 예제입니다. 이 예제에서는 랜덤 포레스트(random forest) 모델을 구축합니다. 이를 위해 사이킷런 라이브러리의 ensemble 모듈에서 RandomForestClassifier를 불러옵니다. 랜덤 포레스트 모델에 대한 자세한 설명은 4.7.3절에서 다룹니다.

```
from sklearn.ensemble import RandomForestClassifier

clf = RandomForestClassifier(random_state=0)
X = [[1, 2, 3], [11, 12, 13]]   # 2개의 샘플, 3개의 특성
y = [0, 1]                      # 각 샘플의 클래스

clf.fit(X, y)
```

RandomForestClassifier를 clf라는 변수에 저장합니다. clf는 classifier를 의미하는 축약 변수명입니다. 머신러닝 모델은 random_state를 특정한 숫자로 지정하면 반복해서 실행할 때마다 같은 랜덤 결과를 산출합니다. 여기서 지정한 0은 다른 숫자로 대체해도 무방합니다.

이어서 학습 데이터세트로 입력 변수를 담는 X와 타깃 변수의 클래스값(0 혹은 1)을 담는 y를 구성합니다. 이때 관행적으로 X는 대문자, y는 소문자로 쓰는 것에 유의하세요. 이 예시에서는 두 개의 입력 변수 샘플을 만들어 X라는 변수에 저장합니다. 각 샘플은 세 개의 원소로 구성되어 있습니다. 이는 학습 데이터세트가 세 개의 특성을 갖고 있다는 뜻입니다. y에는 X의 두 샘플 클래스에 해당하는 값을 0 혹은 1로 구성하여 저장합니다.

그리고 입력 변수와 출력 변수를 담은 X와 y를 RandomForestClassifier(random_state=0)을 담은 clf 변수를 통해 학습시킵니다. clf.fit(X, y)가 그런 역할을 수행합니다. 이

렇게 일어난 학습의 결과를 clf 변수가 간직하고 있습니다. 이 clf 변수에 학습에 사용되지 않은 새로운 입력 데이터세트를 투입하면 출력 변수의 클래스를 추정합니다. 새로운 입력 데이터세트로 [[4, 5, 6], [14, 15, 16]]을 사용해봅니다.

```
# 새로운 데이터세트의 클래스를 예측
clf.predict([[4, 5, 6], [14, 15, 16]])
```

【실행 결과】
```
array([0, 1])
```

학습된 모형은 clf.predict를 통해 샘플 [4, 5, 6]의 클래스는 [1, 2, 3]과 가깝기 때문에 0으로 예측하고, 샘플 [14, 15, 16]의 클래스는 [11, 12, 13]과 가깝기 때문에 1로 예측합니다. 이 모델이 예측해낸 0 혹은 1이라는 값은 실무에서 매우 귀중한 예측치로 쓰입니다.

이로써 매우 초보적인 머신러닝 모델 구축과 학습 및 예측의 한 사이클이 완성되었습니다. '으응? 이렇게 머신러닝이 간단하단 말인가?'라는 생각이 들 것입니다. 안타깝게도 실제 머신러닝 과정은 이것보다는 훨씬 더 복잡합니다. 하지만 방금 살펴본 간단한 코드 구조가 기본적인 머신러닝 구축 및 실행 과정의 핵심을 모두 담고 있습니다.

지금까지의 과정을 요약해보겠습니다. 사이킷런 라이브러리로부터 모델을 구축한 후 우리는 입력 변수 샘플 및 출력 변수 클래스값(0 혹은 1)을 투입하여 모델을 학습시켰습니다. 이렇게 학습된 모델에 기존에 사용하지 않았던 별도의 입력 변수 샘플을 투입하면, 이미 학습된 모델은 clf.predict를 통해 새로운 출력 변수 클래스를 예측해냅니다. 이것이 머신러닝 모델링의 개략적인 전체 과정입니다.

머신러닝에 관한 의문점

사이킷런 라이브러리는 넘파이, 판다스, 맷플롯립 라이브러리에 기반하여 구축됐다고 했는데, 방금 살펴본 간단한 사이킷런 예제에서는 이 라이브러리들이 쓰인 흔적이 안 보이는 것 같습니다. 정말 그럴까요?

사이킷런 라이브러리는 머신러닝 모델을 실행하기 위한 핵심 라이브러리입니다. 사이킷런을 통해 머신러닝 모델을 실행할 때는 무대의 뒤편에서 조용히 숫자들의 다차원 배열 연산이 이루어집니다. 즉, 넘파이 기능이 소리 소문 없이 쓰입니다. 이 외에도 판다스, 맷플롯립 기능들은 필요할 때마다 호출되어 쓰입니다.

> 사이킷런은 넘파이, 판다스, 맷플롯립 등의 라이브러리를 활용한 종합 선물 세트 같은 라이브러리입니다. 사이킷런을 실행하다 에러가 나는 경우의 대부분은 넘파이 연산을 할 때 배열의 차원을 맞추지 못해서 일어납니다. 그러므로 넘파이 라이브러리를 판다스와 더불어 시간이 날 때마다 조금씩 숙달해 두는 것이 좋습니다.

2.5 텐서플로와 케라스

앞 절에서 사이킷런으로 '대부분'의 머신러닝을 실행할 수 있다고 언급하였습니다. 왜 '전부'라는 표현 대신에 '대부분'이라는 표현을 썼을까요? 이것은 사이킷런 라이브러리가 딥러닝 모델을 일부의 제한된 형태로만 다룰 수 있기 때문입니다. 사이킷런으로 왜 복잡한 딥러닝 모델까지 배워야 하느냐는 의문이 들 수도 있습니다. 딥러닝 모델은 기존의 머신러닝 모델이 해결하지 못한 문제를 해결해내는 특출한 능력이 있습니다.

일반적인 머신러닝은 비즈니스 업무 분석 등에 쓰이면 대단히 유용합니다. 제가 비즈니스 분석 학과인 MSBA에 입학하고서 교과과정에 따라 머신러닝 모델을 배우게 된 것은 그 때문입니다. 딥러닝은 머신러닝의 일부분이지만 기존의 머신러닝 영역을 뛰어넘는 잠재력을 지녔습니다. 이미지 분석, 텍스트 분석, 언어 번역, 자율 운전, 그리고 궁극적으로 AI 연구 등에 특화된 것이 딥러닝입니다. 지금 전 세계적으로 아이디어와 연구가 폭발하는 분야이고, 산업적으로도 굉장한 이익을 창출할 수 있는 분야이기 때문에 딥러닝은 중요하고 특별한 연구 영역입니다.

이런 필요성에 의해 다양하고 정교한 딥러닝 모델을 실행하기 위한 시도가 이어졌습니다. 텐서플로(TensorFlow)는 구글에서 2015년에 공개한 오픈소스 머신러닝 플랫폼으로, 딥러닝 모델을 위한 복잡한 연산을 지원합니다. 현재 사용되고 있는 TensorFlow 2.0은 2019년 9월에 공식적으로 배포되었습니다. 텐서플로는 CPU와 GPU를 효율적으로 활용할 수 있고, 특히 수많은 GPU의 클러스터를 동시에 활용하는 병렬 컴퓨팅에 특화되어 있습니다.

케라스(Keras)는 프랑스와 숄레(François Chollet) 등에 의해 2015년에 발표되었으며 파이썬으로 작성된 신경망 API입니다. 케라스는 수많은 GPU 클러스터에서 운용될 수 있습니다. 케라스는 딥러닝 신경망 모델을 학습시키기 위해 백엔드 연산 엔진이 필요한데, 기본 백엔드 연산 엔진으로 테아노(Theano)를 사용하다가 구글이 텐서플로를 공개하면서 상황이 변하게 됩니다.

텐서플로는 기본적으로 머신러닝, 특히 딥러닝 모델에 사용되는 수학 연산 라이브러리고, 그 기능의 강력함 때문에 케라스 v1.1.0부터 텐서플로가 케라스의 기본 벡엔드 연산 엔진이 됩니다. 그리고 구글이 2019년에 텐서플로 2.0을 발표한 이후, 케라스는 텐서플로의 공식 API가 되었습니다. 케라스의 개발자인 프랑스와 숄레는 케라스 2.3.0 공개와 함께 텐서플로 2.0 및 그에 포함된 tf.keras 패키지를 사용할 것을 권고하기에 이릅니다.

TensorFlow + Keras

케라스는 직관적으로 사용하기 편한 고수준 API를 제공하기 때문에 간단하게 텐서플로 틀 안에서 tf.keras 패키지만 공부하면 웬만한 딥러닝 모델은 구축하고 실행할 수 있습니다. tf.keras를 활용한 예제는 4장에 수록된 딥러닝 신경망 모델과 Part 3의 딥러닝 프로젝트를 참고하기 바랍니다.

2.6 이 책의 실습 환경

2.6.1 주피터 노트북

파이썬을 실행하기 위해서는 구글 코랩(Google Colab)을 이용하거나, 별도로 아나콘다 내비게이터를 설치한 후 주피터 노트북(Jupyter notebook)을 여는 것이 좋습니다. 그 이유는 웹 브라우저에서 편리하게 파이썬 코드를 작성하고 실행까지 해볼 수 있기 때문입니다. 주피터 노트북은 대표적인 파이썬 개발 도구이며, 코랩 노트북은 주피터 노트북을 구글에서 커스터마이징한 것입니다.

주피터 노트북보다 설치가 필요 없는 구글 코랩을 사용하는 게 더 편할 수도 있습니다. 그러나 아나콘다 내비게이터 설치를 통한 주피터 노트북도 코랩 못지 않은 장점이 있으므로 둘 다 사용해보는 것이 좋습니다. 이 책에서는 머신러닝 모델은 주피터 노트북에서 실행하고, 일부 딥러닝 모델만 구글 코랩에서 실행합니다.

이 책을 집필할 때 사용한 macOS는 Big Sur v11.1이고, 파이썬 버전은 macOS와 Windows 10 모두 3.9를 사용했습니다. 구글 코랩은 웹에서 구동되므로 항상 최신 버전을 사용할 수 있고, 운영체제에 상관없이 파이썬이 작동합니다.

Windows에 설치하기

우선 아나콘다 내비게이터를 설치한 후 주피터 노트북을 실행하는 방법을 살펴봅시다. 아나콘다 사이트(www.anaconda.com)에 접속하여 〈Download〉 버튼을 눌러 파일을 다운로드합니다.

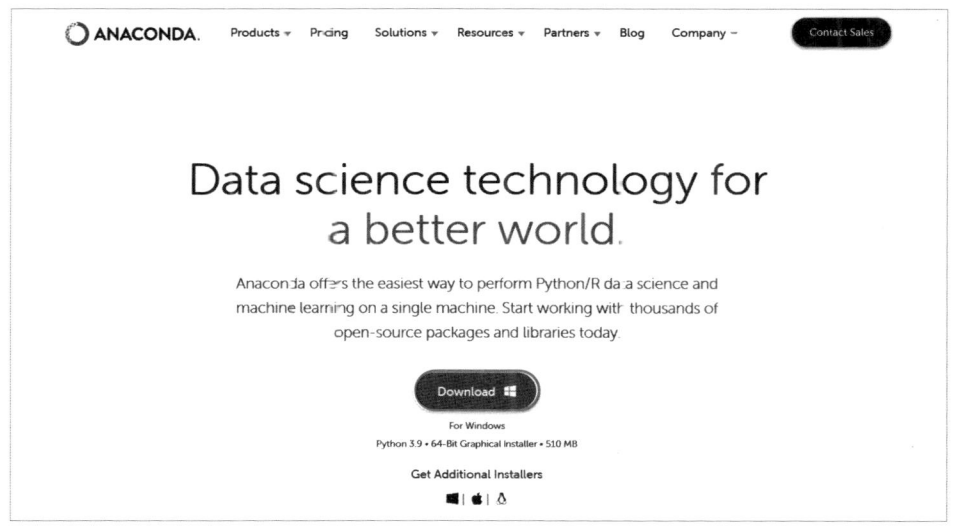

다운받은 파일을 더블 클릭하면 설치가 시작되나, 마우스 오른쪽 클릭 후 관리자 권한으로 실행하여 설치하는 것을 권장합니다. 〈Next〉 버튼을 눌러 모두 기본값으로 설치를 진행하고, 설치가 완료되면 아나콘다 내비게이터(Anaconda Navigator)를 실행합니다.

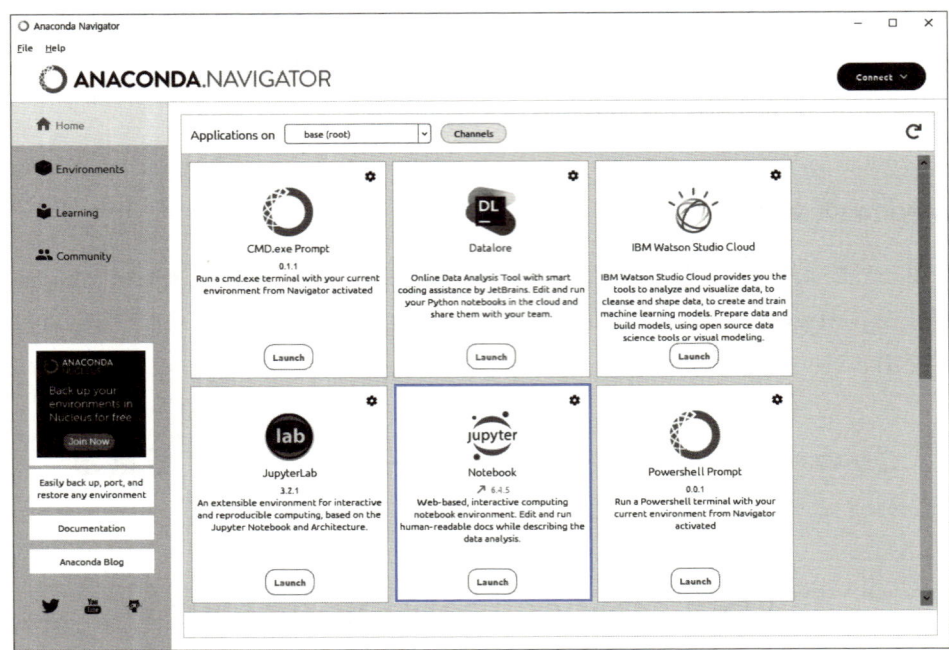

아나콘다 내비게이터의 첫 화면에서 주피터 노트북의 〈Launch〉 버튼을 클릭합니다. 그러면 웹 브라우저에서 아래와 같이 주피터 노트북이 열립니다.

/ 주피터 노트북이 열리지 않는다고요?

PC의 사용자 아이디가 영어가 아닌 한글로 되어 있는 경우에는 아나콘다 내비게이터에서 주피터 노트북 〈Launch〉 버튼을 눌렀는데도 웹 브라우저에서 주피터 노트북이 열리지 않을 수 있습니다. 이럴 때는 [제어판] → [사용자 계정] → [계정 이름 변경]에서 계정 이름을 영어로 변경해주면 됩니다.

macOS에 설치하기

macOS에서도 마찬가지로 첫 페이지의 〈Download〉 버튼을 눌러 설치 파일을 다운로드합니다. 다운로드한 설치 파일을 더블 클릭하여 설치를 시작하고, 설치가 완료되면 아나콘다 내비게이터를 실행합니다.

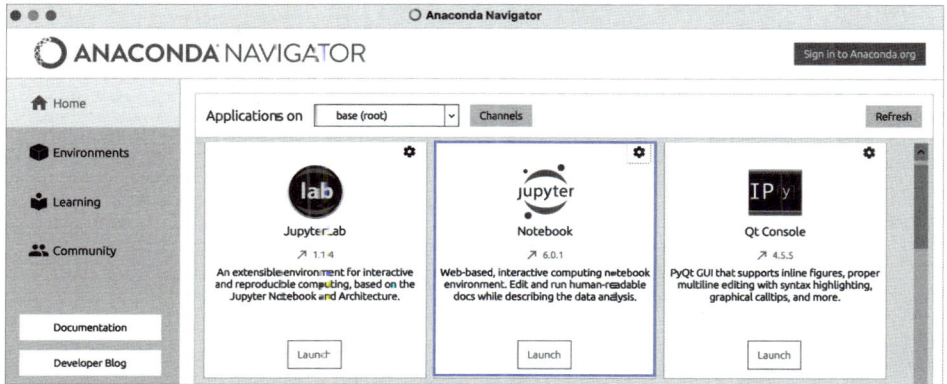

마찬가지로 주피터 노트북의 〈Launch〉 버튼을 클릭하면 주피터 노트북이 웹 브라우저에서 실행됩니다.

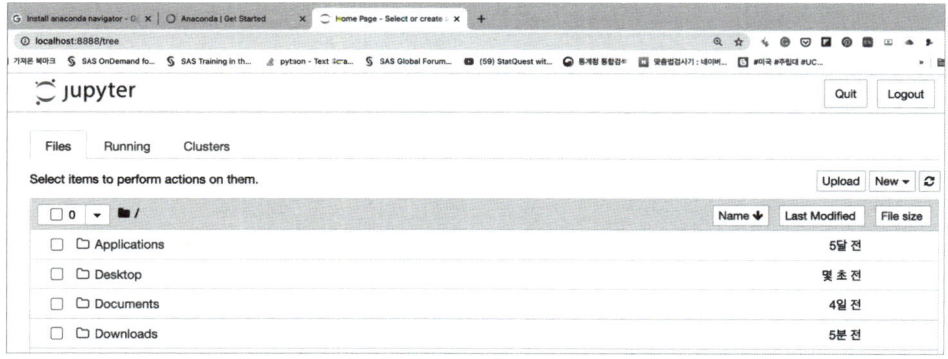

macOS든 Windows든 아나콘다 내비게이터와 주피터 노트북 화면은 거의 유사합니다. 사용자 입장에서는 OS에 상관없이 동일한 유저 인터페이스를 쓸 수 있어서 매우 편리합니다.

이 책의 실습 자료를 다운받으면 컴퓨터 Documents 폴더 내에 Book1 폴더를 만들고 그 안에 저장하기를 바랍니다. 주피터 노트북 내에서 폴더를 생성하는 것은 번거로우므로 Windows 파일 탐색기나 macOS의 파인더 기능을 통해 폴더를 생성하면 주피터 노트북에 생성한 폴더가 반영됩니다.

2.6.2 코랩

구글 코랩 이용 방법을 알아보겠습니다. 2.3절에서 설명했던 것과 마찬가지로 컴퓨터에서 브라우저를 열고 colab.research.google.com에 접속합니다. 그러면 다음 화면이 나타납니다.

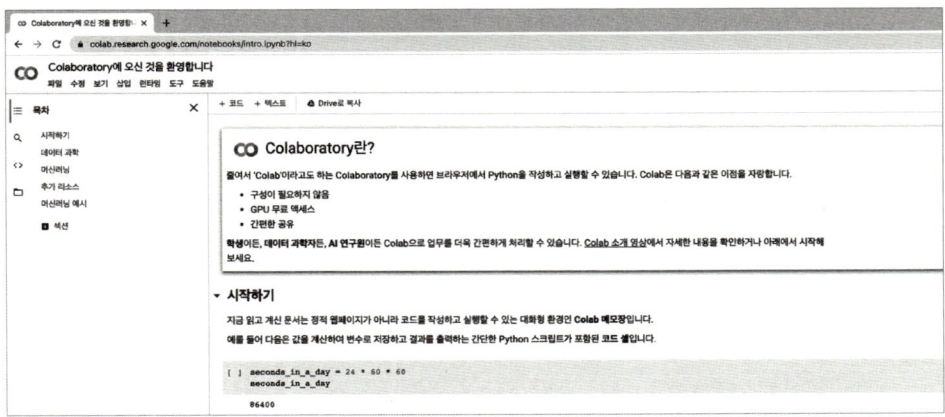

맨 위에 [파일] 메뉴가 있습니다. [파일] 메뉴를 마우스로 클릭하면 다음과 같이 메뉴가 열리고, 여기에 [새 노트]라는 항목이 보입니다.

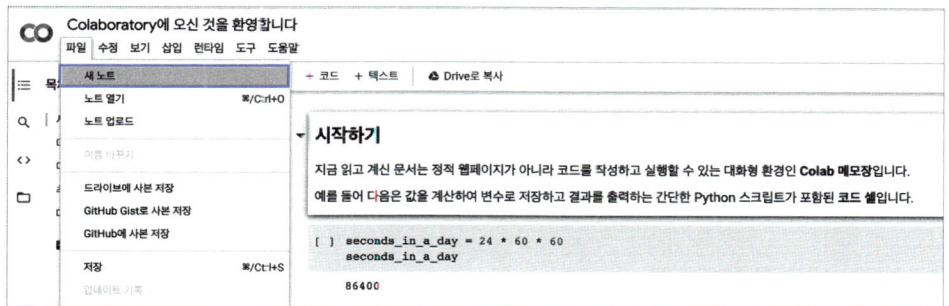

위 화면에서 [새 노트] 메뉴를 클릭하면 다음과 같은 화면이 나타납니다. 구글에 로그인하지 않은 상태라면 로그인을 해야 합니다.

코랩 노트북의 프로그래밍 입력창이 떴습니다. 이 입력창을 코드 셀이라고 합니다. 참고로 ipynb는 코랩과 주피터 노트북에서 생성된 노트북에 붙는 확장자입니다.

코드 셀에 시험 삼아 파이썬 코드를 한 줄 입력하고 실행하겠습니다. 코랩과 주피터 노트북에서는 〈Shift〉 키와 〈Enter〉 키를 누르면 코드가 실행됩니다. 코랩에서는 코드 옆에 있는 셀 실행 버튼(▶)을 클릭해도 실행됩니다.

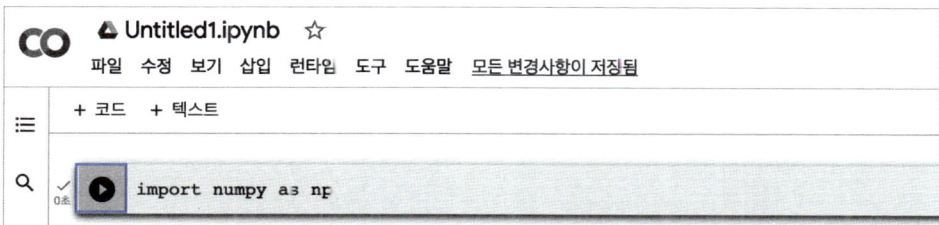

이는 파이썬의 넘파이 라이브러리를 불러와 np로 명명하겠다는 코드입니다. 정상적으로 코드가 실행되면 코드 셀 앞에 녹색 체크 표시와 함께 실행 시간이 뜹니다. 0초는 거의 시간이 소요되지 않았다는 뜻입니다.

이제 이 파일을 저장해보겠습니다. 상단의 [파일] 메뉴를 클릭하고, [저장]을 클릭합니다.

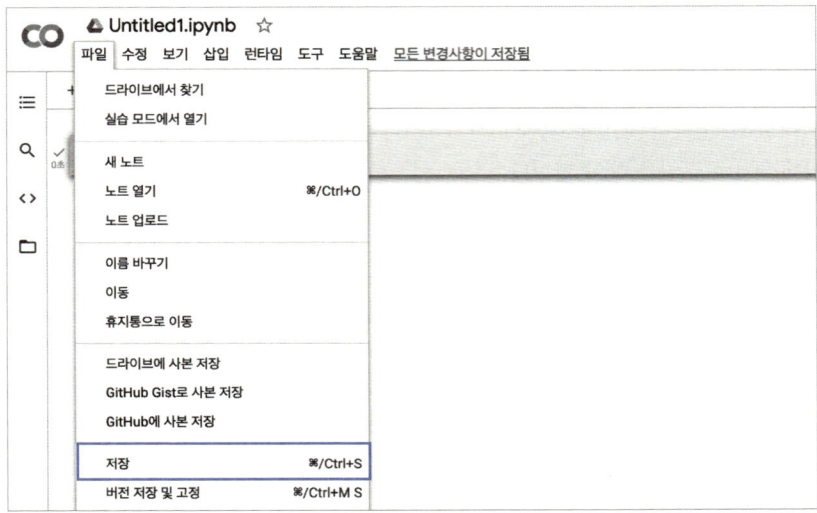

다만 이렇게 저장하면 코랩을 닫을 때 저장한 노트북도 같이 사라집니다. 따라서 구글 드라이브에 코랩 노트북을 저장하는 것을 추천합니다. 그러려면 구글 드라이브를 코랩에 연동시켜야 합니다. 코랩의 맨 왼쪽에 있는 파일 아이콘(📁)을 클릭합니다.

화면 왼쪽에 파일창이 열리면 상단 아이콘 중에 드라이브 마운트 아이콘(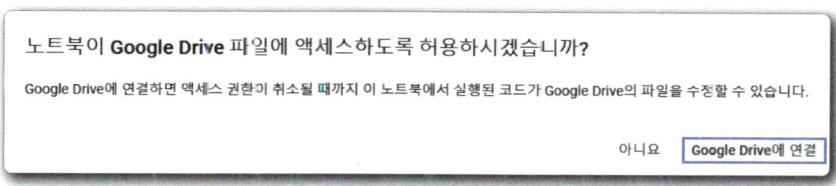)을 클릭합니다. 그러면 다음 메시지가 나타납니다.

〈Google Drive에 연결〉 버튼을 클릭합니다. 그다음 계정 선택창이 뜨면 코랩 노트북을 연동할 계정을 선택합니다. 다음과 같이 구글 드라이브가 구글 코랩에 연동됐다는 메시지가 나오면 끝입니다.

이제 여러분의 구글 드라이브에 코랩 노트북을 저장할 수 있습니다.

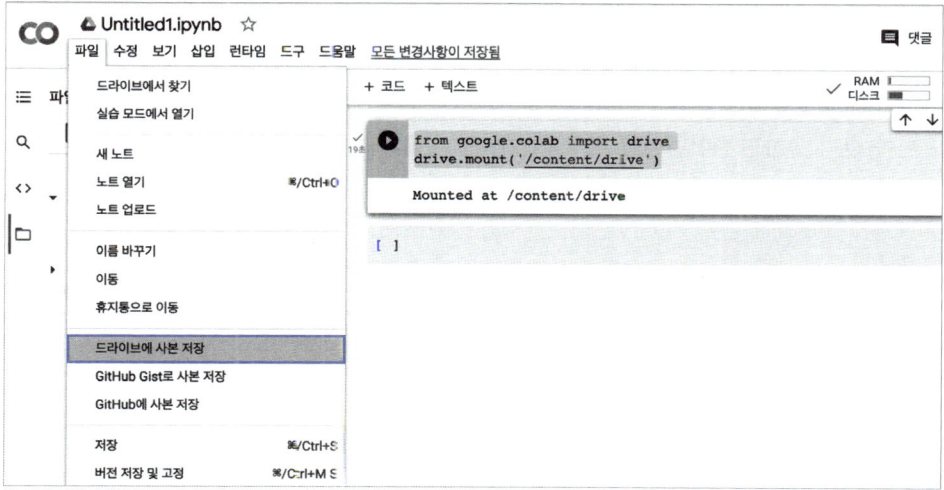

이제부터는 [드라이브에 사본 저장]을 누릅니다. 구글 드라이브에 사본이 잘 저장됐는지 확인하려면 파일 아이콘(📁)을 클릭하면 됩니다.

MyDrive 폴더와 Colab Notebooks 폴더를 순차적으로 클릭하면 우리가 지금 코랩 노트북에서 코딩 중인 Untitled1.ipynb의 사본 파일이 보입니다. 이 파일이 구글 드라이브에서도 보이는지 확인해보겠습니다. 연동한 계정의 구글 드라이브로 가보면 아래와 같이 My Drive > Colab Notebooks 폴더에 저장되어 있음을 알 수 있습니다.

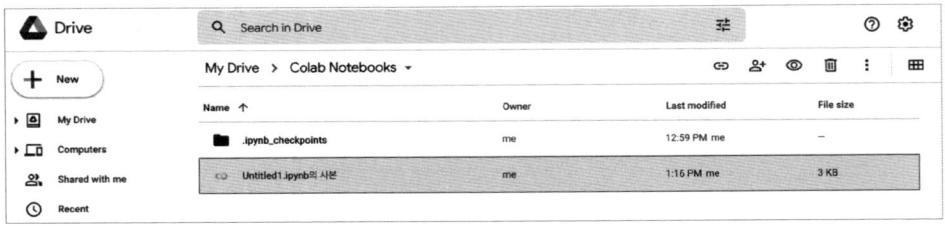

저장된 파일명을 수정할 수도 있습니다. 구글 드라이브에서 해당 파일을 선택한 후 마우스 오른쪽 클릭을 하면 [파일 이름 바꾸기] 메뉴가 있습니다. 혹은 구글 코랩 노트북의 [파일] 메뉴에서 [이름 바꾸기]를 선택해도 됩니다.

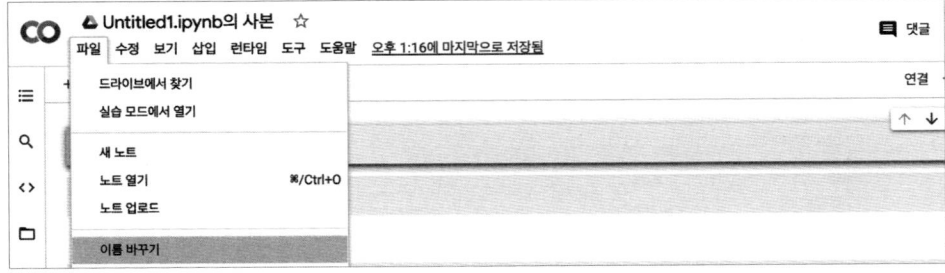

이상으로 코랩을 사용하기 위한 파일 열기, 간단한 코딩, 구글 드라이브와 연동, 그리고 저장하는 방법을 알아봤습니다.

2.6.3 실습 자료 다운받기

이 책에서 쓰이는 파이썬 코드 및 데이터는 www.github.com/jasonyim2/book1 혹은 www.rubypaper.co.kr의 자료실에서 다운받을 수 있습니다.

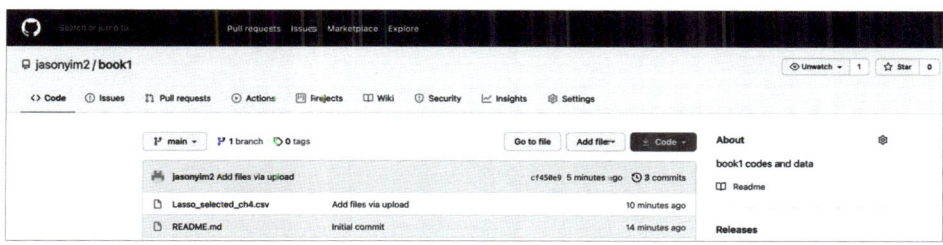

다운받은 코드와 데이터는 C:\Users\User\Documents에 Book1 폴더를 만들어서 그 안에 저장하기 바랍니다. 주피터 노트북 내에서 폴더를 생성하는 것은 번거롭습니다. Windows의 파일 탐색기나 macOS의 파인더 기능을 통해 미리 폴더를 생성하면 주피터 노트북에서도 생성한 폴더가 반영되므로 편합니다.

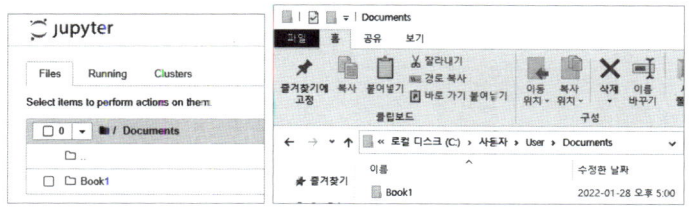

이제 모든 실습 환경 구성이 끝났으니 머신러닝과 딥러닝 프로젝트를 시작해봅시다.

PART

02

머신러닝 프로젝트

Part2에서는 두 개의 머신러닝 프로젝트와 딥러닝 예제를 살펴봅니다. 머신러닝 프로젝트에서는 13개의 머신러닝 모델을 다루며, 텐서플로 케라스 신경망 모델도 포함합니다. 머신러닝 프로젝트를 처음부터 끝까지 실행하면서 다루는 데이터 처리, 탐색적 자료 분석 및 시각화, 그리고 머신러닝 모델 실행 및 평가가 이 책의 정수를 담고 있습니다. 단계마다 제공하는 흐름도를 참고하여 전체 과정 중 어디를 코딩하고 있는지 짚어가며 공부해봅시다.

03 _ 뇌졸중 예측 분석(초급 프로젝트)
04 _ 주택 가격 분석(중급 프로젝트)

03 뇌졸중 예측 분석(초급 프로젝트)

쉽게 시작할 수 있는 초심자 레벨의 프로젝트입니다. 데이터는 캐글(kaggle) 사이트에 있는 자료를 사용하였습니다. 기초적인 데이터 처리 및 탐색적 자료 분석 과정을 거친 후 4개 머신러닝 모델을 실행합니다. 뇌졸중을 예측하고 분석하는 초급 프로젝트로 머신러닝을 워밍업 해봅시다.

3.1 뇌졸중은 어떻게 발병하지?

프로젝트 흐름도

- 문제 제기
- 데이터 구하기
- 타깃 변수 설정
- 데이터 처리
- 탐색적 자료 분석 및 시각화
- 머신러닝 모델 수립
- 머신러닝 모델 실행
- 최적 모델 선정 및 활용

5,000명의 의료 데이터가 있다고 생각해 보세요. 여러분은 이 데이터로 무엇을 알고 싶을까요? 이 '궁금증'이 모든 분석의 시작점입니다. 데이터 분석 및 머신러닝 전체 과정의 첫 출발은 '문제 제기'입니다. 즉, '무엇을 알고 싶다'라는 근본적인 연구 동기가 필요합니다. 이러한 호기심이 있어야 이것을 해결하는 과정이 즐겁고 재밌어집니다. 이번 장의 연구 주제는 다음과 같습니다.

뇌졸중(stroke) 발병 요인 중 중요한 변수는 무엇인가?

별로 흥미롭지 않다고요? 그럼 이런 연구 주제는 어떤가요?

프리미어 리그 축구 선수의 랭킹을 결정하는 요인은 무엇인가?
혹은
NBA 팀의 선수 구성을 어떻게 해야 우승 확률을 높아지는가?

스포츠 관련 연구 주제는 확실히 더 재미있어 보입니다. 데이터만 있다면 흥미로운 분야에 대한 분석이 가능합니다. 이 장에서 데이터를 처리하고 머신러닝 모델을 실행하면서 파이썬 기술을 습득하면 다른 분야에도 응용할 수 있습니다. 그러니 이 장의 연구 주제인 '뇌졸중에 영향을 미치는 요인'을 먼저 살펴보도록 합시다.

 / 에피소드 8

인터넷상에는 주택 정보, 인구 정보, 프리미어 리그 통계, NBA 농구 선수 통계 등 많은 데이터가 공개되어 있습니다. 파이썬 수업 때 전 세계 축구 선수 데이터베이스의 일부를 내려받아서 '손흥민 선수의 축구 기술과 연봉은 프리미어 리그 축구 선수 중 몇 번째일까?'를 찾아본 적이 있습니다. 파이썬 코드 몇 줄로 결과가 나옵니다. 관심 분야의 실제 데이터를 가지고 원하는 답을 얻는 경험을 하게 되면 갑자기 데이터 분석이 흥미진진해집니다.

3.2 뇌졸중과 관련된 데이터를 모으자

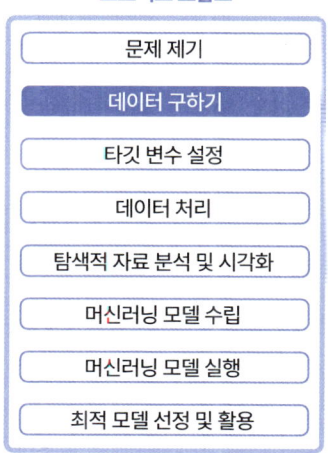

연구 주제를 정했으면 데이터를 수집해야 합니다. 우리는 캐글 사이트(www.kaggle.com)에 있는 뇌졸중 예측 데이터세트 자료를 사용할 것입니다.

> **캐글(kaggle)!**
>
> 캐글은 데이터 사이언스 및 머신러닝을 위한 온라인 커뮤니티로, 2010년에 설립되었습니다. 머신러닝 대회를 열고 퍼블릭 데이터 플랫폼, 데이터 사이언스 작업장, 그리고 인공지능 교육 등을 제공하고 있습니다.
>
> 캐글은 머신러닝 데이터의 보물 창고로서, 캐글을 잘 활용하면 데이터 분석과 모델링 실력을 획기적으로 향상시키는 데 많은 도움이 됩니다.

캐글 사이트에 올라온 프로젝트명은 Stroke Prediction Dataset입니다. 캐글 사이트에 로그인 한 뒤, [Datasets] 메뉴에서 'Stroke Prediction Dataset'를 검색하면 자료를 다운받을 수 있습니다.

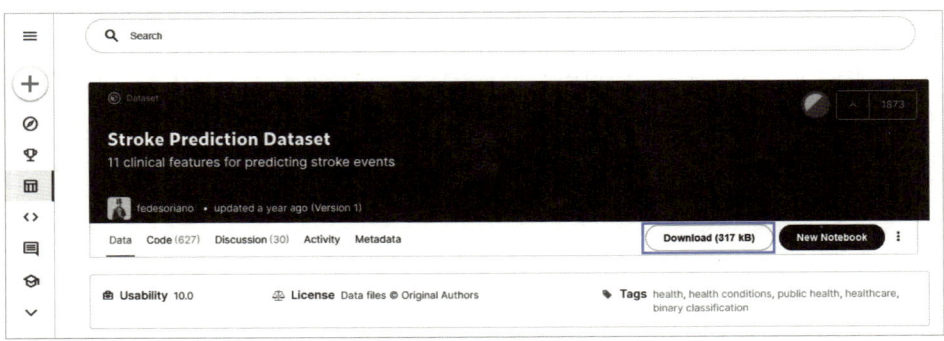

다운로드된 파일의 압축을 풀면 healthcare-dataset-stroke-data.csv 파일이 생깁니다. 이 파일을 컴퓨터의 Documents 폴더에 Book1 폴더를 만들고 하위 폴더로 Ch3 폴더를 만든 다음, 여기에 저장합니다.

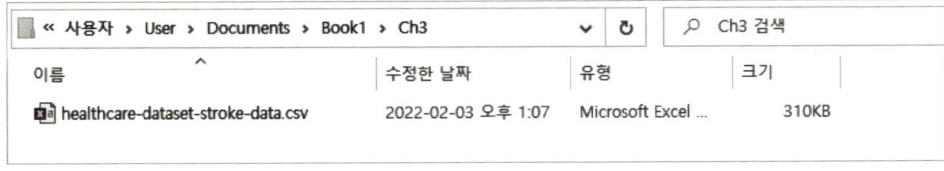

이 데이터세트는 성별, 나이, 질환, 흡연 등의 여러 가지 건강 요인 입력 변수를 기반으로 환자의 뇌졸중 발병을 예측합니다. ID 변수(id)와 타깃 변수(stroke)를 제외한 입력 변수는 총 10개입니다. 변수의 데이터 정의는 아래 표와 같습니다.

아래 표의 사용 구분 항목에서는 해당 변수가 모델에 입력 변수로 사용되면 Input, 타깃 변수로 사용되면 Target, 사용되지 않으면 Rejected로 표기합니다. 아울러 측정 수준에서 연속 숫자형 변수, 즉 구간 변수는 Interval로 표기하고 범주형 변수를 포함한 명목형 변수는 Nominal로 표기합니다.

변수명	데이터 정의	사용 구분	측정 수준
id	고유 식별자	Rejected	Nominal
gender (성별)	남자 여자 기타	Input	Nominal
age (나이)	나이	Input	Interval
hypertension (고혈압)	환자가 고혈압이 아니면 0 환자가 고혈압이면 1	Input	Nominal
heart_disease (심장병)	환자가 심장병이 없으면 0 환자가 심장병이 있으면 1	Input	Nominal
ever_married (결혼 여부)	미혼 결혼한 적 있음	Input	Nominal
work_type (근무 형태)	미성년자 공무원 무직 직장인 자영업자	Input	Nominal
residence_type (주거 형태)	농촌 도시	Input	Nominal
avg_glucose_level (평균 혈당치)	평균 혈당치	Input	Interval

변수명	데이터 정의	사용 구분	측정 수준
bmi (체질량 지수)	체질량 지수	Input	Interval
smoking_status (흡연 상태)	과거 흡연자 비흡연자 현재 흡연자 알 수 없음	Input	Nominal
stroke (뇌졸중 경험 여부)	환자가 뇌졸중이었던 적이 없으면 0 환자가 뇌졸중이었던 적이 있으면 1	Target	Nominal

3.3 그전에도 뇌졸중이 발병한 적이 있을까?

프로젝트 흐름도

- 문제 제기
- 데이터 구하기
- **타깃 변수 설정**
- 데이터 처리
- 탐색적 자료 분석 및 시각화
- 머신러닝 모델 수립
- 머신러닝 모델 실행
- 최적 모델 선정 및 활용

타깃 변수 설정은 매우 중요합니다. 타깃 변수란 관심을 갖고 추적(targeting)하는 변수이며, 연구 분석의 목적이 되는 변수입니다. '타깃 변수'라는 용어는 머신러닝이 아닌 분야에서는 일반적으로 종속 변수(dependent variable)라고 불립니다. 예를 들어 회귀 분석 모델을 나타내는 수식 $Y = aX_1 + bX_2 + e$에서 맨 왼쪽에 있는 Y 변수가 종속 변수인데, 머신러닝 부문에서는 타깃 변수라고 칭합니다. 참고로 X_1과 X_2는 입력 변수(input variable) 혹은 설명 변수(explanatory variable)라고 합니다.

이번 프로젝트에서는 뇌졸중 경험 여부를 나타내는 stroke 변수가 타깃 변수입니다. 타깃 변수의 구체적 정의는 다음과 같습니다.

> 타깃 변수명: stroke
> 타깃 변숫값: 과거에 한 번이라도 뇌졸중이 발병했으면 1, 아니면 0

타깃 변수 설정이 없으면 머신러닝 모델 설정이 불가능합니다. 따라서 연구 주제를 설정한 후에는 타깃 변수를 지정하거나 생성하는 것이 매우 중요합니다.

3.4 0.08세도 뇌졸중이 온다고?

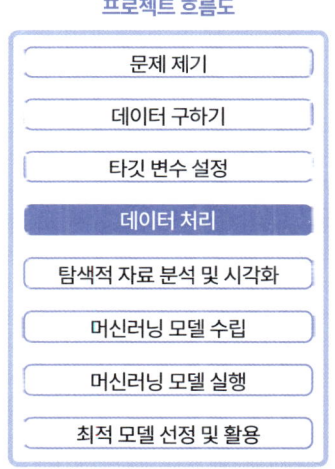

머신러닝 전체 과정에서 가장 중요한 세 가지 단계를 꼽으라고 하면 데이터 처리(data cleaning), 탐색적 자료 분석(이하 시각화 포함), 그리고 머신러닝 모델 실행 단계입니다. 이번 실습에서 사용할 데이터는 잘 정돈된 데이터여서 데이터 처리를 쉽게 끝낼 수 있습니다.

데이터 처리를 한 후에는 몇 가지 기초적인 머신러닝 모델을 돌려서 간단하게 전체적인 머신러닝 프로세스를 경험해볼 것입니다. 좀 더 복잡한 데이터 처리 과정은 4장에서 다룹니다.

3.4.1 데이터 불러오기

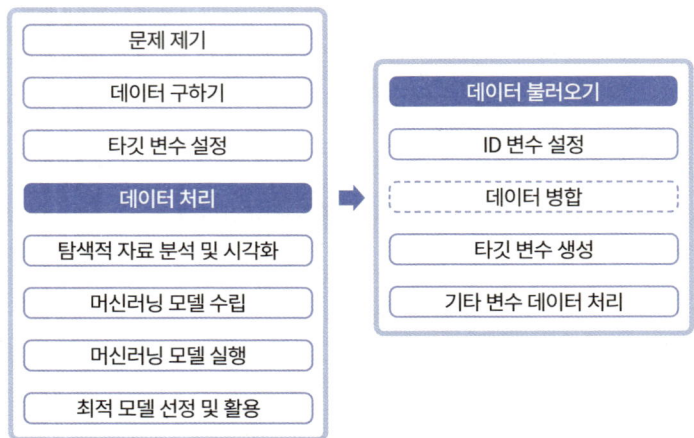

실습에 사용할 원본 데이터 healthcare-dataset-stroke-data.csv 파일을 불러와봅시다. 앞에서 설치한 아나콘다 내비게이터를 실행시키고, 주피터 노트북을 열겠습니다. 주피터 노트북이 열리면 /Documents/Book1/Ch3 폴더로 이동한 뒤, 다음 그림처럼 오른쪽 상단에 [New] → [Python 3(ipykernel)]을 눌러 Ch3 폴더에 파이썬 3 노트북을 생성합니다.

그러면 파이썬 코드 입력창이 아래와 같이 열립니다.

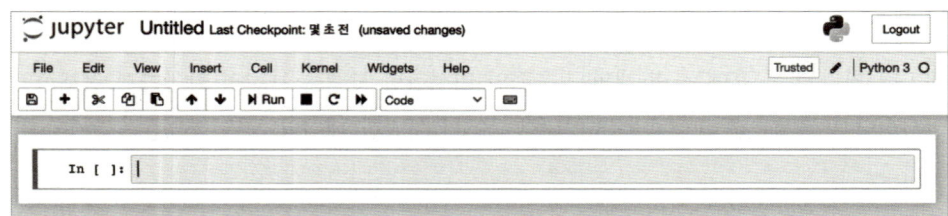

파일 이름을 새로 지정하려면 주피터 노트북 상단의 [File] → [Rename...] 메뉴를 클릭합니다.

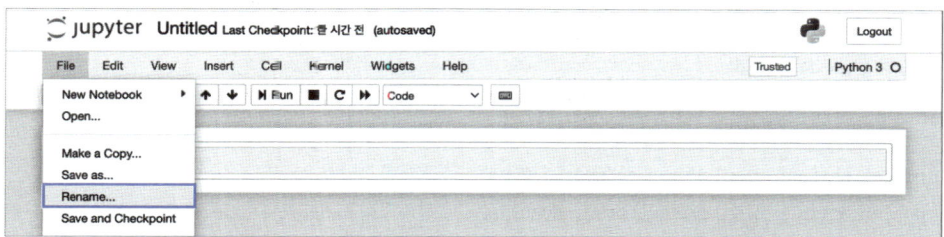

노트북 파일명을 Stroke Data Cleaning 1이라고 입력하고, 파란색의 〈Rename〉 버튼을 누릅니다.

아래 화면을 보면 이제 파일명이 Stroke Data Cleaning 1으로 고쳐져 있음을 알 수 있습니다. 여기서는 보이지 않지만 노트북 파일의 확장자는 ipynb가 자동으로 부여됩니다.

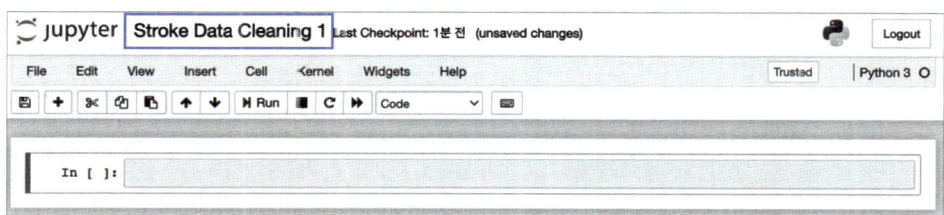

이제 healthcare-dataset-stroke-data.csv 파일을 방금 만든 Stroke Data Cleaning 1.ipynb 노트북에서 불러오겠습니다. 첫 번째 입력창에 아래 코드를 입력해봅시다.

참고로, 불러올 데이터 파일은 노트북 파일과 같은 폴더에 있어야 합니다. 물론 데이터 파일만 따로 관리하기 위해 별도의 폴더를 만들어서 데이터 파일을 넣어 둬도 되지만, 노트북 파일에서 데이터 파일을 불러올 때 데이터 파일의 경로를 입력해줘야 합니다.

```python
import pandas as pd    # 판다스 라이브러리 불러오기
import numpy as np     # 넘파이 라이브러리 불러오기

pd.set_option('display.max_columns', None)  # 결과물로 보여주는 열 개수 최대화
pd.set_option('display.max_rows', None)     # 결과물로 보여주는 행 개수 최대화
# 데이터 파일을 불러와서 데이터프레임(df)에 저장
df = pd.read_csv('healthcare-dataset-stroke-data.csv')

df.head(3)    # 데이터프레임 df를 3행까지 보여주기
```

코드를 모두 입력한 후에 〈Shift〉 키와 〈Enter〉 키를 동시에 누르면 파이썬 코드가 실행되고, 결과는 다음과 같습니다.

	id	gender	age	hypertension	heart_disease	ever_married	work_type	Residence_type	avg_glucose_level	bmi	smoking_status	stroke
0	9046	Male	67.0	0	1	Yes	Private	Urban	228.69	36.6	formerly smoked	1
1	51676	Female	61.0	0	0	Yes	Self-employed	Rural	202.21	NaN	never smoked	1
2	31112	Male	80.0	0	1	Yes	Private	Rural	105.92	32.5	never smoked	1

참고로 In [1]이 있는 코드 셀의 흰색 부분을 마우스로 클릭하고 영문자 a 또는 b를 누르면 현재 코드 셀의 위아래에 새로운 코드 셀을 추가할 수 있습니다.

> **구글 코랩에서 데이터세트 불러오고 저장하기**
>
> 이 책에서 주피터 노트북을 기반으로 설명하는 모든 코드는 구글 코랩에서도 작동합니다. 다만 데이터세트를 불러오거나 작업한 데이터프레임을 csv 파일 등으로 저장할 때 구글 드라이브 경로 설정이 필요합니다. 구글 코랩에서 데이터세트를 불러오고 저장하는 과정은 4.7.6절을 참고하기 바랍니다.

위 코드의 첫 두 줄은 파이썬에서 자주 쓰는 판다스 라이브러리와 넘파이 라이브러리를 불러오는 코드입니다. 파이썬으로 데이터 처리를 할 때는 이 두 줄을 기본적으로 작성하고 시작해야 합니다.

파이썬의 주석

주석문(comment)을 삽입하기 위해서는 샵(#) 기호를 쓰면 됩니다. 파이썬은 주석문 전체를 초록색으로 보여주기 때문에 다른 코드와 구별하기도 쉽습니다.

뇌졸중 예측 데이터세트는 많은 행과 열로 이루어져 있어서 파이썬 실행 결과가 일부분만 보일 수 있습니다. pd.set_option으로 시작하는 두 줄의 코드가 이를 방지하여 모든 행과 열을 출력합니다.

이제 데이터세트의 행과 열 개수를 파악해보겠습니다. 다음 입력창에서 shape 명령어를 입력한 후 실행합니다. 결과를 보면 5,110개의 행과 12개의 열(변수)을 갖고 있음을 알 수 있습니다.

```
df.shape
```

【실행 결과】
```
(5110, 12)
```

불러온 데이터프레임의 주요 정보를 확인하기 위해 info 명령어를 실행합니다.

```
df.info()
```

【실행 결과】
```
<class 'pandas.core.frame.DataFrame'>
RangeIndex: 5110 entries, 0 to 5109
Data columns (total 12 columns):
 #   Column          Non-Null Count  Dtype
---  ------          --------------  -----
 0   id              5110 non-null   int64
 1   gender          5110 non-null   object
 2   age             5110 non-null   float64
 3   hypertension    5110 non-null   int64
 4   heart_disease   5110 non-null   int64
 5   ever_married    5110 non-null   object
 6   work_type       5110 non-null   object
```

```
 7   Residence_type      5110 non-null   object
 8   avg_glucose_level   5110 non-null   float64
 9   bmi                 4909 non-null   float64
 10  smoking_status      5110 non-null   object
 11  stroke              5110 non-null   int64
dtypes: float64(3), int64(4), object(5)
memory usage: 479.2+ KB
```

위 결과 화면의 밑에서 두 번째 줄을 보면 12개의 변수 중에서 실수형 변수는 3개, 정수형 변수는 4개, 오브젝트(object)형 변수는 5개임을 알 수 있습니다. 오브젝트 자료형은 숫자가 아닌 자료형을 의미합니다. 그리고 12개의 변수 중에서 결측값을 가진 변수는 체질량 지수(bmi)뿐입니다.

3.4.2 ID 변수 설정

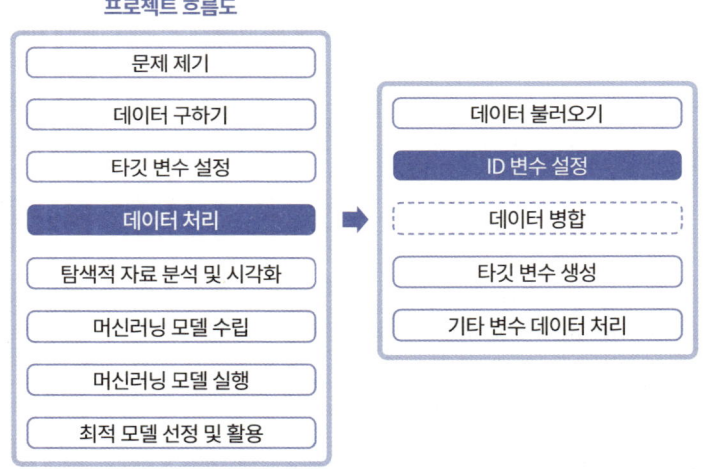

데이터세트에서 초기 단계에 가장 먼저 확인해야 하는 변수는 ID 변수입니다. 뇌졸중 예측 데이터세트에서 ID 변수명은 소문자 id입니다. id 변수의 데이터 타입(dtype)을 확인해보겠습니다.

```
df['id'].dtypes
```

【실행 결과】
```
dtype('int64')
```

그 결과, 정수형 데이터임을 알 수 있습니다. 이번에는 id 변수가 결측값(null value, 빈칸)을 갖는지 확인해보겠습니다.

```
# ID 변수인 id값의 결측값 확인
df['id'].isnull().sum()
```

【실행 결과】
```
0
```

다행히 id 변수는 결측값을 갖고 있지 않습니다. 아울러 id 변수가 중복값을 갖는지 확인하기 위해 유일한(unique) 값의 개수를 알아봅니다.

```
# ID 변수인 id값의 중복 여부를 체크하기 위해 유일한(unique) 값의 개수 체크
# pd.unique는 유일한 변숫값을 출력하고 len은 값의 개수를 카운트
n = len(pd.unique(df['id']))
print(n)
```

【실행 결과】
```
5110
```

id 변숫값 중에서 유일한 값의 가수는 5,110개로, 데이터프레임 df의 행 개수와 일치합니다. 이렇듯 우리가 사용할 데이터세트는 id 변수가 깔끔하게 잘 정리되어 있습니다. 그러나 보통 실제로는 그렇지 않은 데이터가 많습니다.

3.4.3 타깃 변수 생성

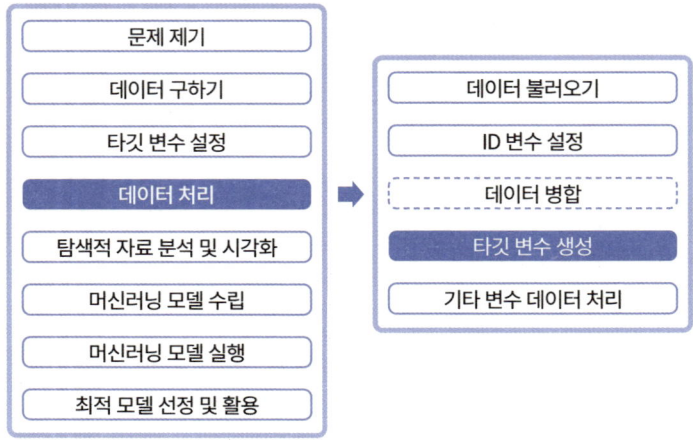

ID 변수를 설정하고 확인한 후에 해야 할 일은 타깃 변수(target variable)의 생성, 분포 확인 및 결측값 제거 과정입니다. 참고로 3.3절에서는 연구 주제에 맞게 타깃 변수를 설정한 것이고, 이 절에서는 타깃 변수를 파이썬 코드로 만들거나 분포를 점검하는 등의 필요한 조치를 취할 것입니다. 앞에서 설정한 타깃 변수는 다음과 같습니다.

> 타깃 변수명: stroke
> 타깃 변숫값: 과거에 한 번이라도 뇌졸중이 발병했으면 1, 아니면 0

먼저 타깃 변수인 뇌졸중 발병(stroke)의 데이터 타입을 살펴보면, 정수형으로 판별됩니다.

```
df['stroke'].dtype
```

【실행 결과】
```
dtype('int64')
```

이어서 타깃 변수의 분포를 살펴봅니다.

```
df['stroke'].isnull().sum()
```

【실행 결과】
```
0
```

```
df['stroke'].value_counts(dropna=False)
```

【실행 결과】
```
0    4861
1     249
Name: stroke, dtype: int64
```

```
df['stroke'].value_counts(dropna=False, normalize=True)
```

【실행 결과】
```
0    0.951272
1    0.048728
Name: stroke, dtype: float64
```

value_counts 명령어에는 가급적 dropna=False를 포함하는 습관을 들이는 것이 좋습니다. 해당 옵션을 넣으면 value_counts 명령어가 결측값의 개수까지 출력해주기 때문입니다.

아울러 normalize=True라는 문구를 넣으면 비율 분포를 알려줍니다. 위 결과에 따르면 뇌졸중 경험 여부(stroke) 변수는 결측값이 없습니다. 발병 경험이 있는 경우(stroke=1)와 발병 경험이 없는 경우(stroke=0)의 비율은 약 5:95, 즉 1:19입니다.

 / 에피소드 9

> 파이썬 명령어 옵션 중에 True 혹은 False라는 값을 쓸 때는 맨 앞 글자를 반드시 대문자로 써야 합니다. 저는 MSBA 시험 중에 이걸 틀려서 에러가 나는 바람에 정말 당황했던 기억이 있습니다. 대문자 하나로 귀중한 시험시간을 20분이나 허비했었습니다. 지금 생각해도 아찔한 기억입니다.

3.4.4 기타 변수 데이터 처리

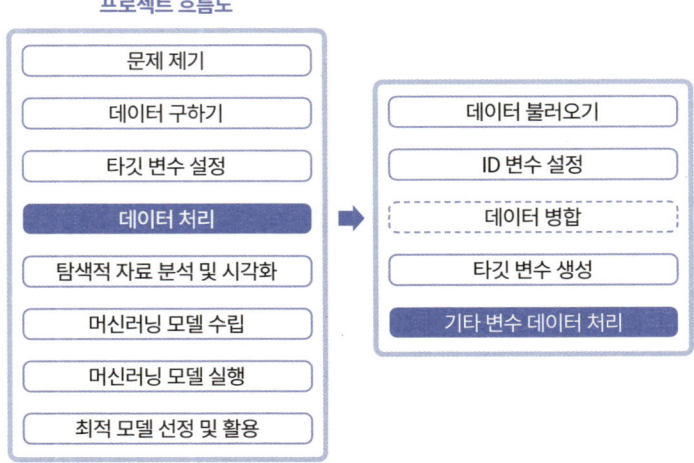

이번에는 ID 변수와 타깃 변수를 제외한 나머지 변수 10개의 데이터를 살펴보겠습니다. 캐글 사이트에서 뇌졸중 예측 데이터세트를 다운로드했던 페이지를 다시 보면, 각 변수의 분포를 시각화하여 제공합니다. 다음은 gender 변수의 분포 비율을 나타낸 화면입니다.

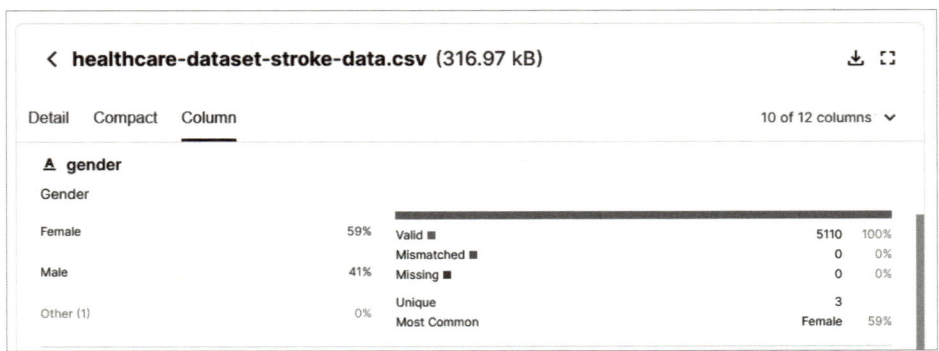

단, 실제 프로젝트에서는 캐글 사이트처럼 시각화 자료가 주어지지 않으니, 파이썬 코딩을 통해 하나하나 변수를 점검해야 합니다. 데이터 정의에 의하면 ID 변수와 타깃 변수를 제외하고 남은 변수 10개 중에서 구간(interval) 변수는 3개고, 범주형(categorical) 변수는 7개입니다.

구간 변수	범주형 변수
age, avg-glucose-level, bmi	gender, hypertension, heart_disease, ever_married, work_type, residence_type, smoking_status

구간 변수의 데이터 타입을 확인해보면 아래와 같이 모두 실수형(float64)임을 알 수 있습니다.

```
cols = ['age','avg_glucose_level','bmi']   # 구간 변수를 cols에 저장
df[cols].dtypes
```

【실행 결과】

```
age                  float64
avg_glucose_level    float64
bmi                  float64
dtype: object
```

구간 변수의 기초 통계량은 다음과 같습니다.

```
pd.options.display.float_format = '{:.2f}'.format   # 소숫점 2자리로 숫자 표기 제한
df[cols].describe()
```

【실행 결과】

	age	avg_glucose_level	bmi
count	5110.00	5110.00	4909.00
mean	43.23	106.15	28.89
std	22.61	45.28	7.85
min	0.08	55.12	10.30
25%	25.00	77.25	23.50
50%	45.00	91.38	28.10
75%	61.00	114.09	33.10
max	82.00	271.74	97.60

결과 화면에서 count를 살펴보면 구간 변수 세 가지 중 체질량 지수(bmi)만이 201개(=5,110−4,909)의 결측값을 가집니다. 이는 3.4.1절에서 데이터를 불러올 때 info 명령

어로도 확인했었습니다. 이 결측값은 추후 머신러닝 모델 코딩에서 평균(mean)으로 대체 (imputation)할 예정입니다. 그리고 min과 max를 통해서 구간 변수의 최솟값과 최댓값을 확인할 수 있습니다.

> **0.08세가 뇌졸중이라고?**
>
> 나이(age)의 최솟값이 0.08세가 나왔는데요. 이상하게 여기지 않고 넘어갈 수도 있습니다. 그러나 어떻게 갓 태어난 아이가 뇌졸중을 겪을 수 있을까요?
>
> 미국 뇌졸중 협회(American Stroke Association) 사이트(www.stroke.org)에 들어가 보면, 뇌졸중은 나이를 가리지 않고 찾아오며 심지어 아직 태어나지 않은 태아에게도 올 수 있다고 기록돼 있습니다.
>
> 그런데 어린이/청소년(1개월부터 18세) 뇌졸중은 성인 뇌졸중과 그 위험 요인이 다릅니다. 우리가 사용할 뇌졸중 예측 데이터세트가 다루는 범주형 변수들은 주로 성인이 되고 나서 문제가 되는 증상이나 습관(결혼 여부, 흡연 등)이 대다수입니다. 따라서 우리는 어린이/청소년 연령대인 18세 이하를 분석에서 제거할 것입니다.
>
> 이처럼 데이터를 검토할 때는 비판적으로 바라보는 시간을 별도로 가지는 것이 좋습니다. 만약 프로젝트 발표 당일에 분석 프로젝트 발주처나 외부 심사자에게서 "뇌졸중 자료를 다루는 환자군에 갓 태어난 아이가 왜 포함됐는가?"는 질문이 나왔을 때 발표자가 적절한 답변을 못하면, 그 순간 그 프로젝트는 큰 타격을 입게 됩니다.
>
> 분석 의도에 따라 어린이/청소년 연령층을 분석에 넣을 수도 있고 제거할 수도 있습니다. 하지만 어떠한 경우이든 분명한 이유를 근거와 함께 제시하는 것이 좋습니다.

데이터세트에서 나이가 18세 이하인 데이터를 제거하기 위해 데이터세트의 각 행이 이 조건을 만족하는지를 알아보겠습니다.

```
df['age'] > 18
```

【실행 결과】

```
...
245    False
246    True
247    True
248    True
```

```
249    False
250    True
...
```

판다스의 장점 중 하나는 불 인덱싱(boolean indexing)을 통해서 원하는 자료를 손쉽게 추출(extraction)할 수 있다는 점입니다. 파이썬에서는 위의 조건식 df['age'] > 18의 실행 결과를 데이터의 행 기준으로 True 혹은 False로 도출합니다.

조건식을 c라는 변수에 담아서 코드의 가독성을 높인 다음 코드를 실행해봅시다.

```
# c는 기준(criterion)의 약자
c = df['age'] > 18
df[c].head(3)
```

【실행 결과】

	id	gender	age	hypertension	heart_disease	ever_married	work_type	Residence_type	avg_glucose_level	bmi	smoking_status	stroke
0	9046	Male	67.00	0	1	Yes	Private	Urban	228.69	36.60	formerly smoked	1
1	51676	Female	61.00	0	0	Yes	Self-employed	Rural	202.21	NaN	never smoked	1
2	31112	Male	80.00	0	1	Yes	Private	Rural	105.92	32.50	never smoked	1

코드 실행 결과, 18세 이상의 행만 선택되었습니다. 즉, 조건문 c를 실행한 결과물로 True 혹은 False가 산출되는데, 여기서 df[c]는 True가 나온 데이터 행만 선택하라는 의미입니다.

이렇게 새롭게 만든 df[c]의 전체 행 수와 원래 데이터프레임 df의 행 수를 비교해보겠습니다.

```
# df[c]의 자료 개수(행 기준)
len(df[c])
```

【실행 결과】
```
4194
```

```
# df 대비 df[c]의 자료 개수(행 기준) 비율
len(df[c]) / len(df)
```

【실행 결과】
```
0.8207436399217222
```

원래 데이터프레임 df의 행은 5,110개지만 조건식 c를 만족하는 데이터프레임 df[c]의 행은 4,194개입니다. 이를 비율로 보면 약 82%입니다. 즉, 18세 이하를 데이터세트에서 제거했더니 원래 데이터세트의 82%만 남았습니다.

 / **따옴표는 언제 붙을까?**

df[c]에서 c는 조건식을 나타내는 변수라서 따옴표가 붙지 않습니다. 만약에 c가 조건식이 아니라 변수명이었다면 df['c'] 혹은 df["c"]로 표기해야 합니다.

분석에 사용하지 않을 데이터를 제거한 df[c]를 데이터프레임 df1에 저장합니다.

```
df1 = df[c]    # 데이터프레임 df[c]를 df1에 저장
df1.shape
```

【실행 결과】
```
(4194, 12)
```

이제 나머지 두 구간 변수인 평균 혈당치(avg_glucose_level)와 체질량 지수(bmi)의 범위를 살펴보겠습니다. 뒤에서 밝히겠지만, 평균 혈당치와 체질량 지수 모두 머신러닝 데이터 처리 단계에서 허용하는 왜도(skewness) 및 첨도(kurtosis) 범위 내에 들어 있어서 통계적으로는 정규분포에 근접합니다. 그러나 만약 정상인의 허용 범위를 벗어난 이상값이 있다면 데이터세트에서 이를 유지할지 제거할지 결정해야 합니다.

여기서는 분석 대상 중에 평균 혈당치와 체질량 지수가 정상인의 수치 범위를 벗어난 것도 포함하여 분석하겠습니다. 두 변수가 의학적으로 정상 수치 내에 있는 자료만 분석하는 것보다 더 풍부한 결과가 나올 수 있기 때문입니다.

범주형 변수 7개의 결측값을 알아보기 전에 변수명을 하나만 고치겠습니다. 주거 형태(residence_type)의 변수명이 원본 데이터 파일에서는 대문자 R로 시작합니다. 다른 변수명은 모두 소문자로 시작하므로 통일성을 주기 위해 이 변수명 또한 소문자 r로 시작하도록 변경합니다.

```
# Residence_type 변수명을 소문자로 시작하게 변경
df1 = df1.rename(columns={'Residence_type' : 'residence_type'})
```

이제 범주형 변수 7개의 결측값을 살펴봅니다.

```
# 범주형 변수를 cols1에 저장.
cols1 = ['gender', 'hypertension', 'heart_disease', 'ever_married',
         'work_type', 'residence_type', 'smoking_status']
df1[cols1].isnull().sum()
```

【실행 결과】

```
gender              0
hypertension        0
heart_disease       0
ever_married        0
work_type           0
residence_type      0
smoking_status      0
dtype: int64
```

실행 결과를 보면, 범주형 변수 7개 모두 결측값이 없습니다. 변수들의 데이터 타입을 알아보겠습니다.

```
df1[cols1].dtypes
```

【실행 결과】

```
gender            object
hypertension       int64
heart_disease      int64
ever_married      object
work_type         object
residence_type    object
smoking_status    object
dtype: object
```

고혈압(hypertension)과 심장병(heart_disease)의 데이터 타입은 정수형(int64)이고, 나머지 변수는 오브젝트(object)로 나타납니다. 즉, 나머지 변수는 숫자형 자료가 아니라는 의미입니다.

3.5 어떤 요인이 뇌졸중에 영향을 미칠까?

프로젝트 흐름도

- 문제 제기
- 데이터 구하기
- 타깃 변수 설정
- 데이터 처리
- **탐색적 자료 분석 및 시각화**
- 머신러닝 모델 수립
- 머신러닝 모델 실행
- 최적 모델 선정 및 활용

지금까지 처리한 데이터세트를 대상으로 탐색적 자료 분석과 시각화 과정을 진행하겠습니다. 우선 이번 과정은 변수가 구간 변수인지 범주형 변수인지에 따라 자료 분석 방법이 나뉩니다. 구간 변수에서는 요약 통계 검토와 이상값(outlier) 제거 및 상관관계 분석 등이 필요하며, 범주형 변수의 경우 도수분포표(frequency table)를 검토합니다.

3.5.1 결측값이 50% 초과인 변수 제거

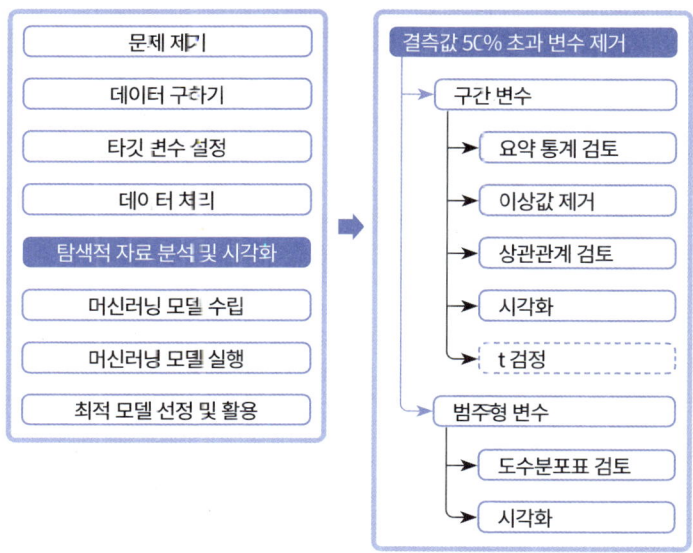

타깃 변수는 결측값이 있으면 안 됩니다. 다행히 뇌졸중 예측 데이터세트의 타깃 변수인 stroke는 결측값이 없습니다. 만약 타깃 변수가 결측값을 가지면, 타깃 변수의 결측값을 제거한 후 나머지 입력 변수들의 결측값 비율을 알아봐야 합니다.

일반적으로 결측값 비율이 50% 이하인 변수들만 머신러닝 모델에 투입합니다. 물론 이것은 절대적인 기준은 아니며, 머신러닝 모델의 결과를 증대시키는 데 기여한다면 결측값 비율이 60%, 혹은 70%인 변수도 고려할 수 있습니다. 결측값을 갖는 변수는 다음과 같이 찾아냅니다.

```
# 결측값을 갖고 있는 변수명(컬럼명) 찾기
df1.isna().any()[lambda x: x]
```

【실행 결과】
```
bmi     True
dtype: bool
```

체질량 지수(bmi)가 결측값을 갖고 있습니다. 결측 비율을 알아보겠습니다.

```
# bmi의 결측값 비율 확인
df['bmi'].isnull().mean()
```

【실행 결과】
```
0.03933463796477495
```

결측 비율은 약 3.9%입니다. 우리가 사용할 데이터는 결측값의 비율이 50%를 넘는 변수가 없으므로 별다른 조치 없이 다음 분석으로 넘어가겠습니다.

3.5.2 요약 통계 및 도수분포표 검토

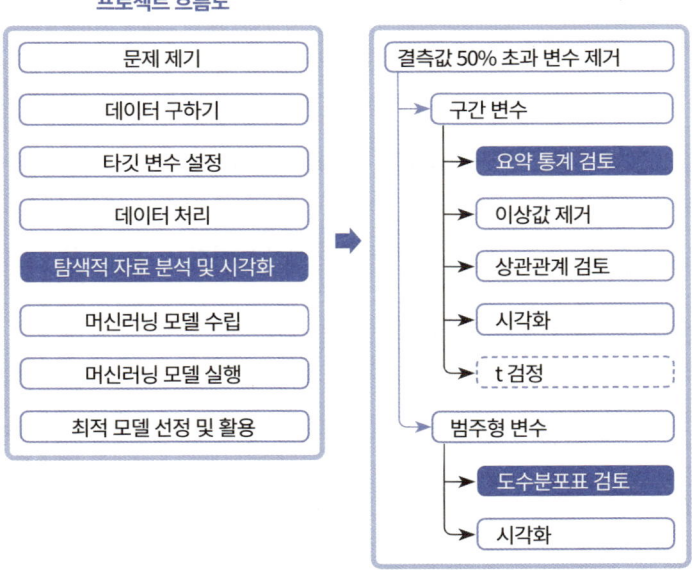

구간 변수인 경우 요약 통계(summary statistics) 검토가 필요합니다. 추가로 왜도 및 첨도를 점검하여 구간 변수의 정규분포 여부를 확인할 수 있습니다. 반면 범주형 변수인 경우에는 변수 자체의 도수분포표, 그리고 타깃 변숫값에 따른 분포를 나타내는 분할표(contingency table)를 점검합니다.

우리는 앞에서 18세 이하인 데이터를 제거했기 때문에 구간 변수들의 요약 통계가 변했을 것입니다. 따라서 3개 구간 변수의 요약 통계를 다시 확인하겠습니다.

```
cols = ['age','avg_glucose_level','bmi']  # 구간 변수를 cols에 저장
df1[cols].describe()  # 구간(interval) 변수의 요약 통계 구하기
```

【실행 결과】

	age	avg_glucose_level	bmi
count	4194.00	4194.00	4014.00
mean	50.66	108.63	30.49
std	17.53	48.00	7.22
min	19.00	55.12	11.30
25%	37.00	77.42	25.50
50%	51.00	92.36	29.30
75%	64.00	116.22	34.20
max	82.00	271.74	92.00

전체 데이터의 행 개수는 4,194개로 줄었으며, 체질량 지수(bmi)는 여전히 결측값이 존재합니다. 그리고 나이(age)의 최솟값이 19세로 조정되었음을 알 수 있습니다.

한편 describe 명령어로 얻을 수 있는 기초 통계량에는 왜도와 첨도가 출력되지 않습니다. 왜도와 첨도는 파이썬의 skew와 kurtosis 명령어로 확인합니다. 왜도를 보면 각 구간 변수가 왼쪽으로 치우치거나(left-skewed), 오른쪽으로 치우친(right-skewed) 분포 여부를 확인할 수 있습니다. 이러한 치우친 분포를 해결하기 위해서는 이상값을 제거하거나 변숫값을 변환(transformation)하면 됩니다.

```
df1[cols].skew()
```

【실행 결과】

```
age                0.03
avg_glucose_level  1.45
bmi                1.24
dtype: float64
```

```
df1[cols].kurtosis()
```

【실행 결과】
```
age                -1.02
avg_glucose_level   1.09
bmi                 3.45
dtype: float64
```

실제로 왜도와 첨도를 구해보니 허용 가능한 범위(왜도 ± 3 이하, 첨도 ± 10 이하)를 크게 벗어난 변수들이 없어서 별도의 추가적인 조치가 필요 없어 보입니다.

이제 범주형 변수의 분포를 살펴보겠습니다. 구간 변수와 달리 범주형 변수는 도수분포표를 확인합니다. 표 형식으로 출력할 필요가 없으면 도수분포표는 value_counts 명령어로 구합니다. 타깃 변수를 포함한 범주형 변수의 데이터 정의를 다시 살펴보겠습니다.

변수명	데이터 정의
gender (성별)	남자 여자 기타
hypertension (고혈압)	환자가 고혈압이 아니면 0 환자가 고혈압이면 1
heart_disease (심장병)	환자가 심장병이 없으면 0 환자가 심장병이 있으면 1
ever_married (결혼 여부)	미혼 결혼한 적 있음
work_type (근무 형태)	미성년자 공무원 무직 직장인 자영업자
residence_type (주거 형태)	농촌 도시

변수명	데이터 정의
smoking_status (흡연 상태)	과거 흡연자 비흡연자 현재 흡연자 알 수 없음
stroke (뇌졸중 경험 여부)	환자가 뇌졸중이었던 적이 없으면 0 환자가 뇌졸중이었던 적이 있으면 1

예를 들어, 근무 형태(work_type) 변수의 범주별 빈도수는 다음과 같습니다.

```
df1['work_type'].value_counts(dropna=False)
```

【실행 결과】

```
Private          2740
Self-employed     804
Govt_job          648
Never_worked        2
Name: work_type, dtype: int64
```

도수분포표를 표로 구성할 때는 pd.crosstab 명령어를 사용합니다. 아래 코드는 도수분포표를 하나는 개수(count) 기준, 하나는 비율(ratio) 기준으로 출력한 것입니다.

```
# frequency table 생성(개수 기준)
pd.crosstab(df1['work_type'], columns='count')
```

【실행 결과】

col_0	count
work_type	
Govt_job	648
Never_worked	2
Private	2740
Self-employed	804

```
# frequency table 생성(비율 기준)
pd.crosstab(df1['work_type'], columns='ratio', normalize=True)
```

【실행 결과】

col_0	ratio
work_type	
Govt_job	0.15
Never_worked	0.00
Private	0.65
Self-employed	0.19

범주형 변수의 빈도수는 타깃 변숫값(예: 0 혹은 1)을 기준으로 하면 더욱 유용합니다. 우리의 타깃 변수 stroke는 뇌졸중 경험이 있으면 1, 그렇지 않으면 0의 값을 갖습니다. 이에 따른 근무 형태(work_type)의 빈도 분포, 즉 분할표를 구해봅시다. 역시 하나는 개수(count) 기준, 하나는 비율(ratio) 기준으로 출력합니다.

```
# frequency table 생성(개수 기준)
pd.crosstab(df1['work_type'], df1['stroke'])
```

【실행 결과】

stroke	0	1
work_type		
Govt_job	615	33
Never_worked	2	0
Private	2591	149
Self-employed	739	65

```
# frequency table 생성(비율 기준)
pd.crosstab(df1['work_type'], df1['stroke'], normalize=True)
```

【실행 결과】

stroke	0	1
work_type		
Govt_job	0.15	0.01
Never_worked	0.00	0.00
Private	0.62	0.04
Self-employed	0.18	0.02

> **에피소드 10**
>
> MSBA 학생들조차 처음에는 탐색적 분석에서 타깃 변수의 값을 기준으로 주요 변수들의 분포를 파악하는 것의 왜 중요한지를 잘 인지하지 못합니다. 그러나 타깃 변숫값이 1인 데이터세트와 0인 데이터세트에서 특정 입력 변수와 분도를 비 교해보면 해당 입력 변수가 타깃 변숫값에 미치는 영향력을 어느 정도 추측할 수 있습니다.
>
> 이는 MSBA 수업에서 특히 강조한 내용이기도 하므로 타깃 변수를 늘 염두에 두고 입력 변수에 대한 탐색적 자료 분석(시각화 포함)을 수행하도록 하세요.

표를 시각화한 그래프 형태는 3.5.5절의 시각화에서 다룹니다. 변수들의 분포에 대해서 표와 그래프를 함께 보여주건 더 나은 보고서를 만들 수 있습니다.

3.5.3 이상값 제거

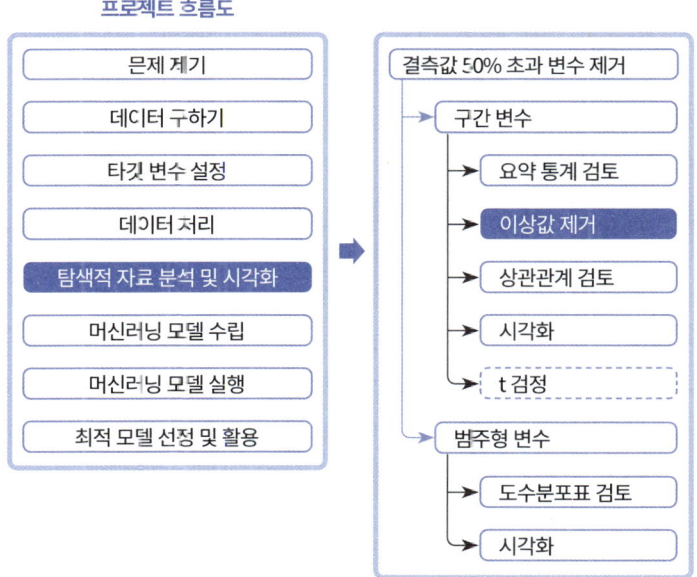

이상값 제거는 구간 변수에서만 실행합니다. 극단적인 이상값은 분석 결과에 왜곡을 가져올 수 있기 때문에 이상값을 제거하여 구간 변수들의 왜도 및 첨도가 수용 가능한 영역의 값을 갖도록 합니다.

뇌졸중 예측 데이터세트의 세 구간 변수는 왜도 및 첨도가 앞에서 보았듯이 모두 허용 가능한 범위 내에 있지만, 구간 변수별로 히스토그램을 살펴봐서 혹시나 이상값이 있는지 확인해 보겠습니다. 아래 코드에서는 그래프를 그리기 위한 시각화를 담당하는 맷플롯립(matplotlib) 라이브러리와 시본(seaborn) 라이브러리를 불러와 활용합니다.

```python
import matplotlib.pyplot as plt
import seaborn as sns

fig, axes = plt.subplots(1, 3, figsize=(15, 4))

sns.histplot(ax=axes[0], data=df, x="age", kde=True, bins=20);
sns.histplot(ax=axes[1], data=df, x="avg_glucose_level", kde=True, bins=20);
sns.histplot(ax=axes[2], data=df, x="bmi", kde=True, bins=20)
plt.show();
```

【실행 결과】

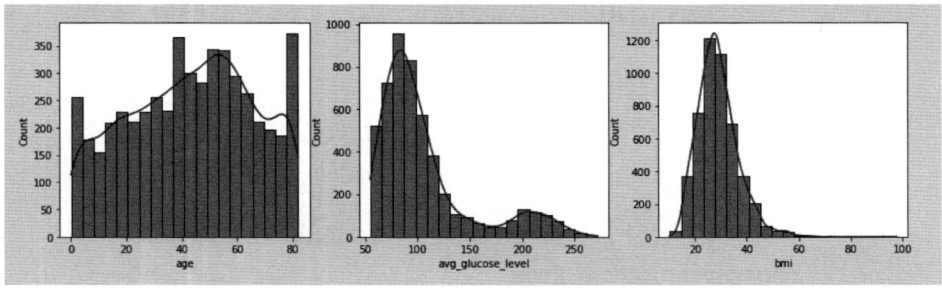

나이, 평균 혈당량, 체질량 지수의 분포를 보면 맨 오른쪽에 있는 체질량 지수 도표가 종 모양의 정규분포에 가장 가까워 보입니다. 가장 왼쪽에 있는 나이 그래프는 계급값에 따라 삐죽빼죽하지만 전체적으로 두터운 종 모양 그래프입니다. 가운데 있는 평균 혈당량 도표는 두 개의 봉우리가 있는데, 오른쪽 봉우리가 이상값일 수 있습니다.

분포를 상자그림으로 확인하면 더 편리합니다. 상자그림의 개념을 먼저 알아봅시다.

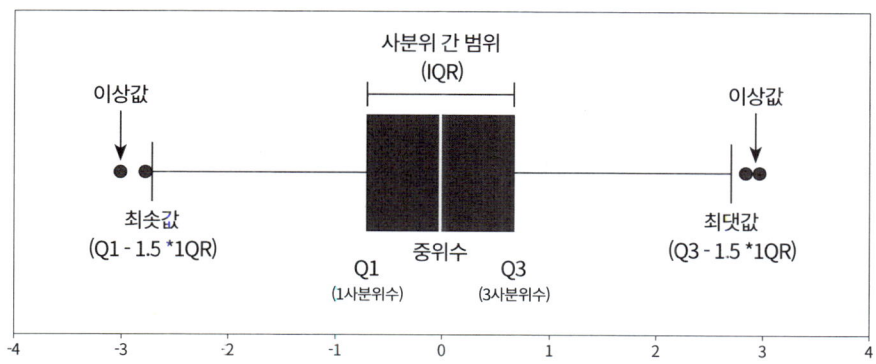

그림에서 가운데 상자는 1사분위수(Q1)에서 시작해서 3사분위수(Q3)로 끝나며 그 가운데 수직선이 중위수입니다. 이때 3사분위수에서 1사분위수를 뺀 거리를 사분위 간 범위(IQR, Interquartile Range)라고 합니다. 상자그림의 맨 왼쪽에 있는 하한(lower bound)을 나타내는 수직선은 Q1 − 1.5*IQR을 의미하고, 맨 오른쪽에 있는 상한(upper bound)을 나타내는 수직선은 Q3 + 1.5*IQR을 의미합니다. 이 두 선분 바깥에 존재하는 점들은 1.5*IQR 규칙에 의한 이상값으로 간주합니다.

이상값을 정의하는 방법 중에는 1.5*IQR 규칙에서 숫자 1.5를 숫자 3으로 교체한 3*IQR 규칙도 있습니다. 1.5*IQR 규칙은 이상값의 범위가 넓어서 웬만한 이상값들은 모두 판별할 수 있지만, 이상값으로 판정되는 데이터의 수가 많아져서 전체 데이터세트를 줄이는 단점이 있습니다.

이에 비해서 3*IQR 규칙은 상자그림의 하한을 좀 더 왼쪽으로, 상한을 좀 더 오른쪽으로 밀어붙입니다. 그러면 정상적인 값의 범위가 늘고 이상값의 범위가 줄어들게 됩니다. 결과적으로 극단적인 이상값들만 판별하므로 이상값 제거 효과가 반감되지만, 데이터 축소를 최소화합니다. 이 책에서는 IQR을 이용한 이상값 제거 시 일률적으로 3*IQR 규칙을 적용하겠습니다. 이상값 규칙을 정리하면 다음과 같습니다.

> 1.5*IQR 규칙: (1Q − 1.5 * IQR) 미만 값 혹은 (3Q + 1.5 * IQR) 초과 값 제거
>
> 3.0*IQR 규칙: (1Q − 3.0 * IQR) 미만 값 혹은 (3Q + 3.0 * IQR) 초과 값 제거

세 구간 변수의 상자그림을 그리는 방법은 다음과 같습니다.

```
sns.set_style('whitegrid')

fig, axes = plt.subplots(1, 3, figsize=(15, 4))

sns.boxplot(ax=axes[0], x='age', data=df1)
sns.boxplot(ax=axes[1], x='avg_glucose_level', data=df1)
sns.boxplot(ax=axes[2], x='bmi', data=df1);
```

【실행 결과】

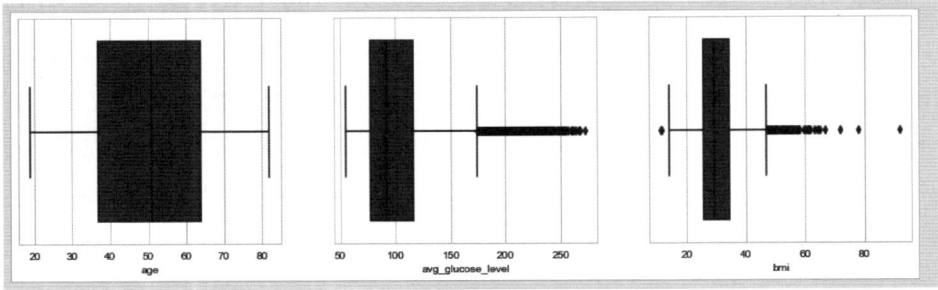

위 상자그림에 따르면 나이는 이상값이 존재하지 않습니다. 다만 평균 혈당량과 체질량 지수는 이상값의 조짐이 보입니다. 이를 확인하기 위해서 세 가지 구간 변수의 IQR을 계산해보겠습니다.

```
Q1 = df1[['age','avg_glucose_level','bmi']].quantile(0.25)
Q3 = df1[['age','avg_glucose_level','bmi']].quantile(0.75)
IQR = Q3 - Q1
print(IQR)
```

【실행 결과】

```
age                  27.00
avg_glucose_level    38.80
bmi                   8.70
dtype: float64
```

이렇게 구해진 IQR을 바탕으로 3*IQR 규칙에 의거한 상한과 하한을 구합니다.

```
Lower = Q1-3.0*IQR
Upper = Q3+3.0*IQR
print(Lower)
```

【실행 결과】
```
age                 -44.00
avg_glucose_level   -38.99
bmi                  -0.60
dtype: float64
```

```
print(Upper)
```

【실행 결과】
```
age                 145.00
avg_glucose_level   232.64
bmi                  60.30
dtype: float64
```

하한은 문제 될 게 없어 보입니다. 참고로 앞의 상자그림에서 bmi의 하한선에 이상값이 표기된 것은 1.5*IQR 규칙에 의한 것입니다. 우리는 3*IQR 규칙을 따르기 때문에 문제가 없습니다.

상자그림과 상한을 눈으로 비교해보니 3*IQR 규칙 상한인 232.64를 초과하는 평균 혈당치가 존재하고, 60.3을 초과하는 체질량 지수가 존재합니다. 이들을 이상값으로 규정하고 데이터세트에서 제외하겠습니다. 그리고 이렇게 만든 데이터프레임을 df2로 명명합니다.

```
c1 = df1['avg_glucose_level'] <= 232.64
c2 = df1['bmi'] <= 60.3

df2 = df1[c1 & c2]
df2.shape
```

【실행 결과】
```
(3915, 12)
```

앞에서 나이는 18세를 초과하도록 데이터세트에 제약을 가한 데이터 행 수가 4,194개였는데, 위 두 구간 변수의 이상값을 제거했더니 279행이 더 제거되어 3,915개의 데이터 행이 남았습니다.

3.5.4 상관계수 검토

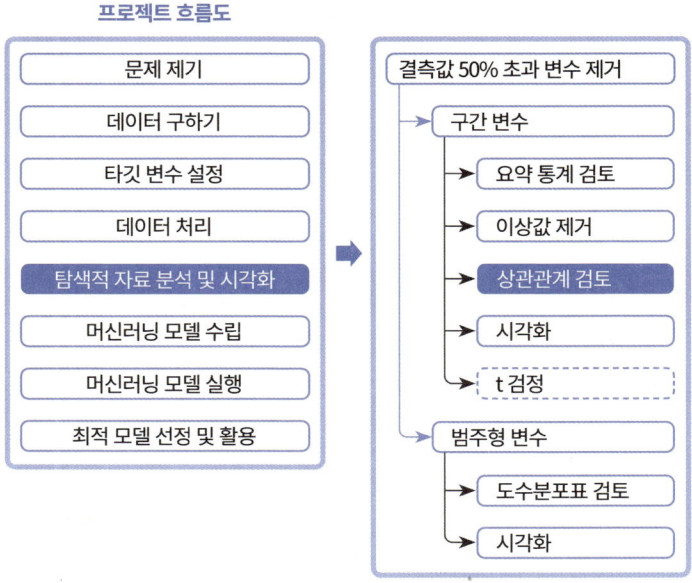

상관계수란 두 변수의 선형 종속성(linear dependence)을 나타내는 계수로서, −1과 1 사이의 값을 갖습니다. 한 변수의 값이 커질 때 나머지 변수의 값도 커지는 것을 양의 상관관계라고 하고, 그 반대의 경우를 음의 상관관계라고 합니다. 양의 상관관계가 커질수록 상관계수는 1에 가까워지고, 음의 상관관계가 커질수록 상관계수는 −1에 가까워집니다. 상관관계가 없으면 값이 0이 됩니다.

이러한 상관계수 점검 또한 구간 변수에 한합니다. 아울러 입력 변수 간의 상관관계가 높을 때 회귀 모형 결과를 왜곡하는 현상이 나타나는데, 이를 다중공선성(multicollinearity)이라고 합니다. 한마디로 입력 변수 간에 상관계수의 절댓값이 크면 회귀 모델의 결과는 신뢰할 수 없게 됩니다.

예를 들어 대체로 키가 크면 몸무게도 늘기 마련인데, 키와 몸무게 둘 다 입력 변수인 회귀 모델에서는 둘 중의 하나는 제거하고 모델에 넣는 것이 좋습니다. 이처럼 다중공선성 문제를 방지하기 위해 회귀 분석에 기반한 모델은 구간 변수에서 입력 변수 간의 상관계수 절댓값이 0.7 이상인 변수들을 제외하는 것이 좋습니다.

세 개의 구간 변수 간 상관계수는 다음과 같이 구합니다.

```python
cols = ['age','avg_glucose_level','bmi']   # 구간 변수를 cols에 저장
round(df2[cols].corr(), 2)                  # 구간 변수 간 상관계수를 출력
```

【실행 결과】

	age	avg_glucose_level	bmi
age	1.00		0.20	0.02
avg_glucose_level	0.20	1.00	0.16
bmi	0.02	0.16	1.00

모든 상관계수의 절댓값이 0.7을 넘지 않음을 알 수 있습니다. 따라서 뇌졸중 예측 데이터세트는 상관계수 때문에 변수를 제거할 필요가 없습니다. 상관계수의 크기를 시각적으로 확인하고 싶을 때는 시본 라이브러리의 heatmap을 사용합니다.

```python
import seaborn as sns

corr = df2[cols].corr()
annot_kws = {"ha": 'center',"va": 'top'}
sns.heatmap(data=corr, annot=True, annot_kws=annot_kws, cmap="YlGnBu");
```

【실행 결과】

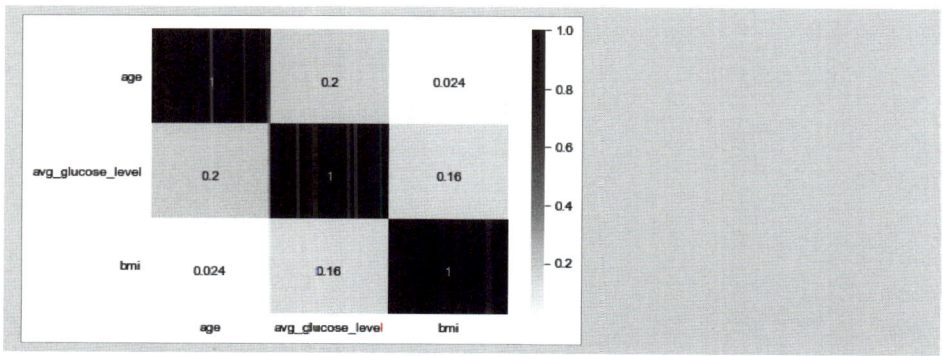

결과 화면에서 색이 짙을수록 상관계수가 1에 가깝습니다. 자기 자신과의 상관계수를 나타내는 대각선상에 위치한 상관계수를 제외하고는 모두 0.2보다 작습니다. 이제 지금까지 작업한 데이터프레임 df2를 healthcare-dataset-2.csv 파일로 저장합니다.

```
df2.to_csv('healthcare-dataset-2.csv', index=False)
```

결과물로 저장되는 csv 파일은 주피터 노트북 파일이 있는 폴더에 저장됩니다. 물론 저장 시 디렉터리를 별도로 지정할 수 있지만, 이 책에서는 노트북 파일과 같은 폴더에 csv 파일을 저장합니다. 방금 저장한 csv 파일은 다음 폴더에 저장됩니다.

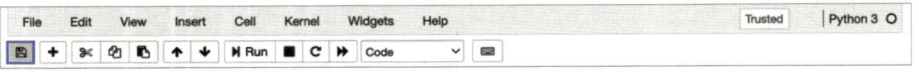

다음 시각화 과정에서는 새로운 노트북 파일을 만들어 진행할 것이므로 주피터 노트북 메뉴에 있는 저장 아이콘을 마우스로 클릭하여 파일을 최종적으로 저장합니다.

그리고 지금까지 작업한 Stroke Data Cleaning 1.ipynb를 닫습니다.

3.5.5 시각화

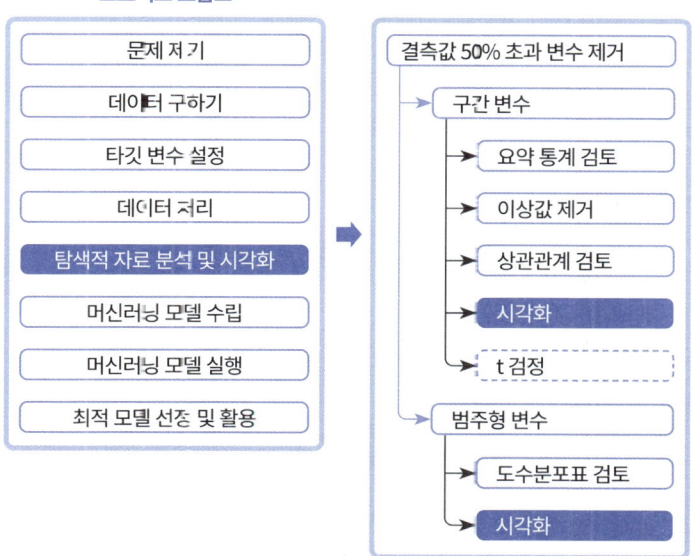

시각화는 구간 변수 혹은 범주형 변수 상관없이 모두 수행하는 것이 좋습니다. 각종 그래프를 통해 한눈에 변수의 분포를 알 수 있어 데이터세트를 파악하는 데 도움이 됩니다. 특히 이 장의 예처럼 타깃 변수가 이진값 형태를 띠면 타깃 변수의 값(예: 1 혹은 0)별로 변수 분포를 알 필요가 있습니다.

우선 새롭게 주피터 노트북 파일을 생성하고 이름을 Stroke Data Cleaning 2.ipynb로 지정합니다. 그리고 healthcare-dataset-2.csv 파일을 불러와서 데이터프레임 df로 저장합니다.

```
import pandas as pd
df = pd.read_csv('healthcare-dataset-2.csv')
df.shape
```

【실행 결과】
```
(3915, 12)
```

그리고 주요 구간 변수인 나이, 평균 혈당치, 그리고 체질량 지수를 시각화합니다. 다만 변수 자체에 대한 히스토그램은 앞에서 이미 그려봤으므로 여기서는 타깃 변숫값에 따른 구간 변수 히스토그램을 그리겠습니다. 우선 나이에 대한 그래프입니다.

```
import seaborn as sns
sns.histplot(data=df, x="age", hue="stroke", bins=20);
```

【실행 결과】

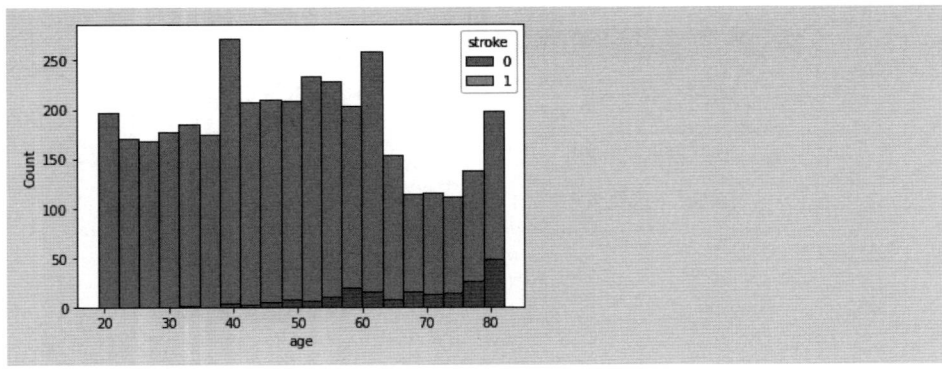

위 그래프를 보면 대체로 나이가 많아질수록 뇌졸중을 겪을 확률이 높아지는 추세가 보입니다. 다음은 타깃 변숫값에 따른 나이의 상자그림입니다.

```
sns.set_style('whitegrid')
sns.boxplot(x='stroke', y='age', data=df);
```

【실행 결과】

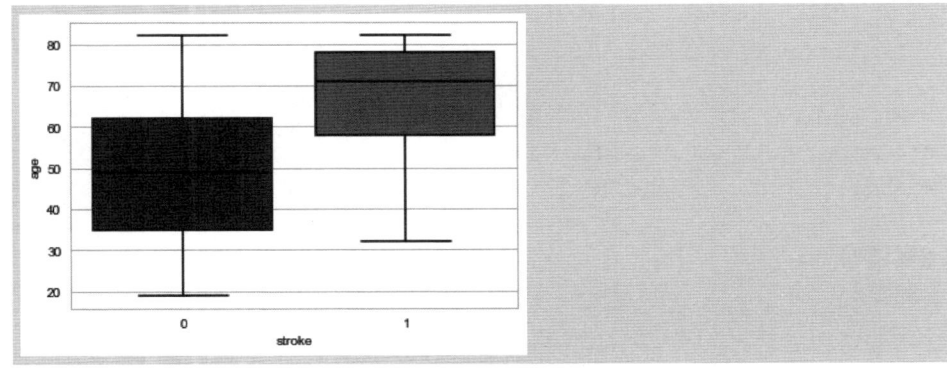

외견상 두 분포가 크게 차이 나 보입니다. 뇌졸중을 겪은 그룹(오른쪽) 나이의 중위수는 뇌졸중을 겪지 않은 그룹(왼쪽) 나이의 중위수보다 높습니다. 그럼, 왼쪽 상자의 평균과 오른쪽 상자의 평균이 통계적으로 유의미하게 다르다고 말할 수 있을까요?

이는 다음에 나오는 t-검정을 통해서 확인할 수 있습니다. 결과를 미리 밝히자면 두 자료 사이의 평균은 통계적으로 유의미한 차이가 있습니다. 참고로 각 상자의 평균은 다음과 같이 구합니다.

```
group = df['age'].groupby(df['stroke'])
group.mean()
```

【실행 결과】
```
stroke
0    49.153681
1    67.782383
Name: age, dtype: float64
```

평균 혈당치와 체질량 지수의 타깃 변수별 히스토그램과 상자그림은 다음과 같습니다.

```
import matplotlib.pyplot as plt

fig, axes = plt.subplots(1, 2, figsize=(15, 4))

sns.histplot(ax=axes[0], data=df, x="avg_glucose_level", hue="stroke", bins=20)
sns.histplot(ax=axes[1], data=df, x="bmi", hue="stroke", bins=20);
```

【실행 결과】

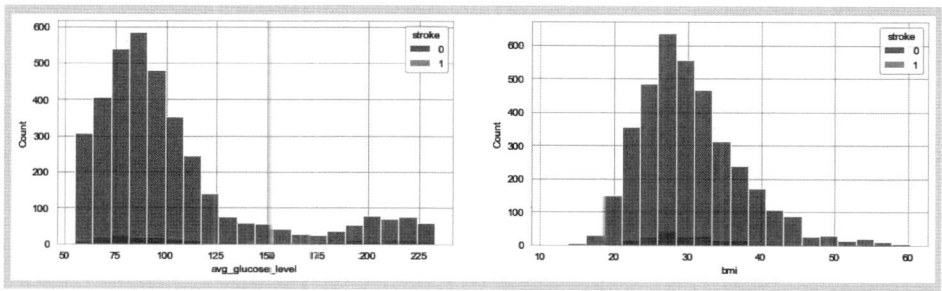

03 _ 뇌졸중 예측 분석(초급 프로젝트)

```
fig, axes = plt.subplots(1, 2, figsize=(15, 4))

sns.boxplot(ax=axes[0], x='stroke', y='avg_glucose_level', data=df)
sns.boxplot(ax=axes[1], x='stroke', y='bmi', data=df);
```

【실행 결과】

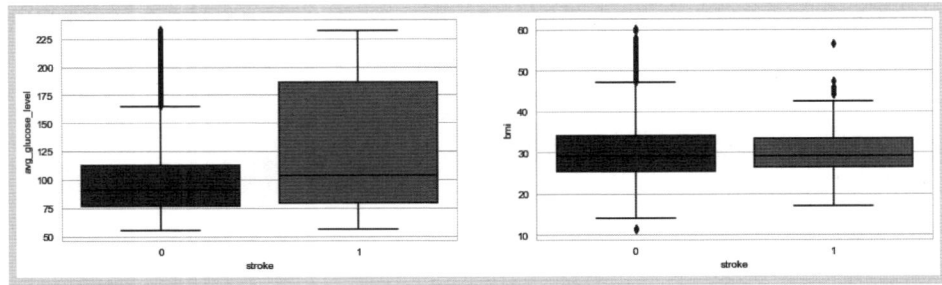

왼쪽 상자그림을 보면 평균 혈당치도 뇌졸중을 겪은 그룹이 뇌졸중을 겪지 않은 그룹보다 훨씬 높습니다. 오른쪽의 체질량 지수 상자그림은 뇌졸중을 겪은 그룹이 그렇지 않은 그룹보다 분포의 범위가 작지만, 중위수는 비슷해 보입니다.

즉, 그래프상으로 판단해보면 나이와 평균 혈당치 두 개 변수가 체질량 지수보다는 뇌졸중에 미치는 영향이 커 보입니다. 평균 혈당치의 타깃 그룹별 평균은 다음과 같습니다. 아울러 체질량 지수의 타깃 그룹별 평균은 아래 코드에서 'avg_glucose_level'을 'bmi'로만 바꾸면 됩니다.

```
group = df['avg_glucose_level'].groupby(df['stroke'])
group.mean()
```

【실행 결과】

```
stroke
0    103.551636
1    126.236580
Name: avg_glucose_level, dtype: float64
```

범주형 변수는 주로 도수분포표를 시각화합니다. 범주형 변수 중에서 근무 형태(work_type)의 데이터 정의 및 분포는 다음과 같습니다.

변수명	데이터 정의
work_type (근무 형태)	미성년자 공무원 무직 직장인 자영업자

```
fig, axes = plt.subplots(1, 2, figsize=(15, 5))

sns.countplot(ax=axes[0], x='work_type', data=df)
sns.countplot(ax=axes[1], x='work_type', hue='stroke', data=df);
```

【실행 결과】

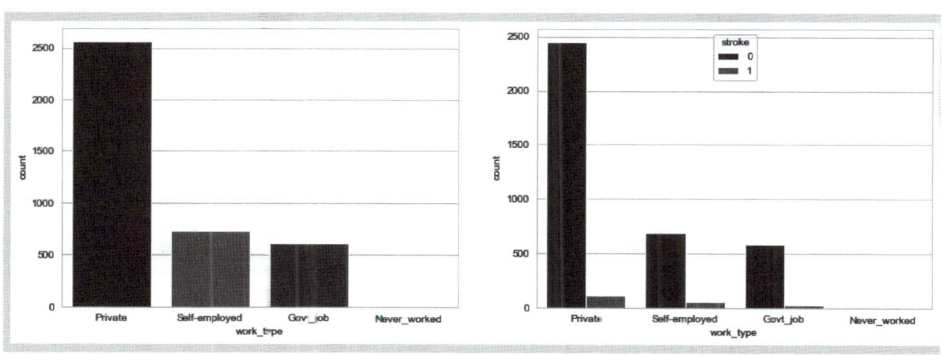

왼쪽 히스토그램을 보면 일반 직장인(Private)이 가장 많고, 자영업자(Self_employed)와 공무원(Govt-job)이 그다음을 차지합니다.

오른쪽 히스토그램은 타깃 변숫값에 따른 특정 변수의 빈도수(frequency)를 보여주고 있습니다. 그래프를 보면 직장인, 자영업자, 공무원 카테고리별로 뇌졸중을 겪는 비율은 유사해 보입니다.

한편, 범주형 변수인 흡연 상태(smoking_status)의 데이터 정의 및 분포는 다음과 같습니다.

변수명	데이터 정의
smoking_status (흡연 상태)	과거 흡연자 비흡연자 현재 흡연자 알 수 없음

```
fig, axes = plt.subplots(1, 2, figsize=(15, 5))

sns.countplot(ax=axes[0], x='smoking_status', data=df)
sns.countplot(ax=axes[1], x='smoking_status', hue='stroke', data=df);
```

【실행 결과】

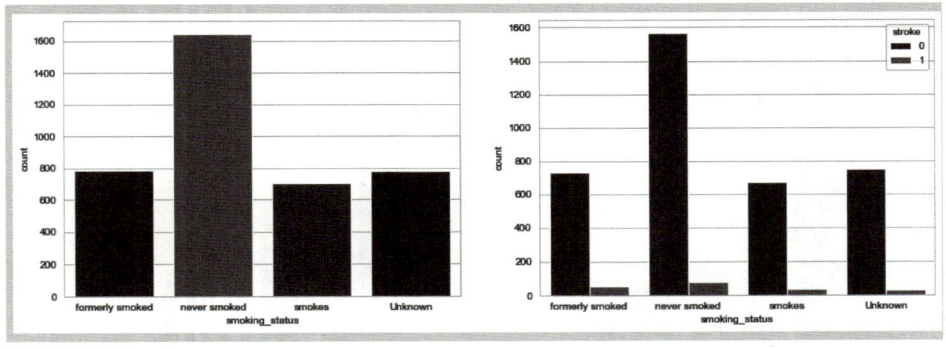

왼쪽 그래프에서 알 수 없음(Unknown) 범주를 제외하면, 비흡연자(never smoked)가 가장 많고, 과거 흡연자(formerly smoked)와 현재 흡연자(smokes) 순입니다.

타깃 변수별 흡연 상태 분포를 나타낸 오른쪽 그래프를 보면 비흡연자의 뇌졸중 경험 비율보다는 과거 흡연자의 뇌졸중 경험 비율이 약간 더 커 보입니다. 좀 더 자세한 것은 머신러닝 모델을 실행해야 알 수 있습니다. 나머지 범주형 변수들, 즉 성별(gender), 고혈압(hypertension), 심장병(heart_disease), 결혼 여부(ever-married) 변수의 분포 시각화 코드 및 결과는 실습 자료의 코드를 참고하기 바랍니다.

3.5.6 t-검정

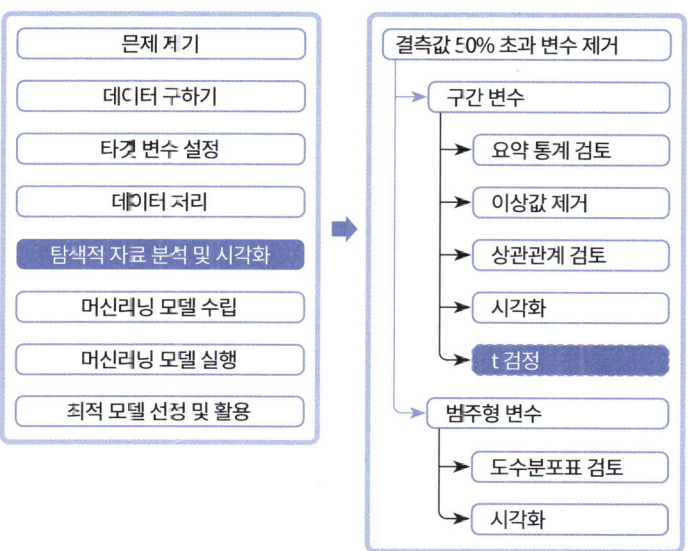

t-검정(t-test)도 연속형 구간 변수를 대상으로 합니다. 단, 자료를 나누는 기준이 되는 타깃 변수가 연속형인 경우는 t-검정이 의미가 없으며, 이진값(binary) 혹은 다중 범주형(multi-category) 타깃 변수를 가질 때 t-검정이 의미가 있습니다.

우리의 타깃 변수 stroke는 뇌졸중 경험 여부를 나타내는 이진값 형태입니다. 따라서 stroke 값의 그룹별(0 혹은 1)로 평균 나이에 차이가 나는지 t-검정을 통해 알 수 있습니다. 샘플이 타깃 변수 stroke에 의해 나뉘므로 이 경우는 독립 표본 t-검정(2-sample t-test)이라고 합니다.

독립 표본 t-검정의 전제 조건

- 자료는 연속형 구간 변수(interval and continuous variable)이어야 합니다.
- 두 집단(group)은 서로 독립적(independent)입니다.
- 자료는 정규분포를 따릅니다.

이때, 두 집단의 분산이 같은지 다른지는 레빈 검정(Levene's test)으로 구분합니다. 두 집단의 분산이 같으면 Student t-검정, 다르면 Welch's t-검정을 따릅니다.

만약 stroke의 값에 따라 나눈 두 그룹에서 특정 변수의 평균이 통계적으로 유의미하게 (statistically significant) 다르다고 말할 수 있다면, 해당 변수는 stroke에 영향을 미칠 가능성이 큽니다. 물론 머신러닝 모델을 돌려보면 더 정확한 결과가 나오지만, 탐색적 자료 분석 과정에서는 적어도 t-검정을 통해 입력 변수와 타깃 변수의 관계를 간접적으로 추정해 볼 수 있습니다.

독립 표본 t-검정은 세 가지 전제 조건을 가집니다. 앞에서 우리는 구간 변수의 왜도 및 첨도가 허용 가능한 범위 내에 있음을 알았습니다. 이런 경우에는 정밀하게는 아니지만, 변수들이 대체로 정규분포를 따른다고 받아들일 수 있습니다.

타깃 변숫값으로 나누어진 그룹에서 나이(age)에 대한 독립 표본 t-검정을 다음과 같이 실시합니다. 이를 위해 통계를 주로 다루는 사이파이(SciPy) 라이브러리를 불러와 활용합니다.

```
from scipy import stats

data_1 = df[df['stroke'] == 1]['age']
data_0 = df[df['stroke'] == 0]['age']

stats.ttest_ind(data_1, data_0)    # 결과는 pvalue < 0.05
```

【실행 결과】
```
Ttest_indResult(statistic=14.84966867789424, pvalue=1.4355395712390346e-48)
```

P값(p-value)이 0.05보다 작으면 귀무가설(null hypothesis), 즉 두 그룹의 나이가 같다는 가설을 기각할 수 있습니다. 이 경우 두 그룹의 나이는 통계적으로 유의미하게 다르다고 판단합니다.

위의 t-검정 결과에서 실제로 P값이 0.05보다 작게 나왔으므로 귀무가설을 기각할 수 있으며, 두 그룹의 평균 나이는 통계적으로 유의미하게 다르다고 말할 수 있습니다.

참고로 위의 결과에서 P값은 공학용 계산기에서 자주 쓰이는 E 표기법(E notation)으로 나옵니다. P값 맨 뒤에 e-48이 붙었기에 매우 작은 값을 의미합니다.

표준 표기법 (standard notation)	과학적 표기법 (scientific notation)	E 표기법 (E notation)
328016	3.28016×10^5	3.28016e5
414.9	4.149×10^2	4.149e2
0.007700	7.700×10^{-3}	7.700e-3
0.00058	5.8×10^{-4}	5.8e-4

평균 혈당치에 대한 t-검정 결과는 다음과 같습니다.

```
data_1 = df[df['stroke'] == 1]['avg_glucose_level']
data_0 = df[df['stroke'] == 0]['avg_glucose_level']

stats.ttest_ind(data_1, data_0)  # 결과는 pvalue < 0.05
```

【실행 결과】
```
Ttest_indResult(statistic=7.200791069659755, pvalue=7.144119062259364e-13)
```

E 표기법으로 출력된 P값 역시 아주 작은 값이어서 귀무가설을 기각할 수 있습니다. 즉, 두 그룹의 평균 혈당치는 통계적으로 유의미하게 다르다고 말할 수 있습니다. 이어서 체질량 지수에 대한 t-검정 결과입니다.

```
data_1 = df[df['stroke'] == 1]['bmi']
data_0 = df[df['stroke'] == 0]['bmi']

stats.ttest_ind(data_1, data_0)  # 결과는 pvalue > 0.05
```

【실행 결과】
```
Ttest_indResult(statistic=-0.42810612400712617, pvalue=0.6685974193789274)
```

P값이 0.05를 초과해서 귀무가설을 기각할 수 없습니다. 즉, 두 그룹의 체질량 지수는 통계적으로 유의미하게 다르다고 말할 수 없습니다. 위의 t-검정 결과들을 종합해 볼 때 나이와 평균 혈당치는 타깃 변수에 영향을 미칠 가능성이 크나, 체질량 지수는 그럴 가능성이 작다고 판단할 수 있습니다. Stroke Data Cleaning 2.ipynb 파일을 저장하고 종료합니다.

3.6 어떤 머신러닝 모델을 사용할까?

프로젝트 흐름도

```
문제 제기
데이터 구하기
타깃 변수 설정
데이터 처리
탐색적 자료 분석 및 시각화
▶ 머신러닝 모델 수립
머신러닝 모델 실행
최적 모델 선정 및 활용
```

데이터 처리와 탐색적 자료 분석 및 시각화 단계가 끝났습니다. 이제 시작해야 하는 절차는 머신러닝 모델 수립입니다. 이 단계에서는 머신러닝 분석에서 어떤 모델을 사용할지 정합니다.

3장에서는 머신러닝 프로세스를 이해하는 데 중점을 두기 위해 머신러닝의 기초 모델을 사용해볼 것입니다. 결정 트리, 로지스틱 회귀, 사이킷런 신경망, K-최근접 이웃 모델을 수립하고 실행해봅시다.

3.7 드디어 머신러닝 모델을 돌려보자

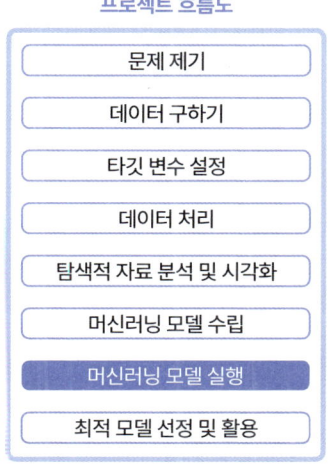

이제 머신러닝 모델 실행 단계에 들어섰습니다. 머신러닝 모델은 세부적으로 데이터 추가 처리, 데이터 분할, 데이터 변환, 데이터 교체와 구간화, 데이터 대체 과정을 거친 후에 실행합니다. 이중 데이터 분할 절차를 제외하고는 입력 데이터의 특성에 따라 생략할 수 있습니다. 우리는 데이터 추가 처리와 데이터 분할, 데이터 대체만 수행하겠습니다.

3.7.1 데이터 추가 처리

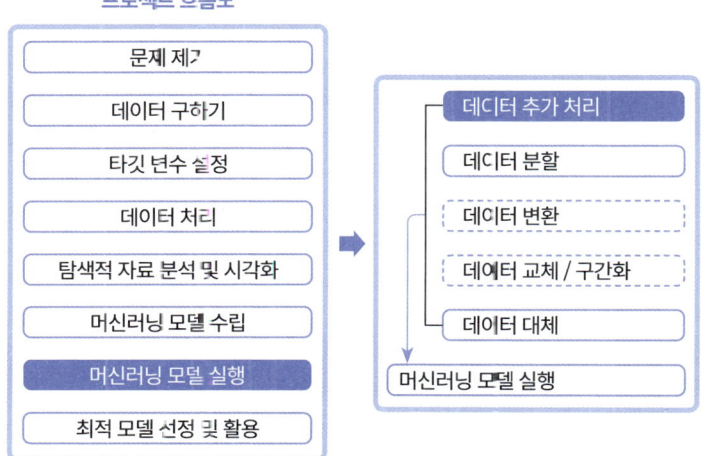

본격적인 머신러닝에 들어가기에 앞서, 잘 정제되고 탐색적 자료 조사까지 모두 마친 우리의 데이터세트에 추가로 조치해야 할 사항이 있습니다.

첫째, 대부분의 머신러닝 모델은 파이썬의 라이브러리인 사이킷런 라이브러리를 이용합니다. 그런데 사이킷런은 숫자형(numerical) 데이터만 취급하고 문자형(character) 데이터는 취급하지 않습니다. 따라서 문자형 데이터로 구성된 범주형 변수가 있으면 미리 숫자형 데이터로 바꿔줘야 합니다.

둘째, 사이킷런은 머신러닝 모델 수행 시 입력 변수의 결측값 또한 허용하지 않습니다. 따라서 결측값이 있다면 평균(mean) 등의 대푯값으로 대체해야 합니다.

이제 주피터 노트북 파일을 새로 생성하고 Stroke Data Cleaning 3.ipynb로 명명합니다. 그리고 healthcare-dataset-2.csv 파일을 불러옵니다.

```
import pandas as pd
import numpy as np

pd.set_option('display.max_columns', None)
pd.set_option('display.max_rows', None)
df = pd.read_csv('healthcare-dataset-2.csv')
df.shape
```

【실행 결과】
```
(3915, 12)
```

dtypes 명령어로 아래와 같이 변수들의 데이터 타입을 확인한 결과, ID 변수와 타깃 변수를 제외한 범주형 변수 중에서 정수형 데이터 타입을 가진 변수는 고혈압(hypertension)과 심장병(heart-disease)입니다.

```
df.dtypes
```

【실행 결과】
```
id                int64
gender            object
age               float64
```

```
hypertension         int64
heart_disease        int64
ever_married         object
work_type            object
residence_type       object
avg_glucose_level    float64
bmi                  float64
smoking_status       object
stroke               int64
dtype: object
```

각 변수의 값 분포를 알기 위해 value_counts 명령어를 사용합니다.

```python
# 개수 기준 분포 구하기
df['gender'].value_counts(dropna=False)
```

【실행 결과】
```
Female    2402
Male      1512
Other        1
Name: gender, dtype: int64
```

성별(gender)은 데이터 정의에 나온 대로 여자(Female), 남자(Male), 기타(Other) 중 하나의 값을 갖는 것을 확인했습니다. 참고로 현대사회의 개인정보 보호가 향상됨에 따라, 성별을 묻는 질문에는 '기타', 혹은 '밝히고 싶지 않음' 등의 값을 제공하는 설문조사표가 많이 등장하고 있습니다. 여기서는 Other값이 하나밖에 없는데, 결측값을 조사원이 Other로 표기했을 가능성도 있습니다.

위 코드에 normalize=True 구문을 포함하면 비율도 확인할 수 있습니다. 성별 이외의 나머지 범주형 변수에 대해서도 값의 분포 비율을 알기 위해 다음과 같이 코딩합니다.

참고로 다음 코드에서 for문의 두 번째 행인 print(" ")는 빈 줄을 한 줄 출력하라는 의미입니다. 그리고 세 번째 행인 print("---- %s ---" % col)은 따옴표 안의 내용을 출력하되, %s 자리에 col값을 출력하라는 의미입니다.

```python
# 범주형 변수를 cols1에 저장
cols1 = ['gender', 'hypertension', 'heart_disease', 'ever_married',
         'work_type', 'residence_type', 'smoking_status']
df1 = df[cols1]   # 범주형 변수만 모은 cols1으로 구성된 데이터프레임 df1을 생성

# 데이터프레임 df1 안의 컬럼명을 순차적으로 value_counts() 구문에 넣어서 결과를 출력
for col in df1.columns:
    print("")
    print("---- %s ---" % col)
    print(df[col].value_counts(dropna=False, normalize=True))
```

【실행 결과】
```
...
---- hypertension ---
0    0.891699
1    0.108301
Name: hypertension, dtype: float64

---- heart_disease ---
0    0.941507
1    0.058493
Name: heart_disease, dtype: float64
...
```

고혈압과 심장병의 데이터 정의는 다음과 같습니다.

변수명	데이터 정의
hypertension (고혈압)	환자가 고혈압이 아니면 0 환자가 고혈압이면 1
heart_disease (심장병)	환자가 심장병이 없으면 0 환자가 심장병이 있으면 1

두 변수는 범주형 변수지만 그 값은 숫자형 이진 변숫값(0과 1)으로 작성되어 있습니다. 따라서 추가적인 데이터 처리를 할 필요가 없습니다.

 / 에피소드 11

처음에는 변숫값 자체가 0과 1로 구성되어 있다고 해서 범주형 변수가 아닌 구간 변수로 취급하는 실수를 할 수 있습니다. 데이터 타입이 숫자형이라고 모두 구간 변수는 아닙니다. 이러한 오류에 빠지지 않도록 주의하기 바랍니다.

나머지 다섯 개 범주형 변수의 데이터 정의는 다음과 같습니다.

변수명	데이터 정의
gender (성별)	남자 여자 기타
ever_married (결혼 여부)	미혼 결혼한 적 있음
work_type (근무 형태)	미성년자 공무원 무직 직장인 자영업자
residence_type (주거 형태)	농촌 도시
smoking_status (흡연 상태)	과거 흡연자 비흡연자 현재 흡연자 알 수 없음

이 중에서 결혼 여부(ever_married)는 미혼(No)을 0으로, 결혼한 적 있음(Yes)을 1로, 즉 숫자형 값으로 대체해주면 됩니다. 다음 코딩에서는 OrdinalEncoder를 사용했는데, 만약 숫자형 값으로 대체한 결과가 나오지 않으면 replace 명령어를 사용해도 됩니다. 여기서는 다행히 바라는 결과를 얻었습니다.

```
from sklearn.preprocessing import OrdinalEncoder

df['ever_married_encoded'] = OrdinalEncoder().fit_transform(
    df['ever_married'].values.reshape(-1,1))
# 변경 전후 변숫값 비교표를 출력
df.groupby(['ever_married', 'ever_married_encoded']).size()
```

【실행 결과】
```
ever_married  ever_married_encoded
No            0.0                      804
Yes           1.0                     3111
dtype: int64
```

결혼 여부(ever_married)를 제외한 나머지 4개 범주형 변수들은 숫자형 변숫값으로 바꾸는 과정에서 특별히 0과 1을 지정해줘야 할 필요가 없습니다. 따라서 위에서 적용한 OrdinalEncoder를 안심하고 적용해도 됩니다.

```
df['gender_encoded'] = OrdinalEncoder().fit_transform(
    df['gender'].values.reshape(-1,1))
# 변경 전후 변숫값 비교표를 출력
df.groupby(['gender', 'gender_encoded']).size()
```

【실행 결과】
```
gender   gender_encoded
Female   0.0               2402
Male     1.0               1512
Other    2.0                  1
dtype: int64
```

```
df['work_type_encoded'] = OrdinalEncoder().fit_transform(
    df['work_type'].values.reshape(-1,1))
# 변경 전후 변숫값 비교표를 출력
df.groupby(['work_type', 'work_type_encoded']).size()
```

【실행 결과】
```
work_type  work_type_encoded
Govt_job   0.0                    611
```

```
Never_worked    1.0              2
Private         2.0           2566
Self-employed   3.0            736
dtype: int64
```

```python
df['residence_type_encoded'] = OrdinalEncoder().fit_transform(
    df['residence_type'].values.reshape(-1,1))
# 변경 전후 변숫값 비교표를 출력
df.groupby(['residence_type', 'residence_type_encoded']).size()
```

【실행 결과】

```
residence_type  residence_type_encoded
Rural           0.0                     1916
Urban           1.0                     1999
dtype: int64
```

```python
df['smoking_status_encoded'] = OrdinalEncoder().fit_transform(
    df['smoking_status'].values.reshape(-1,1))
# 변경 전후 변숫값 비교표를 출력
df.groupby(['smoking_status', 'smoking_status_encoded']).size()
```

【실행 결과】

```
smoking_status   smoking_status_encoded
Unknown          0.0                      780
formerly smoked  1.0                      788
never smoked     2.0                     1643
smokes           3.0                      704
dtype: int64
```

위의 OrdinalEncoder를 적용하는 과정에서 values.reshape(-1,1) 구문을 사용하였는데, 이를 생략하면 에러가 발생하므로 주의하기 바랍니다. 왜냐하면 fit_transform 명령어가 입력 변수의 차원을 시리즈나 배열 형태로 받지 않고, 행이 여러 개이고 열은 하나인 1차원 행렬 형태만 받기 때문입니다.

다음은 범주형 변수들의 값을 숫자형으로 변환한 결과를 정리한 표입니다.

변수명	데이터 정의
gender_encoded (성별)	0. 여자 1. 남자 2. 기타
ever_married_encoded (결혼 여부)	0. 미혼 1. 결혼한 적 있음
work_type_encoded (근무 형태)	0. 공무원 1. 무직 2. 직장인 3. 자영업자 4. 미성년자
residence_type_encoded (주거 형태)	0. 농촌 1. 도시
smoking_status_encoded (흡연 상태)	0. 알 수 없음 1. 과거 흡연자 2. 비흡연자 3. 현재 흡연자

데이터프레임 df의 변수명을 다시 확인합니다.

```
df.columns
```

【실행 결과】
```
Index(['id', 'gender', 'age', 'hypertension', 'heart_disease', 'ever_married',
       'work_type', 'residence_type', 'avg_glucose_level', 'bmi',
       'smoking_status', 'stroke', 'ever_married_encoded', 'gender_encoded',
       'work_type_encoded', 'residence_type_encoded',
       'smoking_status_encoded'],
      dtype='object')
```

데이터프레임 df에는 encoded 꼬리표를 단 변수명이 5개 추가되었음을 알 수 있습니다. 이제 숫자형 값을 지니지 않는 원래 범주형 변수 5개를 데이터프레임에서 제거하겠습니다. 아울러 ID 변수도 분석에서 쓰이지 않으므로 같이 제거합니다.

```python
df.drop(['id','residence_type','ever_married','gender','work_type','smoking_status'],
        axis=1, inplace=True)
df.columns
```

【실행 결과】
```
Index(['age', 'hypertension', 'heart_disease', 'avg_glucose_level', 'bmi',
       'stroke', 'ever_married_encoded', 'gender_encoded', 'work_type_encoded',
       'residence_type_encoded', 'smoking_status_encoded'],
      dtype='object')
```

```python
df.shape
```

【실행 결과】
```
(3915, 11)
```

총 12개의 변수 중에서 ID 변수를 제거하고, 새롭게 만들어진 encoded 변수 5개를 대신하여 원래 범주형 변수 5개를 제거했으므로 데이터프레임의 변수는 11개가 되었습니다.

우리는 3.5.1절에서 체질량 지수가 결측값이 있다고 확인했었는데, 전체 데이터프레임에서 결측값을 다시 확인해보겠습니다.

```python
# null value를 갖고 있는 변수경(컬럼명) 찾기
df.isna().any()[lambda x: x]
```

【실행 결과】
```
Series([], dtype: bool)
```

```python
# bmi의 결측값 개수 확인
df['bmi'].isnull().sum()
```

【실행 결과】
```
0
```

놀랍게도 결측값을 갖고 있는 변수가 없는 것으로 나옵니다. 앞에서 이상값을 제거할 때 자연스럽게 체질량 지수의 결측값도 없어진 것입니다.

지금까지 데이터를 처리한 최종 결과물은 healthcare-dataset-3.csv 파일에 저장합니다. 이 파일은 머신러닝 모델에 투입할 최종 데이터세트입니다.

```
df.to_csv('healthcare-dataset-3.csv', index=False)
```

3.7.2 데이터 분할 및 대체

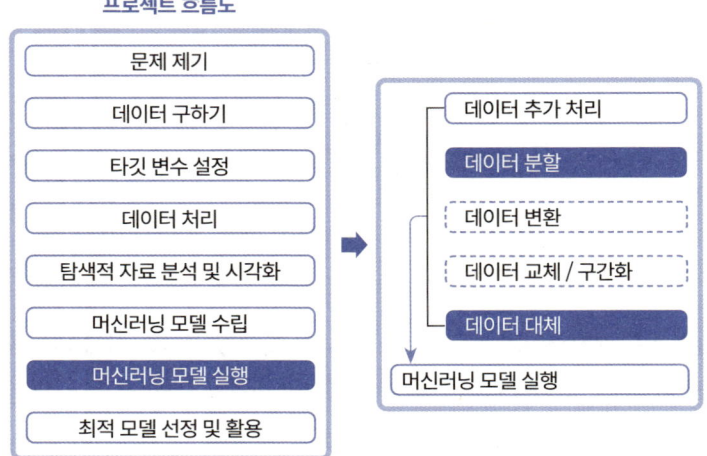

머신러닝 모델을 처음 배울 때 '이건 뭔가 출발부터 생각했던 것과 다른데?'라는 느낌이 오는 것은 머신러닝 모델 실행 초기 단계에서 데이터세트를 두 개로 나누는 조치 때문입니다. 저는 '왜 데이터를 나누지?'라는 의문 속에서 머신러닝 첫 번째 수업을 들었던 기억이 납니다.

데이터를 나누는 이유는 간단합니다. 데이터를 나눈 뒤 한쪽 데이터세트인 학습 데이터세트(training dataset)를 이용해서 모델을 학습시키고, 이 학습된 모델에 나머지 데이터세트인 테스트 데이터세트(test dataset)를 현실 데이터의 대안으로 투입해서 분석 결과를 얻기 때문입니다.

머신러닝에서는 일반적으로 데이터 행(레코드) 수가 적은 경우에 학습 데이터세트와 테스트 데이터세트를 5:5로 분할합니다. 데이터 행 수가 많으면 종종 7:3 또는 8:2로도 배분합니다.

이제 실습을 위해 healthcare-dataset-3.csv 파일을 불러옵니다.

```
df = pd.read_csv('healthcare-dataset-3.csv')
df.shape
```

【실행 결과】
```
(3915, 11)
```

데이터프레임 df의 변수들 데이터 타입을 확인합니다.

```
df.dtypes
```

【실행 결과】
```
age                       float64
hypertension              int64
heart_disease             int64
avg_glucose_level         float64
bmi                       float64
stroke                    int64
ever_married_encoded      float64
gender_encoded            float64
work_type_encoded         float64
residence_type_encoded    float64
smoking_status_encoded    float64
dtype: object
```

이 중에서 범주형 변수 7개와 타깃 변수 stroke의 데이터 타입을 category로 바꿔줘야 합니다.

```
# dtype을 category로 지정해 줄 변수들을 cols2에 임시 저장
cols2 = ['hypertension', 'heart_disease', 'stroke', 'ever_married_encoded',
         'gender_encoded', 'work_type_encoded', 'residence_type_encoded',
         'smoking_status_encoded']
```

```
# cols2에 저장된 변수들의 dtype을 category로 변경
df[cols2] = df[cols2].astype('category')
```

 / **category 데이터 타입 변환**

> 파이썬 머신러닝에서 원칙적으로는 위에서처럼 범주형 변수와 이진값 타깃 변수의 데이터 타입을 category로 바꿔 주는 것이 맞습니다. 다만 이 책에 수록된 모든 머신러닝 모델에서는 데이터 타입을 category로 바꿔주지 않아도 머신러닝 모델 결과가 동일하게 나오므로 책에서는 category로 데이터 타입을 바꾸는 과정은 생략합니다.

다시 한번 dtypes 명령어로 결과를 확인하면, 아래와 같이 타깃 변수를 포함한 모든 범주형 변수들의 데이터 타입이 category로 바뀌었습니다.

```
df.dtypes
```

【실행 결과】
```
age                       float64
hypertension              category
heart_disease             category
avg_glucose_level         float64
bmi                       float64
stroke                    category
ever_married_encoded      category
gender_encoded            category
work_type_encoded         category
residence_type_encoded    category
smoking_status_encoded    category
dtype: object
```

 / **에피소드 12**

머신러닝 수업에서 지도 교수님이 말씀하신 주의해야 할 점 중 하나는 범주형 변수와 숫자형 변수를 잘 구분하라는 것이었습니다. 학생들이 특히 이진값 범주형 변수(binary categorical variable)를 숫자형 구간 변수로 처리하는 실수를 많이 했기 때문입니다. 여러분도 이러한 실수를 하지 않도록 주의하기 바랍니다.

데이터프레임 df를 데이터 분할(data partition)하기 전에 타깃 변수와 입력 변수를 target과 data에 분리하여 저장합니다.

```
data = df.drop(['stroke'], axis=1)    # 타깃 변수를 제외한 변수를 data에 저장
target = df['stroke']                  # 타깃 변수만 target에 저장
data.shape
```

【실행 결과】
```
(3915, 10)
```

```
target.shape
```

【실행 결과】
```
(3915,)
```

불러온 원래 데이터프레임 df에는 총 11개 변수가 있습니다. 그중 타깃 변수 stroke를 target에 저장하고, 나머지 10개의 입력 변수는 data에 저장했습니다. 데이터프레임 df에서 타깃 변수 stroke값의 개수와 비율을 확인합니다.

```
df['stroke'].value_counts(dropna=False)
```

【실행 결과】
```
0    3722
1     193
Name: stroke, dtype: int64
```

```
df['stroke'].value_counts(dropna=False, normalize=True)
```

【실행 결과】
```
0    0.950702
1    0.049298
Name: stroke, dtype: float64
```

참고로 우리는 target = df['stroke']라고 정의했기 때문에 다음과 같은 코딩으로도 같은 결과를 얻을 수 있습니다.

```
target.value_counts(dropna=False)
target.value_counts(dropna=False, normalize=True)
```

 / 데이터프레임 vs 시리즈(series)

저처럼 특히나 문과생 출신이라면 파이썬 같은 프로그래밍 언어를 배울 때 기본적인 용어 개념을 인지하는 데도 한참이 걸립니다. 데이터프레임과 시리즈를 구분하는 것이 쉽지만은 않았습니다. 앞에서 나오는 df와 data는 데이터프레임이고, target은 시리즈입니다. 이게 무슨 소리인지 외계어처럼 들린다면 df, data, target의 타입(type)을 확인해봅시다.

```
type(df)
```
【실행 결과】
```
pandas.core.frame.DataFrame
```

```
type(data)
```
【실행 결과】
```
pandas.core.frame.DataFrame
```

```
type(target)
```
【실행 결과】
```
pandas.core.series.Series
```

출력된 결과에서 맨 마지막 단어가 각각의 타입을 의미합니다. 즉, df와 data는 데이터프레임이고 target은 시리즈입니다.

데이터프레임의 개념은 행 번호(혹은 인덱스명)와 열 번호(혹은 컬럼명)를 가진 행과 열로 구성된 데이터 테이블입니다. 시리즈는 데이터프레임 중에서 하나의 열 번호만을 뽑아서도 만드는데, 이렇게 만든 시리즈에는 열 번호가 포함되지 않습니다. 요약하면 시리즈는 데이터프레임에서 만들어진 것이지만, 데이터프레임과는 형식이 다릅니다.

그래서 df['stroke']는 데이터프레임 df에서 stroke라는 변수를 지정하므로 정상 작동하지만, target['stroke']는 시리즈인 target이 stroke라는 변수명을 아예 가지고 있지 않으므로 에러가 발생합니다. 시리즈인 target은 데이터프레임에서 stroke 변숫값만 모은 것으로, 컬럼명을 포함하지 않기 때문입니다.

한편 타깃 변수 stroke의 분포를 보면 뇌졸중 경험이 있는 경우(값 1)와 그렇지 않은 경우(값 0)의 비율이 대략 5:95입니다. 이처럼 타깃 변수 클래스(class, 값 1과 0)의 비율이 한쪽으로 치우쳐 있으면 머신러닝 모델을 수행할 때 왜곡된 결과를 일으킬 수 있습니다. 따라서 가능한 한 타깃 변수 분포를 균형된 비율로 만들어주는 것이 좋습니다.

이를 위해 imblearn.under_sampling 라이브러리의 RandomUnderSampler 기능을 사용할 것입니다. 이 기능은 타깃 변수의 값 중에서 다수(majority)를 차지하는 클래스의 일부분만 샘플로 골라냅니다.

앞에서 확인한 타깃 변수의 값 중에서 소수(minority) 클래스(값 1) 개수는 193개고, 다수 클래스(값 0) 개수는 3,722개입니다. 만약 소수 클래스의 3배만큼만 다수 클래스에서 선택하면 3,722개에서 약 579(=193*3)개를 골라내게 됩니다. 그러면 전체 데이터 행 수는 772(=193+579)개가 됩니다. 즉, 원래 3,915개였던 데이터프레임 df의 데이터 행 수가 RandomUnderSampler 기능을 통해 800개 미만으로 줄어듭니다.

결과적으로 새롭게 생성할 데이터세트는 타깃 변숫값의 비율이 기존 5:95에서 1:3으로 변합니다. 다만 이 과정에서 전체 데이터 개수 중 상당수가 제거될 수 있음에 유념하기 바랍니다.

타깃 변수 클래스 균형 맞추기

이진값 타깃 변수의 경우, 0과 1값의 개수가 차지하는 비율이 50:50을 이루는 균형 잡힌 분포가 머신러닝 모델을 수행할 때 이상적입니다. 그런데 뇌졸중 예측 데이터세트는 타깃 변수 클래스의 소수 클래스와 다수 클래스가 약 5:95의 분포를 하고 있어서, 다수 클래스에서 소수 클래스만큼만 1:1 비율로 샘플을 뽑으면 너무나 적은 데이터 행만 남게 됩니다.

따라서 우리는 소수 클래스 대비 다수 클래스를 1:3 정도의 비율로 뽑는 언더샘플링으로 머신러닝 모델링 단계에서 학습에 필요한 만큼의 데이터양을 조금이나마 더 확보할 것입니다. 만약 데이터양이 충분하다면 1:1 비율로 뽑는 것을 권합니다.

참고로 타깃 변수의 클래스 비율을 균형 잡기 위해서 소수 클래스의 개수를 인위적으로 증가시키는 오버샘플링 기법도 있습니다.

RandomUnderSampler 기능을 사용하기 위해서는 imbalanced_learn 모듈을 설치해야 합니다. Decision Tree Stroke.ipynb 노트북을 새로 만들고, 노트북 입력창에 다음과 같이 입력하고 실행합니다. macOS나 Windows의 주피터 노트북, 구글 코랩에서도 같은 명령어로 정상적으로 설치됩니다.

```
pip install -U imbalanced-learn
```

설치가 완료되면 결과 화면에 커널을 재시작(restart the kernel)하라는 메시지가 나옵니다. 주피터 노트북 상단의 [Kernel] 메뉴에서 [Restart]를 클릭해 커널을 재시작합니다. 코랩에서는 상단 메뉴의 [Runtime] → [Restart Runtime]으로 재시작합니다.

그 후, 다음과 같이 imbalanced_learn 모듈의 버전을 확인합니다.

```
import imblearn
print(imblearn.__version__)
```

【실행 결과】
```
0.9.0
```

설치된 버전은 0.9.0 버전이네요. 여기서 잠깐! 커널을 재시작했기 때문에 지금까지 수행한 작업들을 다시 실행해야 합니다. csv 데이터 파일을 불러온 부분부터 데이터에 변형을 가한 부분까지 재실행하겠습니다. 코드는 다음과 같습니다.

```python
import pandas as pd
import numpy as np

df = pd.read_csv('healthcare-dataset-3.csv')
df.shape

# dtype을 category로 지정해 줄 변수들을 cols2에 임시 저장
cols2 = ['hypertension', 'heart_disease', 'stroke', 'ever_married_encoded',
         'gender_encoded','work_type_encoded', 'residence_type_encoded',
         'smoking_status_encoded']
# cols2에 저장된 변수들의 dtype을 category로 변경
df[cols2] = df[cols2].astype('category')
```

```
data = df.drop(['stroke'], axis=1)    # 타깃 변수를 제외한 변수를 data에 저장
target = df['stroke']                 # 타깃 변수만 target에 저장
```

위의 코드를 실행한 이후에 data 및 target에 대해서 RandomUnderSampler를 적용합니다.

```
# RandomUnderSampler를 import
from imblearn.under_sampling import RandomUnderSampler

# 타깃 변수의 소수 클래스 및 다수 클래스를 1:3의 비율(=1/3)로 언더샘플링
# data 및 target에 언더샘플링 적용
undersample = RandomUnderSampler(sampling_strategy=0.333, random_state=2)
data_under, target_under = undersample.fit_resample(data, target)
```

밑에서 두 번째 줄에 random_state=2라고 지정했는데, 이를 지정하지 않으면 매번 다른 샘플링 결과가 나옵니다. 따라서 random_state값을 지정해 주는 것이 바람직합니다. random_state값은 아무 정숫값을 지정해주면 되며, 한번 지정한 숫자를 계속 유지합니다. 이제 RandomUnderSampler가 적용된 target_under의 클래스 분포를 확인합니다.

```
target_under.value_counts(dropna=True)
```

【실행 결과】
```
0    579
1    193
Name: stroke, dtype: int64
```

```
target_under.value_counts(dropna=True, normalize=True)
```

【실행 결과】
```
0    0.75
1    0.25
Name: stroke, dtype: float64
```

원하는 결과를 얻었습니다. RandomUnderSampler가 적용된 target_under의 소수 클래스(값 1)와 다수 클래스(값 0)의 분포 비율이 1:3인 것을 확인할 수 있으며, 소수 클래스의 개수 193개는 모두 보전되었습니다.

이제 data_under 및 target_under를 5:5 비율로 분할합니다. 결과적으로 총 4개의 데이터 세트(X_train, X_test, y_train, y_test)가 만들어집니다.

```
# 50:50 비율로 데이터 분할
from sklearn.model_selection import train_test_split
X_train, X_test, y_train, y_test = train_test_split(data_under, target_under,
    test_size=0.5, random_state=42, stratify=target_under)

print("X_train shape:", X_train.shape)
print("X_test shape:", X_test.shape)
```

【실행 결과】
```
X_train shape: (386, 10)
X_test shape: (386, 10)
```

4행의 random_state=42 역시 위의 데이터 분할을 다시 시행해도 항상 같은 결과가 나오도록 만드는 장치입니다. 아울러 stratify=target_under는 데이터를 분할할 때 타깃 변수 stroke의 클래스 간에 1:3 비율을 유지한 채 분할되도록 해주는 장치입니다.

결과적으로 5:5 비율로 데이터 분할을 하였기에 X_train과 X_test가 RandomUnderSampler에 의해 선택된 데이터 행 수인 772(=193+579)개의 절반인 386개씩 나눠 갖게 됩니다. y_train과 y_test 또한 각각 386행으로 구성됩니다.

```
print("y_train shape:", y_train.shape)
print("y_test shape:", y_test.shape)
```

【실행 결과】
```
y_train shape: (386,)
y_test shape: (386,)
```

y_train 데이터세트에서의 타깃 변수 stroke의 클래스 비율 및 개수를 확인해보겠습니다.

```
y_train.value_counts(normalize=True)
```

【실행 결과】
```
0    0.748705
1    0.251295
Name: stroke, dtype: float64
```

```
y_train.value_counts()
```

【실행 결과】
```
0    289
1     97
Name: stroke, dtype: int64
```

y_train의 타깃 변수 stroke의 클래스 비율은 target_under의 타깃 변수 stroke의 값 비율과 거의 같습니다. 아울러 y_train의 타깃 변수 클래스 0과 1의 개수는 target_under의 50%에 가깝습니다. 즉, 193개의 대략 50%인 97개입니다. 위와 유사한 코드로 y_test의 타깃 변수 stroke 클래스의 비율 및 개수를 확인해보면, y_train 결과와 거의 같다는 것도 알 수 있습니다.

3.7.3 결정 트리 모델

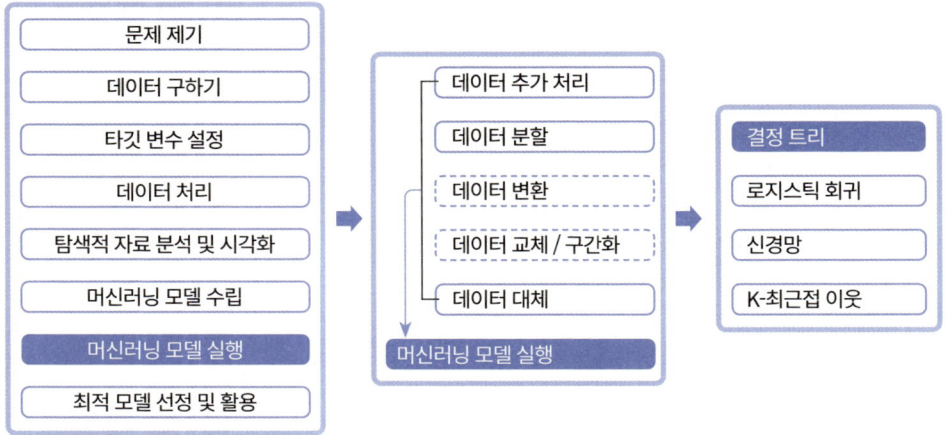

결정 트리(decision tree)는 지도 학습 중 하나이며, 분류와 회귀에 모두 사용할 수 있습니다. 이 모델은 주어진 학습 데이터세트의 특성으로부터 유추할 수 있는 의사결정 규칙(decision rules)을 학습합니다. 그리고 이 규칙을 테스트 데이터세트의 타깃 변숫값을 예측하는 데 사용합니다.

데이터를 나누는 규칙은 상자 모양의 노드로 표기되고, 노드가 선으로 연결되어 있어서 전체적으로는 트리(tree) 모양을 형성합니다. 결정 트리는 단순한 구조라서 이해하기 쉽고 해석이 명확하다는 장점이 있습니다. 반면에 과대적합(overfitting, 이하 과적합)하기 쉬운 단점도 있습니다.

통상적인 트리 모양의 예시로서, 이번 절의 결과물을 미리 그림으로 확인하겠습니다.

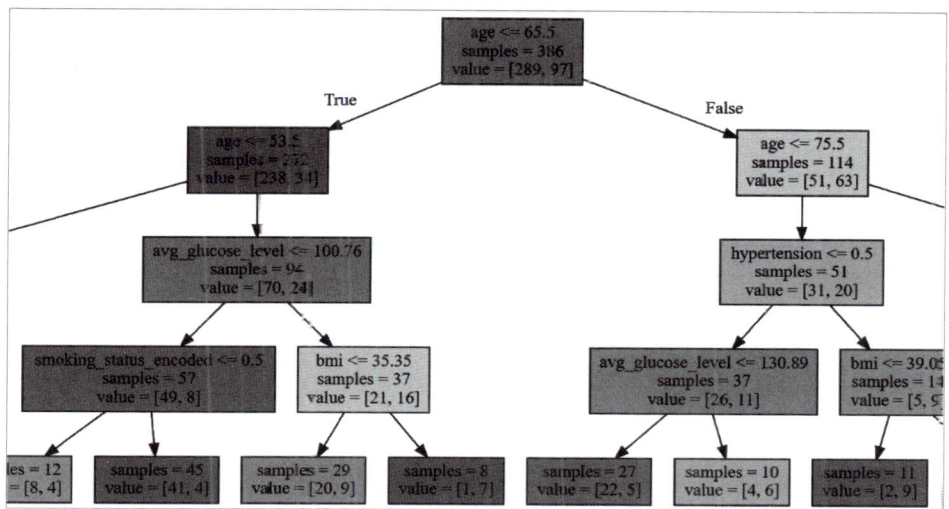

결정 트리 모델에는 여러 가지 옵션이 있습니다. 결정 트리는 노드를 나눌 때 정보 이득(information gain)을 사용합니다. 지니 지수와 엔트로피는 각기 결정 트리의 정보 이득을 계산하는 기준으로서, 두 기준 모두 노드의 불순도(impurity)를 측정합니다. 불순도는 데이터값이 무질서하게 배치된 정도를 나타내며, 정보 이득은 부모 노드의 불순도에서 자녀 노드의 가중(weighted) 불순도 합계를 뺀 값입니다.

또한, 일단 트리를 최대한 많이 만드는 최대 뎁스(maximum depth) 옵션이 기본으로 적용됩니다. 참고로 머신러닝 모델에서도 random_state 옵션을 쓰지 않으면 매번 결과가 달라지니 주의하기 바랍니다.

```
# 결정 트리 모델(지니 기준)
from sklearn.tree import DecisionTreeClassifier

# Classifier로 DecisionTreeClassifier를 지정
tree = DecisionTreeClassifier(random_state=0)
# Clssifier를 학습 데이터세트에서 학습시킴
tree.fit(X_train, y_train)

print("Accuracy on trainirg set:{:.5f}".format(tree.score(X_train, y_train)))
print("Accuracy on test set:{:.5f}".format(tree.score(X_test, y_test)))
```

【실행 결과】
```
Accuracy on training set:1.00000
Accuracy on test set:0.69171
```

```python
# 결정 트리 모델(지니 기준)
from sklearn.tree import DecisionTreeClassifier
from sklearn.metrics import accuracy_score

# Classifier로 DecisionTreeClassifier를 지정
tree = DecisionTreeClassifier(random_state=0)
# Clssifier를 학습 데이터세트에서 학습시킴
model = tree.fit(X_train, y_train)
# 학습된 Classifier로 테스트 데이터세트의 자료를 이용해서 타깃 변수 예측값을 생성
pred = model.predict(X_test)

print("Accuracy on training set:{:.5f}".format(model.score(X_train, y_train)))
print("Accuracy on test set:{:.5f}".format(accuracy_score(y_test, pred)))
```

【실행 결과】
```
Accuracy on training set:1.00000
Accuracy on test set:0.69171
```

위의 두 개의 코드는 같은 결과를 도출합니다. 첫 번째 코드가 좀 더 간단하지만, 두 번째 코드가 이해하기에 더 쉽고 범용성이 뛰어납니다. 정확도(accuracy)는 실제 타깃 변수의 값과 모델에 의해 예측된 타깃 변수의 값이 일치하는 비율입니다. 여기서는 테스트 데이터세트의 정확도값을 보면 됩니다. 위 결과에 따르면 0.69171의 정확도를 보입니다.

참고로 RandomUnderSampler를 사용하지 않고 타깃 변수의 클래스 비율이 5:95인 원래 데이터세트를 사용해서 결정 트리 모델을 실행한 결과는 다음과 같습니다.

【실행 결과】
```
Accuracy on training set:1.00000
Accuracy on test set:0.91982
```

정확도가 무려 0.91982가 나옵니다. 이는 타깃 변수의 클래스 비율이 균형 잡히지 않고 극단적으로 치우쳐 있어서 머신러닝 모델의 실행 결과가 왜곡될 수 있음을 보여줍니다.

다시 돌아와서, 특이한 점은 학습 데이터세트에서 정확도가 1이 나왔다는 점입니다. 이는 우리가 결정 트리의 가지가 뻗는 뎁스(depth)를 무한히 허용함으로써 학습 데이터세트에서 결정 트리가 할 수 있는 한 최대한의 가지를 뻗었음을 의미합니다. 즉, 학습 데이터세트를 완벽하게 학습한 트리가 만들어진 것입니다.

그러나 우리가 추구하는 목표는 학습 데이터세트에서의 높은 성능(여기서는 정확도)이 아니고 테스트 데이터세트에서의 높은 성능입니다. 위에서 나온 테스트 데이터세트에서의 정확도는 높은 편은 아닙니다. 이렇게 학습 데이터세트를 과도하게 학습한 나머지, 학습 데이터세트에만 최적화가 끝까지 진행되어 궁극적으로 모델의 목표인 테스트 데이터세트에서의 성능이 떨어지는 것을 과적합 현상이라고 합니다. 머신러닝 모델에서 과적합 현상은 특히나 경계해야 할 대상입니다.

결정 트리는 파라미터가 하나만 바뀌어도 모델의 결과가 달라질 수 있습니다. 위의 코드에서 결정 트리의 기본 설정인 지니 기준을 그대로 둔 채 트리의 뎁스를 5, 10, 15, 20 등 5단위로 증가시켜 보면, depth=5일 때 모델의 정확도가 최고로 나옵니다. 아래의 결과를 보면 학습 데이터세트에서의 정확도가 1에서 많이 내려가서 과적합 정도가 낮아졌음을 알 수 있습니다. 참고로 depth=20부터는 기본값인 최대 뎁스 설정일 때와 같은 정확도가 나옵니다.

```
# 결정 트리 모델(지니 기준, depth=5)
from sklearn.tree import DecisionTreeClassifier

tree = DecisionTreeClassifier(random_state=0, max_depth=5)
model = tree.fit(X_train, y_train)

print("Accuracy on training set:{:.5f}".format(model.score(X_train, y_train)))
print("Accuracy on test set:{:.5f}".format(model.score(X_test, y_test)))
```

【실행 결과】
```
Accuracy on training set:0.88342
Accuracy on test set:0.73316
```

한편, 결정 트리를 엔트로피 기준으로 만들려면 위의 코딩에서 DecisionTreeClassifier 괄호 안에 criterion="entropy"라는 문구를 넣어주면 됩니다. 그리고 나서 마찬가지로 트리의 뎁스를 5, 10, 15, 20 등 5단위로 늘려보면, 역시 depth=5일 때 모델의 정확도가 최고로 나옵니다.

```python
# 결정 트리 모델(엔트로피 기준, depth=5)
from sklearn.tree import DecisionTreeClassifier

tree = DecisionTreeClassifier(criterion="entropy", random_state=0, max_depth=5)
model = tree.fit(X_train, y_train)

print("Accuracy on training set:{:..5f}".format(model.score(X_train, y_train)))
print("Accuracy on test set:{:..5f}".format(model.score(X_test, y_test)))
```

【실행 결과】
```
Accuracy on training set:0.85492
Accuracy on test set:0.73057
```

학습 데이터세트에 과적합하면 현실 데이터에서는 좋지 않은 결과를 낼 수 있기 때문에 결정 트리 최적 모델의 뎁스는 트리 가지를 뻗을 수 있는 최대치보다는 적게 설정하는 것이 일반적입니다.

지금까지 일일이 모델의 max_depth를 직접 수정해가며 수동으로 최적 모델을 찾았습니다. 더구나 교차 검증도 쓰지 않았습니다. 사이킷런의 그리드 서치(GridSearchCV) 기능을 이용하면 자동으로 교차 검증을 사용하여 과적합을 방지하고 모델을 최적화할 수 있습니다. 앞에서 수동으로 찾은 최적 모델을 이제는 그리드 서치로 찾아보겠습니다.

> **교차 검증**
>
> 교차 검증이란 학습 데이터세트에서의 성능이 과도하게 높게 나오거나 낮게 나오는 것을 방지하고자 학습 데이터세트를 분할해서 여러 번에 걸쳐 머신러닝 모델을 학습시키는 것을 말합니다.
>
> 교차 검증 기능에서 만약 타깃 변수의 클래스 분포 비율이 지나치게 불균형이면 계층별 K겹 교차 검증(stratified K-fold)를 써야 합니다. 다행히 그리드 서치는 기본 설정으로 계층별 K겹 교차 검증을 사용하기 때문에 타깃 변수의 클래스 분포 비율을 크게 신경 쓰지 않아도 됩니다.

학습을 하지 않은 결정 트리 기본 모델을 다시 생성한 후, 그리드 서치를 실행하겠습니다. 이때, 지니 기준 혹은 엔트로피 기준에서 max_depth를 1부터 20까지 1 간격으로 늘리며 실행합니다.

```python
# 결정 트리 모델(지니 기준)
from sklearn.tree import DecisionTreeClassifier
from sklearn.metrics import accuracy_score
from sklearn.model_selection import GridSearchCV

tree = DecisionTreeClassifier(criterion="gini", random_state=0, max_depth=5)

params = {'criterion':['gini','entropy'],'max_depth': range(1,21)}
grid_tree = GridSearchCV(tree, param_grid=params, scoring='accuracy',
                        cv=5, n_jobs=-1, verbose=1)
grid_tree.fit(X_train, y_train)

print("GridSearchCV max accuracy:{:.5f}".format(grid_tree.best_score_))
print("GridSearchCV best parameter:", (grid_tree.best_params_))
```

【실행 결과】
```
Fitting 5 folds for each of 40 candidates, totalling 200 fits
GridSearchCV max accuracy:0.79534
GridSearchCV best parameter: {'criterion': 'gini', 'max_depth': 4}
```

params 구문의 'max_depth': range(1,21)은 결정 트리 모델의 max_depth를 1부터 20까지 증가시킨다는 의미입니다. grid_tree 구문의 cv는 그리드 서치의 교차 검증 파라미터인데, 이를 5회로 설정하였습니다. 그리고 n_jobs=-1 설정은 멀티 코어 CPU를 모두 사용하라는 옵션입니다. verbose=1 설정은 연산의 중간 결과, 즉 메시지를 출력하는 옵션이며 값이 클수록 더 많은 메시지를 출력합니다.

최종적으로 5회의 교차 검증을 2개의 기준마다 20개의 max_depth값을 대입하다 보니 총 200회(=5*2*20) 학습(fits)이 이루어졌습니다. 그리드 서치 결과, 최적 모델을 만드는 파라미터는 지니 기준에서 뎁스가 4일 때로 나타났습니다.

> ### 🔍 max_depth는 하이퍼파라미터?
>
> 여기서 max_depth는 그리드 서치의 자체 파라미터가 아니고 그리드 서치가 사용하는 기본 머신러닝 모델(estimator)인 DecisionTreeClassifier의 파라미터이기 때문에 이를 그리드 서치 입장에서는 하이퍼파라미터라고 부릅니다. 즉, 그리드 서치를 통해 하이퍼파라미터 최적화를 실행합니다.

결정 트리 모델을 교차 검증하면 모델의 평균 성능을 산출하며, 그리드 서치에서는 이 중 가장 높은 성능을 내는 파라미터를 선택합니다. 그리드 서치 최적 모델을 테스트 데이터세트에 적용한 결과는 다음과 같습니다.

```
best_clf = grid_tree.best_estimator_
pred = best_clf.predict(X_test)
print("Accuracy on test set:{:.5f}".format(accuracy_score(y_test, pred)))
```

【실행 결과】
```
Accuracy on test set:0.76943
```

테스트 데이터세트에서의 정확도는 0.76943으로 나타났습니다.

모델명	정확도	순위
결정 트리	0.76943	1

그리고 최적 모델의 변수 중요도(feature importance) 수치를 확인합니다.

```
print ("Feature importances:")
print (best_clf.feature_importances_)
```

【실행 결과】
```
Feature importances:
[0.62704795 0.03801011 0.         0.14192898 0.11210499 0.
 0.         0.         0.03342888 0.0474791 ]
```

위 결과를 표로 나타내면 다음과 같습니다.

```python
# 변수명(컬럼명)을 리스트 형태로 만들기
feature_names = list(data.columns)
# 변수명을 index로 만들고, feature_importances를 매칭해서 나열한 데이터프레임 만들기
dft = pd.DataFrame(np.round(best_clf.feature_importances_, 4),
                   index=feature_names, columns=['Feature_importances'])
# Feature_importances의 값을 내림차순으로 정리
dft1 = dft.sort_values(by='Feature_importances', ascerding=False)
dft1
```

【실행 결과】

	Feature_importances
age	0.6270
avg_glucose_level	0.1419
bmi	0.1121
smoking_status_encoded	0.0475
hypertension	0.0380
residence_type_encoded	0.0334
heart_disease	0.0000
ever_married_encoded	0.0000
gender_encoded	0.0000
work_type_encoded	0.0000

변수 중요도를 그래프로 나타내면 더 직관적으로 확인할 수 있습니다.

```python
# 데이터프레임 dft1의 막대그래프 그리기
import seaborn as sns

sns.barplot(y=dft1.index, x='Feature_importances", data=dft1);
```

【실행 결과】

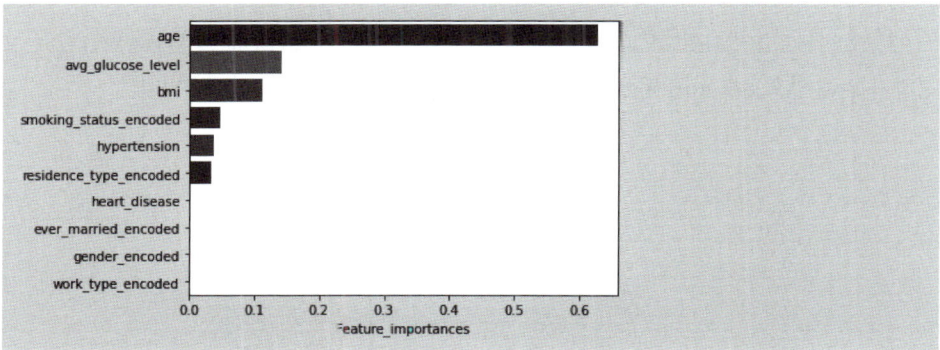

타깃 변수 stroke값을 예측하는 데 가장 중요한 변수는 나이이고, 평균 혈당치와 체질량 지수가 그 뒤를 잇습니다. 그런데 위 그래프에서 각 변수의 값이 표시되지 않는다는 점이 아쉽습니다. 그래프에 변수의 값을 직접 표기하는 것을 영어로는 annotation이라고 합니다. 이를 개선해보겠습니다.

```
import matplotlib.pyplot as plt
%matplotlib inline

ax = sns.barplot(y=dft1.index, x="Feature_importances", data=dft1)

for p in ax.patches:
    ax.annotate("%.3f" % p.get_width(), (p.get_x() + p.get_width(), p.get_y()+1),
                xytext=(5, 10), textcoords='offset points')
```

【실행 결과】

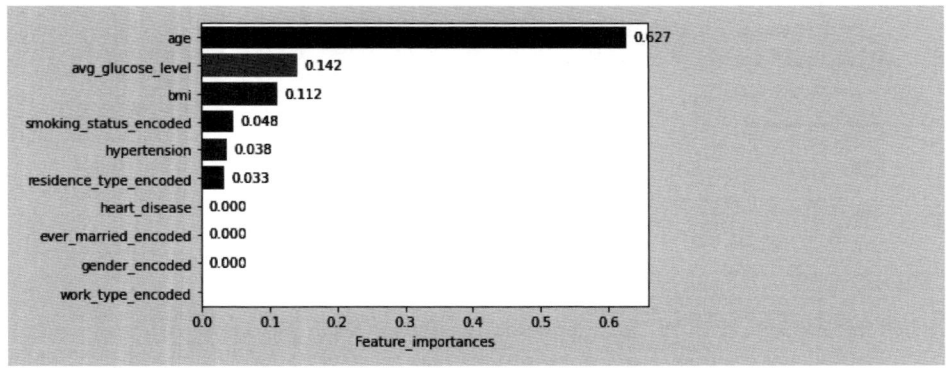

그래프를 그릴 때 Feature_importances값을 막대그래프 옆에 나타내기 위해 수직 위치를 설정해주다 보니 부득이 가장 마지막에 있는 변수(work_type_encoded)의 값이 표시되지 않았습니다. 더 복잡한 코드로 해결할 수 있으나, 이 책에서는 최대한 코드를 단순하게 작성하기 위해 앞으로도 annotation 코딩은 위와 동일한 코드를 사용하겠습니다.

 / 에피소드 13

파이썬에서 그래프를 그리려고 하면 코드가 갑자기 복잡하게 느껴져서 '그래프 코딩은 나중에 할래'라고 뒤로 미루기 십상일 것입니다. 제가 MSBA 파이썬 수업을 들었을 때, 시험에서는 파이썬 코드를 외워서 프로그램을 작성해야 했는데, 다행히 시험에서는 매우 간단한 그래프를 그리는 문제가 나와서 한숨을 돌렸던 적이 있습니다. 담당 교수님께서 학생들에게 고통을 주지 않기 위해서 배려하셨던 것입니다.

시험 볼 때를 제외하고는 머신러닝 프로젝트를 수행하면서 코드를 외울 필요가 그리 많지 않습니다. 프로젝트는 도서관이나 집에서 하는 것이니 필요할 때마다 인터넷에서 검색하는 것으로 충분했습니다.

믿기 힘들겠지만, 미국 대학에 가면 이 책을 읽는 여러분이 처음 배워서 하는 파이썬 코딩 실력이 다른 나라 학생들보다 훨씬 나을 것입니다. 저도 MSBA 경험이 없었다면 이 말은 믿지 않았을 것입니다. 하지만 사실입니다. 배우는 과정에서는 파이썬 코드를 외우지 못해서 고민할 필요가 없습니다. 필요할 때 어떤 기능이 있는지 대강 알고 있다가 구체적인 코드는 검색해서 찾아 쓰면 됩니다.

이 얘기를 하는 이유는 파이썬 코드를 외우지 못해서 받는 스트레스에서 조금이나마 벗어나길 바라는 마음에서입니다. 특히 그래드를 그리는 시각화 코드가 복잡하다고 파이썬을 포기하면 안 됩니다. 그래프 기능은 눈에 보기 좋게 하는 것일 뿐, 다른 기능에 능숙해지고 나서 천천히 배워도 늦지 않습니다.

이제 결정 트리 모델을 실행한 결과를 트리 모양의 그래프로 나타내겠습니다.

```
import matplotlib.pyplot as plt
%matplotlib inline
from sklearn import tree

fig = plt.figure(figsize=(20, 10))
_ = tree.plot_tree(best_clf,
                   feature_names=list(data.columns),
                   filled=True)
```

【실행 결과】

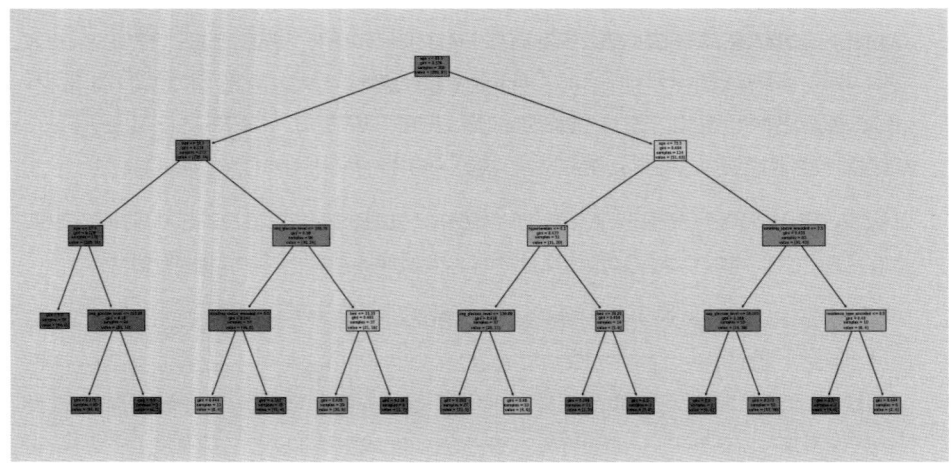

이처럼 트리를 출력할 때 문제는 트리가 크면 표시해야 할 노드 또한 많아서 노드 안의 글자들이 거의 보이지 않는다는 데 있습니다. 이를 해결하기 위해서 서드 파티 라이브러리인 Graphviz를 사용하여 결정 트리의 결과물을 다시 출력하겠습니다.

우선 Graphviz를 주피터 노트북에 설치하기 위해 다음과 같이 입력하고 실행합니다. 아래 명령어가 혹시 작동하지 않으면 코드 맨 앞의 느낌표를 지우고 다시 실행해보기 바랍니다.

```
!pip install graphviz
```

설치가 완료되면 커널을 재시작하라는 메시지가 나옵니다. 상단 메뉴에서 [Kernel] → [Restart]를 클릭합니다. 그럼 아래와 같은 경고 메시지가 뜨는데, 이를 무시하고 〈Restart〉 버튼을 누릅니다.

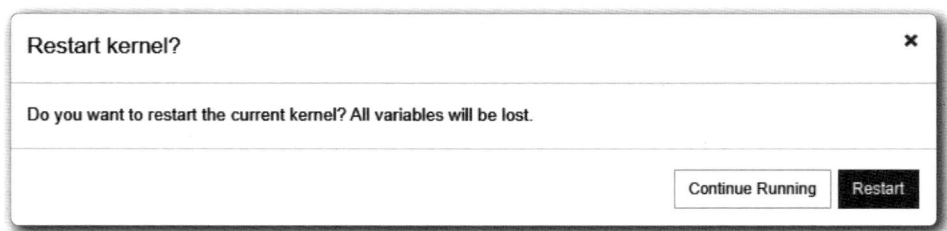

그다음 Graphviz를 불러옵니다.

```
import graphviz
```

위 명령어를 실행시켜서 아무런 에러 메시지가 뜨지 않으면 Graphviz가 성공적으로 설치된 것입니다. 서드 파티 라이브러리를 주피터 노트북에 설치하면 컴퓨터마다 설정 환경이 천차만별이기 때문에 간혹 설치에 실패할 때가 있습니다. 그럼 설치 방법을 검색해보거나, 해결할 수 없다면 코랩에서 설치하도록 하세요. 코랩은 클라우드 시스템이라서 개인 컴퓨터 환경에 구애받지 않기 때문에 잘 실행될 것입니다.

커널을 재시작했으니 지금까지 수행한 작업들을 또다시 처음부터 실행해야 합니다. 머신러닝 모델 프로그래밍에 조금만 익숙해지면 어느 부분을 콕 집어서 재실행해야 하는지도 알 수 있게 됩니다. 여기서는 Decision Tree Stroke.ipynb 노트북을 전체 재실행한 후, 다음 코드를 작성합니다.

아래 코드에서 에러가 발생할 때는 지금까지 코딩한 주피터 노트북을 구글 코랩에 올려서 다시 처음부터 실행하면 정상적으로 작동할 것입니다. 구글 코랩에서 데이터 파일을 불러올 때 구글 드라이브 파일 경로를 가져와야 하며, 이 절차는 4.7.6절을 참고하기 바랍니다.

```
# model의 결과물을 tree.dot에 저장
from sklearn.tree import export_graphviz
export_graphviz(best_clf, out_file="tree.dot", feature_names=list(data.columns),
                impurity=False , filled=True)
# tree.dot을 graphviz 기능을 통해 출력
with open("tree.dot") as f:
    dot_graph = f.read()
display(graphviz.Source(dot_graph))
```

【실행 결과】

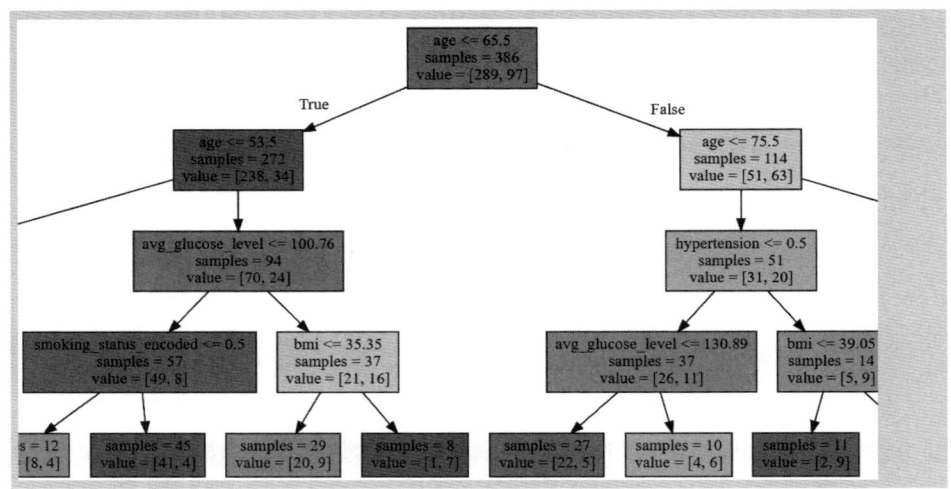

코랩에서 Graphviz를 설치했는데도 결정 트리 결과물이 보이지 않는다면 다음과 같은 코드를 추가로 작성해보세요.

```
!apt-get -qq install -y graphviz && pip install -q pydot
import pydot
```

위 결과 화면에서는 전체 트리의 일부만 보이지만, 주피터 노트북에서 보면 스크롤 바가 있어서 전체 트리 구조를 살펴볼 수 있습니다. 맨 위 노드에 있는 value = [289, 97]은 y_train 데이터세트에 타깃 변수 stroke의 0값이 289개, 1값이 97개라는 의미입니다. 최적 결정 트리 모델의 결과로 나온 맨 위 노드 조건식 (age ≤ 65.5)를 충족하면, 즉 True인 경우 왼쪽 화살표를 따라 내려가고, 조건식을 충족하지 않는 False인 경우 오른쪽 화살표를 따라 내려가면서 결과를 해석합니다.

두 번째 줄 맨 왼쪽 노드는 맨 위 노드의 age <= 65.5 조건식을 충족했을 때 y_train 데이터세트를 해당 조건에 맞게 선택한 것입니다. 총 272개의 샘플이 모이고, 타깃 변수 stroke값이 238개는 0의 값을, 34개는 1의 값을 갖는 것을 의미합니다. 이런 식으로 최종 분류된 결과는 맨 아랫줄의 노드들입니다. 최종 분류 노드에는 조건식이 없습니다.

이제 결정 트리 모델 수행을 완료했으므로 지금까지 작업한 노트북 파일인 Decision Tree Stroke.ipynb 파일을 저장하고 종료합니다.

3.7.4 로지스틱 회귀 모델

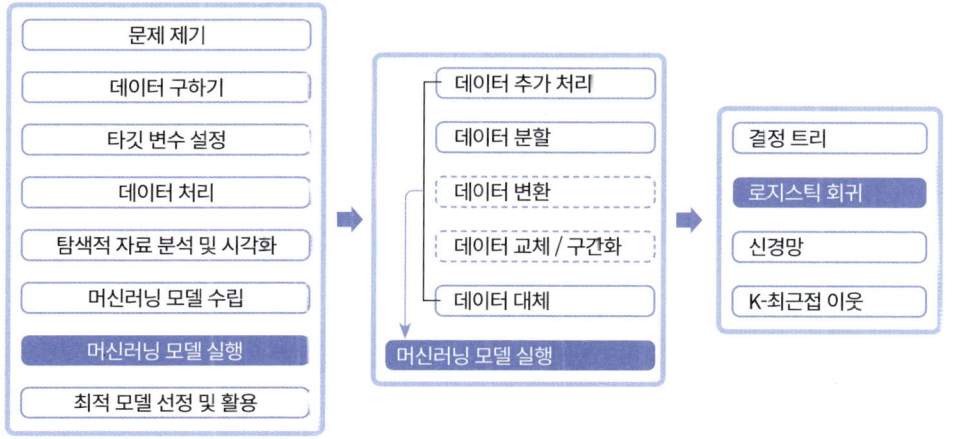

로지스틱 회귀(logistic regression)는 단순 선형 회귀 모델에서 출발했습니다. 로지스틱 회귀가 일반 회귀 모델과 결정적으로 다른 점은 출력 변숫값이 이진값(0 혹은 1)이라는 것입니다. 이 모델에서는 입력 변수를 활성화 함수인 로지스틱 함수(시그모이드 함수라고도 함)에 넣으면 중간 결괏값이 산출되는데, 이 값이 임계치(threshold) 이상이면 출력 변숫값을 1, 임계치 미만이면 출력 변숫값을 0으로 출력합니다.

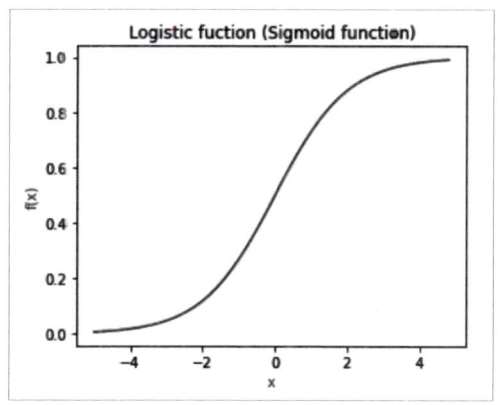

예를 들어서 위와 같은 로지스틱 함수가 주어졌다면, 입력값이 x=4인 경우에 f(x)값은 1에 가까운 값이 나옵니다. X=-4인 경우에는 f(x)는 0에 가까운 값이 나옵니다. 이때, 임계치가 0.5라면 x=4인 경우 f(x)값이 임계치를 넘으므로 출력 변숫값은 1이고, X=-4인 경우에는 f(x)값이 임계치보다 작으므로 출력 변숫값은 0이 됩니다.

주피터 노트북에서 새롭게 노트북 파일 Logistic Regression Stroke.ipynb를 만듭니다. 그리고 healthcare-dataset-3.csv 파일을 불러옵니다.

```
import pandas as pd
import numpy as np

df = pd.read_csv('healthcare-dataset-3.csv')
df.shape
```

【실행 결과】
```
(3915, 11)
```

더미 변수 생성

회귀(regression)에 기반을 둔 모델들은 범주형 변수를 0과 1값으로 구성된 더미 변수(dummy variable)로 바꿔줘야 합니다. 범주형 변숫값이 문자형이 아니라 숫자형으로 구성돼 있더라도 마찬가지입니다. 고혈압과 심장병, 그리고 앞 절에서 숫자형 변숫값으로 변환해 준 결혼 여부와 주거 형태는 변숫값이 모두 0과 1로 구성된 더미 변수이므로 회귀 계열 모델에 바로 투입할 수 있습니다.

변수명	데이터 정의
hypertension (고혈압)	환자가 고혈압이 아니면 0 환자가 고혈압이면 1
heart_disease (심장병)	환자가 심장병이 없으면 0 환자가 심장병이 있으면 1

변수명	데이터 정의
ever_married_encoded (결혼 여부)	0. 미혼 1. 결혼한 적 있음
residence_type_encoded (주거 형태)	0. 농촌 1. 도시

반면에 나머지 범주형 변수들인 성별, 근무 형태, 주거 형태, 흡연 상태는 각기 세 개 이상의 값을 가지고 있어서 더미 변수로 만들어줘야 합니다.

변수명	데이터 정의
gender_encoded (성별)	0. 여자 1. 남자 2. 기타
work_type_encoded (근무 형태)	0. 공무원 1. 무직 2. 직장인 3. 자영업자 4. 미성년자
smoking_status_encoded (흡연 상태)	0. 알 수 없음 1. 과거 흡연자 2. 비흡연자 3. 현재 흡연자

예를 들어 성별을 더미 변수로 만들면 gender_encoded_0, gender_encoded_1, gender_encoded_2 변수가 만들어집니다. 여자인 경우 gender_encoded_0의 값은 1로 설정하고 나머지 변숫값은 0이며, 남자인 경우 gender_encoded_1값이 1이 되고 나머지 변숫값은 0입니다. 성별이 기타인 경우, gender_encoded_2값이 1이고, 나머지 변숫값은 0입니다. 이런 방식으로 성별, 근무 형태, 흡연 상태를 pd.get_dummies 명령어를 이용해 더미 변수로 만들겠습니다.

```
# 범주형 변수 중에서 0과 1값만 가지는 4개의 변수명을 제외하고 cols2에 저장
cols2 = ['gender_encoded', 'work_type_encoded', 'smoking_status_encoded']
```

```
# cols2에 담긴 변수들의 더미 변수를 생성(더미 변수를 생성한 원본 변수는 제거함에 유의)
df1 = pd.get_dummies(df, columns=cols2)
df1.head(3)
```

【실행 결과】

residence_type_encoded	gender_encoded_0.0	gender_encoded_1.0	gender_encoded_2.0	work_type_encoded_0.0	work_type_encoded_1.0	work_type_encoded_
1.0	0	1	0	0	0	
0.0	0	1	0	0	0	
1.0	1	0	0	0	0	

데이터프레임 df1의 컬럼을 확인해보면 원래 변수는 사라지고, 대신 그 자리에 더미 변수들이 생성된 것을 확인할 수 있습니다. 스크롤 바를 이동시켜 보면 cols2에 입력된 변수의 더미 변수가 만들어져 있습니다.

더미 변수를 생성하면서 만들어진 새로운 데이터프레임 df1의 열 개수를 확인합니다.

```
df1.shape
```

【실행 결과】
```
(3915, 19)
```

새롭게 만들어진 데이터프레임 df1의 열은 19개입니다. 우리가 18세 이하 데이터를 제외했기 때문에 근무 형태에서 미성년자(children)를 나타내는 work_type_encoded_4.0 변수가 생성되지 않았음에 유의하기 바랍니다. df1의 변수명은 다음과 같이 확인할 수 있습니다.

```
list(df1.columns)
```

【실행 결과】
```
['age',
 'hypertension',
 'heart_disease',
 'avg_glucose_level',
 'bmi',
 'stroke',
```

```
'ever_married_encoded',
'residence_type_encoded',
'gender_encoded_0.0',
'gender_encoded_1.0',
'gender_encoded_2.0',
'work_type_encoded_0.0',
'work_type_encoded_1.0',
'work_type_encoded_2.0',
'work_type_encoded_3.0',
'smoking_status_encoded_0.0',
'smoking_status_encoded_1.0',
'smoking_status_encoded_2.0',
'smoking_status_encoded_3.0']
```

기준 더미 변수 제거

이진값 범주형 변수는 회귀 계열 모델에 입력 변수로 포함해도 아무런 문제가 없습니다. 범주형 변숫값이 문자형을 포함한 0과 1 이외의 값을 가질 때, 즉 0, 1, 2 혹은 A, B 등을 값으로 가지는 경우를 명목형(nominal) 변수라고 부릅니다. 이 경우 기준 더미 변수(base dummy variable) 하나를 제거한 뒤 회귀 계열 모델에 입력해야 합니다. 그래야 해당 더미 변수의 오즈비(odds ratio) 해석이 가능해집니다. 오즈비에 대한 자세한 내용은 뒤에서 설명하겠습니다.

이제 다음 세 개의 명목형 변수에서 각각 기준이 되는 더미 변수를 선정하고, 이를 데이터프레임에서 제거하겠습니다. 아래 표에서 표시된 부분이 기준 더미 변수로 삼는 값입니다. 주로 부재, 부정, 미활동 등을 나타내는 값을 기준 더미 변수로 선택하는 것이 좋습니다. 다만 분석 의도에 따라 기준 더미 변수는 달라질 수 있습니다.

변수명	데이터 정의
gender_encoded (성별)	0. 여자 1. 남자 2. 기타

변수명	데이터 정의
work_type_encoded (근무 형태)	0. 공무원 1. 무직 2. 직장인 3. 자영업자 4. 미성년자
smoking_status_encoded (흡연 상태)	0. 알 수 없음 1. 과거 흡연자 2. 비흡연자 3. 현재 흡연자

성별을 나타내는 gender_encoded 변수는 기준 더미 변수로 여자를 선택했는데, 남자를 선택해도 됩니다. 부재/미활동 등을 나타내는 값이 없을 경우, 본인이 관심 있는 변숫값이 아닌 값을 기준 더미 변수로 선택하는 것이 좋습니다.

여기서는 타깃 변수 stroke(뇌졸중 경험 여부)에서 남자가 더 많이 뇌졸중을 겪지 않을까 하는 생각에 여자를 비교 대상이 되는 기준 더미 변수로 선택했습니다. 즉, 기준 더미 변수로 선정하지 않은 값이 연구자가 보기에 더 중요해 보이는 값입니다.

gender_encoded의 더미 변수 중에서 gender_encoded_0을 기준 더미 변수로 선정했기에 회귀 분석 모델에는 이 변수를 제거합니다. 마찬가지로 위의 데이터 정의에 표시한 나머지 기준 더미 변수들도 데이터프레임 df1에서 제거합니다. 이를 위해 제외할 변수명을 다음과 같이 cols3에 입력하고, 이들을 데이터프레임 df1에서 drop 명령어로 제거합니다.

```
# 기준 더미 변수로 정한 3개의 더미 변수명을 cols3에 저장
cols3=['gender_encoded_0.0','work_type_encoded_1.0','smoking_status_encoded_2.0']
# cols3에 저장된 3개 더미 변수명을 데이터프레임에서 제거
df1.drop(cols3, axis=1, inplace=True)
df1.shape
```

【실행 결과】
```
(3915, 16)
```

더미 변수 생성 파일 저장

데이터프레임 df1은 위 조치 전에 19개의 컬럼을 갖고 있었으나, 3개의 기준 더미 변수들을 제거하고 나니 16개의 컬럼을 갖게 되었습니다. 이렇게 만들어진 데이터프레임 df1을 healthcare-dataset-3-dummy.csv로 저장합니다. 이 파일은 뒤에서 다룰 로지스틱 회귀 모델의 기본 데이터세트로 활용됩니다.

```python
df1.to_csv('healthcare-dataset-3-dummy.csv', index=False)
```

로지스틱 회귀 모델 구축 및 실행

방금 저장한 healthcare-dataset-3-dummy.csv 파일을 다시 불러옵니다. 작업 결과로 생성된 데이터프레임을 csv 파일로 저장하고, 이를 다시 불러오는 것은 파이썬 코딩 작업이 길어질 때 매우 유용한 절차입니다.

```python
df = pd.read_csv('healthcare-dataset-3-dummy.csv')
df.shape
```

【실행 결과】
```
(3915, 16)
```

이제 입력 변수로 구성된 data와 타깃 변수로 구성된 target을 구성하고, RandomUnderSampling 기능을 통해 타깃 변수 클래스인 1과 0 값의 비율을 1:3으로 맞춥니다.

```python
data = df.drop(['stroke'], axis=1)    # 타깃 변수를 제외한 변수를 data에 저장
target = df['stroke']                  # 타깃 변수만 target에 저장

# RandomUnderSampler를 import
from imblearn.under_sampling import RandomUnderSampler

# 타깃 변수의 소수 클래스 및 다수 클래스를 1:3의 비율(=1/3)로 언더샘플링
undersample = RandomUnderSampler(sampling_strategy=0.333, random_state=2)
# data와 target에 언더샘플링 적용
data_under, target_under = undersample.fit_resample(data, target)
```

이후 5:5 데이터 분할을 시행합니다. 우리의 데이터세트에서 타깃 변숫값이 불균등하게 분포하므로 stratify=target_under 문구가 train_test_split 구문 안에 반드시 포함되어야 합니다.

```python
# 50:50 데이터 분할
from sklearn.model_selection import train_test_split

X_train, X_test, y_train, y_test = train_test_split(data_under, target_under,
    test_size=0.5, random_state=42, stratify=target_under)

print("X_train shape:", X_train.shape)
print("X_test shape:", X_test.shape)
```

【실행 결과】
```
X_train shape: (386, 15)
X_test shape: (386, 15)
```

타깃 변수가 제외된 X_train과 X_test의 변수 개수는 15개입니다. 로지스틱 회귀의 기본 모델을 다음과 같이 수립하고 실행합니다.

```python
# 로지스틱 회귀 기본 모델
from sklearn.linear_model import LogisticRegression
from sklearn.metrics import accuracy_score

lr = LogisticRegression(solver='lbfgs', penalty='none', random_state=0, n_jobs=-1)
model = lr.fit(X_train, y_train)
pred = model.predict(X_test)

print("Training set score:{:.5f}".format(model.score(X_train, y_train)))
print("Test set score:{:.5f}".format(accuracy_score(y_test, pred)))
```

【실행 결과】
```
Training set score:0.79275
Test set score:0.76166
```

기본적으로 random_state를 필요한 단계마다 지정하면 모델의 결괏값이 같게 나옵니다. 하지만 실행 결과가 미묘하게 다르게 나왔다면 random_state를 어느 단계에선가 지정하지 않았거나 파이썬의 버전 업데이트에 따른 로직 변경을 의심해 볼 수 있습니다.

사이킷런이 제공하는 로지스틱 회귀 기본 모델(estimator)인 LogisticRegression의 파라미터 penalty를 지정하지 않으면 기본 설정인 penalty=L2로 자동 지정되며, 이는 릿지(ridge) 제약 조건을 의미합니다. penalty 항목 없이 실행하려면 앞의 코드처럼 LogisticRegression 내에 penalty='none'이라는 문구를 추가해야 합니다.

이제 교차 검증과 모델 최적화를 위해, 학습을 하지 않은 로지스틱 회귀 기본 모델을 다시 생성한 후 그리드 서치를 실행하겠습니다. LogisticRegression의 파라미터 solver값을 복수로 주고 그리드 서치를 실행합니다. 참고로 solver는 머신러닝 모델이 예측(추정)한 값과 실젯값의 오차를 줄이기 위해서 학습하는 과정인 최적화(optimization)에 쓰이는 알고리즘입니다.

```
lr = LogisticRegression(solver='lbfgs', penalty='none', random_state=0, n_jobs=-1)

from sklearn.model_selection import GridSearchCV
params = {'solver':['lbfgs', 'saga'], 'penalty':['none']}

grid_lr = GridSearchCV(lr, param_grid=params, scoring='accuracy', cv=5, n_jobs=-1,)
grid_lr.fit(X_train, y_train)

print("GridSearchCV max accuracy:{:.5f}".format(grid_lr.best_score_))
print("GridSearchCV best parameter:", (grid_lr.best_params_))
```

【실행 결과】
```
GridSearchCV max accuracy:0.76697
GridSearchCV best parameter: {'penalty': 'none', 'solver : 'lbfgs'}
```

최적의 파라미터 조합은 penalty='none', solver='lbfgs'로 나왔습니다. 그리드 서치 최적 모델을 테스트 데이터세트에 적용한 결과는 다음과 같습니다.

```
best_clf = grid_lr.best_estimator_
pred = best_clf.predict(X_test)
print("Accuracy on test set:{:.5f}".format(accuracy_score(y_test, pred)))
```

【실행 결과】
```
Accuracy on test set:0.76166
```

제약 조건이 없는 로지스틱 회귀 모델의 정확도는 0.76166으로 판명되었습니다. 이는 앞에서 구한 결정 트리 모델의 정확도 0.76943보다는 약간 떨어집니다.

모델명	정확도	순위
결정 트리	0.76943	1
로지스틱 회귀	0.76166	2

이제 로지스틱 회귀 모델의 계수들을 알아보겠습니다. 최적 로지스틱 회귀 모델의 절편과 계숫값은 다음과 같이 구합니다.

```
print('절편', np.round(best_clf.intercept_, 3))
print('회귀 계수', np.round(best_clf.coef_, 3))
```

【실행 결과】
```
절편 [-4.965]
회귀 계수 [[ 0.087  0.15   0.113  0.006  0.002 -0.181  0.135 -0.477  0.    -1.574
  -1.603 -1.789 -0.012 -0.357 -0.22 ]]
```

그러나 위의 결과는 로지스틱 회귀 계숫값들이 해당 변수명과 매칭되지 않은 채 나열돼서 보기가 불편합니다. 계숫값을 변수명에 매칭시켜서 데이터프레임 형태로 보여주기 위해 다음 코드를 작성합니다.

```
# 변수명을 index로 만들고 coefficient값을 매칭한 데이터프레임 만들기
feature_names = list(data.columns)   # 변수명(컬럼명)을 리스트 형태로 만들기
dft = pd.DataFrame(np.round(best_clf.coef_, 3).transpose(),
                   index=feature_names, columns=['coef'])
```

```python
# coef의 값들을 오름차순으로 정리
dft1 = dft.sort_values(by='coef', ascending=True)
dft1
```

【실행 결과】

	coef
work_type_encoded_3.0	-1.789
work_type_encoded_2.0	-1.603
work_type_encoded_0.0	-1.574
gender_encoded_1.0	-0.477
smoking_status_encoded_1.0	-0.357
...	

한편, 로지스틱 회귀에서는 계숫값보다 오즈비(odds ratio)가 훨씬 더 중요합니다. 계숫값을 밑이 e인 지수 함수 np.exp에 입력하여 계산한 결과가 오즈비입니다. 오즈비를 통해서 입력 변숫값 1%의 변화가 타깃 변수에 어떤 변화를 가져오는지 % 단위로 알 수 있습니다.

```python
# coefficient값을 제곱한 오즈비값을 index에 매칭한 데이터프레임 만들기
feature_names = list(data.columns)
dft = pd.DataFrame(np.round(np.exp(best_clf.coef_),3).transpose(),
                   index=feature_names, columns=['Odds_ratio'])
# coef를 내림차순으로 정리
dft1 = dft.sort_values(by='Odds_ratio', ascending=False)
dft1
```

【실행 결과】

	Odds_ratio
hypertension	1.162
residence_type_encoded	1.145
heart_disease	1.120
age	1.091
avg_glucose_level	1.006
...	

이제 계산된 오즈비를 막대그래프로 그립니다.

```python
# 데이터프레임 dft1의 막대그래프(barplot) 그리기
import matplotlib.pyplot as plt
import seaborn as sns
%matplotlib inline

ax = sns.barplot(y=dft1.index, x="Odds_ratio", data=dft1)

for p in ax.patches:
    ax.annotate("%.3f" % p.get_width(), (p.get_x() + p.get_width(),
                p.get_y()+1.2), xytext=(5, 10), textcoords='offset points')
```

【실행 결과】

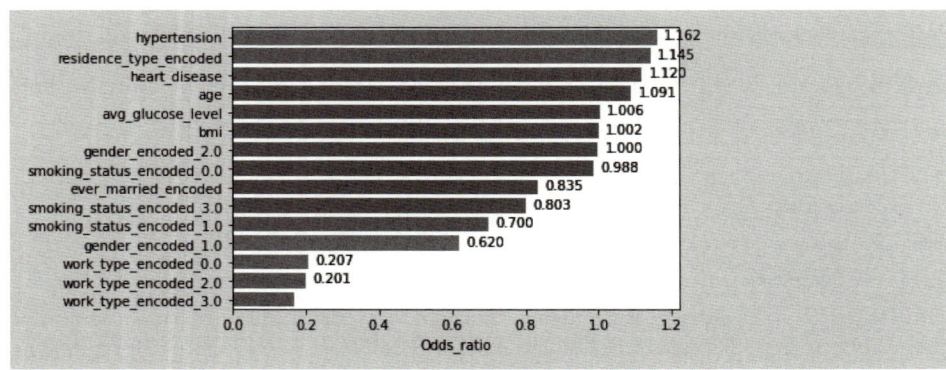

오즈비를 해석하는 방법을 알아보겠습니다. 오즈비는 구간 변수인지 범주형 변수인지에 따라 달라집니다. 우선 구간 변수의 경우를 예를 들어보겠습니다. 나이, 평균 혈당치의 오즈비는 각각 1.091, 1.006입니다. 그렇다면 다음과 같이 해석합니다.

- 나이가 1단위(살) 증가할 경우, 뇌졸중 경험(stroke=1)이 있을 가능성은 1.091만큼 변합니다. 즉, 9.1% 증가합니다.
- 평균 혈당치가 1단위 증가할 경우, 뇌졸중 경험(stroke=1)이 있을 가능성은 1.006만큼 변합니다. 즉, 0.6% 증가합니다.

구간 변수의 오즈비가 1보다 작게 나오는 경우의 해석도 알아보기 위해 체질량 지수의 오즈비가 0.992가 나왔다고 가정하고 해석하면 다음과 같습니다.

- 체질량 지수가 1단위 증가할 경우, 뇌졸중 경험(stroke=1)이 있을 가능성은 0.992만큼 변합니다. 즉 0.8% 감소합니다.

이번에는 범주형 변수의 오즈비 해석입니다. 고혈압의 오즈비는 1.162이고, 결혼한 경험이 있는 사람의 오즈비는 0.835입니다. 참고로 비교 대상이 되는 기준 고혈압 상태는 고혈압이 없는 상태이며, 기준 결혼 여부는 결혼 경험이 없는 상태입니다.

- 고혈압이 없는 경우와 비교하여, 고혈압이 있는 경우가 뇌졸중 경험(stroke=1)이 있을 가능성은 1.162배 높습니다.
- 미혼자에 대비해서, 결혼한 적이 있거나 현재 결혼 중인 사람이 뇌졸중 경험(stroke=1)이 있을 가능성은 0.835배 낮습니다.

결론적으로 뇌졸중을 예방하기 위해서는 고혈압을 피하고, 결혼을 하는 편이 좋습니다. 오즈비 해석은 이렇게 구간 변수와 범주형 변수를 나누어서 해석해야 한다는 데 주의하기 바랍니다. 이로써 데이터 처리된 원본 데이터를 가지고 행하는 로지스틱 회귀 모델 실행을 모두 마쳤습니다.

스케일 표준화 파일 생성 및 저장

방금 살펴본 로지스틱 회귀 모델을 포함하여 뒤에서 설명할 사이킷런 신경망 모델과 K-최근접 이웃 모델은 입력 변수 데이터의 스케일(측정 단위)을 표준화(standardization)할 필요가 있습니다. 그 이유는 위 세 모델 모두 변숫값 간의 거리 측정에 기반하여 구축한 모델이기 때문입니다. 한두 가지 변숫값 스케일이 다른 변숫값 스케일에 비해 월등히 크면 거리 측정에 기반한 모델들은 성능이 하락할 위험성이 큽니다.

 / **스케일 표준화는 꼭 해야 할까?**

로지스틱 회귀 모델에서는 스케일 조정을 하지 않은 원본 데이터를 사용하면 오즈비에 대한 직관적인 해석이 가능합니다. 따라서 원본 데이터를 사용한 로지스틱 회귀 모델도 나름대로 쓸모가 있습니다. 즉, 원본 데이터와 스케일 조정된 데이터를 모두 사용해서 로지스틱 회귀 모델을 각각 실행하는 것을 권합니다. 전자에서는 직관적인 해석을 얻고, 후자에서는 더 나은 성능을 얻을 수 있습니다.

데이터 스케일 조정은 StandardScaler 명령어를 이용해서 표준화를 진행하겠습니다. 변수가 결측값을 가질 경우 StandardScaler 명령어가 작동하지 않으므로, 결측값을 지닌 변수에 대한 조치가 필요합니다. 하지만 다행히 우리는 이상값을 제거하면서 체질량 지수의 결측값이 없어졌습니다. 따라서 여기서는 추가적인 데이터 대체 과정이 필요 없습니다.

데이터프레임 df에 담긴 입력 변수들은 구간 변수와 범주형 변수로 나눌 수 있습니다. 범주형 변수는 이미 사전 조치를 통해서 이진값 체계를 갖고 있으므로 별도의 스케일 조정이 불필요합니다. 따라서 구간 변수에만 표준화 조치를 취하고, 그 결과를 기존 범주형 변수와 함께 병합하면 됩니다.

그럼 구간 변수인 나이, 평균 혈당량, 체질량 지수를 별도로 모아 데이터프레임 df_num을 만들겠습니다. 그리고 StandardScaler를 통해 데이터 스케일을 표준화합니다.

```
# 구간 변수들만 별도로 모아 데이터프레임 df_num을 만든다.
numeric_cols = ['age','avg_glucose_level','bmi']
df_num = df[numeric_cols]

# StandardScaler()로 데이터 스케일을 표준화하고, 결과를 데이터프레임으로 만든다.
from sklearn.preprocessing import StandardScaler
scaler = StandardScaler()
df_num_standard = pd.DataFrame(scaler.fit_transform(df_num))

# StandardScaler()는 변수명을 지우므로 데이터프레임에 다시 변수명을 넣는다.
df_num_standard.columns = df_num.columns
df_num_standard.head(3)
```

【실행 결과】

	age	avg_glucose_level	bmi
0	0.969492	2.887925	0.904522
1	1.714023	0.029109	0.312804
2	-0.061397	1.549914	0.587015

결과를 보면 구간 변수들의 값이 표준화된 것을 알 수 있습니다. 표준화가 되면 −1과 1의 범위 안에 전체 데이터의 약 68%가 속하게 되고, −2에서 2까지의 범위 안에는 전체 데이터의

약 95%가 속하게 됩니다. 아울러 극단적인 이상값이 아니라면 −3에서 3 범위를 벗어나지 않습니다.

이제 원래 데이터프레임에서 구간 변수를 제거하고 범주형 변수만 모은 데이터프레임 df_cat을 생성합니다.

```
# 원래 데이터프레임 df에서 구간 변수들을 제거하여 df_cat에 저장
df_cat = df.drop(numeric_cols, axis=1)
```

다음은 구간 변수의 스케일을 표준화한 df_num_standard와 바로 뒤에서 만든 df_cat을 병합하여 dfu_standard에 저장합니다.

```
# 구간 변수 스케일을 표준화한 df_num_standard와 범주형 변수만 담은 df_cat을 병합
dfu_standard = pd.concat([df_num_standard, df_cat], axis=1)
# dfu의 변수명을 나열
dfu_standard.columns
```

【실행 결과】

```
Index(['age', 'avg_glucose_level', 'bmi', 'hypertension', 'heart_disease',
       'stroke', 'ever_married_encoded', 'residence_type_encoded',
       'gender_encoded_1.0', 'gender_encoded_2.0', 'work_type_encoded_0.0',
       'work_type_encoded_2.0', 'work_type_encoded_3.0',
       'smoking_status_encoded_0.0', 'smoking_status_encoded_1.0',
       'smoking_status_encoded_3.0'],
      dtype='object')
```

위의 결과 화면에서 모든 변수가 제대로 담겨 있는 것을 확인할 수 있습니다. 이 dfu_standard를 csv 파일 형태로 저장합니다. 파일명은 stroke-standard.csv로 명명합니다.

```
# 병합한 데이터프레임을 csv 형태로 저장
dfu_standard.to_csv('stroke-standard.csv', index=False)
```

이제 이 데이터 파일을 이용하여 로지스틱 회귀 모델을 다시 실행해보겠습니다.

로지스틱 회귀 모델 재실행

새롭게 만들어진 데이터프레임 dfu_standard를 가지고 데이터 처리, 기본 로지스틱 회귀 모델 생성, 그리드 서치 등을 추가로 실행해봤습니다. 전체 코드는 다음과 같습니다.

```python
# 표준화한 데이터세트로 로지스틱 회귀 재실행
data = dfu_standard.drop(['stroke'], axis=1)
target = dfu_standard['stroke']

from imblearn.under_sampling import RandomUnderSampler
undersample = RandomUnderSampler(sampling_strategy=0.333, random_state=2)
data_under, target_under = undersample.fit_resample(data, target)

# 50:50 데이터 분할
from sklearn.model_selection import train_test_split
X_train, X_test, y_train, y_test = train_test_split(data_under, target_under,
    test_size=0.5, random_state=42, stratify=target_under)

# 로지스틱 회귀 기본 모델
lr = LogisticRegression(solver='lbfgs', penalty='none', random_state=0, n_jobs=-1)

# 그리드 서치 실행
from sklearn.model_selection import GridSearchCV
params = {'solver':['lbfgs', 'saga'], 'penalty':['none']}

grid_lr = GridSearchCV(lr, param_grid=params, scoring='accuracy', cv=5, n_jobs=-1,)
grid_lr.fit(X_train, y_train)

print("GridSearchCV max accuracy:{:.5f}".format(grid_lr.best_score_))
print("GridSearchCV best parameter:", (grid_lr.best_params_))

best_clf = grid_lr.best_estimator_
pred = best_clf.predict(X_test)
print("Accuracy on test set:{:.5f}".format(accuracy_score(y_test, pred)))
```

코드를 실행하면 정확도는 0.75389가 나옵니다. 일반적으로는 스케일을 조정하지 않은 데이터세트를 쓴 로지스틱 회귀 모델보다는 스케일을 표준화한 데이터세트를 사용한 로지스틱 회귀 모델의 정확도가 약간 향상됩니다. 그러나 우리 같은 경우는 데이터 레코드 수가 적어서 오히려 모델 정확도가 약간 감소했습니다. 머신러닝은 결국 통계의 고도화 작업이기 때문에 입력 데이터 특성에 따라서 간혹 이런 결과가 나오기도 합니다.

모델명	정확도	순위
결정 트리	0.76943	1
로지스틱 회귀	0.76166	2
로지스틱 회귀(표준화)	0.75389	3

3.7.5 사이킷런 신경망 모델

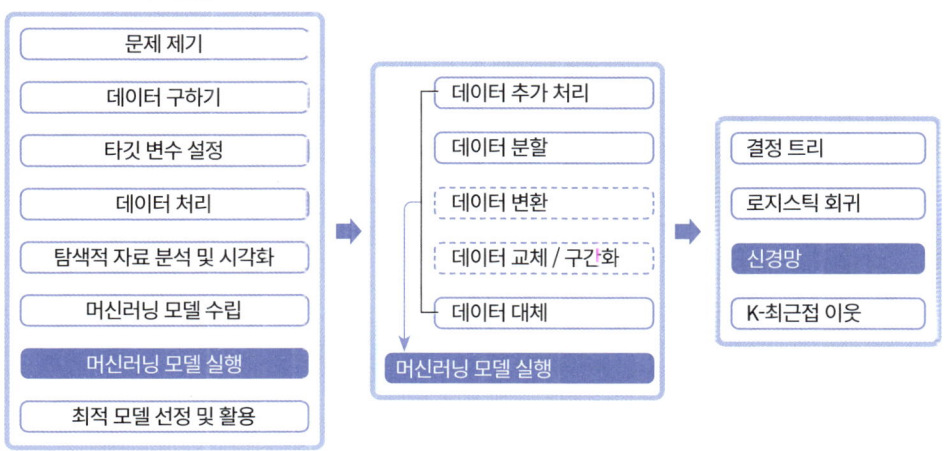

제2차 세계 대전을 전후한 시기에 생각하는 기계, 즉 본격적인 인공지능 연구가 시작되었습니다. 최초의 아이디어는 인간 두뇌의 신호 처리 방식을 모방하는 것이었습니다. 그렇다면 인간의 두뇌는 어떻게 작동할까요? 그 논리 구조를 기계어 실현시키기 위해 다음과 같은 단일 신경망 구조를 살펴보겠습니다.

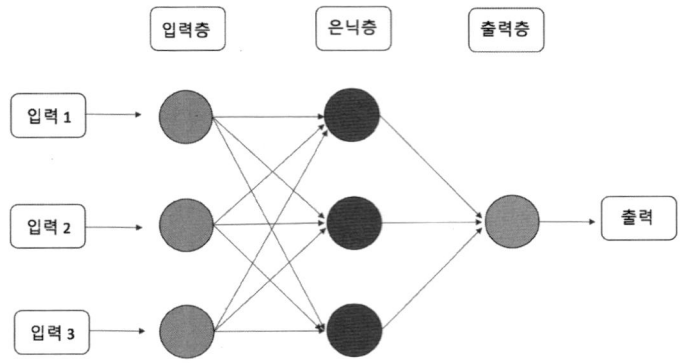

단일 신경망 구조는 입력층(input layer), 출력층(output layer), 그리고 이들 사이에 있는 은닉층(hidden layer)으로 구성돼 있습니다. 은닉층이 하나인 경우를 단일 신경망이라 하고, 은닉층이 두 개 이상 있는 모델을 다층 신경망이라 합니다. 그리고 다층 신경망을 딥러닝 모델이라고도 부릅니다.

예를 들어 입력층에서 나이, 평균 혈당치, 체질량 지수라는 세 개의 입력 정보를 받았다고 가정해봅시다. 입력층은 화살표 방향으로 다음 층인 은닉층의 노드로 정보를 보냅니다. 이 정보는 은닉층을 거쳐 출력층까지 보내집니다. 최종적으로 출력층에서는 입력받은 정보를 활용해 타깃 변숫값, 즉 뇌졸중이 발생했는지(1) 아닌지(0)를 판단합니다. 이것이 머신러닝, 딥러닝 신경망에서 실제로 연산이 이뤄지는 방식입니다.

이제 신경망 모델을 직접 만들어보겠습니다. 주피터 노트북에서 새롭게 Neural Network Stroke.ipynb 노트북 파일을 만듭니다. 신경망 모델은 입력 변수들의 스케일 조정이 된 데이터세트에서 더 잘 작동하므로 앞 절에서 스케일을 표준화 처리한 stroke-standard.csv를 불러와 이를 데이터세트로 사용하겠습니다.

```
import pandas as pd
import numpy as np

df = pd.read_csv('stroke-standard.csv')
df.shape
```

【실행 결과】
```
(3915, 16)
```

입력 변수로 구성된 data와 타깃 변수로 구성된 target을 구성하고, RandomUnder Sampling 기능으로 타깃 변수 클래스인 1과 0 값의 비율을 1:3으로 맞춥니다. 그 후 데이터 분할도 수행합니다. 코드의 내용은 앞에서 실행했던 것과 같습니다.

```
data = df.drop(['stroke'], axis=1)    # 타깃 변수를 제외한 변수를 data에 저장
target = df['stroke']                 # 타깃 변수만 target에 저장

# RandomUnderSampler를 import
from imblearn.under_sampling import RandomUnderSampler

# 타깃 변수의 소수 클래스 및 다수 클래스를 1:3의 비율(=1/3)로 언더샘플링
undersample = RandomUnderSampler(sampling_strategy=0.333, random_state=2)
# data 및 target에 언더샘플링 적용
data_under, target_under = undersample.fit_resample(data, target)

# 50:50 데이터 분할
from sklearn.model_selection import train_test_split

X_train, X_test, y_train, y_test = train_test_split(data_under, target_under,
    test_size=0.5, random_state=42, stratify=target_under)

print("X_train shape:", X_train.shape)
print("X_test shape:", X_test.shape)
```

【실행 결과】
```
X_train shape: (386, 15)
X_test shape: (386, 15)
```

이제 기본 신경망 모델을 학습시키겠습니다. 여기서 estimator는 데이터로부터 학습하는 오브젝트를 의미하고, 사이킷런 라이브러리에 의해 구동되는 메인 API입니다. 간단하게 사이킷런이 제공하는 여러 머신러닝 모델을 각기 estimator라고 생각하면 됩니다. estimator인 MLPClassifier의 기본 max_iter값은 200이지만, 그리드 서치를 돌릴 때 미수렴 경고가 뜨기 때문에 이를 방지하기 위해 max_iter값을 2,000으로 설정합니다.

기본 신경망 모델은 입력층, 은닉층, 출력층이 각각 1개로 구성됩니다. 은닉층은 기본으로 1개에 100개의 신경 노드로 구성됩니다. 은닉층 개수와 구성 신경 노드 수는 변경할 수 있습니다. 자세한 방법은 뒤에서 소개하겠습니다.

```
# 신경망 기본 모델
from sklearn.neural_network import MLPClassifier
from sklearn.metrics import accuracy_score

clf_mlp = MLPClassifier(max_iter=2000, random_state=0)
clf_mlp.fit(X_train, y_train)

# 학습된 Classifier로 테스트 데이터세트를 이용해서 타깃 변수의 예측값 생성
pred = clf_mlp.predict(X_test)
accuracy = accuracy_score(y_test, pred)

print("Training set score:{:.5f}".format(clf_mlp.score(X_train, y_train)))
print("Test set score:{:.5f}".format(accuracy_score(y_test, pred)))
```

【실행 결과】
```
Training set score:0.98964
Test set score:0.72280
```

결과를 보니 학습 데이터세트에서 과적합이 일어난 것 같습니다. 교차 검증과 모델 최적화를 위해 학습이 되지 않은 기본 신경망을 다시 생성하고 그리드 서치를 실행하겠습니다.

그리드 서치의 조건으로 solver의 기본값인 adam과 lbfgs와 sgd를 입력합니다. solver의 종류별로 어느 경우에 써야 좋은지는 사이킷런 사이트(www.scikit-learn.org)에서 sklearn.neural_network.MLPClassifier를 검색하면 찾아볼 수 있습니다.

제약 조건을 의미하는 alpha값은 1로 향할수록 강한 제약을 의미하는데, 기본값은 0.0001입니다. 여기서는 0.0001, 0.001, 0.01, 0.1, 1로 10배씩 alpha값을 늘려보았습니다. 활성화(activation) 함수는 tanh, relu, logistic 이렇게 세 가지 종류를 입력합니다.

```python
# 신경망 기본 모델
clf_mlp = MLPClassifier(max_iter=2000, random_state=0)

# 그리드 서치 실행
from sklearn.model_selection import GridSearchCV

params = {'solver':['sgd', 'lbfgs', 'adam'],
          'alpha':[0.0001, 0.001, 0.01, 0.1, 1],
          'activation':['tanh','relu', 'logistic']}

grid_mlp = GridSearchCV(clf_mlp, param_grid=params, scoring='accuracy',
                        cv=5, n_jobs=-1)
grid_mlp.fit(X_train, y_train)

print("GridSearchCV max accuracy:{:.5f}".format(grid_mlp.best_score_))
print("GridSearchCV best parameter:", (grid_mlp.best_params_))
```

【실행 결과】
```
GridSearchCV max accuracy:0.73505
GridSearchCV best parameter: {'activation': 'relu', 'alpha': 0.0001, 'solver': 'sgd'}
```

이 경우 최적 조합은 relu 함수, 0.0001의 alpha값, sgd solver로 나왔습니다. 그리드 서치 최적 모델을 테스트 데이터세트에 적용한 결과는 다음과 같습니다.

```python
best_clf = grid_mlp.best_estimator_
pred = best_clf.predict(X_test)
print("Accuracy on test set:{:.5f}".format(accuracy_score(y_test, pred)))
```

【실행 결과】
```
Accuracy on test set:0.75648
```

위에서 설정한 기본 모델에서 은닉층 1개의 기본 설정은 100개의 신경 노드라고 했는데, 이를 기본 모델에 명시적으로 표기한다면 MLPClassifier 안에 hidden_layer_sizes=(100,)이라고 작성하면 됩니다. 그리고 100개의 신경 노드로 구성된 은닉층을 두 개 포함하려면 hidden_layer_sizes=(100,100)이라고 작성합니다.

이제 은닉층이 한 개일 때와 두 개일 때를 param_grid에 포함해서 다시 한번 그리드 서치를 실행하겠습니다. 다만 시간이 많이 소요되는 관계로 alpha값을 0.0001, 0.01, 0.1 이렇게 세 개만 주겠습니다.

```
# 신경망 기본 모델
clf_mlp = MLPClassifier(max_iter=2000, random_state=0)

# 그리드 서치 실행
from sklearn.model_selection import GridSearchCV

params = {'solver':['sgd', 'lbfgs', 'adam'],
          'alpha':[0.0001, 0.01, 1],
          'activation':['tanh','relu', 'logistic'],
          'hidden_layer_sizes': [(100,), (100,100)]}

grid_mlp = GridSearchCV(clf_mlp, param_grid=params, scoring='accuracy',
                        cv=5, n_jobs=-1)
grid_mlp.fit(X_train, y_train)

print("GridSearchCV max accuracy:{:.5f}".format(grid_mlp.best_score_))
print("GridSearchCV best parameter:", (grid_mlp.best_params_))
```

【실행 결과】
```
GridSearchCV max accuracy:0.78505
GridSearchCV best parameter: {'activation': 'relu', 'alpha': 0.0001, 'hidden_layer_sizes': (100,), 'solver': 'sgd'}
```

은닉층의 개수를 다르게 해서 그리드 서치를 돌렸지만 최적 파라미터는 아까 실행한 그리드 서치의 결과와 같습니다. 그리고 은닉층이 하나인 것이 두 개인 신경망 모델보다 더 나은 성능을 보입니다.

지금까지 실행해본 모델들의 성능을 종합하면 다음과 같습니다. 결정 트리 모델이 여전히 다른 모델보다 정확도가 높습니다. 아울러 신경망 모델은 표준화를 적용한 로지스틱 회귀 모델보다는 성능이 조금 더 낮습니다.

모델명	정확도	순위
결정 트리	0.76943	1
로지스틱 회귀	0.76166	2
로지스틱 회귀(표준화)	0.75389	4
신경망(표준화)	0.75648	3

3.7.6 K-최근접 이웃 모델

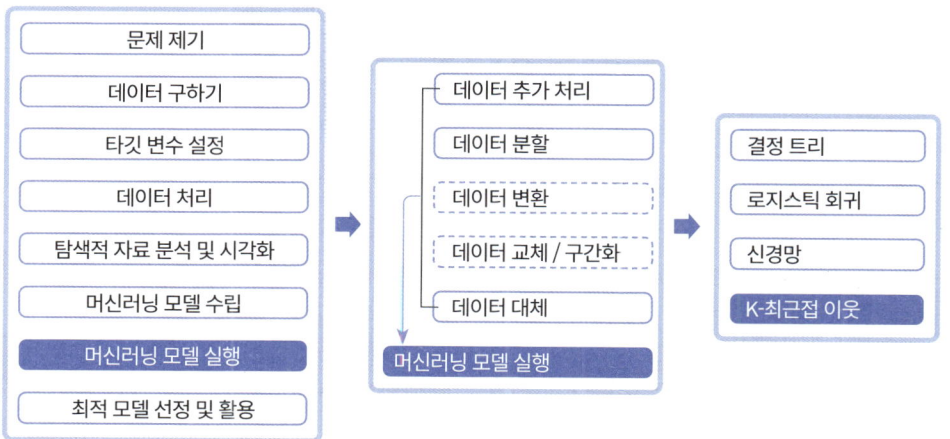

이번 모델은 K-최근접 이웃(K-Nearest Neighbors, KNN) 알고리즘을 사용하여 학습합니다. K-최근접 이웃 알고리즘은 분류 및 회귀 모두에 사용할 수 있으며, 여기서는 분류를 기준으로 설명하겠습니다. 이 알고리즘은 비슷한 특성을 지닌 데이터는 서로 모인다는 유유상종 원리를 이용합니다. 구체적인 작동 원리는 다음과 같습니다.

- 이웃(neighbors)의 개수(K)를 설정합니다.
- 특정한 입력 데이터와 가장 가까운 K개의 학습 데이터를 찾습니다.
- K개의 학습 데이터의 출력 변숫값(레이블)을 보고 다수결로 특정 입력 데이터의 레이블을 결정합니다.

여기서 얼마나 가까운지에 대한 거리의 정의가 필요합니다. 보통은 통상적인 거리 개념인 유클리디안 개념으로 거리를 측정합니다. 아래 그림을 통해 시각적으로 K-최근접 이웃 알고리즘을 살펴보겠습니다.

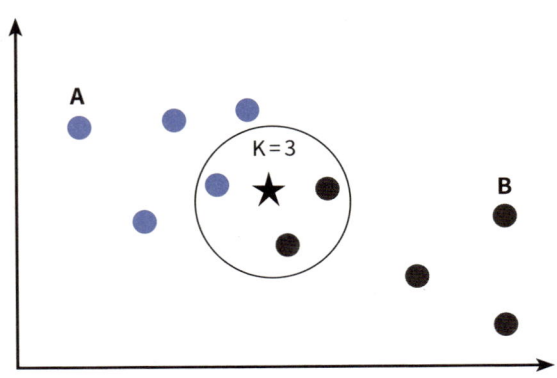

가운데 검은 별이 레이블이 결정되지 않은 분류 대상 데이터입니다. 레이블값을 비교할 이웃의 개수를 세 개라고 하겠습니다. 그럼 가장 가까운 거리 범위 안에 세 개의 학습 데이터의 레이블을 비교하면 됩니다. 이들 세 개의 점 중에 A점이 한 개, B점이 두 개입니다. 다수결의 원칙에 의해 검은 별의 레이블은 B로 결정합니다. 이러한 방식으로 K-최근접 이웃 모델은 입력 변수의 레이블을 판별하고, 이 과정을 반복해서 분류를 완성합니다.

주피터 노트북에서 K-NN Stroke.ipynb 파일을 새로 만듭니다. K-최근접 이웃 모델은 입력 변수들의 거리 계산이 필요한 모델이기 때문에 입력 변수들의 스케일이 조정되어 있어야 더 잘 작동합니다. 따라서 스케일 표준화 처리가 된 standard-scaled.csv를 불러와 이를 데이터세트로 사용합니다.

```
import pandas as pd
import numpy as np

df = pd.read_csv('stroke-standard.csv')
df.shape
```

【실행 결과】

```
(3915, 16)
```

앞에서 했던 것과 마찬가지로 입력 변수로 구성된 data와 타깃 변수로 구성된 target을 구성하고, RandomUnderSampling 기능을 통해 타깃 변수 클래스인 1과 0 값의 비율을 1:3으로 맞춥니다. 그리고 데이터 분할도 합니다.

```python
data = df.drop(['stroke'], axis=1)  # 타깃 변수를 제외한 변수를 data에 저장
target = df['stroke']               # 타깃 변수만 target에 저장

# RandomUnderSampler를 import
from imblearn.under_sampling import RandomUnderSampler

# 타깃 변수의 소수 클래스 및 다수 클래스를 1:3의 비율(=1/3)로 언더샘플링
undersample = RandomUnderSampler(sampling_strategy=0.333, random_state=2)
# data 및 target에 언더샘플링 적용
data_under, target_under = undersample.fit_resample(data, target)

# 50:50 데이터 분할
from sklearn.model_selection import train_test_split

X_train, X_test, y_train, y_test = train_test_split(data_under, target_under,
    test_size=0.5, random_state=42, stratify=target_under)

print("X_train shape:", X_train.shape)
print("X_test shape:", X_test.shape)
```

【실행 결과】

```
X_train shape: (386, 15)
X_test shape: (386, 15)
```

그리고 K-최근접 이웃 모델의 사이킷런 estimator인 KNeighborsClassifier를 불러와 다음과 같이 모델을 수립하고 실행합니다. KNeighborsClassifier에는 random_state 파라미터가 없어서 이 값을 설정할 필요가 없습니다. n_neighbors 파라미터의 값은 3으로 줍니다.

```python
# KNN 모델
from sklearn.neighbors import KNeighborsClassifier
from sklearn.metrics import accuracy_score

clf_knn = KNeighborsClassifier(n_neighbors=3)   # random_state 파라미터가 없음에 주의!
clf_knn.fit(X_train, y_train)
# 학습된 Classifier로 테스트 데이터세트를 이용해서 타깃 변수 예측값을 생성
pred = clf_knn.predict(X_test)
accuracy = accuracy_score(y_test, pred)

print("Training set score:{:.5f}".format(clf_knn.score(X_train, y_train)))
print("Test set score:{:.5f}".format(accuracy_score(y_test, pred)))
```

【실행 결과】
```
Training set score:0.84456
Test set score:0.74352
```

이제 교차 검증과 모델 최적화를 위해, 학습하지 않은 KNeighborsClassifier를 다시 생성하고 그리드 서치를 실행해보겠습니다. n_neighbors값의 범위를 3에서 30까지로 설정해서 최적 n_neighbors값을 구합니다.

```python
# KNN 모델
clf_knn = KNeighborsClassifier(n_neighbors=3)   # random_state 파라미터가 없음에 주의!

# 그리드 서치 실행
from sklearn.model_selection import GridSearchCV
params = {'n_neighbors': range(3, 31)}

grid_knn = GridSearchCV(clf_knn, param_grid=params, scoring='accuracy',
                        cv=3, n_jobs=-1)
grid_knn.fit(X_train, y_train)

print("GridSearchCV max accuracy:{:.5f}".format(grid_knn.best_score_))
print("GridSearchCV best parameter:", (grid_knn.best_params_))
```

【실행 결과】
```
GridSearchCV max accuracy:0.77204
GridSearchCV best parameter: {'n_neighbors': 17}
```

이 경우 최적 n_neighbors값은 17로 나타났습니다. 그리드 서치 최종 모델을 테스트 데이터세트에 적용한 결과는 다음과 같습니다.

```
best_clf = grid_knn.best_estimator_
pred = best_clf.predict(X_test)
print("Accuracy on test set:{:.5f}".format(accuracy_score(y_test, pred)))
```

【실행 결과】
```
Accuracy on test set:0.77720
```

지금까지 모델들의 성능을 종합하면 다음과 같습니다. 결정 트리 모델, 로지스틱 회귀 모델, 신경망 모델보다 K-최근접 이웃 모델이 가장 나은 정확도를 보여서 이 모델들 중에서는 K-최근접 이웃 모델이 최적 모델, 즉 챔피언 모델이 됩니다.

모델명	정확도	순위
결정 트리	0.76943	2
로지스틱 회귀	0.76166	3
로지스틱 회귀(표준화)	0.75389	5
신경망(표준화)	0.75648	4
K-최근접 이웃(표준화)	0.77720	1

여기까지 이 장에서는 머신러닝 프로세스의 전반적인 과정을 쉽게 이해할 수 있도록 최대한 단순한 데이터세트를 활용해서 기본적인 머신러닝 모델을 몇 개 소개했습니다.

앞으로 수십, 수백, 수천 개의 변수와 수만, 수억, 혹은 그 이상의 데이터 행 수를 가진 데이터세트를 마주칠 수도 있습니다. 이러한 다양한 데이터세트에 따라 수많은 머신러닝 모델 중에서 가장 잘 맞는 모델도 달라집니다. 따라서 어떤 모델이 전반적으로 우수한 것 같다는 선입견을 지금 단계에서 미리 가지지는 않기 바랍니다.

3.8 그래서 뇌졸중을 예방할 수 있을까?

프로젝트 흐름도

```
문제 제기
데이터 구하기
타깃 변수 설정
데이터 처리
탐색적 자료 분석 및 시각화
머신러닝 모델 수립
머신러닝 모델 실행
최적 모델 선정 및 활용
```

지금까지 우리는 결정 트리, 로지스틱 회귀, 신경망, K-최근접 이웃, 이렇게 네 가지 머신러닝 모델을 실행해봤습니다. 성능 지표 중 하나인 정확도를 기준으로 비교했더니 그 중 K-최근접 이웃 모델이 최적 모델로 선정되었습니다. 이렇게 나온 머신러닝 실행 결과는 다음과 같이 세 가지로 활용할 수 있습니다.

- 예측(scoring): 향후에 최적 모델을 이용해서 새로운 환자의 뇌졸중 가능성을 예측하는 용도
- 기존 문헌 연구 확인(confirmation): 이번 프로젝트에서 발견된 중요한 변수들이 기존의 문헌에서 나오는 중요 변수들과 일치하는지를 확인하는 용도
- 탐색적 연구(exploratory study): 여러 가지 모델 중에서 공통으로 도출되는 중요한 변수를 살펴서 기존 문헌에서 알려지지 않았던 변수를 찾아내는 탐색적인 용도

아울러 이 프로젝트의 연구 주제를 다시 한번 떠올려 보겠습니다.

뇌졸중 발병 요인 중 중요한 변수는 무엇인가?

머신러닝 모델의 결과로 우리는 어떤 결론을 낼 수 있을까요? 결정 트리 모델과 로지스틱 회귀 모델에 따르면 구간 변수 중에서는 특히 나이가 중요했습니다. 나이가 들면 뇌졸중을 겪을 가능성이 커지니 정신적, 신체적으로 무리한 상황을 만들지 않는 것이 좋을 것입니다.

또한, 평균 혈당치가 높으면 뇌졸중 발병 확률이 약간 증가하고, 체질량 지수가 늘면 뇌졸중 발병 확률이 약간 떨어집니다. 이 결과를 알고 있으면 식이요법이나 운동으로 평균 혈당치를 줄이거나, 일정량의 체질량 지수를 유지하기 위한 예방적인 조치를 취할 수 있습니다. 여러 범주형 변수 중에서는 특히 고혈압이 뇌졸중과 관련이 깊은 것으로 보입니다.

아울러 이 장의 분석 프로젝트는 머신러닝 모델을 더 추가해서 성능을 최대로 끌어올릴 수 있는 여지가 있습니다. 이렇게 도출한 최종 모델을 통해 병원에 오는 환자들을 더 정확하게 진단할 수 있고, 뇌졸중을 예방하는 올바른 생활 습관을 교육하고 홍보할 수 있습니다.

수만 명을 대상으로 수십 년간의 관찰 자료를 수집하여 분석할 수 있다면, 현재 젊은 세대가 노년이 될 때 뇌졸중에 걸릴 확률을 계산할 수 있을 것입니다. 그 결과는 의료/생명보험산업의 요율표 책정, 국가의 의료/연금 예산 계획 수립 시 활용할 수 있습니다. 제약 업체와 병원 등은 특정 연령대의 타깃 고객군을 대상으로 광고를 집행하거나 치료제 개발을 염두에 둘 수 있습니다. 이처럼 머신러닝 기법은 학계와 공공분야뿐만 아니라 산업계에도 막대한 파급 효과를 불러옵니다.

정리하며

이번 장에서는 네 개의 기초적인 머신러닝 모델을 돌려 보고 나서 K-최근접 이웃 모델이 최적 모델이라는 판단을 내렸습니다. 그러면 이번 분석 프로젝트는 이쯤에서 마감해도 될까요? 아닙니다. 이는 임시적인 판단에 불과합니다. 실제라면 머신러닝 모델을 20~30개 더 투입해서 추가로 분석하고, 문헌 연구도 해야 합니다.

이번 장의 프로젝트에서는 데이터 처리도 너무나 잘 되어 있고, 데이터 수 자체도 매우 적은 입문용으로 딱 맞는 데이터세트를 사용했습니다. 다음 장에서는 좀 더 복잡한 데이터 처리 과정을 동반한 프로젝트를 수행하겠습니다.

04 주택 가격 분석(중급 프로젝트)

이번 장에는 머신러닝 프로젝트에서 흔히 하는 실수를 방지하기 위한 내용을 많이 담았습니다. 미국 인구조사국(United States Census Bureau, USCB) 웹사이트에서 데이터를 다운받아 텐서플로 케라스 신경망 모델을 포함하여 총 9개의 머신러닝 모델을 사용합니다. 또한, 이진값 타깃 변수 분류 문제에 이어 연속형 타깃 변수 회귀 문제까지 다룹니다.

다운로드할 데이터는 이미 잘 정돈된 상태지만, 그래도 데이터 처리 및 탐색적 자료 분석 과정이 필수임을 확인할 것입니다. 세부 절차는 3장과 유사한 구성 및 흐름도로 진행합니다. 특히 최적 모델 선정 및 활용을 상세하게 보강하였습니다.

4.1 주택 가격은 어떻게 형성될까?

프로젝트 흐름도

- 문제 제기
- 데이터 구하기
- 타깃 변수 설정
- 데이터 처리
- 탐색적 자료 분석 및 시각화
- 머신러닝 모델 수립
- 머신러닝 모델 실행
- 최적 모델 선정 및 활용

미국에서 공개하는 최근 연도의 주택 시장 정보와 인구 정보를 활용하여 이번 장의 연구 주제를 다음과 같이 설정하겠습니다.

연구 주제: 주택 가격에 영향을 미치는 요인은 무엇인가?

4.2 주택 가격에 관련된 데이터를 구하자

프로젝트 흐름도

- 문제 제기
- **데이터 구하기**
- 타깃 변수 설정
- 데이터 처리
- 탐색적 자료 분석 및 시각화
- 머신러닝 모델 수립
- 머신러닝 모델 실행
- 최적 모델 선정 및 활용

연구 주제를 정했으면 데이터를 수집합니다. 우리는 미국 인구조사국 웹사이트(www.census.gov)에서 인구 통계와 함께 제공하는 PUMS(Public Use Microdata Sample) 데이터 중 2017년도의 자료를 사용할 것입니다. 웹사이트의 [SURVEYS/PROGRAMS] → [American Community Survey(ACS)] → [Microdata] → [Accessing PUMS Data] 메뉴에서 연도별로 PUMS 데이터를 확인할 수 있습니다.

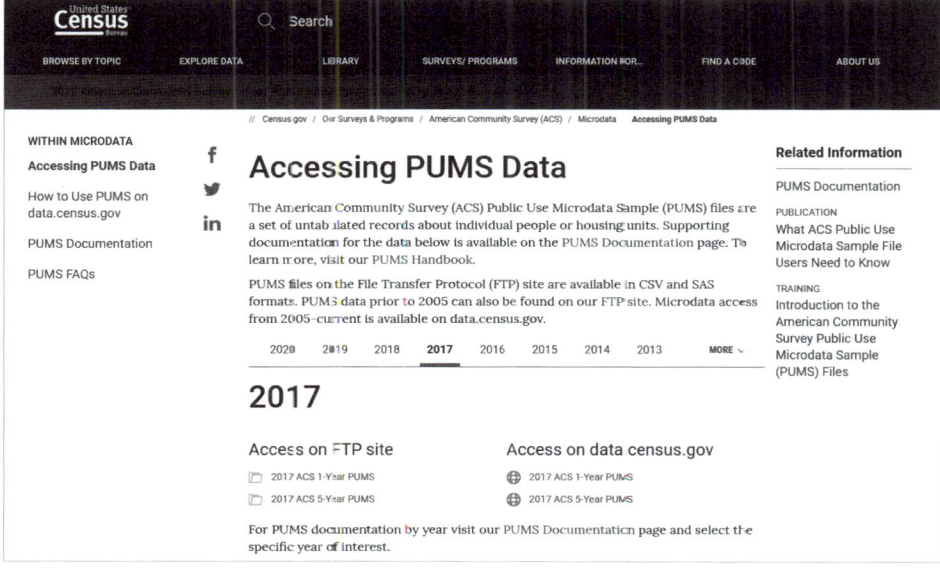

여기서 Oklahoma Population Records.csv 파일과 Oklahoma Housing Units Records.csv 파일을 사용해야 하는데, 최근 해당 사이트의 자료 제공 방식이 달라져 이 두 개 파일의 변수를 하나의 파일로 합쳐서 제공합니다. 그러나 우리는 데이터 파일을 병합하는 것도 학습하기 위해 이전에 따로따로 제공했던 데이터를 가지고 분석하겠습니다. 데이터 파일을 자료실에서 다운받은 뒤 진행하기 바랍니다. 주택 통계를 담은 Oklahoma Housing Unit Records.csv 파일은 house-2017.csv 파일로, 인구 통계 Oklahoma Population Records.csv 파일은 individual-2017.csv 파일로 이름을 단순화했습니다.

서울 주택 가격 자료로 부산 주택 가격 현황을 설명하기 곤란하듯이 미국도 지역의 범위를 좁혀 주(state)별로 주택 시장을 조사하는 것이 바람직하므로 이번 분석에서는 오클라호마(Oklahoma)주를 선정하였습니다. 분석 과정을 살펴보면 다음과 같습니다.

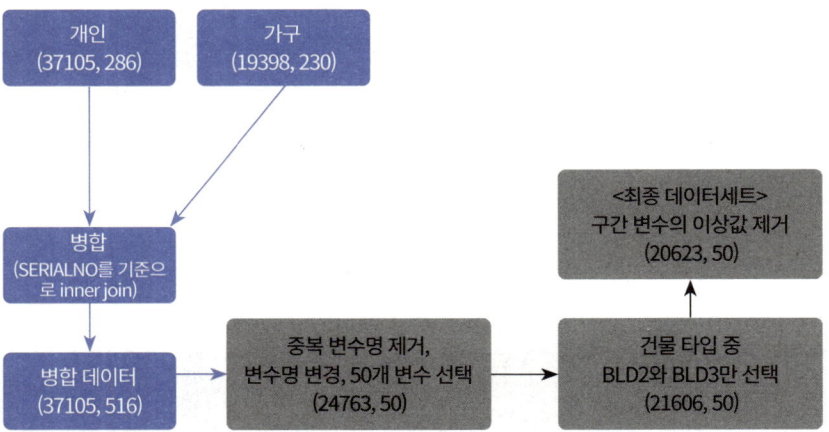

인구 통계는 Oklahoma Population Records.csv라는 데이터 파일에 담겨있으며, 286개 변수에 37,105행의 자료를 담고 있습니다. 주택 통계는 Oklahoma Housing Unit Records.csv라는 데이터 파일에 담겨있으며, 230개 변수에 19,398행의 자료를 담고 있습니다.

두 파일이 공유하는 SERIALNO라는 고유한 가구 식별 코드를 활용해 두 파일을 병합하면 총 516개의 컬럼(변수)이 생기는데, 이 장에서는 사전 문헌 연구(previous research)에 언급된 변수 50개만 뽑아서 분석하겠습니다. 이 50개 변수의 정의는 부록에 수록하였습니다.

에피소드 14

오클라호마 주택 가격 데이터는 약 2만 개의 행으로 구성되어 있습니다. 이 정도 데이터양은 많은 것일까요, 적은 것일까요? 저는 공공기관의 조사분석팀장으로 다년간 근무한 경험이 있었는데, 근무 당시 수천 줄짜리 엑셀 데이터를 가장 많이 다뤘기 때문에 그때까지만 해도 몇만 줄짜리 데이터는 아주 큰 데이터라고 생각했습니다.

그러다 MSBA 학과에 입학한 후, 팀 프로젝트를 위해 국제 학생 입학 데이터를 머신러닝 프로젝트에 사용해도 되는지 교수님께 문의한 적이 있었습니다. 이 역시 약 10만 줄 남짓의 데이터였습니다. 그런데 제가 들은 대답은 "데이터 자체는 좋은데, 데이터가 너무 적다"는 것이었습니다. 그때 큰 충격을 받았습니다. '10만 줄짜리 데이터가 너무 적다니, 문과생과 이공대생은 취급하는 데이터 크기부터 다르구나!'라고 절감했습니다.

그 뒤로 많은 프로젝트 경험을 통해 일반적으로 백만 줄 단위의 데이터부터 분석 결과가 더 신뢰를 받는다는 것을 알게 됐습니다. 천만 줄, 혹은 1억 줄 이상의 데이터를 가지고 분석을 하면 훨씬 더 좋습니다.

또한, 엑셀은 굉장히 유용한 도구지만 수십만 줄 이상의 데이터에 직면하면 몇몇 기능이 더 이상 작동하지 않습니다. 따라서 대규모 데이터 처리는 파이썬 등 전문적인 데이터 처리 프로그램으로 하는 것이 바람직합니다.

4.3 주변 주택 가격이 얼마지?

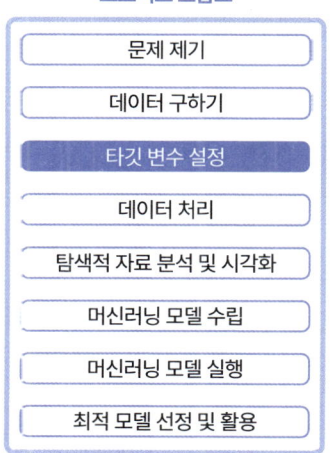

프로젝트 흐름도

이 프로젝트에서는 전반부에 이진값 타깃 변수 분류 문제를, 후반부에 연속형 타깃 변수 회귀 문제를 다룹니다. 이진값 타깃 변수 분류 문제인 경우 주택 가격(VALP)의 높고 낮음을 타깃 변수로 설정하고, 타깃 변수명을 VALP_B1으로 명명합니다.

원래 VALP_B1은 원본 데이터세트에는 없던 변수로, 기존에 있던 연속형 변수인 주택 가격(VALP)에 기반하여 새롭게 만들어야 하는 변수입니다. 주택 가격 변숫값이 오클라호마 주택 가격의 중위수(median) 이상이면 VALP_B1을 1, 그렇지 않으면 0으로 값을 부여하겠습니다.

아울러 연속형 타깃 변수 회귀 문제에서의 타깃 변수는 주택 가격(VALP) 자체가 됩니다.

- 이진값 분류 문제
  - 타깃 변수명: VALP_B1
  - 타깃 변숫값: 주택 가격이 중위수 이상이면 1, 아니면 0
- 연속형 타깃 변수 회귀 문제
  - 타깃 변수명: VALP
  - 타깃 변숫값: 주택 가격

4.4 주택과 인구 통계를 함께 활용하자

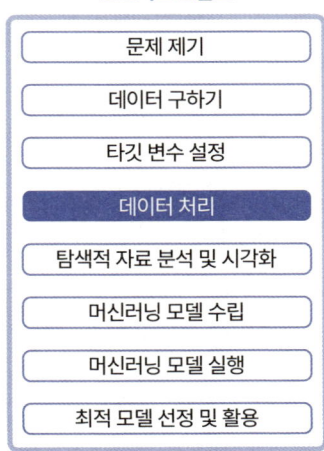

머신러닝 전체 과정에서 가장 중요한 세 가지 단계를 꼽으라고 하면 데이터 처리, 탐색적 자료 분석 및 시각화, 그리고 머신러닝 모델 실행 단계입니다. 그런데 데이터 처리와 탐색적 자료 분석은 서로에게 영향을 미쳐서 한쪽을 수정하면 다른 한쪽도 영향을 받습니다. 다시 말해 탐색적 자료 분석을 하다 보면 단계를 거슬러 올라가 데이터 처리를 또다시 수정, 보완할 필요성을 느끼게 된다는 뜻입니다.

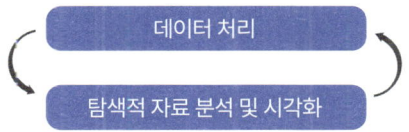

즉, 데이터 처리는 기초 단계이고 탐색적 자료 분석은 이를 기반으로 한 고급 단계라고 할 수 있습니다. 머신러닝의 핵심은 이렇게 데이터 처리와 탐색적 자료 분석을 묶어서 제대로 처리하는 것이며, 이를 연이어서 일괄적으로 처리할 수 있으면 머신러닝 전문가로 가는 튼튼한 기반을 확보한 셈입니다.

4.4.1 데이터 불러오기

여기서 사용할 원본 데이터 파일은 다음과 같이 두 개의 csv 파일입니다.

- house_2017.csv
- individual_2017.csv

Documents 폴더 안에 Book1 폴더의 하위 폴더로 Ch4 폴더를 생성한 뒤 주피터 노트북에서 다음과 같이 Ch4 폴더를 찾아갑니다. 그리고 두 데이터 파일을 Ch4 폴더에 업로드합니다.

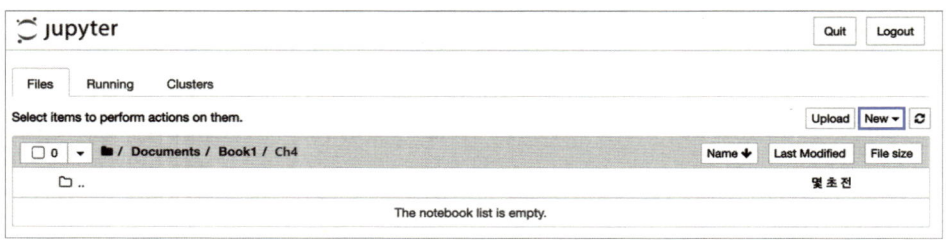

그다음 화면 상단 오른쪽의 〈New〉 버튼을 클릭한 후 다시 Python3를 클릭하여 새 노트북을 만듭니다. 노트북이 열리면 House Data Cleaning (2017) 1로 이름을 변경합니다.

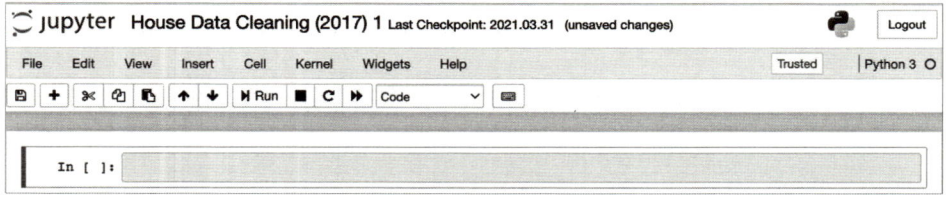

다음은 원본 데이터 파일인 house-2017.csv와 individual-2017.csv 파일을 불러옵니다. 먼저 house-2017.csv 파일을 불러오겠습니다.

```
import pandas as pd
import numpy as np

pd.set_option('display.max_columns', None)   # 결과물로 보여주는 열 개수 최대화
pd.set_option('display.max_rows', None)      # 결과물로 보여주는 행 개수 최대화
df = pd.read_csv('house-2017.csv')            # 원본 데이터 파일을 데이터프레임(df)에 저장
df.head(3)                                    # 데이터프레임 df를 3행까지 보여주기
```

【실행 결과】

	RT	SERIALNO	DIVISION	FUMA	REGION	ST	ADJHSG	ADJINC	WGTP	NP	TYPE	ACCESS	ACR	AGS	BATH	BD
0	H	2017000000007	7	701	3	40	1000000	1011189	112	3	1	1.0	NaN	NaN	1.0	
1	H	2017000000111	7	1002	3	40	1000000	1011189	264	1	1	1.0	1.0	NaN	1.0	
2	H	2017000000474	7	1601	3	40	1000000	1011189	18	5	1	3.0	1.0	NaN	1.0	

이제 데이터 행과 열 개수를 파악하기 위해 shape 명령어를 실행합니다.

```
df.shape
```

【실행 결과】
```
(19398, 230)
```

주택 통계 데이터는 19,398개의 행과 230개의 열(변수)임을 확인할 수 있습니다.

4.4.2 ID 변수 설정

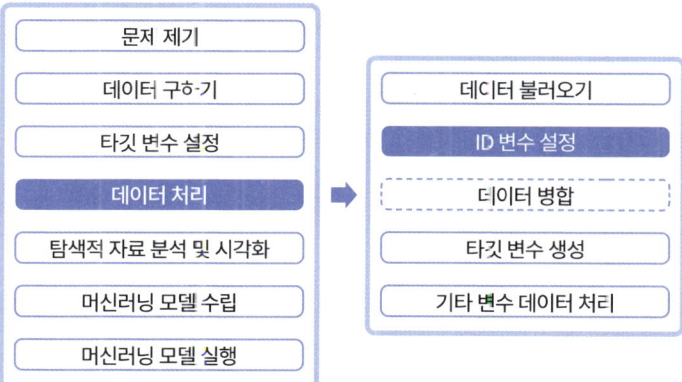

불러온 데이터세트에서 가장 먼저 체크해야 하는 변수는 ID 변수입니다. 이번 데이터세트에서 ID 변수는 SERIALNO입니다. SERIALNO는 데이터세트를 구성하는 개인마다 부여된 ID 번호를 의미합니다.

이 프로젝트에서는 ID 번호를 이용해 두 개의 데이터세트를 병합할 예정입니다. 만약 데이터세트에서 ID가 없는 행이 있거나, 엉뚱한 형식의 값이 ID로 입력돼 있으면 분석의 명확성을 위해서 제거해야 합니다. SERIALNO값의 데이터 타입(dtype)은 다음과 같습니다.

```python
df['SERIALNO'].dtypes
```

【실행 결과】
```
dtype('int64')
```

SERIALNO의 데이터 타입은 정수형(int64)입니다. 이제 결측값을 확인합니다.

```python
# ID 변수인 SERIALNO값의 결측값 확인
df["SERIALNO"].isnull().sum()
```

【실행 결과】
```
0
```

다행히 SERIALNO의 결측값은 없습니다. 아울러 SERIALNO가 중복값을 갖는지 확인하기 위해 유일한(unique) 값의 개수를 살펴봅니다.

```python
# ID 변수인 SERIALNO 값의 중복 여부를 체크하기 위해 유일한(unique) 값의 개수 체크
# pd.unique는 유일한 변숫값을 출력하고, len은 값의 개수를 카운트
n = len(pd.unique(df['SERIALNO']))
print(n)
```

【실행 결과】
```
19398
```

유일한 값의 개수는 19,398개로 나와서 데이터프레임 df의 행 개수와 일치합니다. SERIALNO가 숫자 형태가 아닌 값이 존재하는지도 알아봅니다.

```python
# 숫자 형태가 아닌 SERIALNO의 개수를 세는 파이썬 코드
mask = pd.to_numeric(df['SERIALNO'], errors='coerce').isna()
a = mask.sum()
print (a)
```

【실행 결과】
```
0
```

예상했듯이 답은 0개입니다. 위의 코드는 몇 줄 되지 않지만 상당히 어려운 코드입니다. 그냥 '숫자가 아닌 변숫값의 개수를 세는 코드'라고만 생각하고 넘어가도 좋습니다.

> **파이썬 코드 검색하기**
>
> 위의 mask로 시작하는 세 줄의 코드는 이해하기 쉽지 않은 코드입니다. 이런 경우는 먼저 숫자형이 아닌 변수의 값을 세는 파이썬 코드를 구글에 물어보면 됩니다. 다만 가급적 영어로 검색해야 유용한 답변이 많이 나옵니다. 문법이 틀려도 괜찮습니다. 짧은 문장일수록 오히려 더 효과적입니다.
>
> 이렇게 구글에 검색하면 대부분은 스택 오버플로 사이트의 질의응답 결과가 출력됩니다. 위의 세 줄짜리 코드도 수많은 질의응답을 제가 직접 테스트해보고 나서 가장 효과적인 코드임을 확인한 것입니다.
>
> 파이썬의 모든 코드를 알기는 힘들기 때문에 결국은 본인이 검색 결과에서 적절한 솔루션을 찾아낼 수 있는가가 관건입니다. 스택 오버플로 사이트에서 효과적인 코드를 찾는 문과생 출신의 팁은 부록에 수록해두었습니다.

이번 데이터세트에서도 역시 ID 변수가 깔끔하게 잘 정리돼 있습니다. 참고로 ID 변수에 숫자가 아닌 형태가 존재하고, 데이터 타입도 혼재된 데이터세트는 부록의 고급 프로젝트에서 다룹니다.

다음은 두 번째 데이터 파일인 individual-2017.csv를 불러오겠습니다. 앞에서는 데이터 파일을 저장하는 데이터프레임명을 df라 명명했는데, 여기서 불러오는 데이터프레임은 df1이라고 명명하겠습니다. 데이터프레임 명칭은 외우기 쉽고 구분하기 편한 이름을 부여하면 됩니다.

```
df1 = pd.read_csv("individual-2017.csv")
df1.shape
```

【실행 결과】
```
(37105, 286)
```

데이터 행 수는 37,105개이며, 열 수는 286개입니다. 처음 10개의 데이터를 보겠습니다.

```
df1.head(10)
```

【실행 결과】

	RT	SERIALNO	DIVISION	SPORDER	PUMA	REGION	ST	ADJINC	PWGTP	AGEP	CIT	CITWP	COW	DDRS	DEAR
0	P	2017000000007	7	1	701	3	40	1011189	113	29	1	NaN	1.0	2.0	2
1	P	2017000000007	7	2	701	3	40	1011189	209	0	1	NaN	NaN	NaN	2
2	P	2017000000007	7	3	701	3	40	1011189	132	29	1	NaN	NaN	2.0	2
3	P	2017000000111	7	1	1002	3	40	1011189	264	74	1	NaN	NaN	2.0	2
4	P	2017000000474	7	1	1601	3	40	1011189	19	34	1	NaN	5.0	2.0	2
5	P	2017000000474	7	2	1601	3	40	1011189	23	36	1	NaN	1.0	2.0	2
6	P	2017000000474	7	3	1601	3	40	1011189	24	16	1	NaN	NaN	2.0	2
7	P	2017000000474	7	4	1601	3	40	1011189	24	15	1	NaN	NaN	2.0	2
8	P	2017000000474	7	5	1601	3	40	1011189	16	13	1	NaN	NaN	2.0	2
9	P	2017000000560	7	1	400	3	40	1011189	40	36	1	NaN	1.0	2.0	2

인구 통계 데이터프레임 df1의 ID 변수는 SERIALNO로 동일합니다. 이는 미국 인구조사국이 주택 기준으로 SERIALNO를 설정해서, 주택 통계 설문뿐만 아니라 인구 통계 설문에도 똑같이 사용했기 때문입니다. 위의 SERIALNO를 보면 첫 3개의 행은 SERIALNO가 2017000000007로 같습니다. 이는 세 명이 같은 주택에 거주하고 있다는 의미입니다.

위의 10개의 레코드에서는 SERIALNO가 4개만 쓰였는데, 주택 통계 데이터프레임 df의 ID 변수를 체크한 것과 동일하게 인구 통계 데이터프레임 df1의 ID 변수인 SERIALNO를 확인해보겠습니다.

```
df1['SERIALNO'].dtype
```

【실행 결과】

```
dtype('int64')
```

```
# ID 변수인 SERIALNO값의 결측값 확인
df1["SERIALNO"].isnull().sum()
```

【실행 결과】

```
0
```

```
# ID 변수인 SERIALNO값의 중복 여부를 체크하기 위해 유일한(unique) 값의 개수 체크
# pd.unique는 유일한 변숫값을 출력하고, len은 값의 개수를 카운트
n = len(pd.unique(df1['SERIALNO']))
print(n)
```

【실행 결과】
```
16484
```

```
# 숫자 형태가 아닌 SERIALNO의 개수를 세는 파이썬 코드
mask = pd.to_numeric(df1['SERIALNO'], errors='coerce').isna()
a = mask.sum()
print (a)
```

【실행 결과】
```
0
```

여기서도 SERIALNO는 데이터 타입이 정수형이며, 결측값이 없는 깔끔한 형태입니다. 전체 행 37,105개에 중복된 SERIALNO를 제외하고 유일한 값을 갖는 SERIALNO만 세어보면 16,484개입니다.

4.4.3 데이터 병합

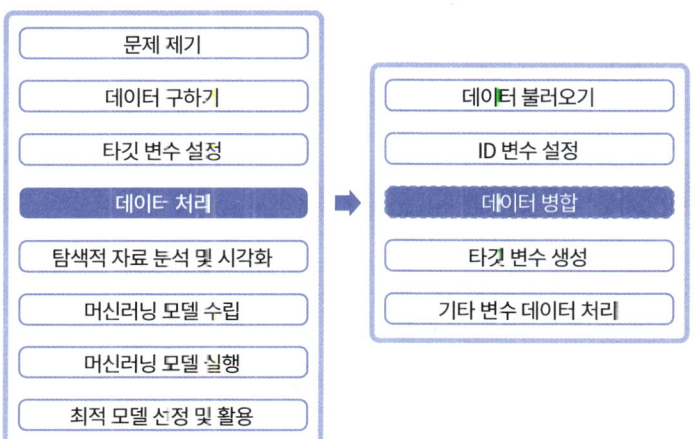

앞에서 두 개의 데이터 파일을 불러와 공통의 ID 변수인 SERIALNO가 결측값이 없고 데이터 타입도 같음을 확인했습니다. 그럼, 공통 ID 변수인 SERIALNO를 기준으로 두 개의 데이터 파일을 병합(merging)하겠습니다.

 / 에피소드 15

> 두 개 이상의 데이터 파일(혹은 데이터프레임)을 병합하는 것이 매우 번거롭게 느껴질 수도 있습니다. '그냥 처음부터 하나의 데이터 파일로 분석하면 안 되나?'라고 저도 수업에서 많이 투덜댔던 기억이 있습니다. 그런데 프로젝트를 여러 개 수행해보니, 복수의 데이터 파일을 병합해서 하나의 데이터 파일로 만드는 것이 머신러닝 결과를 몇 배로 가치 있게 해주는 조치라는 것을 알게 되었습니다.
>
> 언뜻 보기에 연관성이 없어 보이는 두 데이터 파일을 공통의 ID 변수로 병합하면 남들은 갖고 있지 않는 데이터를 손에 넣게 됩니다. 즉, 새로운 부가가치를 지닌 데이터세트를 만들어낸 셈입니다. 이러한 새로운 데이터세트를 분석하면 기존에는 발견하지 못했던 것들을 발견할 수 있습니다. 그러므로 데이터 병합은 대단히 중요한 조치입니다.

데이터프레임 df1에 df를 다음과 같이 수평 방향으로 병합합니다.

```python
# 공통의 ID 변수인 SERIALNO를 기준으로 두 데이터프레임 df1과 df를 병합
comb = pd.merge(df1, df, how='inner', on='SERIALNO')   # inner 병합
comb.shape
```

【실행 결과】
```
(37105, 515)
```

```python
# 공통의 ID 변수인 SERIALNO를 기준으로 두 데이터프레임 df1과 df를 병합
comb_left = pd.merge(df1, df, how='left', on='SERIALNO')   # left 병합
comb_left.shape
```

【실행 결과】
```
(37105, 515)
```

위의 두 코드에서는 인구 통계 데이터프레임 df1과 주택 통계 데이터프레임 df를 병합했는데, pd.merge 명령어에서 how값을 inner 혹은 left로 변동시켜 보았습니다. inner는 수학에서 교집합과 같이 두 데이터프레임에 동일한 SERIALNO가 존재하는 행만 결합합니다.

left는 pd.merge 명령어 안에 처음 입력한 데이터프레임(df1)에 있는 모든 SERIALNO 행을 기준으로 그다음 데이터프레임(df)과 매칭되는 SERIALNO 행을 결합합니다. 보통 두 데이터프레임을 병합할 때는 how값을 inner로 두는 것이 안전하며, 이번은 데이터세트 특성상 inner 방식과 left 방식의 결과가 동일합니다.

병합된 결과인 데이터프레임 comb(combine의 약자)는 인구 통계 데이터프레임 df1의 데이터 행 수를 그대로 갖고 있으며, 컬럼(변수) 수가 515개로 늘었습니다. 기존 두 데이터프레임의 컬럼을 합치면 516개인데, 양쪽에 공통으로 있던 ID 변수인 SERIALNO를 하나만 보유하게 됨으로써 총 컬럼 수가 515개가 된 것입니다.

4.4.4 타깃 변수 생성

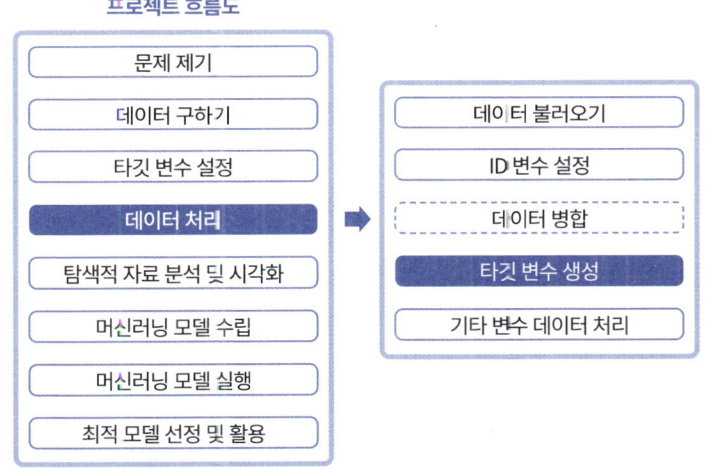

ID 변수를 설정하고 체크한 후에 해야 할 일은 타깃 변수를 생성하거나 타깃 변수의 결측값 혹은 이상값을 제거하는 것입니다. 4.3절에서 설정한 타깃 변수를 다시 확인하면 다음과 같습니다.

- 이진값 분류 문제
    - 타깃 변수명: VALP_B1
    - 타깃 변숫값: 주택 가격이 중위수 이상이면 1, 아니면 0

- 연속형 타깃 변수 회귀 문제
  - 타깃 변수명: VALP
  - 타깃 변숫값: 주택 가격

두 파일을 병합한 데이터프레임 comb는 주택 가격(VALP) 변수는 갖고 있으나, 새롭게 설정한 타깃 변수 VALP_B1은 갖고 있지 않습니다. VALP_B1이 유도될 변수인 주택 가격(VALP)의 분포를 살펴보겠습니다.

```
comb['VALP'].dtype
```

【실행 결과】
```
dtype('float64')
```

```
comb['VALP'].isnull().sum()
```

【실행 결과】
```
12342
```

```
comb['VALP'].value_counts(dropna=False)
```

【실행 결과】
```
NaN         12342
150000.0     1209
100000.0     1126
200000.0      909
50000.0       809
80000.0       784
90000.0       756
    ...
```

위 코드의 결과, 주택 가격(VALP)은 실수형(float64) 데이터 타입을 가지며 결측값을 12,342개 갖고 있습니다. 병합 데이터프레임 comb에서 VALP값이 결측값인 12,342개의 행을 제거합니다.

```
# VALP값이 결측값인 행 번호(index)를 VALP_null에 기록
VALP_null = comb[comb["VALP"].isna()].index
# VALP_null에 저장된 행 번호(index)를 제거
comb.drop(index=VALP_null, inplace=True)
comb.shape
```

【실행 결과】

```
(24763, 515)
```

데이터프레임 comb의 원래 행 수 37,105에서 12,342만큼 제거해서 남은 행은 24,763개가 되었습니다. drop 명령어에 있는 inplace=True 옵션은 데이터프레임 comb를 drop 명령문 실행 결과로 대체하라는 의미입니다. 주택 가격(VALP)의 히스토그램을 살펴보겠습니다.

```
import seaborn as sns
sns.histplot(data=comb, x="VALP", kde=True, bins=23);
```

【실행 결과】

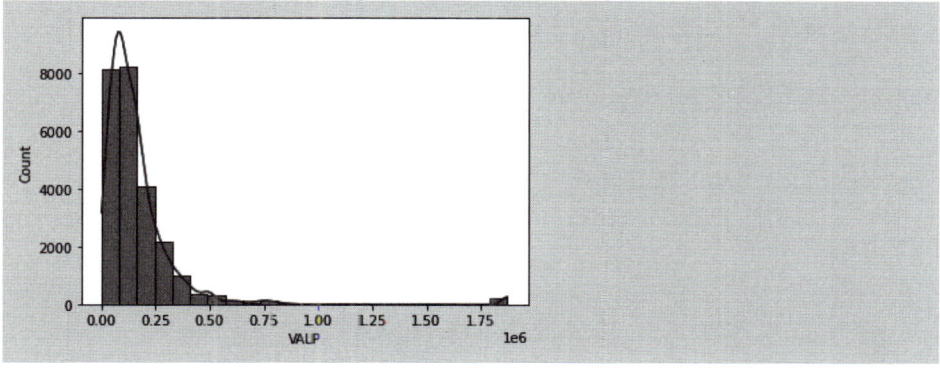

히스토그램을 보면 정규분포와는 거리가 먼, 오른쪽으로 치우친(right-skewed) 분포임을 알 수 있습니다. 주택 가격 변수의 왜도와 첨도를 수치로 알아보겠습니다. 아래와 같이 왜도와 첨도를 출력해보면, 왜도의 허용 가능한 범위인 ±3과 첨도의 허용 가능한 범위인 ±10을 훌쩍 넘습니다.

```
comb['VALP'].skew()
```

【실행 결과】
```
5.688191039074051
```

```
comb['VALP'].kurtosis()
```

【실행 결과】
```
43.906455889943544
```

 / 왜도와 첨도의 허용 범위

개별 변수의 정규성을 들여다보는 일변량 정규성 기준에서는 왜도 Z-score의 절댓값이 1.965를 넘으면 0.05 유의 수준에서 정규성을 벗어나고, 절댓값이 2.58을 넘으면 0.01 유의 수준에서 정규성을 벗어난 것으로 간주합니다. 또한, 구조방정식 모델링 연구에서는 일변량 왜도의 절댓값 기준으로 3.0보다 큰 경우에 극단적인 왜도라고 하며, 첨도 지수의 경우 절댓값이 10.0보다 크면 문제가 있다고 봅니다.

그러나 탐색적 분석이 동반되는 머신러닝에서는 매우 엄격한 왜도와 첨도 기준을 적용할 필요는 없습니다. 따라서 이 책에서는 위에서 말한 극단적인 왜도와 첨도만 제외하는 기준을 채택합니다.

이번에는 주택 가격의 상자그림을 살펴보겠습니다.

```
sns.boxplot(x = 'VALP', data = df);
```

【실행 결과】

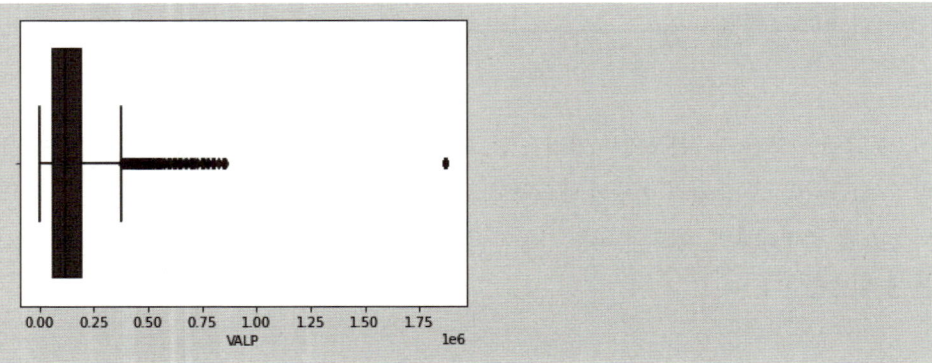

히스토그램에서도 1,750,000(=1.75*10^6)달러 이상의 집값은 별도로 떨어져 있어 보였는데, 상자그림으로 그리니까 더욱 명확하게 격리된 것이 코입니다. 참고로 가장 오른쪽 수직선을 넘어가는 점들은 모두 이상값입니다. 정확하게 말하자면 1.5*IQR 규칙에 의한 이상값입니다. 좀 더 엄격한 3*IQR 규칙을 적용하여 이상값을 구하면 다음과 같습니다.

```
Q1 = comb['VALP'].quantile(0.25)   # quantile(0.25)는 1사분위수
Q3 = comb['VALP'].quantile(0.75)   # quantile(0.75)는 3사분위수
IQR = Q3 - Q1                      # IQR은 3사분위수에서 1사분위수를 뺀 거리
print(IQR)
```

【실행 결과】
```
130000.0
```

```
Lower = Q1 - 3.0*IQR   # 3*IQR 규칙에 의거한 하한
Upper = Q1 + 3.0*IQR   # 3*IQR 규칙에 의거한 상한
print(Upper)
```

【실행 결과】
```
460000.0
```

이렇게 구한 이상값 기준의 상한은 460,000달러입니다. 이 금액을 초과하면 3*IQR 규칙에 의한 이상값으로 간주하고 제거할 수도 있지만, 여기서는 히스토그램이 오른쪽으로 조금씩 사그라지는 영역에 있는 50만 달러, 60만 달러, 70만 달러대까지의 주택 가격도 분석에 포함하겠습니다. 해당 가격대가 상식을 벗어난 터무니없이 높은 주택 가격이 아니기 때문입니다.

그러나 1,700,000달러 이상의 주택은 건수도 매우 적을 뿐 아니라, 분포에서의 연속성도 없이 오른쪽 분포 끝단에 뜬금없이 위치하고 있기 때문에 이들을 이상값으로 간주하고 제거하겠습니다.

```
extreme_count = comb[comb['VALP'] > 1700000]['VALP'].count()
extreme_count
```

【실행 결과】
```
205
```

```
round(extreme_count / comb['VALP'].count(), 4)
```

【실행 결과】
```
0.0083
```

1,750,000달러 이상 주택 가격의 개수는 205건이며 전체 대비 비율은 0.83%, 즉 1%에도 미치지 못합니다. 데이터프레임 comb에서 1,750,000달러 이상의 주택 가격을 제외하고 남은 데이터를 데이터프레임 comb1에 저장하겠습니다. 그리고 다시 왜도와 첨도를 산출합니다.

```
comb1 = comb[comb['VALP'] <= 1700000]
comb1['VALP'].skew()
```

【실행 결과】
```
1.9717965627613896
```

```
comb1['VALP'].kurtosis()
```

【실행 결과】
```
5.634868491747236
```

왜도와 첨도는 각각 1.97과 5.63으로, 정규분포로서 가질 수 있는 범위 이내에 진입하였습니다. 이제 주택 가격(VALP)의 중위수를 알아보겠습니다.

```
comb1['VALP'].median()
```

【실행 결과】
```
120000.0
```

주택 가격의 중위수가 120,000달러로 나옵니다. 약 1억 5천만 원 미만이라… 미국 집값이 생각보다 싸게 느껴지네요. 그러나, 분석 대상인 오클라호마주는 한반도의 80% 정도 크기에 겨우 400만 명이 사는 곳입니다. 땅값이 저렴해서 집값도 저렴한 것으로 추정됩니다.

이를 활용해 타깃 변수 VALP_B를 구성해보겠습니다. 여기서 B는 이진값을 뜻하는 바이너리(binary)의 약자입니다.

> 🔍 **VALP_B1이 아니고 VALP_B?**
>
> 이진값 타깃 변수명을 처음에 VALP_B1으로 정했는데, 아래 코드에서는 이진값 타깃 변수명을 VALP_B로 정하고 진행합니다. 그 이유는 나중에 데이터 처리를 진행하면 주택 가격의 중위수가 변경되기 때문입니다. 변경된 주택 가격 중위수를 기준으로 이진값 타깃 변수를 재설정할 때 변수명을 VALP_B1으로 확정합니다.

```python
# VALP가 120,000 이상이면 타깃 변수 VALP_B값은 1
comb1.loc[comb1['VALP'] >= 120000, "VALP_B"] = 1
# VALP가 120,000 미만이면 타깃 변수 VALP_B값은 0
comb1.loc[comb1['VALP'] < 120000, "VALP_B"] = 0
# VALP_B값의 개수 분포 구하기
comb1['VALP_B'].value_counts(dropna=False)
```

【실행 결과】

```
1.0    12867
0.0    11691
Name: VALP_B, dtype: int64
```

```python
# VALP_B값의 비율 분포 구하기
comb1['VALP_B'].value_counts(dropna=False, normalize=True)
```

【실행 결과】

```
1.0    0.523943
0.0    0.476057
Name: VALP_B, dtype: float64
```

```python
comb1.shape
```

【실행 결과】

```
(24558, 516)
```

짜잔! 간단한 코드로 기존 데이터프레임에 없던 타깃 변수인 VALP_B를 만들었습니다. 주택 가격이 중위수보다 높은 주택(VALP_B=1)과 낮은 주택(VALP_B=0)의 비율은 약 52:48입니다.

불 인덱싱(boolean indexing)

앞의 타깃 변수 VALP_B를 만드는 코드에 대해 살펴보겠습니다. 3장에서도 언급했지만, 판다스의 장점 중 하나는 불 인덱싱을 통해서 원하는 데이터를 손쉽게 추출한다는 것입니다. 이러한 데이터 추출 과정을 subset selection이라고도 부릅니다. 이를 자세히 알아보기 위해 다음과 같은 코드를 작성해보겠습니다.

```
comb1['VALP'] >= 120000
```

【실행 결과】

```
3     True
4     False
5     False
6     False
7     False
8     False
9     False
10    False
11    False
12    False
13    False
14    True
15    True
...
```

이렇게 특정 변수의 값을 비교하는 파이썬 코드를 실행하면 그 결과가 True 혹은 False로 나옵니다. 이렇듯 데이터프레임의 변숫값을 기준으로 각 행을 True 혹은 False값을 가지게 하는 것을 불 인덱싱이라고 합니다.

위의 예에서는 행 인덱스 번호 3, 14, 15의 VALP값은 120,000 이상이어서 True를 산출하고, 나머지 행 인덱스 번호의 VALP값은 120,000 미만이어서 False를 산출합니다. 그럼 이제 타깃 변수를 만드는 코드를 살펴보겠습니다.

```
comb1.loc[comb1['VALP'] >= 120000, "VALP_B"] = 1
comb1.loc[comb1['VALP'] <  120000, "VALP_B"] = 0
comb1['VALP_B'].value_counts(dropna=False)
```

【실행 결과】

```
1.0    12867
0.0    11691
Name: VALP_B, dtype: int64
```

loc 명령어는 값을 행 혹은 열을 레이블(행 번호 혹은 변수명) 기준으로 추출하거나 아니면 불 결괏값(True 혹은 False값)을 기준으로 추출합니다. 따라서 loc 구문 안에 있는 comb1[VALP] >= 120000 이라는 조건문은 각 행별로 True 혹은 False 결과를 산출합니다.

즉, 첫 번째 줄은 comb1[VALP] >= 120000 조건 결과가 True인 행만을 선택해서 VALP_B라는 새로운 변수를 만들고, 변숫값은 1로 정한다는 의미입니다. 같은 방법으로 두 번째 줄은 comb1[VALP] < 120000 조건 결과가 True인 행만을 선택해서 VALP_B라는 새로운 변수를 만들고, 변숫값은 0으로 정한다는 의미입니다.

4.4.5 기타 변수 데이터 처리 1

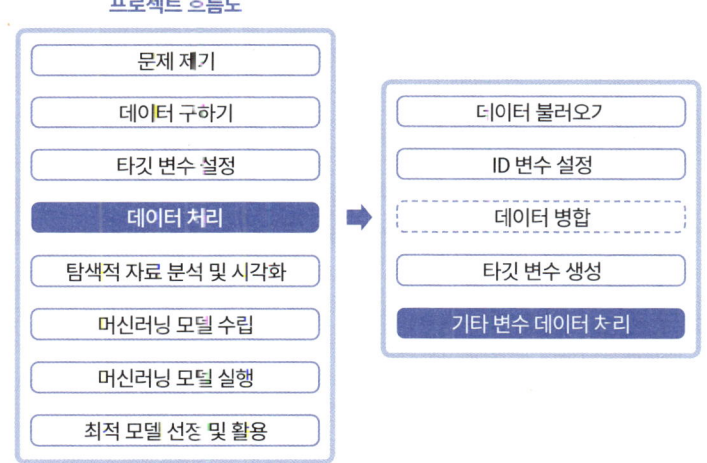

앞에서 병합한 데이터프레임에는 동일한 변수들이 중첩해서 존재합니다. 예를 들어 병합 전 양쪽 데이터프레임에 변수 A가 동시에 존재했다고 하면, 파이썬은 두 데이터프레임을 병합할 때 하나는 A_x로, 다른 하나는 A_y로 변수명을 바꿉니다. 두 변수는 같은 변수이므로 통합 데이터프레임에서 하나는 없애고, 다른 하나는 다시 원래 변수명인 A로 만들어야 합니다.

이러한 처리는 귀찮아 보여도 실무에서 꼭 해야 하는 절차입니다. 그럼 통합 데이터프레임 comb의 컬럼명을 확인해보겠습니다.

```
list(comb1.columns)
```

【실행 결과】
```
['RT_x',
 'SERIALNO',
 'DIVISION_x',
 'SPORDER',
 'PUMA_x',
 'REGION_x',
  ...
 'RT_y',
 'DIVISION_y',
 'PUMA_y',
  ...
 'WGTP80',
 'VALP_B']
```

변수명에 _x가 붙은 변수가 보입니다. 그리고 결과 화면을 쭉 내려보면 변수명에 _y가 붙은 변수도 보입니다. 참고로 병합 전 데이터프레임 중 하나인 df의 컬럼명을 살펴보면 공통의 컬럼명에 _x나 _y가 원래는 붙어있지 않았습니다. 이제 _x가 붙은 변수명을 제거합니다.

```
# 변수명에 _x가 포함된 변수명을 rem에 저장
rem = comb1.filter(like="_x",axis=1).columns
rem
```

【실행 결과】
```
Index(['RT_x', 'DIVISION_x', 'PUMA_x', 'REGION_x', 'ST_x', 'ADJINC_x'], dtype=
      'object')
```

```
# rem에 저장된 변수명을 데이터프레임 comb 컬럼에서 제거
comb1 = comb1.drop(columns=rem)
comb1.shape
```

【실행 결과】
```
(24558, 510)
```

데이터프레임 comb의 원래 컬럼 개수 516에서 _x가 붙은 변수 6개를 제거하니 컬럼 개수는 총 510개가 되었습니다. 이제는 _y가 붙은 변수명에서 _y를 제거하고 원래 이름으로 만들어줍니다.

```
# 변수명에 _y가 포함된 변수명을 rem2에 저장
rem2 = comb1.filter(like="_y",axis=1).columns
rem2
```

【실행 결과】
```
Index(['RT_y', 'DIVISION_y', 'PUMA_y', 'REGION_y', 'ST_y', 'ADJINC_y'], dtype=
'object')
```

```
# _y를 제거하여 원래 변수명 회복
comb1 = comb1.rename(columns={"RT_y":"RT","DIVISION_y":"DIVISION",
        "PUMA_y":"PUMA","REGION_y":"REGION","ST_y":"ST","ADJINC_y":"ADJINC"})
comb1.shape
```

【실행 결과】
```
(24558, 510)
```

결과를 확인하기 위해 변수 RT값을 나열해봅시다.

```
comb1['RT'].head(3)
```

【실행 결과】
```
3    H
4    H
5    H
Name: RT, dtype: object
```

에러가 발생하지 않고 결과가 잘 출력됐습니다. 이번에는 여러 변수들 중에서 건물 타입을 의미하는 BLD 변수의 데이터 정의를 살펴보겠습니다.

변수명	데이터 정의	사용 구분	측정 수준
BLD (건물 타입)	1. 이동식 집 혹은 트레일러 2. 단독주택(한 세대) 3. 단독주택(여러 세대) 기준 한 채 4. 2채로 구성된 아파트 중 한 채 5. 3~4채로 구성된 아파트 중 한 채 6. 5~9채로 구성된 아파트 중 한 채 7. 10~19채로 구성된 아파트 중 한 채 8. 20~49채로 구성된 아파트 중 한 채 9. 50채 이상으로 구성된 아파트 중 한 채 10. 보트, 레저용 차량 RV, 밴 등	Input	Nominal

BLD값 2는 외딴 단독주택을 의미하고, BLD값 3은 옆에 주택이 인접한 단독주택을 의미합니다. BLD값 1과 10은 고정식 집이 아니므로 집값 변수에서 제거하겠습니다. 또한, 미국 주택의 대부분은 단독주택이므로 아파트가 차지하는 비중이 매우 낮아서 아파트를 분석에서 제외할 예정입니다.

참고로 미국식 아파트는 국내 아파트와 주거 개념이 좀 달라서 단독주택 대비 (국내와 다르게) 평균 집값이 상당히 낮습니다. 그럼, BLD의 분포를 살펴보겠습니다.

```
comb1['BLD'].value_counts(dropna=False)
```

【실행 결과】
```
2.0     21171
1.0      3036
3.0       230
10.0       41
6.0        23
5.0        16
4.0        14
7.0        11
9.0        11
8.0         5
Name: BLD, dtype: int64
```

```
import seaborn as sns                    # seaborn 라이브러리 호출
sns.countplot(x='BLD', data = comb1);    # 막대그래프(개수 기준) 그리기
```

【실행 결과】

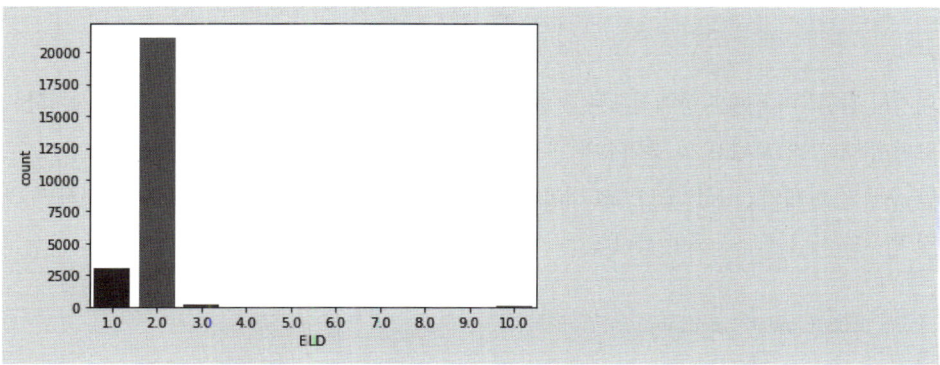

그래프로 보면 BLD값 1, 2, 3이 데이터의 대부분을 차지하고 있습니다. 이 중에서 이동식 형태의 집 1과 나머지 형태(BLD 4~10)를 제외한 BLD값 2와 3만을 데이터프레임에 남기고 나머지는 제거하겠습니다.

```
# BLD 변숫값이 2 혹은 3인 데이터만 comb_BLD23에 저장
comb_BLD23 = comb1[(comb1['BLD']==2)|(comb1["BLD"]==3)]
comb_BLD23.shape
```

【실행 결과】

```
(21401, 510)
```

이렇게 만들어진 comb_BLD23 데이터프레임은 데이터 행 수가 21,401개입니다.

 / 에피소드 16

> 1장에서 학과 졸업을 한 달도 남겨두지 않았을 때 F 학점 경고를 받은 황당한 에디소드를 얘기한 적이 있습니다. 그 프로젝트가 바로 이 4장의 프로젝트였습니다. 건물 타입 BLD 변숫값을 세세히 체크하지 않고 트레일러, 보트, 밴 등을 분석 대상에서 제외하지 않은 것이 바로 F 학점 경고를 맞은 가장 큰 이유였습니다.

> 범주형 변수 수십, 수백 개의 데이터 정의를 일일이 확인하는 일은 생각보다 많은 노력이 필요합니다. 그래도 확인해야 합니다. 타깃 변수 주택 가격과 건물 타입 BLD는 밀접한 관계가 있을 수밖에 없습니다. 이처럼 타깃 변수에 영향을 미칠 것으로 생각되는 변수는 더더욱 주의를 기울여서 데이터 정의를 확인해야 합니다.

여기서 잠깐! 미국에서 상대적으로 저렴한 주택인 아파트와 기타 이동식 주택들을 제거함으로써 주택 가격(VALP)의 중위수가 변했는지 살펴보겠습니다. 만약 BLD 변숫값 2와 3으로만 구성된 현재의 comb_BLD23 데이터프레임에서 주택 가격(VALP) 중위수가 변하면 타깃 변수도 새롭게 구성해야 합니다.

```
comb_BLD23['VALP'].median()
```

【실행 결과】
```
135000.0
```

와우! 4.4.4절에서 타깃 변수를 생성했을 때 중위수가 120,000달러였는데 저렴한 주택 타입을 제외했더니 중위수가 135,000달러로 바뀌었습니다. 따라서 타깃 변수를 새로운 중위수 기준에 맞춰 다시 생성할 필요가 있습니다. 이번에는 최종적인 이진값 타깃 변수명을 VALP_B1으로 명명합니다.

```
# VALP가 135,000 이상이면 타깃 변수 VALP_B1값은 1
comb_BLD23.loc[comb_BLD23['VALP'] >= 135000, "VALP_B1"] = 1
# VALP가 135,000 미만이면 타깃 변수 VALP_B1값은 0
comb_BLD23.loc[comb_BLD23['VALP'] < 135000, "VALP_B1"] = 0
# VALP_B1값의 비율 분포 구하기
comb_BLD23['VALP_B1'].value_counts(dropna=False, normalize=True)
```

【실행 결과】
```
1.0    0.50278
0.0    0.49722
Name: VALP_B1, dtype: float64
```

우리는 510개의 변수를 모두 사용하는 것이 아니라 최근 5년간 전 세계 주택 가격 관련 머신러닝 모델 연구 논문 24개를 조사해서 중요한 변수 47개와 여기에 추가로 ID 변수(SERIALNO), 주택 가격(VALP), 그리고 새롭게 만든 타깃 변수(VALP_B1), 3개를 더해서 총 50개의 변수로 구성된 데이터프레임을 새로 구성하여 사용하겠습니다. 그리고 이 데이터프레임을 comb50이라고 명명합니다.

```
# 문헌 연구에 의해서 선정된 50개 변수를 데이터프레임 comb50에 저장(타깃 변수 VALP_B1 포함)
comb50 = comb_BLD23[["SERIALNO","ACCESS","ACR","ADJHSG","ADJINC","AGEP","BATH",
"BDSP","BLD","BROADBND","CONP","COW","ELEP","ENG","FENGP","FER","FESRP","FKITP",
"FMARHYP","FMARP","FPARC","FSCHP","FTAXP","GASP","HINCP","HHL","HHT","INSP",
"LANX","MAR","MV","NPF","NRC","PERNP","PINCP","PUMA","R65","R18","RAC1P","RMSP",
"RT","RWAT","SCH","SCHG","SCHL","SEX","SRNT","TYPE","VALP","VALP_B1"]]

comb50.shape
```

【실행 결과】
```
(21401, 50)
```

변수는 기존 510개에서 50개로 줄었고 데이터 행 수는 여전히 21,401개입니다. 이렇게 만든 데이터프레임 comb50을 comb50.csv 파일로 저장합니다. 구글 코랩에서 데이터프레임을 csv 파일로 저장하는 방법은 4.7.6절을 참고하기 바랍니다.

```
comb50.to_csv('comb50.csv', index=False)
```

 / **문헌 연구를 통한 중요한 변수 파악하기**

여기서 문헌 연구를 통해 변수를 골라내는 작업을 수행하지 않고 510개 전체 데이터를 그대로 투입해도 괜찮습니다. 다만, 문헌 연구를 통해 어떤 변수가 중요한지 사전에 알고 있으면 탐색적 자료 분석 과정에서 구간 변수 간 상관관계를 따져 보고 중요하지 않은 변수부터 제거할 수 있습니다. 이 과정은 부록에 있는 고급 프로젝트의 상관계수 검토 부분을 참고하기 바랍니다.

4.4.6 기타 변수 데이터 처리 2

comb50.csv 파일을 불러와 데이터프레임 df에 저장하겠습니다.

```python
# comb50.csv 파일을 불러와서 데이터프레임(df)에 저장
df = pd.read_csv('comb50.csv')
df.shape
```

【실행 결과】
```
(21401, 50)
```

이렇게 중간 결과를 csv 파일로 저장하고 다시 데이터프레임으로 불러오는 것은 나중에 파이썬 코드를 재검토할 때 매우 편리합니다. 이제 info 명령어를 통해 불러온 데이터프레임의 주요 정보를 살펴봅니다.

```python
df.info()
```

【실행 결과】
```
<class 'pandas.core.frame.DataFrame'>
RangeIndex: 21401 entries, 0 to 21400
Data columns (total 50 columns):
 #   Column    Non-Null Count  Dtype
---  ------    --------------  -----
 0   SERIALNO  21401 non-null  int64
 1   ACCESS    21401 non-null  float64
 2   ACR       21401 non-null  float64
 3   ADJHSG    21401 non-null  int64
 4   ADJINC    21401 non-null  int64
 5   AGEP      21401 non-null  int64
 6   BATH      21401 non-null  float64
 7   BDSP      21401 non-null  float64
 8   BLD       21401 non-null  float64
 9   BROADBND  18263 non-null  float64
 10  CONP      21401 non-null  float64
 11  COW       12114 non-null  float64
                ...
 46  SRNT      21401 non-null  float64
```

```
 47   TYPE      21401 non-null   int64
 48   VALP      21401 non-null   float64
 49   VALP_B1   21401 non-null   float64
dtypes: float64(35), int64(14), object(1)
memory usage: 8.2+ MB
```

결과 화면의 밑에서 두 번째 줄을 보면 50개의 변수 중에서 실수형 변수는 35개, 정수형 변수는 14개, 오브젝트형 변수는 1개임을 알 수 있습니다. 오브젝트 자료형은 숫자가 아닌 자료형을 의미합니다.

또한 BROADBND, COW 등 결측값을 갖는 변수도 보입니다. 이에 모든 변수의 결측값 비율을 알아보겠습니다.

```python
# 데이터프레임 df에 있는 모든 컬럼(변수)의 결측값 보유 비율을 내림차순으로 확인
df.isnull().mean().sort_values(ascending=False)
```

【실행 결과】

```
ENG        0.930985
FER        0.808934
SCHG       0.781459
COW        0.433952
PERNP      0.190879
PINCP      0.175973
BROADBND   0.146629
NPF        0.123966
FPARC      0.123966
LANX       0.049764
SCH        0.029672
SCHL       0.029672
R18        0.000000
NRC        0.000000
           ...
```

맨 위부터 영어 구사 능력(ENG), 1년 내 신생아 출생 여부(FER), 재학 중인 학년(SCHG)은 결측값 비율이 50%를 훌쩍 넘어서므로 제거하겠습니다. 아울러 입력 변수 중에서 추가로 제거해야 하는 변수들이 있습니다. 서로 유사한 정의를 갖고 있어서 둘 중 하나를 분석에서 제거해야 하거나, 타깃 변수에 영향을 미치기보다는 거꾸로 타깃 변수에 의해 영향을 받는 변수라고 판단되는 경우입니다.

이렇게 과도한 결측값 비율, 유사한 데이터 정의를 갖는 변수의 존재, 타깃 변수와의 관계를 고려해서 제거하는 변수는 ID 변수인 SERIALNO를 포함해서 총 18개입니다. 그럼 남은 입력 변수는 32(=50 - 18)개입니다. 참고로 주택 가격의 이진값 타깃 변수인 VALP_B1과 원래 주택 가격인 VALP를 번갈아 가며 타깃 변수로 사용하므로 VALP_B1과 VALP는 32개 변수에 포함된 상태입니다.

제거할 18개 변수는 아래와 같으며, 개별 제거 사유는 부록의 데이터 정의에 기재하였습니다.

```
# 추가로 제거할 18개 변수명을 cols에 저장
cols = ["SERIALNO","ADJHSG","ADJINC","BROADBND","ENG","FENGP","FER","FMARHYP",
        "FMARP","INSP","NPF","PERNP","PINCP","PUMA","RT","SCHG","SRNT","TYPE"]
# 18개 변수명을 데이터프레임 df에서 제거
df.drop(cols, axis=1, inplace=True)
df.shape
```

【실행 결과】
```
(21401, 32)
```

데이터프레임 df의 변수가 단출하게 32개로 줄어들었습니다. 두 개의 타깃 변수(VALP, VALP_B1)를 제외한 입력 변수 30개 중 구간 변수는 8개이며, 범주형 변수는 22개입니다.

먼저 구간 변수로는 나이(AGEP), 침실 수(BDSP), 월 수선비(CONP), 월 전기료(ELEP), 월 가스비(GASP), 가계 소득(HINCP), 자녀 수(NRC), 방 수(RMSP)가 있습니다. 여기에 연속형 타깃 변수인 주택 가격(VALP)을 추가하여 살펴보겠습니다.

변수명	데이터 정의	사용 구분	측정 수준
AGEP	나이	Input	Interval
BDSP	침실 수	Input	Interval

변수명	데이터 정의	사용 구분	측정 수준
CONP	월 수선비(공동 소유자에게 부과되는 수선비를 의미함)	Input	Interval
ELEP	월 전기료	Input	Interval
GASP	월 가스비	Input	Interval
HINCP	가계 소득	Input	Interval
NRC	자녀 수	Input	Interval
RMSP	방 수	Input	Interval
VALP	주택 가격	Target	Interval

이 8개 구간 입력 변수는 다음 세 가지 데이터 처리 절차를 거치게 됩니다. 연속형 타깃 변수인 VALP는 데이터 분포만 살펴보겠습니다.

- Step 1: 변수의 결측값 비율 확인
- Step 2: 변수의 분포 확인
- Step 3: 변수의 데이터 타입 확인

구간 변수의 결측값 비율 확인

앞에서 50개 변수 전부를 대상으로 결측값 비율을 알아봤지만, 구간 변수의 결측값만 다시 한번 출력하겠습니다.

```
# 구간 변수 및 연속형 타깃 변수를 cols1에 저장
# 구간 변수의 결측값 비율을 나림차순으로 보여주기
cols1 = ['AGEP','BDSP','CONP','ELEP','GASP','HINCP','NRC','RMSP','VALP']
df[cols1].isnull().mean().sort_values(ascending=False)
```

【실행 결과】

```
AGEP    0.0
BDSP    0.0
CONP    0.0
```

```
ELEP      0.0
GASP      0.0
HINCP     0.0
NRC       0.0
RMSP      0.0
VALP      0.0
dtype: float64
```

다행히 오클라호마 주택 가격 데이터세트는 데이터 처리가 잘되어 있어서 구간 변수의 결측 값은 없습니다. 1개의 연속형 타깃 변수(VALP)도 결측값은 없습니다.

구간 변수의 분포 확인

구간 변수의 분포를 알아보겠습니다.

```
# 구간(interval) 변수의 요약 통계 구하기
df[cols1].describe()
```

【실행 결과】

	AGEP	BDSP	CONP	ELEP	GASP	HINCP	NRC	RMSP	VALP
count	21401.000000	21401.000000	21401.000000	21401.000000	21401.000000	2.140100e+04	21401.000000	21401.000000	21401.000000
mean	43.143451	3.157796	1.631699	162.074202	54.733657	8.713425e+04	0.984627	6.566983	161898.443998
std	24.053299	0.767449	32.519456	88.383070	57.197839	7.871781e+04	1.296688	1.982331	122616.002210
min	0.000000	0.000000	0.000000	1.000000	1.000000	-7.700000e+03	0.000000	1.000000	1000.000000
25%	21.000000	3.000000	0.000000	100.000000	3.000000	4.000000e+04	0.000000	5.000000	80000.000000
50%	46.000000	3.000000	0.000000	150.000000	50.000000	7.000000e+04	0.000000	6.000000	135000.000000
75%	63.000000	4.000000	0.000000	200.000000	80.000000	1.100000e+05	2.000000	8.000000	200000.000000
max	93.000000	5.000000	1100.000000	560.000000	400.000000	1.106000e+06	7.000000	16.000000	855000.000000

여기서 각 변수의 최솟값(min)을 살펴보겠습니다. 그런데 가계 소득(HINCP)의 숫자가 공학용 계산기에 자주 쓰이는 E 표기법으로 출력되어 가독성이 떨어집니다. 소수점 두 자리까지로 표기를 제한하겠습니다.

```
# 소수점 두 자리로 숫자 표기 제한
pd.options.display.float_format = '{:.2f}'.format
df[cols1].describe()
```

【실행 결과】

	AGEP	BDSP	CONP	ELEP	GASP	HINCP	NRC	RMSP	VALP
count	21401.00	21401.00	21401.00	21401.00	21401.00	21401.00	21401.00	21401.00	21401.00
mean	43.14	3.16	1.63	162.07	54.73	87134.25	0.98	6.57	161898.44
std	24.05	0.77	32.52	88.38	57.20	78717.81	1.30	1.98	122616.00
min	0.00	0.00	0.00	1.00	1.00	-7700.00	0.00	1.00	1000.00
25%	21.00	3.00	0.00	100.00	3.00	40000.00	0.00	5.00	80000.00
50%	46.00	3.00	0.00	150.00	50.00	70000.00	0.00	6.00	135000.00
75%	63.00	4.00	0.00	200.00	80.00	110000.00	2.00	8.00	200000.00
max	93.00	5.00	1100.00	560.00	400.00	1106000.00	7.00	16.00	855000.00

당황스럽게도 가계 소득(HINCP)의 최솟값이 음수네요. 가계 소득은 해고나 과도한 대출 등의 이유로 음수가 나올 수 있습니다. 머신러닝 프로젝트에서는 변수를 로그로 변환하는 경우가 종종 있는데, 음수는 로그로 변환되지 않아서 에러가 발생합니다. 따라서 가계 소득의 음수로 된 값을 제거하겠습니다.

```
c1 = df['HINCP'] < 0
df[c1]['HINCP'].count()
```

【실행 결과】
```
6
```

가계 소득이 음수인 경우를 확인하보니 6건에 불과합니다. 이를 제거한 데이터세트를 데이터프레임 df1에 저장합니다.

```
c2 = df['HINCP'] >= 0
df1 = df[c2]
df1.shape
```

【실행 결과】
```
(21395, 32)
```

행 수는 21,395건으로 기존 21,401행에서 6개 행이 줄었습니다. 새롭게 작성한 데이터프레임 df1의 구간 변수 기초 통계량을 다시 살펴보겠습니다.

```
df1[cols1].describe()
```

【실행 결과】

	AGEP	BDSP	CONP	ELEP	GASP	HINCP	NRC	RMSP	VALP
count	21395.00	21395.00	21395.00	21395.00	21395.00	21395.00	21395.00	21395.00	21395.00
mean	43.14	3.16	1.63	162.05	54.74	87159.60	0.98	6.57	161900.85
std	24.05	0.77	32.52	88.36	57.20	78714.28	1.30	1.98	122626.22
min	0.00	0.00	0.00	1.00	1.00	0.00	0.00	1.00	1000.00
25%	21.00	3.00	0.00	100.00	3.00	40000.00	0.00	5.00	80000.00
50%	46.00	3.00	0.00	150.00	50.00	70000.00	0.00	6.00	135000.00
75%	63.00	4.00	0.00	200.00	80.00	110000.00	2.00	8.00	200000.00
max	93.00	5.00	1100.00	560.00	400.00	1106000.00	7.00	16.00	855000.00

가계 소득의 최솟값이 음수에서 0으로 변경되었습니다. 이제 최댓값을 살펴보겠습니다. 나이(AGEP) 기준 최고령자는 93세이며, 침실 수(BDSP)은 5개, 방 수(RMSP)는 16개입니다. 그리고 월 수선비가 상위 75%까지 0인 것을 보니, 월 수선비(CONP)는 주택의 공동 소유자에게 부과되는 수선비라서 보통의 주택에는 해당 사항이 없어 보입니다.

구간 변수의 데이터 타입 확인

구간 변수의 데이터 타입을 확인합니다.

```
df1[cols1].dtypes
```

【실행 결과】

```
AGEP      int64
BDSP      float64
CONP      float64
ELEP      float64
GASP      float64
HINCP     float64
NRC       float64
RMSP      float64
VALP      float64
dtype: object
```

변수 중에서 나이만 정수형이고, 나머지는 실수형으로 모두 숫자형 변수입니다. 구간 변수만 모은 데이터프레임 df[cols1]을 df_interval로 저장합니다.

```
# 구간 입력 변수 8개와 구간 타깃 변수 1개로 만든 데이터프레임을 df_interval로 저장
df_interval = df1[cols1]
df_interval.shape
```

【실행 결과】
(21395, 9)

범주형 변수의 결측값 비율 확인

다음은 범주형 변수에 대한 결측값을 확인하겠습니다. 앞에서 18개 변수를 제거하는 과정 중에 결측값 비율이 50%를 넘는 변수 3개는 제거했지만, 범주형 변수 중에 결측값 비율이 50% 이하인 변수 4개(COW, LANX, SCHL, SCH)는 아직 그대로 있습니다. 이들 변수의 결측값은 4.7.1절에서 처리할 예정입니다.

범주형 변수의 분포 확인

범주형 변수의 분포를 확인합니다. 이를 위해 범주형 변수로만 구성된 새로운 데이터프레임 df2를 다음과 같이 생성합니다.

```
# 기존 cols1을 재입력
cols1 = ['AGEP','BDSP','CONP','ELEP','GASP','HINCP','NFC','RMSP','VALP']
# 데이터프레임 df에서 범주형 입력 변수와 범주형 타깃 변수를 데이터프레임 df2에 저장
df2 = df1.drop(cols1, axis=1)
df2.shape
```

【실행 결과】
(21395, 23)

이 데이터프레임에는 22개 범주형 입력 변수와 1개의 범주형 타깃 변수를 합쳐서 총 23개 변수가 있습니다. 범주형 변수에 대한 데이터 정의도 부록을 참고하기 바랍니다. 다행히 이들 범주형 변수의 값이 모두 숫자형이어서 describe 명령어를 통해 최솟값과 최댓값을 확인할 수 있습니다.

```
df2.describe()
```

【실행 결과】

	ACCESS	ACR	BATH	BLD	COW	FESRP	FKITP	FPARC	FSCHP	FTAXP	HHL	HHT
count	21395.00	21395.00	21395.00	21395.00	12111.00	21395.00	21395.00	18744.00	21395.00	21395.00	21395.00	21395.00
mean	1.27	1.48	1.00	2.01	2.42	0.06	0.01	2.99	0.06	0.21	1.18	1.80
std	0.67	0.70	0.03	0.10	2.04	0.24	0.10	1.04	0.24	0.40	0.64	1.51
min	1.00	1.00	1.00	2.00	1.00	0.00	0.00	1.00	0.00	0.00	1.00	1.00
25%	1.00	1.00	1.00	2.00	1.00	0.00	0.00	2.00	0.00	0.00	1.00	1.00
50%	1.00	1.00	1.00	2.00	1.00	0.00	0.00	3.00	0.00	0.00	1.00	1.00
75%	1.00	2.00	1.00	2.00	4.00	0.00	0.00	4.00	0.00	0.00	1.00	2.00
max	3.00	3.00	2.00	3.00	9.00	1.00	1.00	4.00	1.00	1.00	5.00	7.00

더욱 간편하게는 아래와 같이 max와 min 명령어로 확인할 수 있습니다.

```
df2.max() - df2.min()
```

【실행 결과】

ACCESS	2.00
ACR	2.00
BATH	1.00
BLD	1.00
COW	8.00
FESRP	1.00
FKITP	1.00
FPARC	3.00
FSCHP	1.00
FTAXP	1.00
HHL	4.00
HHT	6.00
LANX	1.00
MAR	4.00
MV	6.00
R65	2.00
R18	1.00
RAC1P	8.00
RWAT	1.00
SCH	2.00

```
SCHL        23.00
SEX          1.00
VALP_B1      1.00
dtype: float64
```

위의 결과를 보면 범주형 변수의 범위가 데이터 정의에서 정한 범위 내에 있음을 알 수 있습니다.

범주형 변수의 데이터 타입 확인

범주형 변수의 데이터 타입을 확인합니다.

```
df2.dtypes
```

【실행 결과】

```
ACCESS      float64
ACR         float64
BATH        float64
BLD         float64
COW         float64
FESRP         int64
FKITP       float64
FPARC       float64
FSCHP         int64
FTAXP       float64
HHL         float64
HHT         float64
LANX        float64
MAR           int64
MV          float64
R65         float64
R18         float64
RAC1P         int64
RWAT        float64
SCH         float64
SCHL        float64
SEX           int64
```

```
VALP_B1      float64
dtype: object
```

확인 결과, 범주형 변수의 데이터 타입이 category로 지정되어야 하는데 숫자형으로 나타납니다. 범주형 변수의 데이터 타입이 category로 지정되지 않으면 머신러닝 모델을 파이썬으로 돌리는 과정에서 결과가 왜곡될 우려가 있습니다. 이 책에서의 모든 머신러닝 모델은 이러한 문제가 발생하지 않지만, 만약 데이터 타입을 category로 변경하고 싶다면 3.7.2절을 참고하기 바랍니다.

아울러 이번 프로젝트는 데이터 처리가 복잡해서 앞으로 수차례 더 데이터프레임을 csv로 저장하는 과정을 거칩니다. 그런데 이때 category로 변환된 데이터 타입의 정보가 csv 파일에 저장되지 않습니다. 따라서 범주형 변수의 데이터 타입을 category로 지정하고자 한다면 머신러닝 모델 수립 단계 바로 전에 수행하는 것이 좋습니다.

이제 데이터프레임 df2를 df_category에 저장합니다.

```
# 범주형 입력 변수 22개와 범주형 타깃 변수 1개로 만든 데이터프레임 df2를 df_category로 저장
df_category = df2
df_category.shape
```

【실행 결과】
```
(21395, 23)
```

앞에서 만든 두 개의 데이터프레임 df_interval과 df_category를 가로 방향, 즉 수평 방향으로 병합합니다.

```
# 두 개 데이터프레임을 가로 방향으로 병합
dfu = pd.concat([df_interval, df_category], axis=1)
# 변수명을 알파벳 순서대로 재배열
dfu.sort_index(axis=1, inplace=True)
dfu.shape
```

【실행 결과】
```
(21395, 32)
```

병합한 데이터프레임 dfu의 벽숫값 일부를 확인해보겠습니다.

```
dfu.head(3)
```

【실행 결과】

	ACCESS	ACR	AGEP	BATH	BDSP	BLD	CONP	COW	ELEP	FESRP	FKITP	FPARC	FSCHP	FTAXP	GASP	HHL	HH
0	1.00	1.00	74	1.00	3.00	2.00	150.00	NaN	140.00	0	0.00	NaN	0	0.00	50.00	1.00	6.0
1	1.00	3.00	46	1.00	3.00	2.00	0.00	1.00	280.00	0	0.00	4.00	0	0.00	3.00	1.00	1.0
2	1.00	3.00	45	1.00	3.00	2.00	0.00	1.00	280.00	0	0.00	4.00	0	0.00	3.00	1.00	1.0

결과를 보면 COW 변수와 FPARC 변수에 결측값(NaN)이 보입니다. 다만, 결측값 비율이 50%를 초과하는 변수들은 이미 제거했기 때문에 이들은 모두 50% 미만의 결측값을 보유한 변수입니다.

병합 데이터프레임 dfu를 comb32.csv 파일로 저장하고 나면 2017년 오클라호마주 주택 가격 데이터세트에 대한 기본적인 데이터 처리가 끝납니다.

```
dfu.to_csv('comb32.csv', index=False)
```

comb32.csv 파일은 주피터 노트북 파일이 있는 다음 폴더에 저장됩니다.

■ / Documents / Book1 / Ch4

지금까지 프로그래밍한 House Data Cleaning (2017) 1.ipynb 노트북 파일을 저장한 후 종료합니다.

4.5 어떤 요인이 주택 가격에 영향을 미칠까?

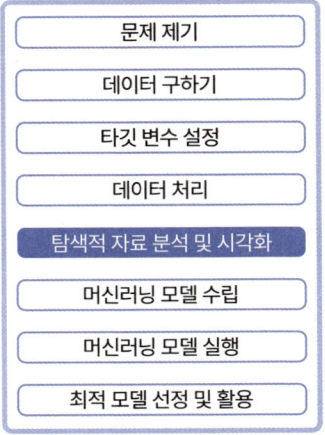

프로젝트 흐름도

지금부터는 탐색적 자료 분석과 시각화 과정을 진행하겠습니다. 초급 프로젝트와 마찬가지로 변수가 구간 변수인지 범주형 변수인지에 따라 해당 과정이 나뉩니다. 구간 변수에서는 요약 통계 검토, 이상값 제거 및 상관관계 분석을 하며, 범주형 변수에서는 도수분포표를 검토합니다.

🚲 / 에피소드 17

> 여러분이 다루는 모든 현실 데이터는 앞의 데이터 처리 과정을 반드시 거쳐야 합니다. 심지어 이미 데이터 처리된 데이터라고 하더라도 기본적인 데이터 처리 과정을 다시 거쳐서 깔끔한 데이터인지 아닌지 확인하는 것이 좋습니다.
>
> 그럼 데이터 처리 과정을 거친 데이터세트를 갖고 있는 지금부터는 문제가 없는 것일까요? 아닙니다. 지금 이 절에서 소개할 탐색적 자료 분석 및 시각화 과정을 소홀히 하여 제가 F 학점을 받을 뻔한 걸 잊으면 안 됩니다. 도대체 어떤 세부 과정을 빼먹었기에 그랬을까요?

4.5.1 결측값이 50% 초과인 변수 제거

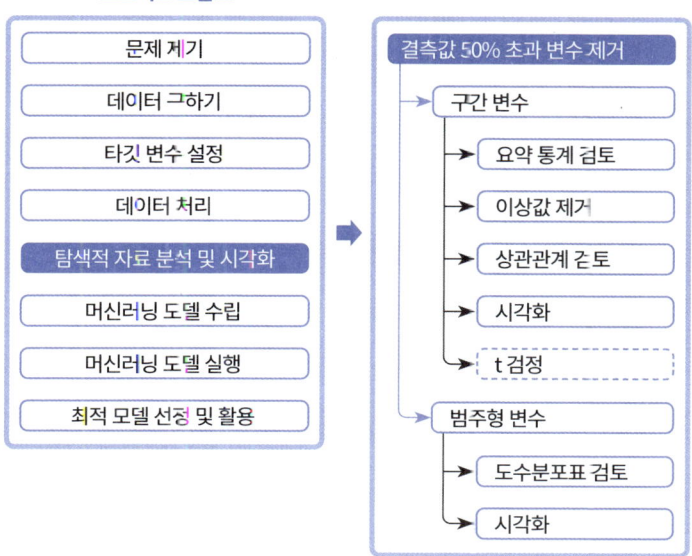

머신러닝 모델에는 일반적으로 결측값 비율이 50% 이하인 변수들만 투입하기 때문에 결측값 비율이 50%를 초과하는 변수는 제거합니다. 특히 타깃 변수는 결측값을 가져서는 안 됩니다. 만약 타깃 변수가 결측값을 가지면 타깃 변수가 결측값을 갖지 않도록 처리한 후 나머지 입력 변수들의 결측값 비율을 알아봐야 합니다.

우리는 앞의 데이터 처리 과정에서 이미 결측값 비율이 50%를 넘는 변수를 제거했고, 이진값 타깃 변수인 VALP_B1 역시 결측값이 없도록 만들었습니다.

4.5.2 요약 통계 및 도수분포표 검토

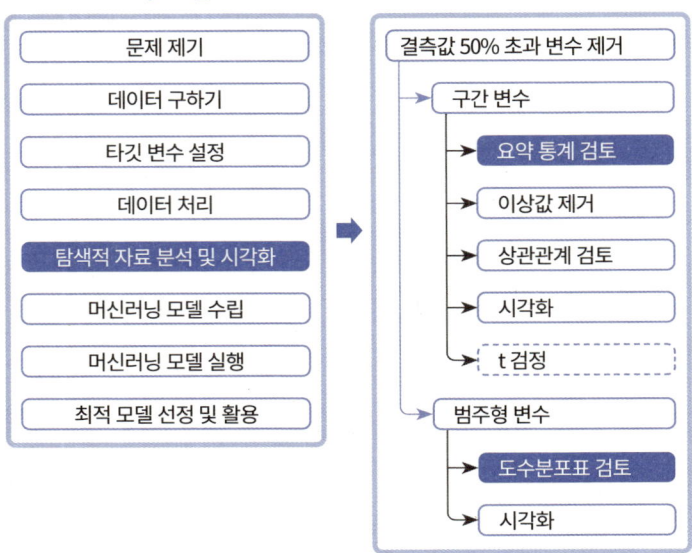

구간 변수는 요약 통계 검토가 필요합니다. 추가로 왜도 및 첨도를 점검하여 구간 변수의 정규분포 여부를 확인할 수 있습니다. 반면 범주형 변수는 변수 자체의 도수분포표, 그리고 타깃 변숫값에 따른 분포를 나타내는 분할표를 점검합니다.

새로운 House Data Cleaning (2017) 2.ipynb 파일을 생성한 다음, 앞에서 저장한 comb32.csv를 불러옵니다.

```
import pandas as pd
import numpy as np

pd.set_option('display.max_columns', None)  # 결과물로 보여주는 열 개수 최대화
pd.set_option('display.max_rows', None)     # 결과물로 보여주는 행 개수 최대화
# 원본 데이터파일을 불러와서 데이터프레임(df)에 저장
df = pd.read_csv('comb32.csv')
df.shape
```

【실행 결과】
```
(21395, 32)
```

구간 변수들만 모아서 describe 명령어로 요약 통계를 확인하겠습니다.

```
# 소수점 두 자리로 숫자 표기 제한
pd.options.display.float_format = '{:.2f}'.format
# 구간 변수를 cols1에 저장
cols1 = ['AGEP','BDSP','CONP','ELEP','GASP','HINCP','NRC','RMSP','VALP']
df[cols1].describe()
```

【실행 결과】

	AGEP	BDSP	CONP	ELEP	GASP	HINCP	NRC	RMSP	VALP
count	21395.00	21395.00	21395.00	21395.00	21395.00	21395.00	21395.00	21395.00	21395.00
mean	43.14	3.16	1.63	162.05	54.74	87159.60	0.98	6.57	161900.85
std	24.05	0.77	32.52	88.36	57.20	78714.28	1.30	1.98	122626.22
min	0.00	0.00	0.00	1.00	1.00	0.00	0.00	1.00	1000.00
25%	21.00	3.00	0.00	100.00	3.00	40000.00	0.00	5.00	80000.00
50%	46.00	3.00	0.00	150.00	50.00	70000.00	0.00	6.00	135000.00
75%	63.00	4.00	0.00	200.00	80.00	110000.00	2.00	8.00	200000.00
max	93.00	5.00	1100.00	560.00	400.00	1106000.00	7.00	16.00	855000.00

그러나 describe 명령어로는 왜도와 첨도를 확인할 수 없습니다. skew와 kurtosis 명령어로 왜도와 첨도를 출력하여 각 구간 변수의 분포가 치우친 정도를 확인한 뒤 이상값 제거 혹은 변숫값 변환으로 치우친 분포를 해결합니다.

```
df[cols1].skew()
```

【실행 결과】

```
AGEP     -0.12
BDSP     -0.04
CONP     25.96
ELEP      1.43
GASP      2.56
HINCP     3.49
NRC       1.27
RMSP      1.29
VALP      1.91
dtype: float64
```

```
df[cols1].kurtosis()
```

【실행 결과】
```
AGEP     -1.10
BDSP      1.17
CONP    761.04
ELEP      3.18
GASP     10.95
HINCP    21.94
NRC       1.17
RMSP      3.56
VALP      5.31
dtype: float64
```

실제로 왜도와 첨도를 구해보니 허용 가능한 범위(왜도 ±3 이하, 첨도 ±10 이하)를 크게 벗어난 변수들이 있어서 조치가 필요합니다. 왜도를 보면 월 수선비(CONP)와 가계 소득(HINCP)이 허용 가능한 범위를 벗어났고, 첨도에서는 월 수선비(CONP), 월 가스비(GASP), 가계 소득(HINCP)이 허용 가능한 범위를 벗어났습니다. 먼저 월 수선비 변수의 분포를 살펴보겠습니다.

```
# 변수 CONP의 분포 확인(개수 기준)
df['CONP'].value_counts()
```

【실행 결과】
```
0.00       21305
1100.00       10
400.00         6
120.00         5
500.00         4
  ...
```

전체 자료 행 수 21,395개 중에 무려 21,305개의 값이 0으로 나옵니다. 월 수선비는 데이터 정의에 따르면 주택에 대한 공동 소유자가 내는 수선비로, 대부분의 설문 응답자는 이를 내지 않고 있습니다. 비율을 확인하기 위해 다음과 같이 코드를 바꿔 봅시다.

```python
# 소수점 세 자리로 숫자 표기 제한
pd.options.display.float_format = '{:.3f}'.format
# 변수 CONP의 분포 확인(비율 기준)
df['CONP'].value_counts(normalize=True)
```

【실행 결과】
```
0.000        0.996
1100.000     0.000
400.000      0.000
120.000      0.000
500.000      0.000
       ...
```

99.6%의 설문 응답자가 월 수선비 지출이 없다고 응답했습니다. 이렇게 분포가 한쪽에 극단적으로 몰리면 머신러닝에서 변숫값이 하나뿐인 변수를 일컫는 unary 변수에 가까워집니다. 머신러닝 모델에서는 unary 변수를 분석에서 제외하므로 이 프로젝트에서도 월 수선비 데이터를 데이터프레임 df에서 제외하겠습니다.

```python
# 데이터프레임 df에서 변수 CONP 제거
df.drop('CONP', axis=1, inplace=True)
df.shape
```

【실행 결과】
```
(21395, 31)
```

데이터프레임 df의 변수는 31개로 줄었습니다. 이 중에서 타깃 변수 2개를 제외하면 입력 변수는 29개입니다.

이제 범주형 변수의 분포를 살펴보겠습니다. 결혼 상태(MAR) 변수의 데이터 정의는 다음과 같습니다.

변수명	데이터 정의
MAR (결혼 상태)	1. 결혼 2. 사별 3. 이혼 4. 별거 5. 미혼 혹은 15세 이하

그리고 결혼 상태 변수의 범주별 빈도수는 다음과 같습니다.

```
df['MAR'].value_counts(dropna=False)
```

【실행 결과】
```
1    10912
5     7074
3     1915
2     1288
4      206
Name: MAR, dtype: int64
```

구간 변수와 달리 범주형 변수는 도수분포표를 살펴보면 됩니다. 표 형식의 출력이 필요 없는 경우는 value_counts 명령어를 쓰면 됩니다. 도수분포표를 표로 구성할 때는 pd.crosstab 명령어를 사용하며, 아래 결과는 도수분포표를 하나는 개수(count) 기준, 하나는 비율(ratio) 기준으로 출력한 것입니다.

```
# 도수분포표 생성(개수 기준)
pd.crosstab(df['MAR'], columns='count')
```

【실행 결과】
```
col_0  count
MAR
1      10912
2       1288
3       1915
4        206
5       7074
```

```python
# 도수분포표 생성(비율 기준)
pd.crosstab(df['MAR'], columns='ratio', normalize=True)
```

【실행 결과】

col_0	ratio
MAR	
1	0.510
2	0.060
3	0.090
4	0.010
5	0.331

아울러 타깃 변숫값(예: 0 혹은 1)에 따른 범주형 변수의 빈도수를 알면 더욱 유용합니다. 이진값 타깃 변수 VALP_B1은 주택 가격이 중위수 이상이면 1, 그렇지 않으면 0의 값을 갖습니다. 이에 따른 MAR의 빈도 분포, 즉 분할표(contingency table)를 구합니다. 역시 하나는 개수 기준, 하나는 비율 기준입니다.

```python
# 분할표 생성(개수 기준)
pd.crosstab(df['MAR'], df['VALP_B1'])
```

【실행 결과】

VALP_B1	0.000	1.000
MAR		
1	4765	6147
2	817	471
3	1257	658
4	137	69
5	3662	3412

```python
# 분할표 생성(비율 기준)
pd.crosstab(df['MAR'], df['VALP_B1'], normalize=True)
```

【실행 결과】

4.5.3 이상값 제거

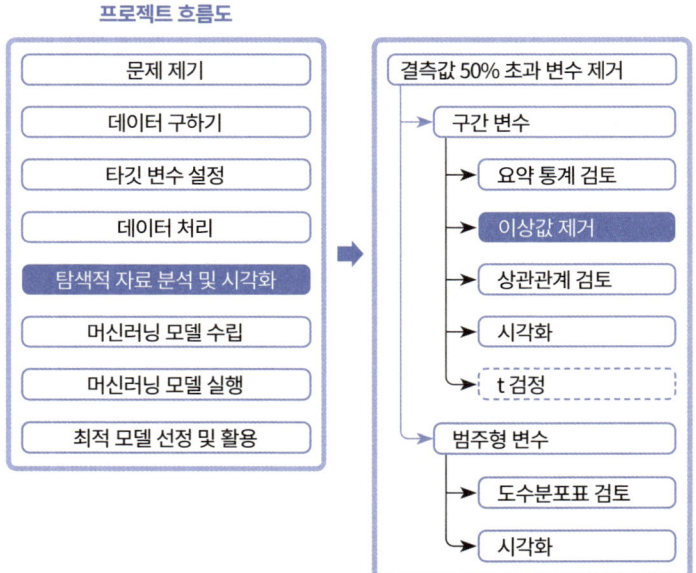

이상값 제거는 구간 변수에 한합니다. 극단적인 이상값을 제거하지 않으면 분석 결과에 왜곡을 가져올 수 있습니다. 아울러 구간 변수들의 왜도 및 첨도가 수용 가능한 영역의 값을 갖는 것이 바람직합니다. 왜도 및 첨도가 수용 가능한 범위 안에 들어오면 개략적으로 변수가 균형 잡힌 종 모양(bell shape), 즉 정규분포와 유사한 모양이 됩니다.

극단적인 이상값을 제거하여 왜도 및 첨도를 완화하면 전반적으로 머신러닝 결과를 개선하는 효과가 있으므로 매우 중요한 작업입니다.

 / 에피소드 18

> 제가 MSBA 학과의 프로젝트에서 F 학점을 받을 위험 속에서 뒤늦게 취한 조치 중에 이상값 제거 작업도 한몫했습니다. 이상값 제거는 모델 결과의 개선 효과가 상당했습니다. 그러면 왜 처음부터 이상값을 제거하지 않았을까요? 사실 우리 팀은 이미 다른 방법으로 이상값을 제거해 두었습니다. 입력 변수의 로그 변환(log transformation)을 기계적으로 선택해서 입력 변수의 왜도와 첨도를 완화했고, 그 결과물을 1차로 제출한 것이었습니다.
>
> F 학점 경고를 받고 이상값 제거를 다시 고민했을 때, 3.0*IQR 규칙을 쓰고 나니 입력 변수의 왜도와 첨도가 로그 변환 방식보다 훨씬 더 개선되는 것을 깨달았습니다. 결국 3.0*IQR 규칙이 이번 프로젝트인 주택 가격 데이터세트에 더 적합한 이상값 제거 방식이었던 것입니다.
>
> 이렇듯, 이상값을 제거하는 방법은 하나만 있는 것이 아닙니다. 여러 방식을 시도해보고 입력 변수의 왜도와 첨도를 완화하는 최선의 방식을 채택하는 것이 바람직합니다. 제가 받은 F 학점 경고는 이 문제에 대해 깊게 고민하지 않은 벌이었습니다. 빨리 생각할 필요는 없습니다. 느려도 결국은 문제를 해결하는 습관을 갖는 것이 더 중요합니다.

3장에서 알아보았듯이 이상값 제거에는 로그 변환 혹은 1.5*IQR 규칙이 자주 쓰이지만, 극단적인 이상값을 제거하는 데는 3.0*IQR 규칙을 쓰곤 합니다. 이 규칙을 다시 한번 요약하면 다음과 같습니다. Q는 사분위수(quartile)를 의미하며, IQR(Interquartile Range)은 1사분위수와 3사분위수 간의 차이를 의미합니다.

> 1.5*IQR 규칙: (1Q − 1.5 * IQR) 미만 값 혹은 (3Q + 1.5 * IQR) 초과 값 제거
> 3.0*IQR 규칙: (1Q − 3.0 * IQR) 미만 값 혹은 (3Q + 3.0 * IQR) 초과 값 제거

우리는 8개의 구간 변수 중에서 월 수선비(CONP)를 제거하였으므로 이제 7개 구간 변수가 남았습니다. 이들 7개 변수의 왜도 결과를 다시 살펴보면 가계 소득(HINCP)이 문제가 있고, 첨도 결과에서는 월 가스비(GASP)와 가계 소득(HINCP)이 허용 가능한 범위를 벗어나 있습니다.

변수명	왜도(skewness)	첨도(kurtosis)
AGEP(나이)	-0.12	-1.10
BDSP(침실 수)	0.04	1.17
ELEP(월 전기료)	1.43	3.18
GASP(월 가스비)	2.56	10.95
HINCP(가계 소득)	3.49	21.94
NRC(자녀 수)	1.27	1.17
RMSP(방 수)	1.29	3.56
VALP(주택 가격)	1.91	5.31

이상값을 확인하기 위해 위 7개 구간 변수들과 연속형 타깃 변수인 주택 가격(VALP)의 산포도를 살펴보겠습니다. 먼저 침실 수(BDSP), 자녀 수(NRC), 방 수(RMSP)와 주택 가격(VALP)의 산포도를 구합니다.

```
import seaborn as sns

dft1 = df[['BDSP','NRC','RMSP','VALP']]
g = sns.PairGrid(dft1)

g.map_diag(sns.histplot)
g.map_offdiag(sns.scatterplot);
```

【실행 결과】

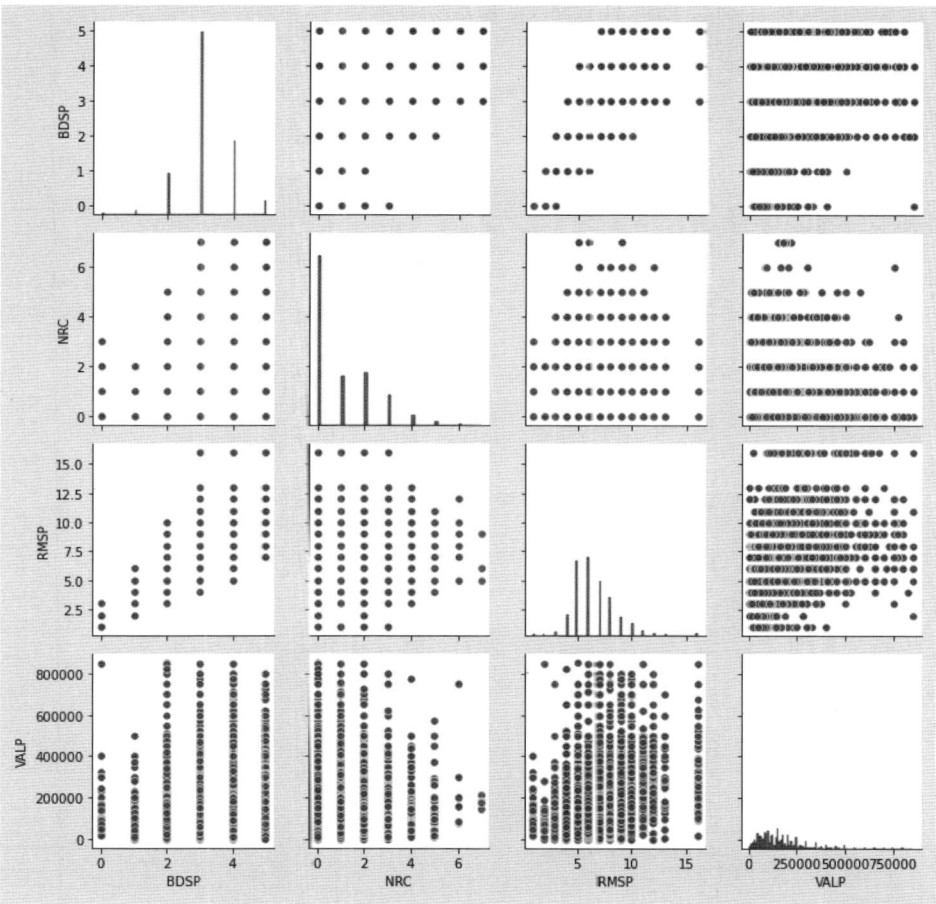

위 결과를 보면 대각선의 도형은 각각의 변수의 분포를 나타냅니다. 침실 수(BDSP), 방 수(RMSP), 주택 가격(VALP)은 종 모양의 정규분포에 가깝습니다. 자녀 수(NRC)는 값 0을 제외하면 종 모양의 정규분포처럼 보입니다. 참고로 자녀 수가 0값이 많은 것으로 보아 요즘의 인구 구성이 혼자 거주하거나 자녀 없이 거주하는 경우가 많다는 것을 알 수 있습니다.

위의 도표에 나온 변수들의 왜도 및 첨도도 허용 가능한 범위 내에 있어서 추가적인 조치는 필요 없어 보입니다. 혹시나 이상값이 있는지 알아보기 위해 3*IQR 규칙에 의해서 상한과 하한을 알아보겠습니다. 단, 주택 가격(VALP)의 이상값은 이미 앞에서 제거했으므로 주택 가격(VALP)의 이상값은 더 이상 고려하지 않겠습니다. 먼저 변수들의 IQR을 계산합니다.

```
Q1 = df[['BDSP','NRC','RMSP']].quantile(0.25)
Q3 = df[['BDSP','NRC','RMSP']].quantile(0.75)
IQR = Q3 - Q1
print(IQR)
```

【실행 결과】
```
BDSP     1.000
NRC      2.000
RMSP     3.000
dtype: float64
```

구해진 IQR을 기반으로 3*IQR 규칙에 의한 상한과 하한을 구합니다.

```
Lower = Q1-3.0*IQR
Upper = Q3+3.0*IQR
print(Lower)
```

【실행 결과】
```
BDSP     0.000
NRC     -6.000
RMSP    -4.000
dtype: float64
```

```
print(Upper)
```

【실행 결과】
```
BDSP     7.000
NRC      8.000
RMSP    17.000
dtype: float64
```

그리고 각 변수의 최솟값과 최댓값을 구합니다.

```
df[['BDSP','NRC','RMSP']].min()
```

【실행 결과】
```
BDSP    0.000
NRC     0.000
RMSP    1.000
dtype: float64
```

```
df[['BDSP','NRC','RMSP']].max()
```

【실행 결과】
```
BDSP     5.000
NRC      7.000
RMSP    16.000
dtype: float64
```

각 변수의 최솟값과 최댓값을 하한과 상한으로 비교해보니, 위 세 변수는 3*IQR 규칙에 의한 이상값이 없는 것으로 판명되었습니다. 다음으로는 나이(AGEP), 월 전기료(ELEP), 월 가스비(GASP), 월 가계 소득(HINCP), 그리고 주택 가격(VALP)의 산포도를 살펴보겠습니다.

여기서도 주택 가격(VALP)을 포함하는 이유는 입력 변수들과 연속형 타깃 변수(VALP)의 관계성을 파악하기 위해서입니다. 나이(AGEP)는 100에 육박하는 두 자릿수 정숫값을 가지며, 나머지 변수들은 모두 달러로 측정되어 값이 크다는 공통점이 있습니다.

```
dft2 = df[['AGEP','ELEP','GASP','HINCP','VALP']]
g = sns.PairGrid(dft2)
g.map_diag(sns.histplot)
g.map_offdiag(sns.scatterplot);
```

【실행 결과】

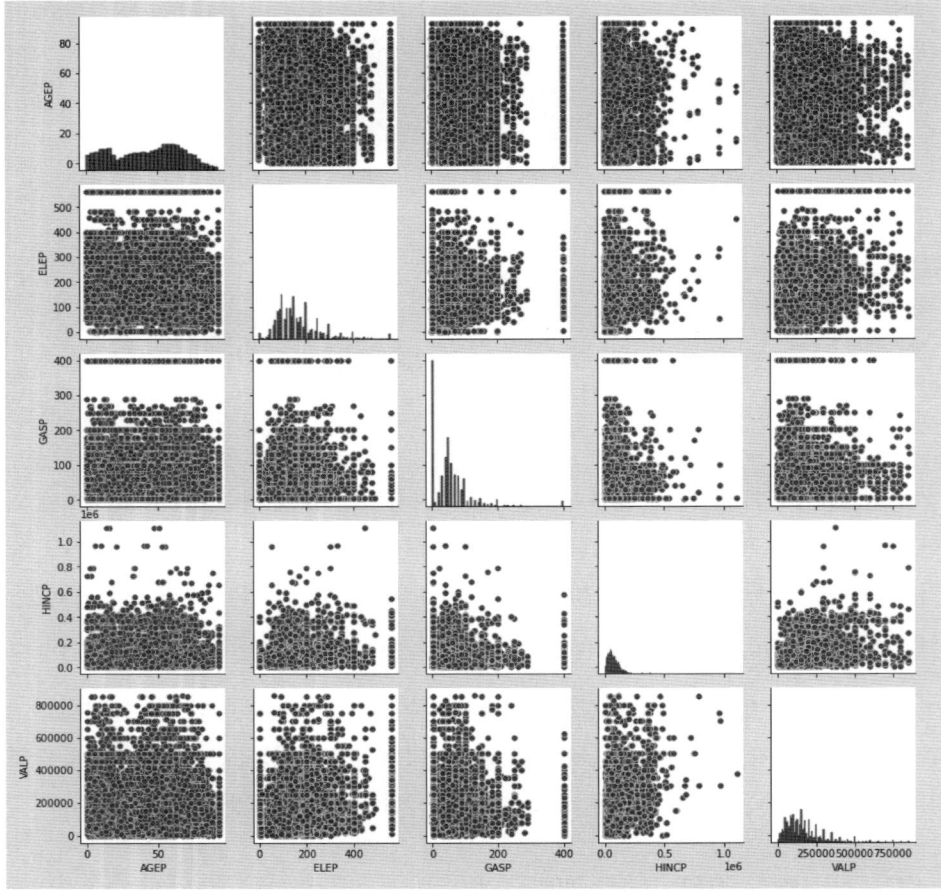

대각선의 도형들은 각 변수들의 분포를 나타냅니다. 나이(AGEP)는 어린이와 중장년층이 조금 많고, 고령층으로 갈수록 천천히 줄어드는 구조입니다. 월 전기료(ELEP)는 비교적 종 모양의 정규분포 모양을 하고 있고, 최댓값과 다른 인근 값과의 사이에 약간의 공백이 있습니다.

월 가스비(GASP)와 가계 소득(HINCP)은 왜도와 첨도가 허용 가능한 범위를 벗어난 구역이 있고 특히 월 가스비 그래프를 보면 최댓값이 다른 인근값과 상당히 격리되어 있습니다. 이들 변수에 이상값이 있는지 알아보기 위해 3*IQR 규칙에 의해서 상한과 하한을 알아봅니다.

```
Q1 = df[['AGEP','ELEP','GASP','HINCP','VALP']].quantile(0.25)
Q3 = df[['AGEP','ELEP','GASP','HINCP','VALP']].quantile(0.75)
IQR = Q3 - Q1

Lower = Q1-3.0*IQR
Upper = Q3+3.0*IQR
print(Lower)
```

【실행 결과】

```
AGEP        -105.000
ELEP        -200.000
GASP        -228.000
HINCP    -170000.000
VALP     -280000.000
dtype: float64
```

```
print(Upper)
```

【실행 결과】

```
AGEP         189.000
ELEP         500.000
GASP         311.000
HINCP     320000.000
VALP      560000.000
dtype: float64
```

그리고 각 변수의 최솟값과 최댓값을 구합니다.

```
df[['AGEP','ELEP','GASP','HINCP']].min()
```

【실행 결과】

```
AGEP     0.000
ELEP     1.000
GASP     1.000
HINCP    0.000
dtype: float64
```

```python
df[['AGEP','ELEP','GASP','HINCP','VALP']].max()
```

【실행 결과】
```
AGEP            93.000
ELEP           560.000
GASP           400.000
HINCP      1106000.000
VALP        855000.000
dtype: float64
```

각 변수의 최솟값과 하한을 비교하면 이상값이 없습니다. 그러나 상한과 최댓값을 비교해보면 월 전기료(ELEP), 월 가스비(GASP), 가계 소득(HINCP)의 최댓값이 상한을 넘습니다. 상한을 초과하는 값들은 3*IQR 규칙에 의한 이상값이므로 제거하겠습니다.

```python
c1 = df['ELEP'] <= 500
c2 = df['GASP'] <= 311
c3 = df['HINCP'] <= 320000

df1 = df[c1 & c2 & c3]      # 세 변수의 이상값 제거
df1.shape                   # 참고: 이상값 제거 전 행 수 df.shape = (21395, 31)
```

【실행 결과】
```
(20495, 31)
```

기존 데이터프레임 df가 21,395행이었으나 이상값을 제거한 후의 데이터프레임 df1은 20,495행이 되어 기존 대비 900개의 행이 줄었습니다. 월 전기료(ELEP)의 이상값 제거 전후의 히스토그램을 비교해보겠습니다.

```python
from matplotlib import pyplot as plt
import seaborn as sns

fig, axes = plt.subplots(1, 2, figsize=(15, 5))

sns.histplot(ax=axes[0], data=df, x="ELEP", kde=True, bins=23);
axes[0].set_title("ELEP before")
```

```
sns.histplot(ax=axes[1], data=df1, x="ELEP", kde=True, bins=23);
axes[1].set_title("ELEP after");
```

【실행 결과】

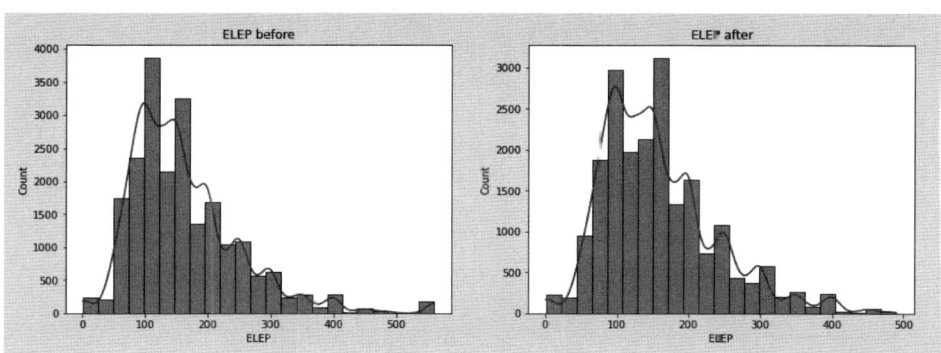

히스토그램을 살펴보면 상한 500을 초과하는 이상값이 제거된 것을 알 수 있습니다. 월 전기료(ELEP) 이외에 다른 두 변수의 이상값도 제거되었기에 월 전기료의 기존 분포 모양이 약간 변경된 것을 확인할 수 있습니다. 이는 다른 두 변수의 분포도 마찬가지입니다. 먼저 월 가스비(GASP)의 이상값 제거 전후의 히스토그램을 살펴보겠습니다.

```
fig, axes = plt.subplots(1, 2, figsize=(15, 5))

sns.histplot(ax=axes[0], data=df, x="GASP", kde=True, bins=23);
axes[0].set_title("GASP before")

sns.histplot(ax=axes[1], data=df1, x="GASP", kde=True, bins=23);
axes[1].set_title("GASP after");
```

【실행 결과】

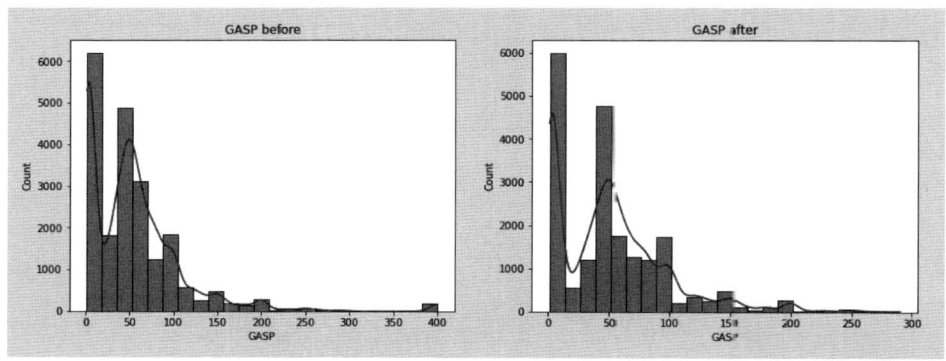

월 가스비(GASP)도 상한값 311을 초과하는 이상값들이 제거되었습니다. 기존 분포도 약간 변경됐습니다. 다음은 가계 소득(HINCP) 분포입니다.

```
fig, axes = plt.subplots(1, 2, figsize=(15, 5))

sns.histplot(ax=axes[0], data=df, x="HINCP", kde=True, bins=23);
axes[0].set_title("HINCP before")

sns.histplot(ax=axes[1], data=df1, x="HINCP", kde=True, bins=23);
axes[1].set_title("HINCP after");
```

【실행 결과】

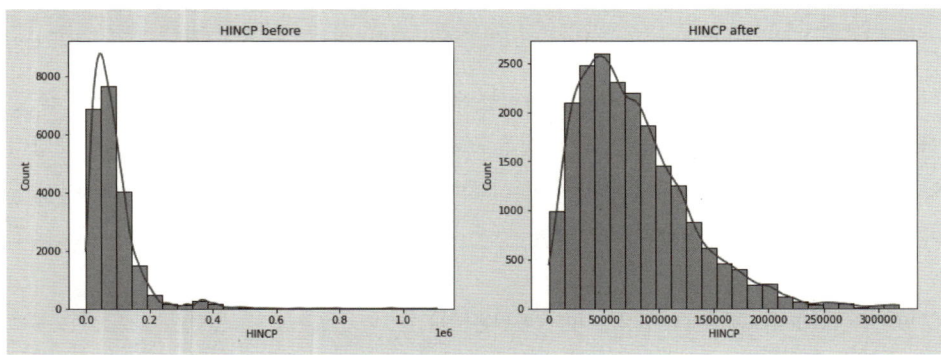

가계 소득은 상한 320,000을 초과하는 이상값을 제거하자 오른쪽으로 치우친(right-skewed) 부드러운 분포의 모습이 잘 드러나고 있습니다. 이제 세 개 변수의 이상값을 제거한 데이터프레임 df1의 7개 구간 변수 및 1개의 연속형 타깃 변수 VALP의 왜도와 첨도를 다시 구해보겠습니다.

```
# 구간 변수를 cols2에 저장, CONP가 제외됐음에 주의
cols2 = ['AGEP','BDSP','ELEP','GASP','HINCP', 'NRC','RMSP', 'VALP']
df1[cols2].skew()
```

【실행 결과】

AGEP	-0.126
BDSP	-0.053
ELEP	0.994

```
GASP      1.355
HINCP     1.171
NRC       1.263
RMSP      1.280
VALP      1.848
dtype: float64
```

```
df1[cols2].kurtosis()
```

【실행 결과】

```
AGEP     -1.107
BDSP      1.250
ELEP      1.088
GASP      2.602
HINCP     1.855
NRC       1.125
RMSP      3.680
VALP      5.480
dtype: float64
```

이상값을 제거하기 전후의 왜도와 첨도를 비교해보겠습니다.

변수명	왜도(skewness)		첨도(kurtosis)	
	이상값 제거 전	이상값 제거 후	이상값 제거 전	이상값 제거 후
AGEP(나이)	-0.12	-0.13	-1.10	-1.11
BDSP(침실 수)	0.04	-0.05	1.17	1.25
ELEP(월 전기료)	1.43	0.99	3.18	1.09
GASP(월 가스비)	2.56	1.35	10.95	2.60
HINCP(가계 소득)	3.49	1.17	21.94	1.86
NRC(자녀 수)	1.27	1.26	1.17	1.13
RMSP(방 수)	1.29	1.28	3.56	3.68
VALP(주택 가격)	1.91	1.85	5.31	5.48

이상값 제거 전에는 통상적인 허용 범위를 벗어난 값이 표에 표시된 것처럼 세 군데 있었습니다. 반면에 이상값 제거 후에는 모든 왜도 및 첨도가 허용 가능한 범위 내에 들어옵니다. 가계 소득(HINCP)의 왜도가 약 1/3로 축소됐으며, 월 전기료(ELEP), 월 가스비(GASP)와 가계 소득(HINCP)의 첨도도 각기 약 1/3, 1/4, 1/20 비율로 대폭 축소되었습니다.

참고로 로그 변환은 데이터값 자체를 변환함으로써 이상값을 줄입니다. 특히 분포가 오른쪽으로 치우친(right-skewed) 변수에 적용하여 정규분포 모양의 분포를 만드는 데 알맞습니다. 우리는 4.7.8절에 나오는 연속형 타깃 변수 회귀 모델에서 로그 변환을 부분적으로 사용하며, 부록의 고급 프로젝트에서는 이상값 처리를 위해 로그 변환을 전반적으로 사용할 것입니다. 이처럼 이상값을 처리하기 위한 다양한 방법을 데이터세트에 맞게 판단해서 결정해야 합니다.

이제 구간 변수의 이상값을 제거한 상태에서 7개 구간 변수 및 주택 가격(VALP)의 요약 통계를 다시 뽑아서 확인하겠습니다.

```
df1[cols2].describe()
```

【실행 결과】

	AGEP	BDSP	ELEP	GASP	HINCP	NRC	RMSP	VALP
count	20495.000	20495.000	20495.000	20495.000	20495.000	20495.000	20495.000	20495.000
mean	43.215	3.141	157.293	51.449	77400.585	0.978	6.504	154910.925
std	24.098	0.759	79.225	47.074	51322.417	1.291	1.930	112248.559
min	0.000	0.000	1.000	1.000	0.000	0.000	1.000	1000.000
25%	21.000	3.000	100.000	3.000	39700.000	0.000	5.000	80000.000
50%	46.000	3.000	140.000	50.000	68000.000	0.000	6.000	130000.000
75%	63.000	4.000	200.000	70.000	104300.000	2.000	7.000	200000.000
max	93.000	5.000	490.000	290.000	319000.000	7.000	16.000	855000.000

우리는 4.4.5절에서 주택 가격(VALP)의 이상값을 제거하고 나서 중위수가 135,000이 나온 것을 기준으로 이진값 타깃 변수 VALP_B1을 생성했습니다. 그런데 여기서 3개 구간 변수의 이상값을 추가로 제거하고 나니 위의 결과 화면에서 볼 수 있듯이 주택 가격의 중위수가 130,000으로 바뀌었습니다. 따라서 이진값 타깃 변수 VALP_B1을 새롭게 정의할 수도 있습니다.

그러나 3개의 구간 변수 이상값을 제거하면서 자연스럽게 주택 가격 중위수가 바뀐 상황이라, 원래 주택 가격 중위수에 맞춰서 생성한 VALP_B1을 유지하도록 하겠습니다. 참고로 바뀐 데이터프레임 df1에 담긴 VALP_B1의 분포는 다음과 같이 비교적 균형을 유지합니다.

```
df1['VALP_B1'].value_counts(normalize=True)
```

【실행 결과】
```
0.000    0.510
1.000    0.490
Name: VALP_B1, dtype: float64
```

이제 데이터프레임 df1을 comb31-IQR30.csv 파일로 저장합니다.

```
df1.to_csv('comb31-IQR30.csv', index=False)
```

4.5.4 상관계수 검토

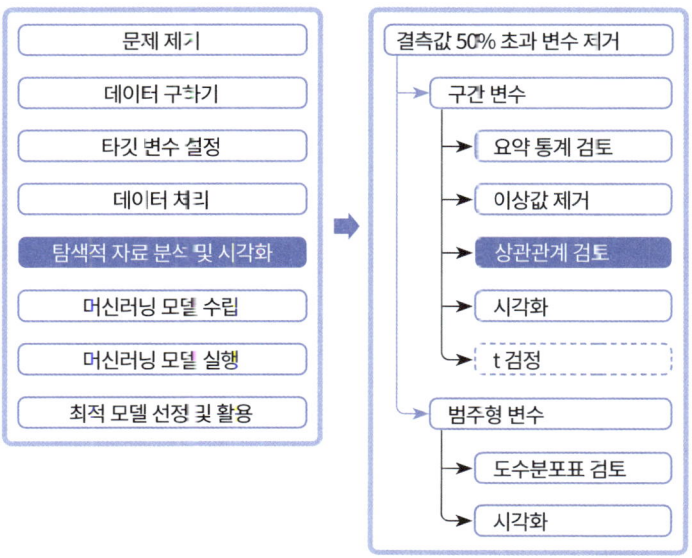

상관계수 점검 또한 구간 변수에 한합니다. 기본적으로 회귀 분석에 기반한 모델은 입력 변수 간 상관계수가 절댓값 기준 0.7 이상인 변수들을 제외하는 것이 좋습니다. 로지스틱 회귀 모델(릿지, 라쏘 모델 포함)도 회귀 분석 계열 모델이므로 상관계수가 0.7 이상인 변수들은 제외하는 것이 좋습니다. 그렇지 않으면 입력 변수들 간에 다중공선성(multicollinearity) 문제가 발생해서 회귀 분석 결과가 크게 어긋날 가능성이 큽니다.

skew, kurtosis 명령어와 마찬가지로 상관계수를 출력하는 corr 명령어는 데이터에 결측값이 있어도 무난히 작동합니다. 데이터프레임 df1에 corr 명령어를 적용하면 상관계수가 출력됩니다.

```
# 구간 변수를 cols2에 저장(타깃 변수 포함)
cols2 = ['AGEP','BDSP','ELEP','GASP','HINCP','NRC','RMSP','VALP']
df1[cols2].corr()  # 구간 변수끼리의 상관계수 구하기
```

【실행 결과】

	AGEP	BDSP	ELEP	GASP	HINCP	NRC	RMSP	VALP
AGEP	1.000	-0.179	-0.135	-0.039	-0.142	-0.622	-0.035	-0.016
BDSP	-0.179	1.000	0.203	0.066	0.273	0.244	0.582	0.313
ELEP	-0.135	0.203	1.000	-0.085	0.154	0.177	0.192	0.185
GASP	-0.039	0.066	-0.085	1.000	0.037	0.076	0.120	0.050
HINCP	-0.142	0.273	0.154	0.037	1.000	0.077	0.283	0.393
NRC	-0.622	0.244	0.177	0.076	0.077	1.000	0.084	0.026
RMSP	-0.035	0.582	0.192	0.120	0.283	0.084	1.000	0.384
VALP	-0.016	0.313	0.185	0.050	0.393	0.026	0.384	1.000

데이터프레임 내 타깃 변수를 제외하고, 입력 변수 간의 상관계수가 절댓값 0.7 이상이면 관련 변수 중 하나를 제거해야 합니다. 반면에 타깃 변수와 입력 변수 간의 상관관계는 크면 클수록 설명력이 강한 입력 변수가 되므로, 타깃 변수와 입력 변수 간의 상관관계는 크면 클수록 좋습니다.

결과 화면에서 대각선상의 상관계숫값 1은 무시하고, 그 위의 삼각형 구역(upper triangle) 안의 상관계숫값만 체크하면 됩니다. 확인 결과 모든 상관계수의 절댓값이 0.7을 넘지 않습니다. 따라서 이 장의 데이터세트는 상관계수 때문에 변수를 제거할 필요가 없습니다.

상관계수의 크기를 시각적으로 확인하고 싶을 때는 시본 라이브러리의 히트맵(heatmap)을 사용하면 됩니다.

```
import seaborn as sns

corr = df1[cols2].corr()
sns.heatmap(data=corr, annot=True);
```

【실행 결과】

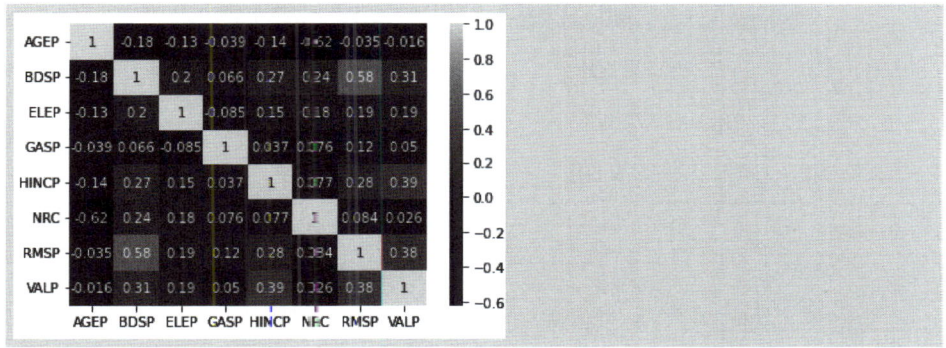

히트맵에서는 변수명이 서로 가까이 표기되어 있는 아래 삼각형 영역(lower triangle) 구역의 상관계수를 체크하는 것이 더 편리합니다. 밝은색 혹은 검은색으로 표현된 부분이 절댓값 기준으로 상관계수가 큰 부분입니다. 가장 큰 값은 |−0.62|로, 절댓값 기준 0.7에는 미치지 못합니다. 만약 이 값이 0.7에 도달하면 관련된 두 변수 중에서 하나를 제거해야 합니다.

이제 지금까지 프로그래밍한 House Data Cleaning (2017) 2.ipynb 노트북 파일을 저장하고 종료합니다.

4.5.5 시각화

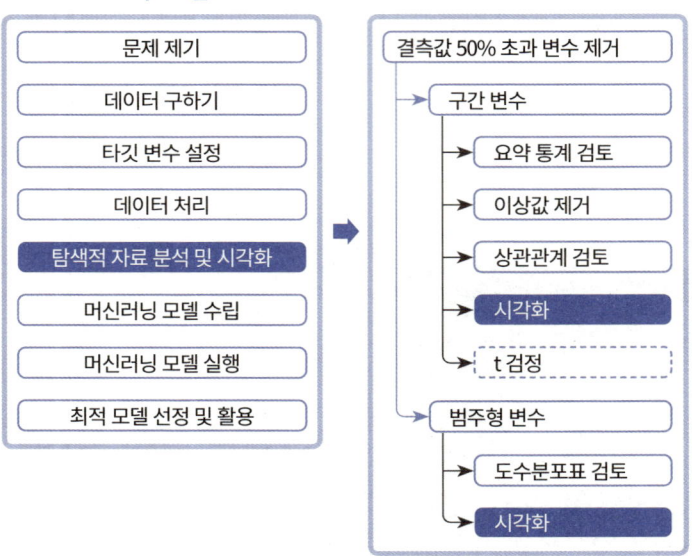

시각화는 구간 변수 혹은 범주형 변수 상관없이 모두 수행합니다. 우선 새롭게 주피터 노트북 파일을 생성하고 House Data Cleaning (2017) 3.ipynb로 명명합니다. 그리고 comb31-IQR30.csv 파일을 불러와서 데이터프레임 df로 저장합니다.

```
import pandas as pd
import numpy as np

df = pd.read_csv('comb31-IQR30.csv')
df.shape
```

【실행 결과】
```
(20495, 31)
```

주요 구간 변수인 나이(AGEP), 월 전기료(ELEP), 그리고 월 가스비(GASP)에 대해서 간단한 시각화를 진행해보겠습니다. 나이(AGEP)의 히스토그램에서 X축의 구간 설정 (bins=20)을 추가합니다.

```
import seaborn as sns

sns.histplot(data=df, x="AGEP", kde=True, bins=23);
```

【실행 결과】

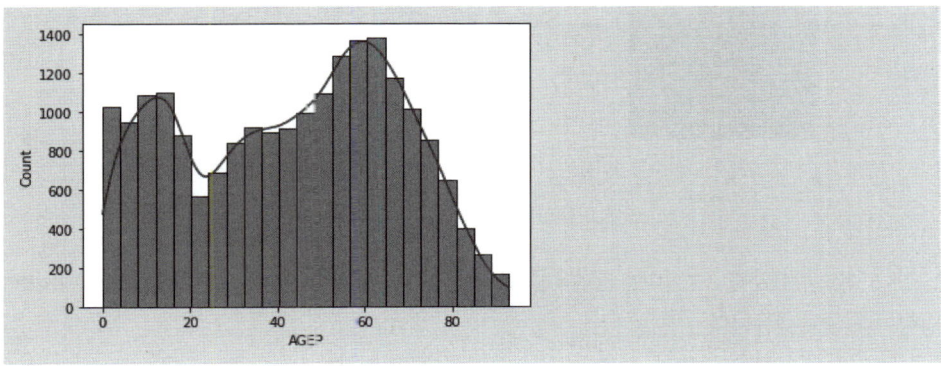

위의 코드에서 stat="density" 옵션값을 주면 y축에 비율이 표시됩니다.

```
# y축에 비율을 출력
sns.histplot(data=df, x="AGEP", kde=True, bins=23, stat="density");
```

【실행 결과】

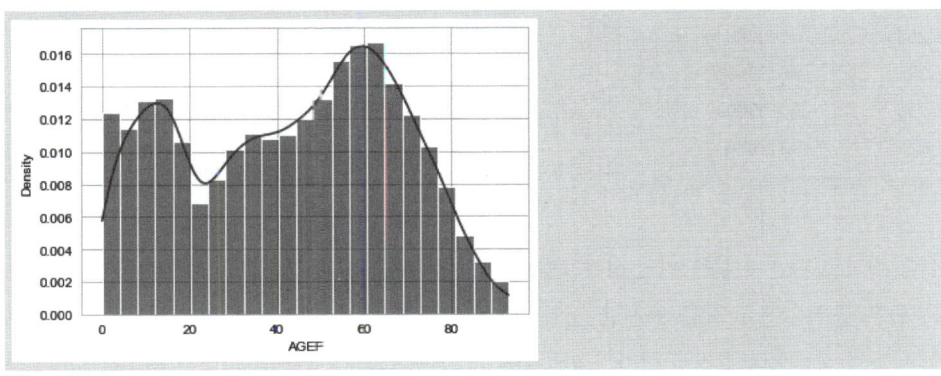

또한 상자그림을 보면 더욱 유용한 분포 정보를 알 수 있습니다.

```
sns.set_style('whitegrid')
axes = sns.boxplot(x='AGEP', data=df)
```

【실행 결과】

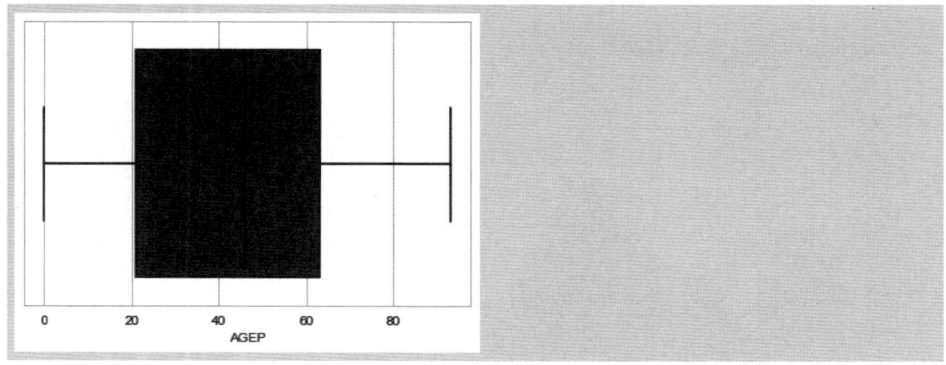

나이(AGEP)의 중위수는 40대 중반으로 보입니다. 더 자세한 정보를 얻기 위해서 describe 명령어를 써보겠습니다.

```
df['AGEP'].describe()
```

【실행 결과】

```
count    20495.000000
mean        43.215467
std         24.097558
min          0.000000
25%         21.000000
50%         46.000000
75%         63.000000
max         93.000000
Name: AGEP, dtype: float64
```

실행 결과로 나온 수치를 위의 상자그림에 대입해보겠습니다. 상자그림 가운데쯤에 있는 검은 줄은 중위수인 46세를 표시한 것입니다. 1사분위수(1Q)인 21세와 3사분위수(3Q)인 63세를 수직선으로 그려서 상자가 만들어지고, 맨 왼쪽과 오른쪽의 막대는 최솟값인 0세와 최댓값인 93세를 나타냅니다. 이 두 막대 바깥으로 점이 있으면 1.5*IQR 규칙에 의한 이상점에 해당하는데, 위의 상자그림으로 판단해보면 이상값은 없습니다.

우리의 주 관심사인 타깃 변숫값(VALP_B1)에 따른 나이(AGEP)의 분포를 확인하기 위해 다음 코드를 작성합니다.

```
import seaborn as sns

sns.histplot(data=df, x="AGEP", hue="VALP_B1", bins=23);
```

【실행 결과】

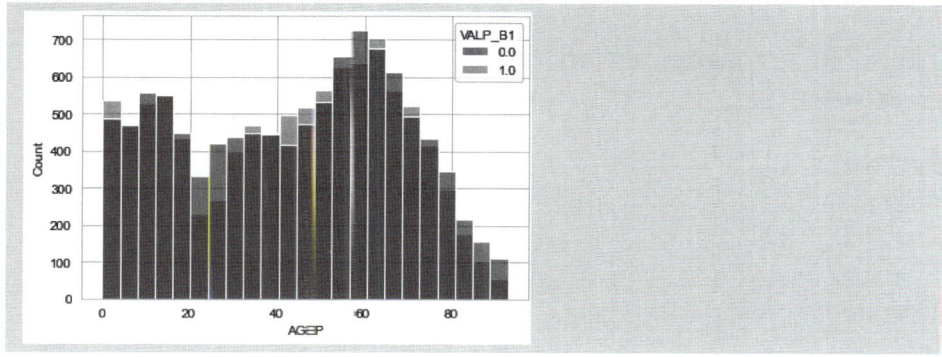

연령대가 20대 그리고 80대 근처에서 주택 가격이 낮은 그룹이 약간 더 많습니다. 40대 전후에서 50대 초반까지는 주택 가격이 높은 그룹이 약간 더 많습니다. 이렇게 한눈에 정보를 파악할 수 있는 점이 시각화의 장점입니다.

타깃 변수 VALP_B1값에 따른 AGEP의 상자그림은 다음과 같습니다.

```
sns.set_style('whitegrid')
sns.boxplot(x='VALP_B1', y='AGEP', data=df)
```

【실행 결과】

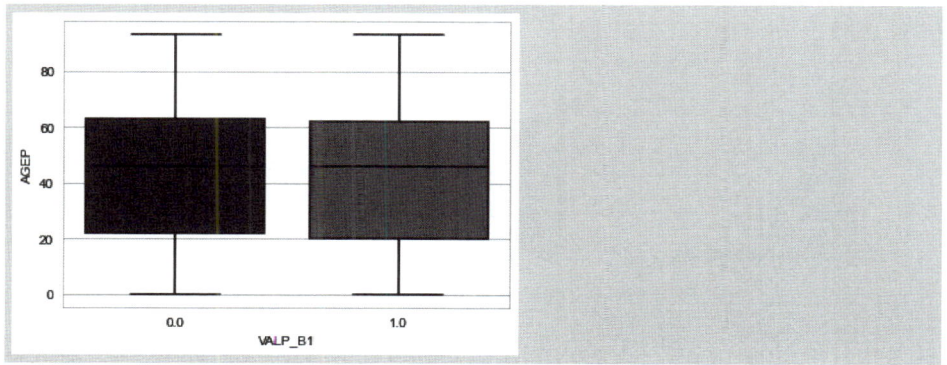

겉으로는 두 분포가 그다지 차이가 나 보이지 않습니다. 그럼, 두 상자그림의 평균이 다르다고 말할 수 있을까요? 이는 다음 절에서 t-검정을 통해서 확인할 예정입니다. 미리 결과를 말하자면 두 자료 사이의 평균은 통계적으로 유의미한 차이를 보이지 않습니다. 참고로 두 상자그림의 평균은 groupby 명령어를 통해 알 수 있습니다.

```
group = df['AGEP'].groupby(df['VALP_B1'])
group.mean()
```

【실행 결과】
```
VALP_B1
0.0    43.519220
1.0    42.898974
Name: AGEP, dtype: float64
```

그리고 월 전기료(ELEP), 월 가스비(GASP), 가계 소득(HINCP)의 타깃 변숫값에 따른 분포는 다음과 같습니다.

```
from matplotlib import pyplot as plt

fig, axes = plt.subplots(1, 3, figsize=(18, 4))

sns.histplot(ax=axes[0], data=df, x="ELEP", hue="VALP_B1", bins=23)
sns.histplot(ax=axes[1], data=df, x="GASP", hue="VALP_B1", bins=23)
sns.histplot(ax=axes[2], data=df, x="HINCP", hue="VALP_B1", bins=23);
```

【실행 결과】

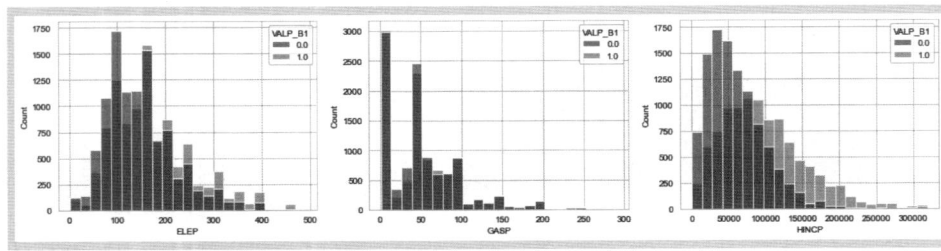

월 전기료(ELEP)는 100달러와 200달러 사이 중간 지점까지는 주택 가격이 낮은 그룹이 더 많고, 그 이후부터는 주택 가격이 높은 그룹이 더 많습니다. 월 가스비(GASP)의 경우 약 50

달러 미만 지점까지는 주택 가격이 낮은 그룹이 더 많은데, 월 50달러 이상 지점에서는 주택 가격이 낮은 그룹과 높은 그룹의 가스 사용료가 대동소이합니다.

마지막으로 가계 소득(HINCP)의 경우에는 100,000달러 약간 밑 구간까지는 주택 가격이 낮은 그룹이 압도적으로 우세하고, 그 이후 구간부터는 반대로 주택 가격이 높은 그룹이 우세합니다.

종합적으로 위 그래프의 세 변수 중에서 가계 소득(HINCP)이 주택 가격에 미치는 영향이 가장 클 것으로 추론할 수 있습니다. 위 세 변수의 타깃 변숫값에 따른 상자그림은 다음과 같습니다.

```
fig, axes = plt.subplots(1, 3, figsize=(18, 4))

sns.boxplot(ax=axes[0], data=df, x="VALP_B1", y='ELEP')
sns.boxplot(ax=axes[1], data=df, x="VALP_B1", y='GASP')
sns.boxplot(ax=axes[2], data=df, x="VALP_B1", y='HINCP');
```

【실행 결과】

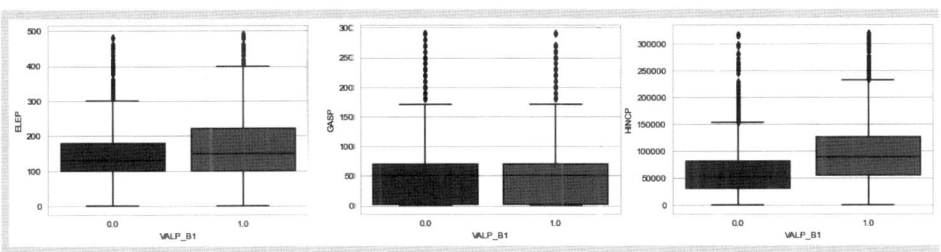

상자그림의 타깃 변수(VALP_B1)에 따른 그룹별 평균은 다음과 같이 구합니다.

```
group = df['ELEP'].groupby(df['WALP_B1'])
group.mean()
```

【실행 결과】
```
VALP_B1
0.0    145.306751
1.0    169.781210
Name: ELEP, dtype: float64
```

```
group = df['GASP'].groupby(df['VALP_B1'])
group.mean()
```

【실행 결과】
```
VALP_B1
0.0    50.964429
1.0    51.954170
Name: GASP, dtype: float64
```

```
group = df['HINCP'].groupby(df['VALP_B1'])
group.mean()
```

【실행 결과】
```
VALP_B1
0.0    59284.096194
1.0    96276.966424
Name: HINCP, dtype: float64
```

이제 범주형 변수를 시각화하겠습니다. 범주형 변수는 주로 도수분포표로 시각화합니다. 범주형 변수 중에서 결혼 상태(MAR)의 데이터 정의 및 분포는 다음과 같습니다.

변수명	데이터 정의
MAR (결혼 상태)	1. 결혼 2. 사별 3. 이혼 4. 별거 5. 미혼 혹은 15세 이하

```
sns.countplot(x='MAR', data=df);
```

【실행 결과】

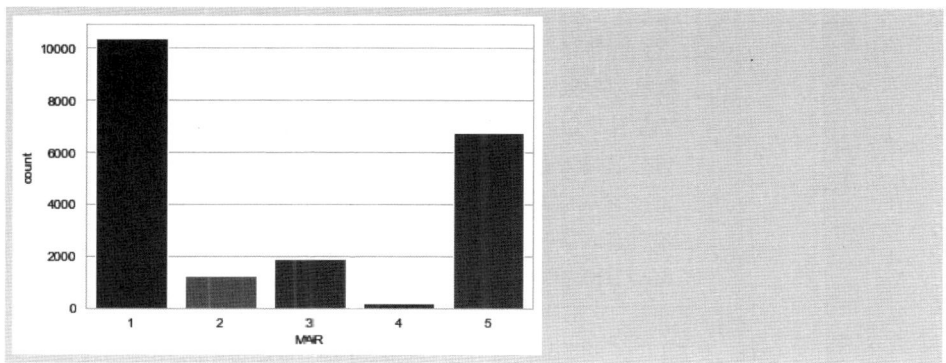

결혼한 상태(값 1)가 가장 많고, 미혼 혹은 15세 이하(값 5)가 두 번째로 많은 비율을 차지합니다. 이 경우에도 타깃 변숫값에 따른 특정 변수의 빈도수(frequency)를 확인하면 더 좋습니다.

```
sns.countplot(x='MAR', hue='VALP_B1', data=df);
```

【실행 결과】

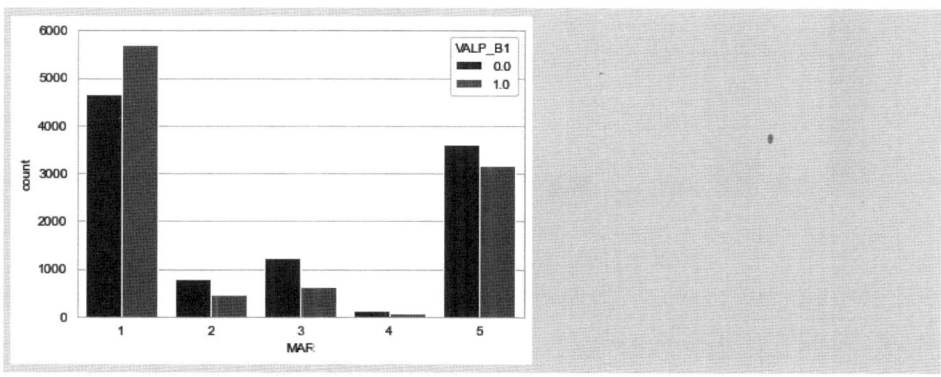

결과를 보면 결혼한 사람은 집값이 비싼 집에서 사는 비율이 높은 반면에, 다른 범주에서는 결과가 모두 반대로 나타났습니다. 아마도 부부가 맞벌이를 해야 비싼 집값을 감당하는 것으로 보입니다.

또 다른 범주형 변수 가구 타입(HFT)의 분포 및 정의는 다음과 같습니다.

변수명	데이터 정의
HHT (가구 타입)	1. 결혼한 부부가 사는 가구 2. 배우자가 없는 남성이 사는 가구 3. 배우자가 없는 여성이 사는 가구 4. 남성 혼자 사는 가구 5. 남성 혼자 살지 않는 가구 6. 여성 혼자 사는 가구 7. 여성 혼자 살지 않는 가구

```
fig, axes = plt.subplots(1, 2, figsize=(15, 5))

sns.countplot(ax=axes[0], x='HHT', data=df)
sns.countplot(ax=axes[1], x='HHT', hue='VALP_B1', data=df);
```

【실행 결과】

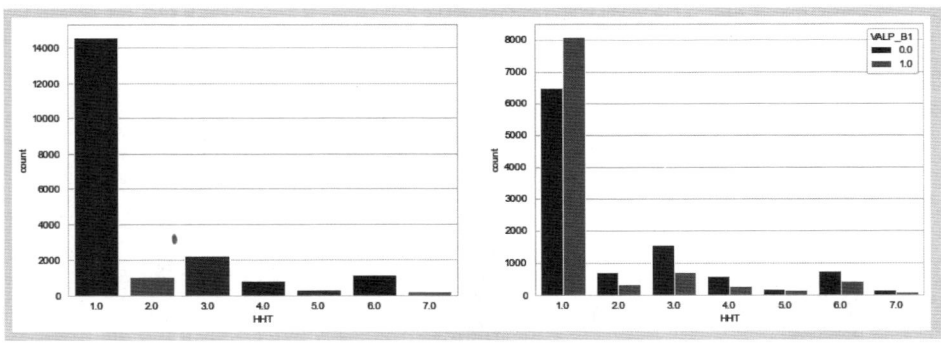

왼쪽 그래프를 보면 결혼한 부부가 사는 가구(값 1)가 압도적으로 많고, 배우자가 없는 여성이 사는 가구(값 3)가 두 번째로 많습니다. 오른쪽 그래프는 타깃 변수별 가구 타입 분포를 나타냅니다. 결혼한 부부가 사는 가구가 비싼 집에서 사는 비율이 높은 반면에, 다른 가구 타입에서는 그렇지 않습니다.

마지막으로 학업 성취 수준(SCHL)의 데이터 정의 및 분포는 다음과 같습니다.

변수명	데이터 정의	
SCHL (학업 성취 수준)	1. 교육 미이수 2. 어린이집 3. 유치원 4. 1학년 5. 2학년 6. 3학년 7. 4학년 8. 5학년 9. 6학년 10. 7학년 11. 8학년 12. 9학년	13. 10학년 14. 11학년 15. 12학년(졸업 안 함) 16. 고등학교 졸업 17. 검정고시 18. 대학을 1년 미만으로 다님 19. 대학을 1년 이상 다녔지만 학위는 없음 20. 준학위(2년제 대학) 21. 학사(4년제 대학) 22. 석사 23. 학사 이상의 전문 학위 24. 박사

```
sns.countplot(x='SCHL', data=df);
```

【실행 결과】

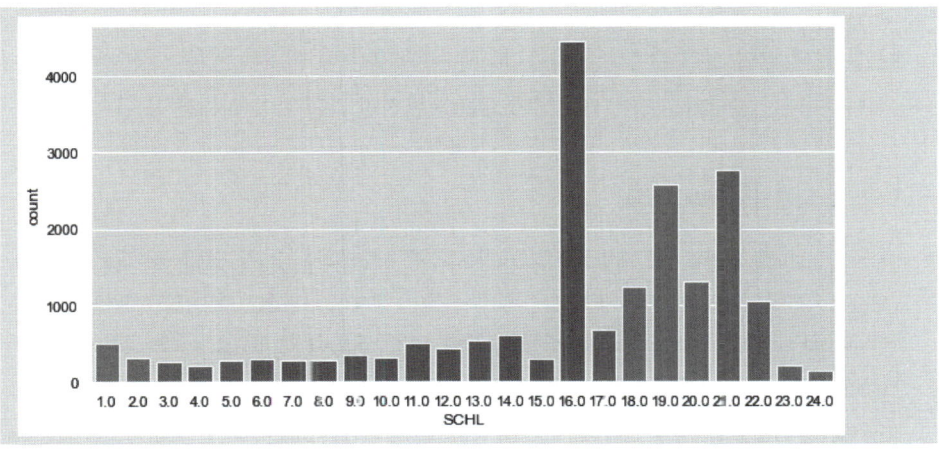

그래프를 보면 고등학교 졸업(값 16)이 압도적으로 많고, 대학교 졸업(값 21)이 두 번째, 그리고 대학을 1년 이상 다녔으나 학위는 없는 경우(값 19)가 세 번째로 많습니다. 이제 타깃 변수별 학업 성취 수준(SCHL) 분포를 알아봅니다.

```
sns.countplot(x='SCHL', hue='VALP_B1', data=df);
```

【실행 결과】

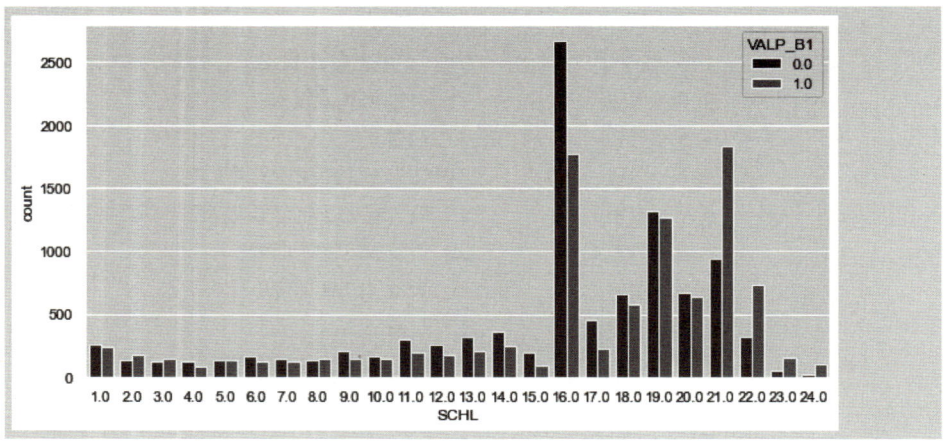

고등학교 졸업자(값 16)는 비싸지 않은 집에 더 많이 거주하고, 대학 졸업자(값 21)는 비교적 비싼 집에 더 많이 거주합니다. 대학에 1년 이상 다녔으나 학위가 없는 경우(값 19)는 값이 비싸거나 그렇지 않은 집의 비중이 유사하게 나타납니다.

그래프를 보니 학업 성취 수준이 사람들이 사는 주택 가격에 미치는 영향이 극명하게 잘 나타납니다. 이처럼 시각화 과정은 데이터에 대한 전반적인 감을 잡기 위해서 꼭 필요합니다.

다른 툴도 써봐야 한다!

지금까지 살펴본 탐색적 자료 분석 및 시각화 상세 과정은 파이썬에서 가능한 기능을 중심으로 설명하였습니다. 그런데, 대부분의 국내외 대학은 SPSS 혹은 SAS Studio 등의 통계 패키지를 재학생에게 제공합니다. SPSS 혹은 SAS Studio를 이용할 수 있다면 다음 프로세스는 메뉴를 누르는 클릭 앤 드래그(click and drag) 방식으로 수행할 수 있습니다.

- 요약 통계 및 도수분포표
- 상관관계 분석
- 시각화
- t-검정

파이썬은 매우 유용하지만 전문적인 상용 통계 패키지보다는 사용기 편리하지 않으므로 만일 통계 패키지 툴을 사용할 수 있다면 적극적으로 이용하는 것이 좋습니다. 아울러, 상용 통계 패키지 툴에 대한 사용 권한이 없더라도 태블로(tableau) 같이 시각화 부분을 무료 버전으로 제공하는 전문 시각화 프로그램도 고려할 수 있습니다.

이 책에서는 오픈소스인 파이썬을 활용하여 데이터 처리와 머신러닝을 실행하지만, 제가 MSBA 학생일 때는 프로젝트에서 엑셀, 파이썬, SAS Studio, SAS EM 그리고 태블로, 이 5가 프로그램을 필요할 때마다 모두 사용했었습니다. 파이썬이 가장 범용적이고 무료로 쓸 수 있는 프로그램 건어이긴 하지만, 만약 프로젝트의 특정 부분을 더 빠르고 효율적으로 처리할 수 있는 전용 프로그램이 있다면 이들도 연습해 놓는 것이 좋습니다.

유료 통계 패키지를 제공하는 기관에 더 이상 소속되지 않으면 오픈소스 프로그램만 이용해야 하는 상황을 맞을 수 있습니다. 따라서 가인에게 큰 비용이 들지 않는 프로그램을 사용할 줄 알면서도 모든 과정을 파이썬으로 해낼 수 있는 능력을 미리미리 갖춰둬야 합니다.

4.5.6 t-검정

프로젝트 흐름도

```
문제 제기
데이터 구하기
타깃 변수 설정
데이터 처리
탐색적 자료 분석 및 시각화
머신러닝 모델 수립
머신러닝 모델 실행
최적 모델 선정 및 활용
```

```
결측값 50% 초과 변수 제거
 ├→ 구간 변수
 │   ├→ 요약 통계 검토
 │   ├→ 이상값 제거
 │   ├→ 상관관계 검토
 │   ├→ 시각화
 │   └→ t 검정
 └→ 범주형 변수
     ├→ 도수분포표 검토
     └→ 시각화
```

t-검정(t-test)도 연속형 구간 변수를 대상으로 합니다. 단, 자료를 나누는 기준이 되는 타깃 변수가 연속형인 경우는 t-검정이 의미가 없으며, 이진값 혹은 다중 범주형(multi-category) 타깃 변수를 가질 경우에 t-검정이 의미가 있습니다.

이 장의 타깃 변수 중 하나인 VALP_B1은 주택 가격이 중위수 가격보다 높은지 낮은지를 나타내는 이진값 형태를 취하고 있습니다. 그렇다면 가계 소득(HINCP) 평균이 VALP_B1이 1인 경우와 0인 경우 차이가 나는지 t-검정을 통해 알 수 있습니다. 만약 이진값 타깃 변수 VALP_B1의 값에 따라 나눈 두 그룹에서 특정 변수의 평균이 통계적으로 유의미하게 다르다고 말할 수 있다면, 해당 변수는 VALP_B1에 영향을 미칠 가능성이 큽니다.

우리는 이상값 제거 과정에서 구간 변수의 왜도 및 첨도를 허용 가능한 범위 내로 조정해 두었습니다. 이런 경우 정밀하게는 아니지만, 변수들이 대체로 정규분포를 따른다고 받아들일 수 있습니다. 따라서 t-검정의 세 가지 전제 조건 중 정규분포를 따르는 부분을 만족합니다. 이제 타깃 변숫값별로 나누어진 그룹에서 가계 소득(HINCP)에 대한 독립 표본 t-검정을 다음과 같이 실행하겠습니다.

```
from scipy import stats

data_1 = df[df['VALP_B1'] == 1]['HINCP']
data_0 = df[df['VALP_B1'] == 0]['HINCP']

stats.ttest_ind(data_1, data_0)
```

【실행 결과】
Ttest_indResult(statistic=55.29711035769814, pvalue=0.0)

P값(p-value)이 0.05를 넘지 않으면 귀무가설, 즉 두 그룹의 가계 소득 평균이 같다는 가설을 기각합니다. 위의 결과에 의하면 P값이 0.05를 넘지 않기 때문에 두 그룹의 가계 소득 평균은 통계적으로 유의미하게 다르다고 판단할 수 있습니다.

한편, 나이(AGEP)의 경우는 P값이 0.05보다 크게 나와서 귀무가설을 기각할 수 없습니다. 즉, 두 그룹의 나이 평균은 통계적으로 유의미하게 다르다고 말할 수 없습니다.

```
data_1 = df[df['VALP_B1'] == 1]['AGEP']
data_0 = df[df['VALP_B1'] == 0]['AGEP']

stats.ttest_ind(data_1, data_0)
```

【실행 결과】
```
Ttest_indResult(statistic=-1.842122743622653, pvalue=0.06547163638882957)
```

유의해야 할 점은 E 표기법으로 P값이 나올 때입니다. 월 전기료(ELEP)의 경우를 보겠습니다.

```
data_1 = df[df['VALP_B1'] == 1]['ELEP']
data_0 = df[df['VALP_B1'] == 0]['ELEP']

stats.ttest_ind(data_1, data_0)
```

【실행 결과】
```
Ttest_indResult(statistic=22.376138651839383, pvalue=1.3793525951027885e-109)
```

언뜻 보면 P값이 1.37로 시작하기 때문에 0.05를 훨씬 초과한 것으로 보입니다. 그러나 맨 뒤에 e-109가 붙어있습니다. 이는 $1.37 * 10^{-109}$이라는 의미입니다. 즉, 0에 근접하는 극솟값입니다. 이처럼 P값이 E 표기법으로 나타나면 주의해야 합니다.

결과적으로 월 전기료(ELEP)의 타깃 변숫값별로 나눈 그룹의 평균은 통계적으로 유의미하게 다르다고 판단할 수 있습니다. 아울러, 나머지 구간 변수 7개에 대해 위와 같은 독립 표본 t-검정을 모두 실행한 결과를 요약하면 다음과 같습니다.

변수명	t-검정 P값	결과 해석(주택 가격 상·하우 그룹 간 비교)
AGEP(나이)	0.065	두 그룹 간 나이 평균은 동일하다.
BDSP(침실 수)	0	두 그룹 간 침실 수 평균은 다르다.
ELEP(월 전기료)	극솟값	두 그룹 간 월 전기료 평균은 다르다.
GASP(월 가스비)	0.132	두 그룹 간 월 가스비 평균은 동일하다.
HINCP(가계 소득)	0	두 그룹 간 가계 소득 평균은 다르다.

변수명	t-검정 P값	결과 해석(주택 가격 상·하위 그룹 간 비교)
NRC(자녀 수)	극솟값	두 그룹 간 자녀 수 평균은 다르다.
RMSP(방 수)	0	두 그룹 간 방 수 평균은 다르다.

표를 보면 나이와 월 가스비를 제외한 5개 변수의 주택 가격 상·하위 그룹별 평균은 통계적으로 유의미하게 다르다고 말할 수 있습니다. 즉, 이 5개의 변수가 이진값 타깃 변수인 VALP_B1에 영향을 미칠 가능성이 나이와 월 가스비보다 큽니다.

이제 House Data Cleaning (2017) 3.ipynb 파일을 저장하고 종료합니다.

4.6 어떤 머신러닝 모델을 사용할까?

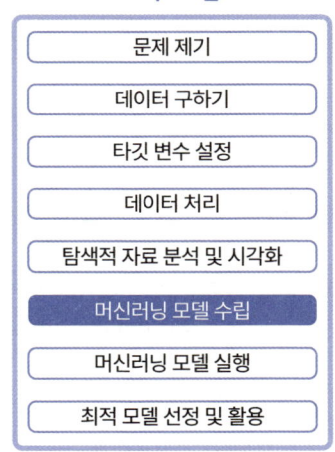

데이터 처리 단계와 탐색적 자료 분석 및 시각화 단계를 성공적으로 마쳤습니다. 이제 우리 손에는 잘 처리된 데이터인 comb31-IQR30.csv 파일이 있습니다. 지금부터 해야 할 절차는 머신러닝 모델 수립 절차입니다.

머신러닝 모델을 수립할 때는 두 가지 방법이 있습니다. 첫 번째는 문헌 연구를 통해 특정 연구 주제(예: 주식 시장, 기업 정보, 부동산 정보 등)에서 기존의 연구자들이 주로 활용한 머신러닝 모델이 무엇인지 알아보고, 3~4개 모델을 선별적으로 수립하는 방법입니다.

두 번째는 수십여 개의 모든 머신러닝 모델을 모두 구축하는 방법입니다. 가장 좋은 방법은 두 가지 방법을 동시에 시도해보는 것입니다. 즉, 두 번째 방식으로 접근하되 첫 번째 방식의 모델 3~4개를 포함하는 것입니다. 지금처럼 배우는 단계에서는 주어진 데이터세트에 기반하여 가능한 한 모든 머신러닝 모델들을 실행하고 비교하는 것이 좋습니다.

데이터를 잘 다뤄야 훌륭한 머신러닝 전문가

머신러닝 모델을 돌리기 전에 다시 한번 강조할 사항이 있습니다. 대부분의 파이썬 머신러닝 교재는 국내외를 가리지 않고 머신러닝 모델에 이미 데이터 처리가 완비된 깔끔한 데이터를 사용합니다. 그런데 이러한 데이터만 사용하여 머신러닝을 분석하는 과정을 공부하다가 현업 프로젝트에서 정돈되지 않은 현실 데이터를 접하면 그야말로 공황 상태가 됩니다. 현실 데이터를 바로 머신러닝 모델에 집어넣으면 아예 모델 자체가 돌아가지도 않고, 에러만 속출하기 십상입니다.

개별 변수 안에서 데이터 타입(type)이 통일돼 있지 않으리라고는 상상하기 힘들지만 실제로 그런 현상은 얼마든지 발생합니다. 예를 들어 SAS 통계 패키지를 거쳐서 자료를 변환하면 결측값 셀에 점(.)이 자동으로 입력되는 경우가 있습니다. 통계 입력 기준이 때때로 바뀌어 어떤 연도는 Y, N으로 입력하다가 어떤 연도는 1과 2로, 어떤 연도는 빈칸(null value)과 1로, 또 어떤 연도는 % 형식으로 입력하는 등 현실 세계의 데이터는 온갖 종류의 통일되지 않는 데이터 타입으로 구성돼 있습니다. 이들을 처리하는 것이 바로 데이터 처리(data cleaning) 단계입니다.

데이터 처리를 끝냈더라도 처리된 데이터를 탐색적 자료 분석 및 시각화 없이 곧바로 머신러닝에 투입하려는 오류에 빠지기 쉽습니다. 머신러닝 모델을 수립하고 실행하는 것은 그렇게 어렵지 않기 때문에 저같이 성격 급한 문과생 출신은 특히 이런 유혹에 넘어가기 쉽습니다. 탐색적 자료 분석 및 시각화는 머신러닝 결과의 신뢰성을 확보하고 성능을 극대화하는 사전 처리 단계입니다. 결코 이 과정을 건너뛰어서는 안 됩니다.

일단 데이터를 입력하기만 하면 수십 개의 머신러닝 모델을 순식간에 실행하고, 최적 모델 및 결과를 자동으로 내놓는 상용 통계 패키지 프로그램들이 계속 발전하고 있습니다. 즉, 머신러닝 모델 수립 및 실행은 점점 범용적이고 일상적인 프로세스로 변해갈 것입니다. 그래서 더더욱 여러분은 데이터 처리 과정과 탐색적 자료 분석 과정에서부터 기본기를 차근차근 길러야 합니다.

특히 탐색적 자료 분석은 컴퓨터가 수행하기 어려운 부분이라서 인간이 컴퓨터의 기능에 압도되지 않는 영역입니다. 그래서 더욱 매력적인 영역입니다. 결론적으로, 데이터 처리 및 탐색적 자료 분석을 소홀히 해서는 결코 훌륭한 머신러닝 전문가가 될 수 없습니다.

4.7 머신러닝 모델을 돌려보자

프로젝트 흐름도

```
문제 제기
데이터 구하기
타깃 변수 설정
데이터 처리
탐색적 자료 분석 및 시각화
머신러닝 모델 수립
▶ 머신러닝 모델 실행 ◀
최적 모델 선정 및 활용
```

이제 머신러닝 모델 실행 단계에 들어섰습니다. 이 단계는 좀 더 세부적으로 나뉩니다. 데이터 추가 처리와 데이터 분할(partition), 데이터 변환(transformation), 데이터 교체(replacement) 및 구간화(binning), 데이터 대체(imputation) 절차를 거치는데, 데이터 분할 절차를 제외하고는 입력 데이터의 특성에 따라 생략해도 됩니다.

특히 데이터 변환 절차는 대부분 탐색적 자료 분석 단계에서 데이터의 왜도와 첨도를 완화하기 위해 시도되기 때문에, 해당 단계에서 데이터 처리가 잘 되었다면 여기서는 건너뛰어도 무방합니다.

4.7.1 데이터 추가 처리

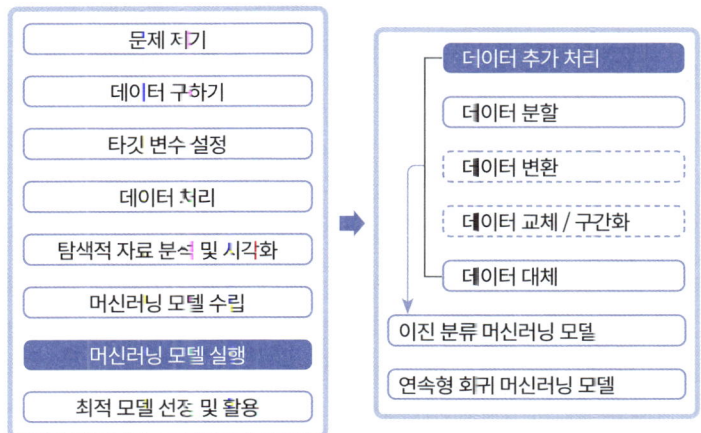

본격적인 머신러닝에 들어가기 앞서, 잘 정제되고 탐색적 자료 조사까지 모두 마친 우리의 데이터세트에 추가로 조치해야 할 사항이 있습니다. 첫째, 대부분의 머신러닝 모델은 파이썬 라이브러리인 사이킷런을 이용합니다. 사이킷런은 숫자형 데이터만 취급하고 문자형 데이터는 취급하지 않습니다. 그래서 문자형 데이터로 구성된 범주형 변수가 있으면 미리 숫자형 데이터로 바꿔줘야 합니다. 다행히 우리의 주택 가격 데이터세트에는 문자형으로 된 변수들이 없어서 추가적인 처리가 필요하지 않습니다.

둘째, 사이킷런은 머신러닝 모델 수행 시 입력 변수의 결측값 또한 허용하지 않습니다. 전체 데이터세트에서 결측값을 제거하고 난 후에야 파이썬 머신러닝 모델을 실행할 수 있습니다. 전체 데이터세트에서 결측값 비중이 작으면 해당 데이터 행만 통째로 제거하면 됩니다.

그러나 데이터 수가 많지 않거나 결측값 비중이 크면 데이터세트 규모가 급속하게 줄어들기 때문에 아무 대책 없이 결측값이 포함된 행을 제거해서는 안 됩니다. 이럴 때는 결측값을 평균이나 중위수 등의 대푯값으로, 혹은 결측값을 나타내는 플래그(flag) 등으로 대체해야 합니다.

에피소드 19

다행인지 불행인지 저의 MSBA 과정은 먼저 파이썬 기초 과정을 한 학기 듣고, 그다음 학기에 바로 파이썬 머신러닝 과정으로 전환된 것이 아니었습니다. 대신 상용 통계 패키지의 일부분인 SAS Enterprise Miner(SAS EM) 과정에서 매우 쉬운 그래픽 인터페이스 기반의 클릭 앤 드래그 방식으로 머신러닝 과정을 배웠습니다.

SAS EM은 문자형으로 구성된 범주형 변수를 넣어도 아무런 에러 없이 결과를 쑥쑥 잘 내주었습니다. 당시에는 이게 당연한 줄 알았습니다. 심지어 트리 계열의 모델들은 데이터세트에 결측값이 있어도 SAS EM이 자체적으로 처리하고 넘어가서 제가 신경 쓸 필요조차 없었습니다.

그러다 연구 프로젝트에서 파이썬을 이용해 머신러닝 모델들을 돌려보다가 멀쩡한 데이터를 넣었는데도 각종 모델들이 제대로 돌아가지 않는 것을 보고 정말 황당하기 이를 데 없었습니다. 머신러닝을 너무 강력한 상용 툴을 먼저 써서 배우다 보니, 파이썬으로 수행할 때 필수적으로 알아야 하는 세부 사항을 모르고 넘어갔던 것입니다. 이것은 파이썬이나 상용 통계 패키지의 잘못이 아니라, 배움의 순서 문제였습니다.

주피터 노트북 파일을 새로 생성하고 Random Forest (2017).ipynb로 명명합니다. 그리고 comb31-IQR30.csv 데이터 파일을 불러옵니다.

```
import pandas as pd
import numpy as np

pd.set_option('display.max_columns', None)
pd.set_option('display.max_rows', None)
df = pd.read_csv('comb31-IQR30.csv')
df.shape
```

【실행 결과】
```
(20495, 31)
```

info 명령어로 데이터프레임 df의 요약 정보를 출력합니다.

```
df.info()
```

【실행 결과】

```
<class 'pandas.core.frame.DataFrame'>
RangeIndex: 20495 entries, 0 to 20494
Data columns (total 31 columns):
 #   Column   Non-Null Count   Dtype
---  ------   --------------   -----
 0   ACCESS   20495 non-null   float64
 1   ACR      20495 non-null   float64
 2   AGEP     20495 non-null   int64
 3   BATH     20495 non-null   float64
 4   BDSP     20495 non-null   float64
 5   BLD      20495 non-null   float64
             ...
 26  SCH      19882 non-null   float64
 27  SCHL     19882 non-null   float64
 28  SEX      20495 non-null   int64
 29  VALP     20495 non-null   float64
 30  VALP_B1  20495 non-null   float64
dtypes: float64(25), int64(6)
memory usage: 4.8 MB
```

결과 화면의 밑에서부터 두 번째 줄을 보면 변수들의 데이터 타입이 나와 있습니다. 실수형이 25개이고, 정수형 데이터 타입이 6개입니다. 즉, 우리 데이터에서 문자형을 갖고 있는 변수는 없습니다. 깔끔해서 좋습니다.

변수의 데이터 타입은 dtypes 명령어로 확인해도 됩니다.

```
df.dtypes
```

【실행 결과】

```
ACCESS    float64
ACR       float64
AGEP      int64
BATH      float64
BDSP      float64
BLD       float64
          ...
```

이제 결측값을 갖고 있는 변수를 찾아보겠습니다.

```
df.isna().any()[lambda x: x]
```

【실행 결과】

```
COW      True
FPARC    True
LANX     True
SCH      True
SCHL     True
dtype: bool
```

다섯 개 변수가 결측값을 갖고 있네요. 아울러 결측값 비율을 변수별로 알아보겠습니다.

```
# 데이터프레임 df에 있는 모든 컬럼(변수)의 결측값 보유 비율을 내림차순으로 확인
df.isnull().mean().sort_values(ascending=False)
```

【실행 결과】

```
COW      0.435862
FPARC    0.126665
LANX     0.049963
SCHL     0.029910
SCH      0.029910
ACCESS   0.000000
VALP     0.000000
SEX      0.000000
         ...
```

정의에 의하면 결측값을 갖는 다섯 개 변수는 모두 범주형 변수입니다. 즉, comb31-IQR30.csv의 구간 변수는 결측값이 없고 오직 범주형 변수 다섯 개만 결측값을 갖습니다. 범주형 변수의 결측값은 해당 변숫값 중 최빈값(mode)으로 대체하는 방법이 있고, 아예 결측되었다는 의미의 0 또는 100 같은 값을 부여하는 방법이 있습니다.

때로는 결측값 자체도 정보가 될 수 있기 때문에 가급적 보존하는 것이 좋습니다. 따라서 여기서는 결측되었다는 의미의 새로운 범주 값을 변수마다 부여하겠습니다. 데이터 정의에 의

하면 근로자 분류 COW(class of worker)를 포함한 결측값을 가진 나머지 네 개 변수는 모두 변숫값이 1부터 시작하므로 결측값을 무응답/결측을 의미하는 범주 값은 0으로 대체하겠습니다.

```
# 결측값을 갖는 5개 변수명을 cols에 저장
cols = ['COW','FPARC','LANX','SCH','SCHL']
# 5개 변수의 결측값을 0으로 대체
df[cols] = df[cols].fillna(2).astype(np.int64)
# 5개 변수의 결측값 비율 출력
df[cols].isnull().mean()
```

【실행 결과】
```
COW      0.0
FPARC    0.0
LANX     0.0
SCH      0.0
SCHL     0.0
dtype: float64
```

이제 데이터프레임 df는 결측값이 전혀 없는 데이터세트가 됐습니다. 우리는 결측 정보를 살렸지만, 결측값을 변수별 최빈값(mode)으로 바꿔도 됩니다. 선택은 상황에 따라 판단하면 됩니다.

이제 지금까지 데이터 처리해 온 데이터프레임 df를 저장합니다. 데이터프레임이 담고 있는 정보는 다음과 같습니다.

```
df.shape
```

【실행 결과】
```
(20495, 31)
```

```
df.columns
```

【실행 결과】
```
Index(['ACCESS', 'ACR', 'AGEP', 'BATH', 'BDSP', 'BLD', 'COW', 'ELEP', 'FESRP',
       'FKITP', 'FPARC', 'FSCHP', 'FTAXP', 'GASP', 'HHL', 'HHT', 'HINCP',
```

```
       'LANX', 'MAR', 'MV', 'NRC', 'R18', 'R65', 'RAC1P', 'RMSP', 'RWAT',
       'SCH', 'SCHL', 'SEX', 'VALP', 'VALP_B1'],
      dtype='object')
```

변수의 개수는 31개이며, 타깃 변수 VALP와 VALP_B1을 모두 담고 있습니다. 이를 2017DC1-all.csv 파일에 저장합니다.

```
df.to_csv('2017DC1-all.csv', index=False)
```

타깃 변수 VALP는 연속형 변수이며, 타깃 변수 VALP_B1은 이진값 범주형 변수입니다. 이 중 연속형 타깃 변수 VALP는 당분간 쓰지 않습니다. 따라서 VALP 변수가 데이터세트에 포함되어 있으면 데이터세트를 머신러닝 모델에 투입할 때마다 VALP 변수를 제거해야 하므로 먼저 데이터프레임 df에서 연속형 타깃 변수 VALP를 제외하겠습니다.

```
# 타깃 변수 VALP를 제외한 변수를 저장
df_with_VALP_B1 = df.drop(['VALP'], axis=1)
df_with_VALP_B1.shape
```

【실행 결과】
```
(20495, 30)
```

이렇게 만든 데이터프레임 df_with_VALP_B1이 담고 있는 변수의 개수는 30개이며, 이진값 타깃 변수 VALP_B1을 포함하고 있습니다. 이를 2017DC1.csv 파일에 저장합니다.

```
df_with_VALP_B1.to_csv('2017DC1.csv', index=False)
```

4.7.2 데이터 분할 및 대체

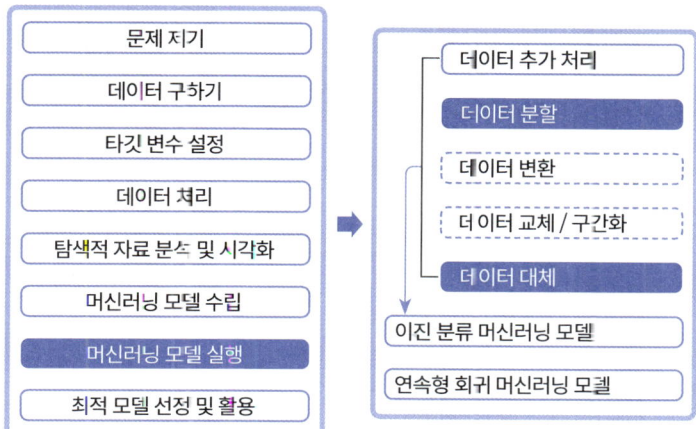

머신러닝 모델에서는 데이터 행 수가 적은 경우에 일반적으로 데이터세트를 학습 데이터세트와 테스트 데이터세트로 5:5 분할합니다. 데이터 행 수가 많으면 7:3 혹은 8:2 배분도 문제가 없습니다.

이제 데이터 처리를 마친 최종 데이터 파일 중 하나인 2017DC1.csv 파일을 불러옵니다.

```
import pandas as pd
import numpy as np

df = pd.read_csv('2017DC1.csv')
df.shape
```

【실행 결과】
```
(20495, 30)
```

데이터프레임 df를 데이터 분할하기 전에 타깃 변수와 입력 변수를 구분해서 target과 data에 저장합니다.

```
data = df.drop(['VALP_B1'], axis=1)
target = df['VALP_B1']
data.shape
```

【실행 결과】
```
(20495, 29)
```

```
target.shape
```

【실행 결과】
```
(20495,)
```

원본 데이터 2017DC1.csv를 불러온 데이터프레임 df에는 총 30개 변수가 있었습니다. 이 중 이진값 타깃 변수 VALP_B1을 target이라는 데이터프레임에 저장하고, 나머지 29개의 입력 변수는 data라는 데이터프레임에 저장했습니다.

이제 target과 data를 5:5 비율로 분할합니다. 그러면 총 네 개의 데이터세트(X_train, X_test, y_train, y_test)가 만들어집니다.

```
# 50:50 데이터 분할
from sklearn.model_selection import train_test_split

X_train, X_test, y_train, y_test = train_test_split(
    data, target, test_size=0.5, random_state=42)
```

참고로 random_state=42라는 문구는 위의 데이터 분할 코딩을 다시 시행해도 항상 같은 결과가 나오도록 만드는 장치입니다. 이 숫자를 다른 숫자로 지정해도 되지만, 한번 지정한 숫자는 변경하지 않는 것이 좋습니다.

통상적으로 다음 과정은 데이터 대체(imputation)를 수행해야 하나, 앞에서 결측값을 모두 처리했기 때문에 여기서는 추가적인 데이터 대체 과정이 필요 없습니다. 참고로 데이터 대체는 부록의 고급 프로젝트에서 필수적으로 쓰입니다.

4.7.3 랜덤 포레스트 모델

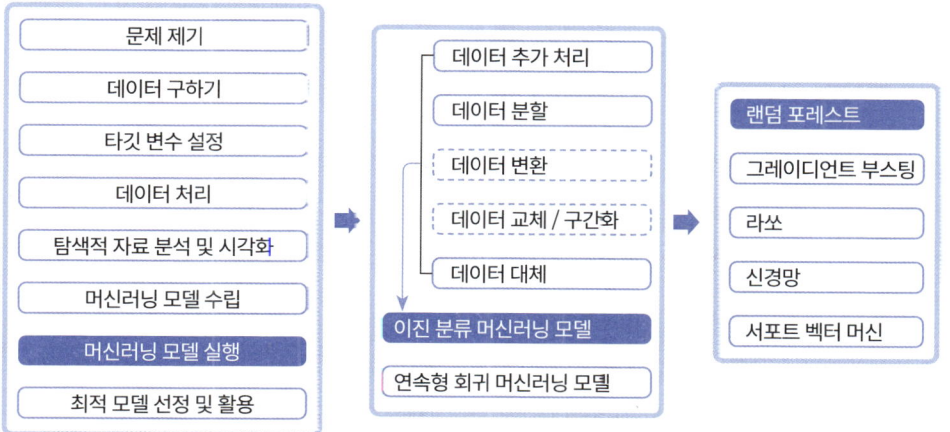

머신러닝에서는 여러 개의 모델의 결과를 종합해서 더 좋은 성능을 내는 방법을 앙상블(ensemble) 기법이라고 합니다. 앙상블의 기본 전제는 '백지장도 맞들면 낫다'라는 개념이며, 평범한 사람의 지혜를 도가서 구성한 집단지성이 뛰어난 한 명의 지혜를 넘어설 수 있는 이치와 같습니다. 즉, 문제에 대한 여러 답을 내고 그것을 평균 내거나 다수결 투표하여 데이터세트 특성에 좌우되는 것을 줄인 안정적인 해답을 얻을 수 있습니다.

앙상블은 보팅(voting) 방식, 배깅(bagging) 방식, 부스팅(boosting) 방식이 있습니다. 보팅과 배깅은 기본 모델(이하 약한 학습기)들을 여러 번 수행하여 평균이나 다수결 투표로 결과를 내는 방식입니다. 보팅은 서로 다른 종류의 약한 학습기를 이용하고, 배깅은 동일한 종류의 약한 학습기를 사용하는 것이 차이점입니다. 부스팅 방식은 다음 절에서 설명하겠습니다. 여기서 다룰 랜덤 포레스트(random forest) 모델은 배깅 방식을 사용합니다.

> **약한 학습기(weak learner 혹은 basic model)**
>
> 개별 모델은 데이터세트에 따라 좋은 성능을 내기도 하고 나쁜 성능을 낼 수도 있습니다. 예를 들어 결정 트리 모델은 트리의 뎁스에 따라 그 성능이 달라집니다. 각기 다른 뎁스의 결정 트리 모델들을 약한 학습기 1, 약한 학습기2, ⋯ 이런 식으로 간주할 수 있습니다.

랜덤 포레스트는 배깅 방식의 앙상블로서 다수의 결정 트리 모델을 생성해서 다수결 혹은 평균을 적용하여 조합한 모델입니다. 동일한 학습 데이터세트에서 각기 다른 입력 변수(feature)와 각기 다른 데이터 샘플을 사용하여 여러 개의 소규모 트리들을 생성한 후 조합합니다. 다수의 결정 트리 모델의 조합을 통해 과적합을 방지할 수 있지만, 결과의 해석이 어려운 면이 있습니다.

사이킷런 머신러닝 모델의 장점은 일단 하나의 모델 실행 코드를 짜면, 그 코드를 다른 모델에도 그대로 가져다 쓸 수 있는 편리함에 있습니다. 하나의 머신러닝 모델 코드에서 필요한 부분만 수정하면 됩니다. 외우는 걸 싫어하는 사람에게는 희소식이 아닐 수 없습니다.

이제 트리 모델 계열인 랜덤 포레스트 모델을 구현하기 위해서 데이터 파일을 불러오겠습니다. 이때 데이터 분할을 수행하는 전처리는 어떤 머신러닝 모델에도 수행해야 하는 과정이므로 앞으로 동일하거나 유사한 코드를 모두 이 책에서는 편의상 '머신러닝 사전 처리 코드'라고 부르겠습니다. 앞 절에서 쓰인 머신러닝 사전 처리 코드는 다음과 같습니다.

```
import pandas as pd
import numpy as np

df = pd.read_csv('2017DC1.csv')

data = df.drop(['VALP_B1'], axis=1)
target = df['VALP_B1']

# 50:50 데이터 분할
from sklearn.model_selection import train_test_split
X_train, X_test, y_train, y_test = train_test_split(
    data, target, test_size=0.5, random_state=42)
```

위에서는 데이터 분할을 5:5로 수행하였습니다. 랜덤 포레스트 모델을 기본 형태로 구현하면 다음과 같습니다. 참고로 모든 머신러닝 모델에서 random_state 옵션을 쓰지 않으면 매번 결과가 달라지니 주의하기 바랍니다.

```
# 랜덤 포레스트 모델(기본 모델, tree depth 제한 없음)
from sklearn.ensemble import RandomForestClassifier
```

```python
from sklearn.metrics import accuracy_score

rf = RandomForestClassifier(n_estimators=100, random_state=0)
model = rf.fit(X_train, y_train)
# 학습된 Classifier로 테스트 데이터세트를 이용해서 타깃 변수 예측값 생성
pred = model.predict(X_test)

print("Accuracy on training set:{:.5f}".format(model.score(X_train, y_train)))
print("Accuracy on test set:{:.5f}".format(accuracy_score(y_test, pred)))
```

【실행 결과】
```
Accuracy on training set:1.00000
Accuracy on test set:0.83109
```

참고로 데이터 분할 비율을 5:5에서 7:3이나 8:2로 변경하려면 train_test_split의 파라미터 test_size값을 0.5에서 0.3 혹은 0.2(0.7이나 0.8이 아님에 주의)로 바꿔주면 됩니다. 다음 코드는 분할 비율에 따른 결과를 비교하기 위함이니 실행하지는 마세요.

```python
# 70:30 데이터 분할
from sklearn.model_selection import train_test_split

X_train, X_test, y_train, y_test = train_test_split(
    data, target, test_size=2.3, random_state=42)
```

【실행 결과】
```
Accuracy on training set:1.00000
Accuracy on test set:0.86079
```

데이터세트를 7:3으로 변경한 후 랜덤 포레스트 기본 모델을 돌리면 5:5 데이터 분할보다 정확도가 더 증가합니다. 이는 학습 데이터세트에 더 많은 데이터를 포함시켜 모델을 학습시켰기 때문입니다. 이처럼 모델 정확도를 올리기 위해 7:3 혹은 8:2 분할도 종종 사용하지만, 우리는 일관성을 위해서 계속 5:5 데이터 분할을 적용하겠습니다.

다시 5:5 분할을 적용한 랜덤 프레스트 모델을 살펴보겠습니다. 위에서 학습한 모델은 학습 데이터세트의 정확도가 100%로 과적합입니다. 이제 과적합 해소와 교차 검증 및 모델 최적화를 위해 학습을 하지 않은 랜덤 포레스트 기본 모델을 다시 생성한 후 그리드 서치를 실행하겠습니다.

그리드 서치에서 불러오는 기본 모델은 RandomForestClassifier의 파라미터인 max_depth를 2부터 50까지 설정하고, n_estmators(트리의 수, default=100)를 100과 200 사이의 값을 주어 그리드 서치를 실행합니다.

```python
# 랜덤 포레스트 모델(기본 모델, tree depth 제한 없음)
rf = RandomForestClassifier(n_estimators=100, random_state=0)

from sklearn.model_selection import GridSearchCV
from sklearn.model_selection import StratifiedKFold

# StratifiedKFold의 random_state 옵션값을 0으로 고정
cross_validation = StratifiedKFold(n_splits=5, shuffle=True, random_state=0)
params = {'max_depth': range(10, 41), 'n_estimators': [100, 200]}

# GridSearchCV의 cv=cross_validation 옵션값은 StratifiedKFold의 random_state 옵션값을 적용해
# 서 GridSearchCV를 실행할 때마다 항상 동일한 결과가 나오도록 보장
grid_rf = GridSearchCV(rf, param_grid=params, scoring='accuracy',
                       cv=cross_validation, verbose=1, n_jobs=-1)
grid_rf.fit(X_train, y_train)

print("GridSearchCV max accuracy:{:.5f}".format(grid_rf.best_score_))
print("GridSearchCV best parameter:", (grid_rf.best_params_))
```

【실행 결과】
```
Fitting 5 folds for each of 62 candidates, totalling 310 fits
GridSearchCV max accuracy:0.82922
GridSearchCV best parameter: {'max_depth': 28, 'n_estimators': 200}
```

그리드 서치에서 최적 max_depth는 28, 최적 n_estimators는 200으로 밝혀졌습니다. 그리드 서치의 하이퍼파라미터, 즉 RandomForestClassifier의 파라미터들을 조정하고 교차 검증(cv=5)을 통해 얻는 max accuracy는 0.82922입니다. 1.00000이었던 RandomForestClassifier 기본 모델의 학습 데이터세트의 정확도와 비교하니 과적합이 많이 개선되었습니다.

그리드 서치 최적 모델을 테스트 데이터세트에 적용한 결과는 다음과 같습니다.

```
best_clf = grid_rf.best_estimator_
pred = best_clf.predict(X_test)
print("Accuracy on test set:{:.5f}".format(accuracy_score(y_test, pred)))

from sklearn.metrics import roc_auc_score

ROC_AUC = roc_auc_score(y_test,best_clf.predict_proba(X_test)[:, 1])
print("ROC AUC on test set:{:.5f}".format(ROC_AUC))
```

【실행 결과】
```
Accuracy on test set:0.83265
ROC AUC on test set:0.90991
```

이렇게 측정된 테스트 데이터세트의 정확도는 0.83265이고, ROC AUC값은 0.90991입니다. 정확도와 ROC AUC값 모두 1에 가까워질 수록 좋은 성과지표입니다.

모델명	정확도	ROC AUC	순위
랜덤 포레스트	0.83265	0.90991	1

모델 결과에 기여하는 변수를 알아보기 위해 변수 중요도(feature importance)를 살펴보고, 이를 그래프로 표현하겠습니다.

```
# 변수명을 index로 만들고 feature_importances를 매칭해서 나열한 데이터프레임 만들기
feature_names = list(data.columns)
dft = pd.DataFrame(np.round(best_clf.feature_importances_, 3),
                   index=feature_names,columns=['Feature_importances'])
# Feature_importances의 값을 내림차순으로 정리
dft1 = dft.sort_values(by='Feature_importances', ascending=False)
dft1
```

【실행 결과】

	Feature_importances
HINCP	0.187
RMSP	0.088
ELEP	0.085
AGEP	0.076
GASP	0.064
...	

```
# 데이터프레임 dft1의 막대그래프(barplot) 그리기
import matplotlib.pyplot as plt
import seaborn as sns
%matplotlib inline

fig, ax = plt.subplots(figsize=(11, 8))
ax = sns.barplot(y=dft1.index, x="Feature_importances", data=dft1)

for p in ax.patches:
    ax.annotate("%.3f" % p.get_width(), (p.get_x() + p.get_width(),
                p.get_y()+1.3), xytext=(5, 10), textcoords='offset points')
```

【실행 결과】

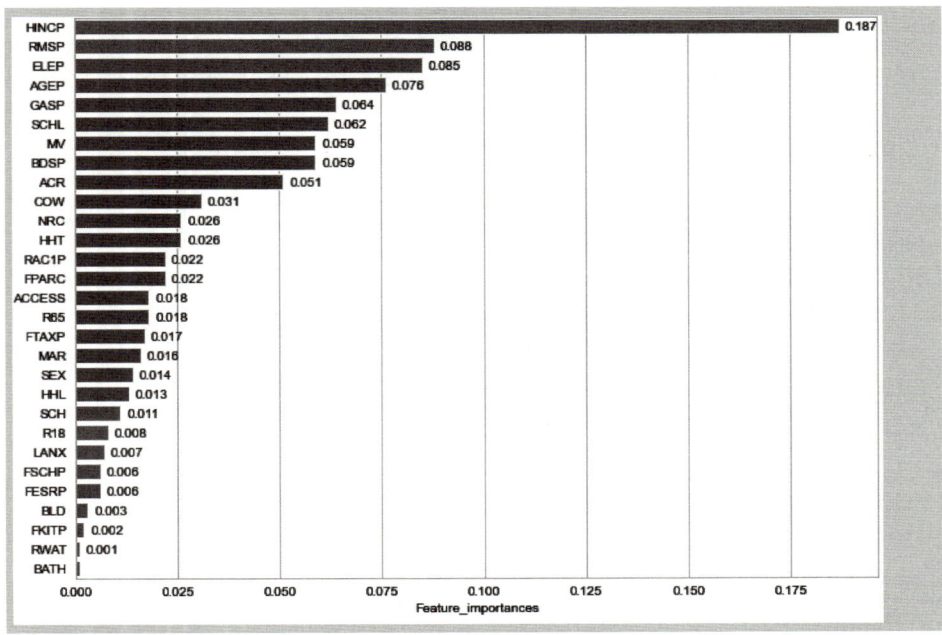

그래프를 보면 가계 소득(HINCP), 방 수(RMSP), 월 전기료(ELEP), 나이(AGEP), 월 가스비(GASP) 순으로 변수 중요도가 높은 것을 확인할 수 있습니다.

결정 트리 모델 수행이 끝났으니 지금까지 작업한 파일인 Random Forest (2017).ipynb 파일을 저장하고 종료합니다.

4.7.4 그레이디언트 부스팅 모델

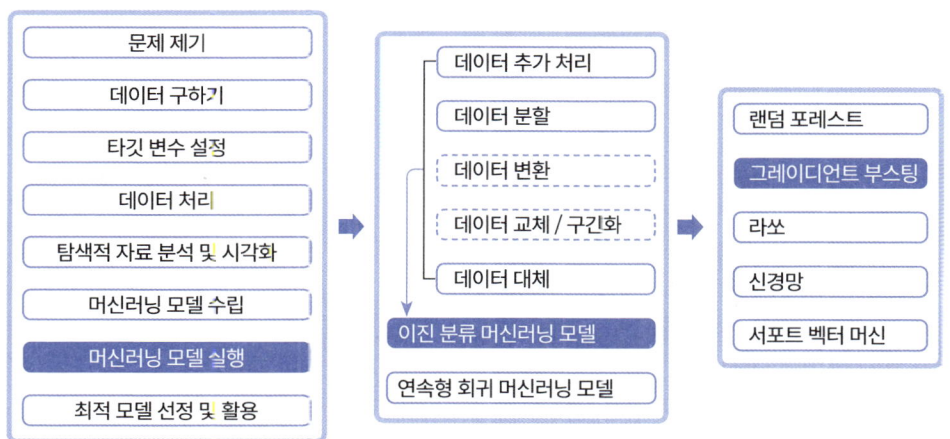

그레이디언트 부스팅(gradient boosting) 모델은 부스팅 방식에 속하는 앙상블 기법입니다. 부스팅은 기본 모델로서의 약한 학습기(weak learners)를 순차적으로 학습시킵니다. 그레이디언트 부스팅은 랜덤 포레스트와 유사하게 다수의 결정 트리 모델을 생성한 후 이들을 조합, 즉 앙상블한 모델입니다.

두 모델의 차이점은 첫째, 랜덤 포레스트는 약한 학습기인 각 트리를 독립적으로 생성하는 데 반해서 그레이디언트 부스팅은 한 번에 하나씩 트리를 생성합니다. 그리고 이전 단계의 트리를 보완한 트리를 순차적으로 생성해 나갑니다.

둘째, 랜덤 포레스트는 독립적으로 여러 트리를 생성한 후 프로세스 마지막에 트리들을 조합하는 데 반해 그레이디언트 부스팅은 모델이 추가로 생성될 때마다 이전 단계에서의 약한 학습기의 학습 결과를 업데이트하며 성능을 개선합니다. 즉, 이전 단계의 약한 학습기에서의 예측치와 실제 결과를 비교해보고 잘못 분류한 데이터에 가중치를 더 부여해서 다음 단계의 약한 학습기에서 그 부분을 수정하도록 학습시킵니다.

그럼, 주피터 노트북에서 새로운 노트북 파일을 Gradient Boosting.ipynb로 명명하고, 2017DC1.csv 파일을 불러옵니다. 그리고 머신러닝 데이터 사전 처리 코드를 실행하여 data와 target 데이터세트를 생성하고 5:5 데이터 분할을 실행합니다.

```python
import pandas as pd
import numpy as np

df = pd.read_csv('2017DC1.csv')

data = df.drop(['VALP_B1'], axis=1)
target = df['VALP_B1']

# 50:50 데이터 분할
from sklearn.model_selection import train_test_split
X_train, X_test, y_train, y_test = train_test_split(
    data, target, test_size=0.5, random_state=42)
```

그레이디언트 부스팅 모델을 기본 형태로 구현하면 다음과 같습니다.

```python
# 그레이디언트 부스팅 모델(기본 모델)
from sklearn.ensemble import GradientBoostingClassifier
from sklearn.metrics import accuracy_score

gr = GradientBoostingClassifier(random_state = 0)
model = gr.fit(X_train, y_train)
# 학습된 Classifier로 테스트 데이터세트를 이용해서 타깃 변수 예측값 생성
pred = model.predict(X_test)
accuracy = accuracy_score(y_test, pred)

print("Accuracy on training set:{:.5f}".format(model.score(X_train, y_train)))
print("Accuracy on test set:{:.5f}".format(accuracy_score(y_test, pred)))
```

【실행 결과】
```
Accuracy on training set:0.77339
Accuracy on test set:0.74171
```

이제 교차 검증과 모델 최적화를 위해, 학습하지 않은 그레이디언트 부스팅 기본 모델을 다시 생성한 후 그리드 서치를 실행합니다. 그레이디언트 부스팅 모델은 시간이 많이 소요되므로 여기서는 max_depth와 n_estimator값을 미리 작은 범위로 설정해서 여러 번 실행해본 뒤, 최종적인 파라미터 조합으로 실행한 코드만 실었습니다. 이때 StratifiedKFold의 shuffle=True 옵션 혹은 GradientBoosting 모델의 내부 로직으로 인해 결과는 다르게 나올 수 있습니다.

```python
gr = GradientBoostingClassifier(random_state = 0)

from sklearn.model_selection import GridSearchCV
from sklearn.model_selection import StratifiedKFold

# StratifiedKFold의 random_state 옵션값을 0으로 고정
cross_validation = StratifiedKFold(n_splits=3, shuffle=True, random_state=0)
params = {'max_depth':range(11, 16), 'n_estimators':[100,200],
          'learning_rate':[0.01, 0.1, 1]}

# GridSearchCV의 cv=cross_validation 옵션값은 StratifiedKFold의 random_state 옵션값을 적용
# 해 GridSearchCV를 실행할 때마다 항상 동일한 결과가 나오도록 보장
grid_gr = GridSearchCV(model, param_grid=params, scoring='accuracy',
                       cv=cross_validation, n_jobs=-1)
grid_gr.fit(X_train, y_train)

print("GridSearchCV max accuracy:{:.5f}".format(grid_gr.best_score_))
print("GridSearchCV best parameter:", (grid_gr.best_params_))
```

【실행 결과】
```
GridSearchCV max accuracy:0.83829
GridSearchCV best parameter: {'learning_rate': 0.1, 'max_depth': 13, 'n_estimators': 200}
```

> **코드를 실행하는 데 걸리는 시간이 궁금하다면?**
>
> 긴 시간이 소요되는 코드가 있는 경우 time.time( ) 기능을 불러와서 사용하면 프로그램 구문의 실행 시간, 즉 런타임을 확인할 수 있습니다. 런타임을 알고 있으면 해당 코드를 재실행할 때 소요 시간을 미리 알 수 있으므로 심리적으로 도움이 됩니다.
>
> ```
> import time
>
> start = time.time()
>
> # 런타임을 알고 싶은 프로그래밍 구문 삽입
>
> end = time.time()
> print(f"Runtime of the program is {end - start}")
> ```
>
> 그러나 책에서는 가독성을 위해 time.time( ) 구문을 일일이 작성하지 않았습니다.

최적 조합이 learning_rate=0.1, max_depth=13, 그리고 n_estimators=200으로 나왔습니다. 그리드 서치 최적 모델을 테스트 데이터세트에 적용한 결과는 다음과 같습니다.

```
best_clf = grid_gr.best_estimator_
pred = best_clf.predict(X_test)
print("Accuracy on test set:{:.5f}".format(accuracy_score(y_test, pred)))

from sklearn.metrics import roc_auc_score

ROC_AUC = roc_auc_score(y_test,best_clf.predict_proba(X_test)[:, 1])
print("ROC AUC on test set:{:.5f}".format(ROC_AUC))
```

【실행 결과】
```
Accuracy on test set:0.87812
ROC AUC on test set:0.94473
```

정확도는 0.87812, ROC AUC값은 0.94473으로 랜덤 포레스트 모델의 수치보다 낫습니다.

모델명	정확도	ROC AUC	순위
랜덤 포레스트	0.83265	0.90991	2
그레이디언트 부스팅	0.87812	0.94473	1

랜덤 포레스트와 동일하게 변수 중요도에 대한 그래프를 그려보겠습니다.

```python
# 변수명을 index로 만들고 feature_importances를 매칭해서 나열한 데이터프레임 만들기
feature_names = list(data.columns)
dft = pd.DataFrame(np.round(best_clf.feature_importances_, 3),
                   index=feature_names,columns=['Feature_importances'])
# Feature_importances의 값을 내림차순으로 정리
dft1 = dft.sort_values(by='Feature_importances', ascending=False)

# 데이터프레임 dft1의 막대그래프(barplot) 그리기
import matplotlib.pyplot as plt
import seaborn as sns
%matplotlib inline

fig, ax = plt.subplots(figsize=(11, 8))
ax = sns.barplot(y=dft1.index, x="Feature_importances", data=dft1)

for p in ax.patches:
    ax.annotate("%.3f" % p.get_width(), (p.get_x() + p.get_width(),
                p.get_y()+1.3), xytext=(5, 10), textcoords='offset points')
```

【실행 결과】

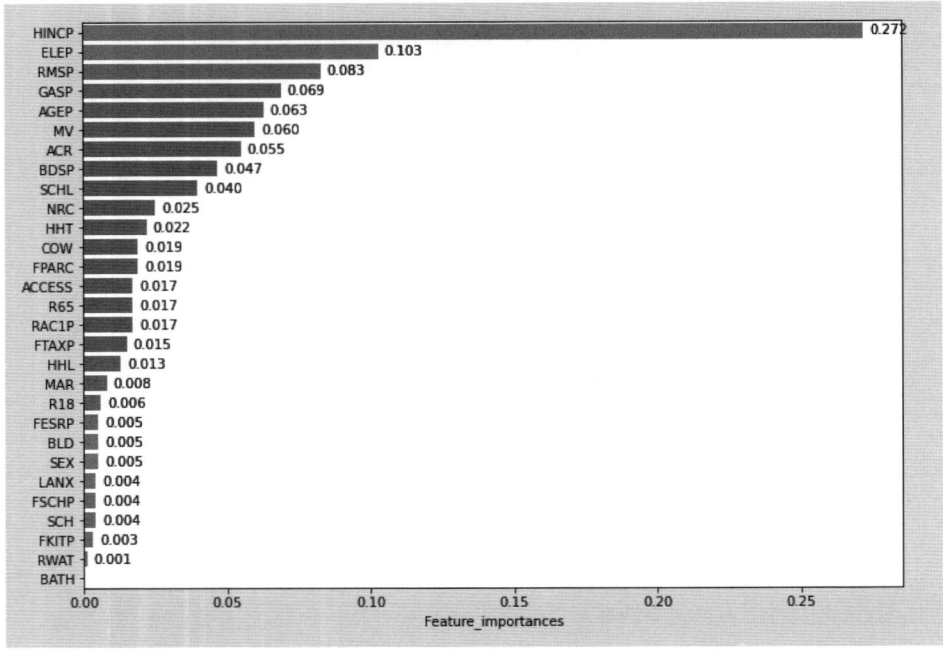

그래프를 보면 가계 소득(HINCP), 월 전기료(ELEP), 방 수(RMSP), 월 가스비(GASP), 나이(AGEP) 순으로 변수 중요도가 높은 것을 확인할 수 있습니다. 랜덤 포레스트 모델과 비교하면 변수들의 중요 순위가 약간 변동됐으나 상위 5개 변수는 같습니다.

4.7.5 라쏘 모델

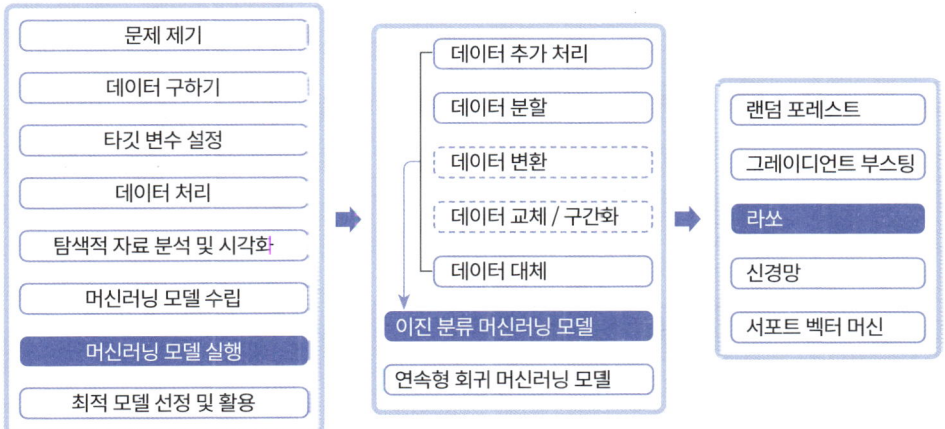

라쏘(lasso) 모델은 로지스틱 회귀 모델의 파라미터에 L1 규제를 준 모델로, 로지스틱 회귀 혹은 선형 회귀에 모두 적용할 수 있습니다. 라쏘는 회귀 계수를 0으로 수렴하게 하는 경향이 있어서 통계적으로 유의미한 중요한 변수만 모델에 남게 만드는 특성 선택(feature selection) 기능을 합니다.

기본적으로 L1 규제는 회귀 모형에서 계수의 크기를 억제하는 제약을 부과하며, 그 제약 조건은 절댓값 수식을 포함합니다. 반면에 L2 규제도 회귀 모형에서 계수의 크기를 억제하는데, 여기서는 제곱항이 들어갑니다.

주피터 노트북에서 새롭게 노트북 파일을 생성하고 Lasso (2017) 1.ipynb로 명명합니다. 앞에서 데이터 처리한 최종 데이터 파일 중 하나인 2017DC1-all.csv 파일을 불러옵니다. 이 파일에는 이진값 타깃 변수(VALP_B1)와 연속형 타깃 변수(VALP)가 모두 있습니다.

```
import pandas as pd
import numpy as np

df = pd.read_csv('2017DC1-all.csv')
df.shape
```

【실행 결과】
(20495, 31)

더미 변수 생성

회귀에 기반한 로지스틱 회귀, 라쏘 모델 등은 범주형 변수를 0과 1로 구성된 더미 변수로 바꿔줘야 합니다. 범주형 변숫값이 문자형이 아니라 숫자형으로 구성돼 있더라도 마찬가지입니다. 이는 사이킷런 라이브러리의 필수 요구 조건입니다. 예를 들어 결혼 여부를 묻는 변수인 MAR은 변숫값으로 1, 2, 3, 4, 5의 값을 갖습니다.

변수명	데이터 정의
MAR (결혼 상태)	1. 결혼 2. 사별 3. 이혼 4. 별거 5. 미혼 혹은 15세 이하

이처럼 데이터가 0과 1 이외의 값으로 구성돼 있으면 MAR_1, MAR_2, MAR_3, MAR_4, MAR_5 등의 더미 변수를 만들어 MAR 변숫값이 1이면 MAR_1의 값이 1이 되고, 나머지 네 개 더미 변수의 값은 0이 되게 설정합니다. MAR 변숫값이 2이면 MAR_2의 값이 1이 되고, 나머지 네 개 더미 변수의 값은 0으로 설정합니다.

🚲 / 에피소드 20

> MSBA 학과 머신러닝 수업에서는 그래픽 유저 인터페이스(GUI) 기반의 상용 통계 패키지인 SAS EM을 이용해서 툴을 처음 써본 지 몇 시간 안에 회귀 혹은 로지스틱 회귀 모델을 돌리는 것이 가능했습니다. 사실 수업 중 대부분은 결과 해석에 더 많은 비중이 있었고, 모델을 구축하고 실행하는 것은 몇 분으로 끝났습니다. 어떤 모델을 실행하더라도 데이터만 입력하고 마우스 클릭 몇 번이면 그냥 알아서 잘 실행됐습니다.
>
> 이런 습관 때문에 저는 파이썬으로 로지스틱 회귀 모델을 구현할 때도 범주형 변수들의 더미 변수를 생성하지 않고 그냥 막무가내로 데이터를 모델에 투입했습니다. 범주형 변수 중에 문자형 값은 숫자로 변환했기에 파이썬 모델도 실행은 됐습니다. 한참 잘못된 채로 말입니다.

이런 식으로 모델을 돌리면 범주형 변수의 오즈비가 제대로 나오지 않습니다. 도대체 결과가 왜 이렇게 엉뚱하게 나오는지 몇 시간을 고민하다가 간신히 저의 실수를 깨달았습니다. MSBA 첫 학기 통계 과목에서 회귀 모델에서 범주형 변수는 반드시 더미 변수로 만들어 넣어야 한다고 배웠던 기억이 그제야 난 것입니다.

이런 실수를 통해 회귀 계열 모델에 범주형 변수를 넣을 때는 0과 1로 구성된 더미 변수로 변환해서 넣어야 한다는 것을 확실하게 짚고 넘어가게 되었습니다. 수학과 통계 이론에 약한 문과 출신인 저에게는 이런 실수 경험이 피가 되고 살이 됐습니다. 여러분도 제 경험이 도움이 되길 바랍니다.

우리의 주택 가격 데이터세트에서 타깃 변수 2개(VALP_31, VALP)를 제외하면 입력 변수는 29개가 있습니다. 그중에 구간 변수 7개(AGEP, BDSP, ELEP, GASP, HINCP, NRC, RMSP)를 제외한 22개 변수는 범주형 변수입니다. 참고로 이들 범주형 변수의 결측값은 4.7.1절에서 이미 0값을 부여했기 때문에 이제 결측값이 없습니다. 만약 범주형 변수 중에 결측값이 있다면 변수별로 최빈값(mode)으로 대체하든지, 아니면 범례와는 다른 임의의 숫자로 결측값 표기를 해야 합니다.

데이터프레임 df에서 구간 변수 및 타깃 변수를 제외한 데이터프레임 df_category를 생성합니다.

```
cols=['AGEP','BDSP','ELEP','GASP','HINCP','NRC','RMSP','VALP','VALP_B1']
# 데이터프레임에서 7개 구간 변수와 2개 타깃 변수 제외
df_cat = df.drop(cols, axis=1)
df_cat.shape
```

【실행 결과】

(20495, 22)

describe는 구간 변수의 요약 통계를 확인하는 명령어이지만, 범주형 변수들의 값이 모두 숫자형으로 바뀌었기 때문에 이 명령어로 범주형 변숫값의 범위도 확인할 수 있습니다.

```
# 데이터프레임 행과 열의 전체를 보이게 출력
pd.set_option('display.max_columns', None)
pd.set_option('display.max_rows', None)
```

```
pd.options.display.float_format = '{:..2f}'.format
df_cat.describe()
```

【실행 결과】

	ACCESS	ACR	BATH	BLD	COW	FESRP	FKITP	FPARC	FSCHP	FTAXP	HHL	HHT
count	20495.00	20495.00	20495.00	20495.00	20495.00	20495.00	20495.00	20495.00	20495.00	20495.00	20495.00	20495.00
mean	1.28	1.47	1.00	2.01	1.34	0.06	0.01	2.62	0.06	0.21	1.19	1.82
std	0.67	0.70	0.03	0.10	1.92	0.24	0.10	1.39	0.23	0.41	0.65	1.52
min	1.00	1.00	1.00	2.00	0.00	0.00	0.00	0.00	0.00	0.00	1.00	1.00
25%	1.00	1.00	1.00	2.00	0.00	0.00	0.00	2.00	0.00	0.00	1.00	1.00
50%	1.00	1.00	1.00	2.00	1.00	0.00	0.00	3.00	0.00	0.00	1.00	1.00
75%	1.00	2.00	1.00	2.00	1.00	0.00	0.00	4.00	0.00	0.00	1.00	2.00
max	3.00	3.00	2.00	3.00	9.00	1.00	1.00	4.00	1.00	1.00	5.00	7.00

결과 화면의 맨 밑에 있는 max는 변숫값의 최댓값을 나타내며, 위에서 네 번째 행인 min은 최솟값을 나타냅니다. 원래 변숫값 자체가 0과 1로 이루어진 변수는 추가적인 더미 변수화가 필요하지 않습니다. 따라서 그런 변수들을 먼저 골라내기 위해 최댓값과 최솟값을 이용해 데이터프레임 내 변숫값의 범위를 다음과 같이 구해봅니다.

```
df_cat.max() - df_cat.min()
```

【실행 결과】

```
ACCESS    2.00
ACR       2.00
BATH      1.00
BLD       1.00
COW       9.00
FESRP     1.00
FKITP     1.00
FPARC     4.00
FSCHP     1.00
FTAXP     1.00
HHL       4.00
HHT       6.00
LANX      2.00
MAR       4.00
MV        6.00
```

```
R18      1.00
R65      2.00
RAC1P    8.00
RWAT     1.00
SCH      3.00
SCHL    24.00
SEX      1.00
dtype: float64
```

최댓값에서 최솟값을 뺀 값의 범위가 1인 변수들은 0, 1 혹은 1, 2 등의 값을 가질 가능성이 큽니다. 샤워 시설 유무(BATH), 건물 타입(BLD), 고용 여부(FESRP), 부엌 유무(FKITP), 학교 재학 여부(FSCHP), 재산세 유무(FTAXP), 18세 이하 존재 여부(R18), 냉온수 제공 여부(RWAT), 성별(SEX)인 9개 범주형 변수의 범위가 1로 나왔습니다. 이들 변수의 데이터 정의는 다음과 같습니다.

변수명	데이터 정의	사용 구분	측정 수준
BATH (샤워 시설 유무)	1. 있음 2. 없음	Input	Binary
BLD (건물 타입)	2. 단독주택(고립된 위치) 3. 단독주택(여러 채 인접) * 원래 2, 3 이외의 다른 범주도 있으나 이 장에서는 2, 3 범주만 분석	Input	Nominal
FESRP (고용 여부)	0. 아니오 1. 예	Input	Binary
FKITP (부엌 유무)	0. 없음 1. 있음	Input	Binary
FSCHP (학교 재학 여부)	0. 아니오 1. 예	Input	Binary
FTAXP (재산세 유무)	0. 없음 1. 있음	Input	Binary

변수명	데이터 정의	사용 구분	측정 수준
R18 (18세 이하 존재 여부)	0. 없음 1. 있음	Input	Binary
RWAT (냉온수 제공 여부)	1. 예 2. 아니오	Input	Binary
SEX (성별)	1. 남자 2. 여자	Input	Binary

변숫값 자체가 0과 1로 이루어져 있는 변수는 BATH, FESRP, FKITP, FSCHP, FTAXP, R18입니다. 이들은 변수 자체가 이미 더미 변수 역할을 수행합니다. 아울러 RWAT는 1과 2로 구성돼 있지만, 값 2는 변수가 묻는 질문에 대해 부재 또는 부정을 의미하기 때문에 0으로 바꾸어도 무방합니다.

변경 전 RWAT의 값 분포는 다음과 같습니다.

```
df['RWAT'].value_counts(dropna=False)
```

【실행 결과】
```
1.00    20460
2.00       35
Name: RWAT, dtype: int64
```

RWAT의 값 2를 값 0으로 바꾼 후 값 분포는 다음과 같습니다.

```
df['RWAT'] = df['RWAT'].replace(2,0)
df['RWAT'].value_counts(dropna=False)
```

【실행 결과】
```
1.00    20460
0.00       35
Name: RWAT, dtype: int64
```

RWAT값이 제대로 변경되어 이제 0과 1값만 가지게 되었습니다. 참고로 변수 BLD와 SEX는 값이 두 개만 있지만 해당 값은 예/아니오에 해당하는 값이 아니고 남자는 1, 여자는 2처럼 각각 의미를 갖기 때문에 별도으 더미 변수를 만들어줘야 합니다.

결과적으로 위에서 언급한 9개 범즈형 변수 중 BLD와 SEX를 제외한 7개 변수가 이미 더미 변수에 걸맞은 체계를 갖췄습니다. 이제 총 22개의 범주형 변수 중에서 방금 언급한 7개 변수를 제외하면, 0과 1의 값으로 구성되지 않은 변수는 15개입니다. pd.get_dummies를 이용하여 15개 변수를 더미 변수로 만들어줍니다.

```python
# 22개 범주형 변수 중에서 값으로 0과 1만 가지는 7개 변수명을 제외하고 cols1에 저장
cols1 = ['ACCESS','ACR','BLD','COW','FPARC','HHL','HHT','LANX','MAR','MV','R65',
        'RAC1P','SCH','SCHL','SEX']
# 원본 변수를 제거하고 cols1에 담긴 변수들의 더미 변수를 생성
df1 = pd.get_dummies(df, columns=cols1)
```

pd.get_dummies 명령어를 통해 새로 만든 데이터프레임 df1의 컬럼을 확인해보면 위의 15개 변수는 사라지고, 대신 그 자리에 더미 변수들이 생성됐습니다.

```python
df1.head(3)
```

【실행 결과】

	AGEP	BATH	BDSP	ELEP	FESRP	FKITP	FSCHP	FTAXP	GASP	HINCP	NRC	R18	RNSP	RWAT	VALP	VALF
0	74	1.00	3.00	140.00	0	0.00	0	0.00	50.00	33400.00	0.00	0.00	0.00	1.00	200000.00	
1	46	1.00	3.00	280.00	0	0.00	0	0.00	3.00	105000.00	0.00	0.00	0.00	1.00	850000.00	
2	45	1.00	3.00	280.00	0	0.00	0	0.00	3.00	105000.00	0.00	0.00	0.00	1.00	850000.00	

head 명령어는 데이터프레임 df1의 컬럼명도 보여줍니다. 기존에 알파벳 순으로 정렬된 데이터프레임인 것을 고려하면 cols1에 입력한 변수들(ACCESS, ACR, BLD, …)이 제거됐음을 알 수 있습니다. 다음처럼 결과 화면의 오른쪽 끝을 보면 cols1에 입력된 변수들의 더미 변수들을 확인할 수 있습니다.

CHL_14	SCHL_15	SCHL_16	SCHL_17	SCHL_18	SCHL_19	SCHL_20	SCHL_21	SCHL_22	SCHL_23	SCHL_24	SEX_1	SEX_2
0	0	0	0	0	0	0	1	0	0	0	0	1
0	0	1	0	0	0	0	0	0	0	0	0	1
0	0	1	0	0	0	0	0	0	0	0	1	0

총 29개의 입력 변수, 2개의 타깃 변수로 이루어진 원래 데이터프레임 df의 더미 변수를 생성하고 담은 데이터프레임 df1의 열 개수를 확인하면 총 109개입니다.

```
df1.shape
```

【실행 결과】
```
(20495, 109)
```

기준 더미 변수 제거

범주형 변숫값이 0, 1, 2 혹은 A, B처럼 0과 1 이외의 값을 가질 때 이를 명목형(nominal) 변수라고 합니다. 이 경우는 기준이 되는 더미 변수 하나를 제거한 뒤 회귀 분석 계열 모델에 입력해야 합니다. 예를 들어 결혼 여부를 나타내는 MAR 변수는 변숫값이 5개이므로 MAR_1, MAR_2, …, MAR_5 이런 식으로 더미 변수가 5개 만들어집니다. 여기서 MAR_5를 기준 더미 변수(base dummy variable)로 삼는다고 하면, MAR_5 더미 변수를 제거하고 나머지 4개 더미 변수만 회귀 분석 계열의 모델에 입력합니다. 그래야 해당 더미 변수의 오즈비 해석이 가능해집니다.

이제 15개의 명목형 변수에서 각기 기준이 되는 더미 변수를 선정하고, 이를 데이터프레임에서 제거하겠습니다. 아래는 방금 생성한 15개 명목형 변수의 데이터 정의이며, 기준 더미 변수(base dummy variable)를 표시하였습니다. 기준 더미 변수는 주로 부재/부정(No)/미활동 등을 나타내는 값을 선택하는 것이 좋습니다. 다만 분석 주제에 따라 기준 더미 변수는 달라질 수 있습니다.

변수명	데이터 정의	사용 구분	측정 수준
ACCESS (인터넷 접근)	1. 비용 지불하여 사용 2. 비용 지불 없이 사용 3. 사용 안 함	Input	Nominal
ACR (부지 크기)	1. 1 에이커 미만 2. 1 에이커 이상 10 에이커 미만 3. 10 에이커 이상	Input	Nominal

변수명	데이터 정의	사용 구분	측정 수준
BLD (건물 타입)	2. 단독주택(고립된 위치) 3. 단독주택(여러 채 인접)	Input	Nominal
COW (근로 형태)	1. 민간 영리기업 또는 사업체 직원 2. 민간 비영리기업 3. 지역 공무원 4. 주 정부 공무원 5. 연방 정부 직원 6. 전문직 또는 농장 경영이 아닌 자영업자 7. 전문직 또는 농장의 자영업자 8. 가족 사업 또는 농장에서 무급으로 근무 9. 5년 전 또는 그 이전에 근무했거나 근무한 적이 없음	Input	Nominal
FPARC (자녀 나이)	1. 5세 미만에만 해당 2. 5~17세에만 해당 3. 5세 미만 자녀 그리고 5~17세의 자녀 모두 보유 4. 자녀 없음	Input	Nominal
HHL (가정 내 언어)	1. 영어만 사용 2. 스페인어 3. 인도-유럽어족 언어 4. 아시아 및 태평양 섬 언어 5. 기타 언어	Input	Nominal
HHT (가구 타입)	1. 결혼한 부부가 사는 가구 2. 배우자가 없는 남성이 사는 가구 3. 배우자가 없는 여성이 사는 가구 4. 남성 혼자 사는 가구 5. 남성 혼자 살지 않는 가구 6. 여성 혼자 사는 가구 7. 여성 혼자 살지 않는 가구	Input	Nominal
LANX (가정 내 영어 이외 사용 언어 유무)	0. 무응답 1. 있음 2. 없음	Input	Binary

변수명	데이터 정의	사용 구분	측정 수준
MAR (결혼 상태)	1. 결혼 2. 사별 3. 이혼 4. 별거 5. 미혼 혹은 15세 이하	Input	Nominal
MV (입주 시기)	1. 12개월 이전 2. 13~23개월 전 3. 2~4년 전 4. 5~9년 전 5. 10~19년 전 6. 20~29년 전 7. 30년 혹은 그 이전	Input	Nominal
R65 (65세 이상 거주자 유무)	0. 없음 1. 1명 2. 2명 이상	Input	Nominal
RAC1P (인종)	1. 백인 2. 흑인 또는 아프리카계 미국인 3. 아메리칸 인디언 4. 알래스카 원주민 5. 아메리칸 인디언 및 알래스카 원주민 부족이거나, 이 분류에 속하나 기타 특정되지 않은 인종 6. 아시안 7. 하와이 원주민 및 태평양 섬 인종 8. 기타 인종 9. 두 개 이상의 인종	Input	Nominal
SCH (학교 재학 여부)	1. 다니지 않음 2. 공립 학교에 다님 3. 사립 학교에 다니거나 홈스쿨링	Input	Nominal

변수명	데이터 정의		사용 구분	측정 수준
SCHL (학업 성취 수준)	1. 교육 미이수 2. 어린이집 3. 유치원 4. 1학년 5. 2학년 6. 3학년 7. 4학년 8. 5학년 9. 6학년 10. 7학년 11. 8학년 12. 9학년	13. 10학년 14. 11학년 15. 12학년(졸업 안 함) 16. 고등학교 졸업 17. 검정고시 18. 대학을 1년 미만으로 다님 19. 대학을 1년 이상 다녔지 만 학위는 없음 20. 준학위(2년제 대학) 21. 학사(4년제 대학) 22. 석사 23. 학사 이상의 전문 학위 24. 박사	Input	Nominal
SEX (성별)	1. 남자 2. 여자		Input	Binary

맨 마지막의 성별을 나타내는 SEX 변수를 여기서는 기준 더미 변수로 남자를 선택했는데, 여자를 선택해도 됩니다. 부재/부정(No)/미활동 등을 나타내는 값이 없다면 관심 있는 변 숫값이 아닌 값을 기준 더미 변수로 선택하는 것이 좋습니다. 즉, 기준 더미 변수로 선정하지 않은 값이 더 중요하게 간주하는 값입니다.

위의 데이터 정의에 표시된 기준 더미 변수들을 데이터프레임 df2에서 제외하겠습니다. 제외할 변수명을 다음과 같이 cols2에 입력하고, drop 명령어를 통해 제거합니다.

```
# 기준 더미 변수로 정한 15개 더미 변수명을 cols2에 저장
cols2 = ['ACCESS_3.0','ACR_3.0','BLD_3.0','COW_9','FPARC_4','HHL_5.0','HHT_7.0',
        'LANX_2','MAR_5','MV_7.0','R65_0.0','RAC1P_8','SCH_1','SCHL_1','SEX_1']
# cols2에 저장된 15개 더미 변수명을 데이터프레임에서 제거
df1.drop(cols2, axis=1, inplace=True)
df1.shape
```

【실행 결과】
```
(20495, 94)
```

기준 더미 변수를 제거하고 난 뒤 총 변수의 개수는 94개가 됩니다.

더미 변수의 이름이 ACCESS_1인지 ACCESS_1.0인지 혼동될 때는 다음 명령어를 통해서 정확한 더미 변수의 이름을 확인할 수 있습니다.

```
list(df1.columns)
```

더미 변수 생성 파일 저장

기존 데이터프레임은 더미 변수를 포함하여 109개의 변수를 가졌으나 기준 더미 변수 15개를 제거하고 새롭게 저장한 데이터프레임 df1은 94개의 변수를 갖습니다. 더미 변수를 처리한 데이터프레임 df1에서 연속형 타깃 변수 VALP를 제거하고, 이진값 타깃 변수 VALP_B1을 남깁니다.

```
# 데이터프레임 df1에서 이진값 타깃 변수 VALP_B1은 남기고 연속형 타깃 변수 VALP를 제거
df1_VALP_B1 = df1.drop('VALP', axis=1)
df1_VALP_B1.shape
```

【실행 결과】
```
(20495, 93)
```

이번에는 더미 변수를 처리한 데이터프레임 df1에서 이진값 타깃 변수 VALP_B1을 제거하고 연속형 타깃 변수 VALP를 남깁니다.

```
# 데이터프레임 df1에서  연속형 타깃 변수 VALP는 남기고 이진값 타깃 변수 VALP_B1을 제거
df1_VALP = df1.drop('VALP_B1', axis=1)
df1_VALP.shape
```

【실행 결과】
```
(20495, 93)
```

이 데이터프레임에서 VALP_B1을 타깃 변수로 가진 파일명은 house-unscaled.csv로 명명하고, VALP를 타깃 변수로 가진 파일명은 house-unscaled-VALP.csv로 명명합니다.

```
df1_VALP_B1.to_csv('house-unscaled.csv', index=False)
df1_VALP.to_csv('house-unscaled-VALP.csv', index=False)
```

스케일 표준화 파일 생성 및 저장

지금부터 4.7.7절까지 다루는 이진값 분류 문제의 로지스틱 회귀 기본 모델, 라쏘 모델, 신경망 모델, SVM 모델, 그리고 4.7.8절부터 4.7.10절까지 다루는 연속형 변수 타깃 회귀 문제 모델에서는 변수들의 측정 단위, 즉 스케일을 비교적 동일하게 조정하는 것이 바람직합니다. 그 이유는 이들 모델은 변숫값 간의 거리 측정에 기반하여 구축한 모델이기 때문입니다. 한두 가지 변수가 다른 변수에 비해 스케일이 월등히 크면 그 변수가 모델의 결과를 좌지우지해서 성능이 하락할 위험성이 큽니다.

주택 가격 데이터세트는 더미 변수가 0 혹은 1의 값을 갖고, 다른 변수들은 대부분 한 자릿수로 된 정숫값을 갖습니다. 그러나 나이(AGEP)는 50 초반까지의 범위를 갖고, 달러 단위로 측정되는 월 전기료(ELEP), 월 가스비(GASP), 가계 소득(HINCP), 주택 가격(VALP)은 많게는 수십만 달러까지 측정됩니다. 따라서 StandardScaler를 통한 표준화(standardization)와 로그 변환으로 데이터 스케일 조정을 시도하겠습니다.

데이터프레임 df1에 담긴 입력 변수들은 구간 변수와 범주형 변수로 나뉘는데, 범주형 변수는 이미 사전 조치를 통해 이진값 체계를 갖고 있어서 별도의 스케일 조정이 필요하지 않습니다. 따라서 구간 변수만 표준화하고, 그 결과를 기존 이진값 체계의 범주형 변수와 함께 병합할 예정입니다.

우선 StandardScaler를 통한 표준화를 먼저 진행하겠습니다. 연속형 타깃 변수(VALP)를 포함한 구간 변수 8개를 모아서 StandardScaler를 통해 데이터 스케일을 표준화합니다.

```
# 구간 변수를 데이터프레임 df_num에 저장(연속형 타깃 변수 VALP도 포함)
numeric_cols = ['AGEP','BDSP','ELEP','GASP','HINCP','NRC','RMSP', 'VALP']
df_num = df1[numeric_cols]

# StandardScaler( )로 데이터 스케일 표준화를 실행하고 데이터프레임에 저장
from sklearn.preprocessing import StandardScaler
scaler = StandardScaler()
```

```python
df_num_standard = pd.DataFrame(scaler.fit_transform(df_num))

# StandardScaler( )는 변수명을 삭제하므로 새로 만든 데이터프레임에 다시 변수명을 입력
df_num_standard.columns = df_num.columns
df_num_standard.head()
```

【실행 결과】

	AGEP	BDSP	ELEP	GASP	HINCP	NRC	RMSP	VALP
0	1.28	-0.19	-0.22	-0.03	-0.86	-0.76	-0.78	0.40
1	0.12	-0.19	1.55	-1.03	0.54	-0.76	-0.26	6.19
2	0.07	-0.19	1.55	-1.03	0.54	-0.76	-0.26	6.19
3	0.95	-0.19	-0.98	-0.24	-0.56	-0.76	-0.26	-0.58
4	0.99	-0.19	0.29	2.09	0.05	-0.76	0.26	-0.04

표준화가 되면 −1과 1의 범위 안에 전체 데이터의 68%가 속하게 되고, −2에서 2까지의 범위 안에는 전체 데이터의 약 95%가 속하게 됩니다. 아울러 극단적인 이상값이 아니라면 −3에서 3 범위를 벗어나지 않습니다. 결과를 보니 8개 구간 변수들이 모두 표준화되었습니다.

이제 데이터프레임에서 구간 변수를 제거하고 범주형 변수만 모아 둔 데이터프레임 df_cat을 생성하고 변수명을 확인합니다.

```python
# 데이터프레임 df1에서 구간 변수를 제거하여 df_num에 저장
df_cat = df1.drop(numeric_cols, axis=1)
# df_cat의 변수명을 나열(이진값 타깃 변수 VALP_B1 포함)
df_cat.columns
```

【실행 결과】
```
Index(['BATH', 'FESRP', 'FKITP', 'FSCHP', 'FTAXP', 'R18', 'RWAT', 'VALP_B1',
       'ACCESS_1.0', 'ACCESS_2.0', 'ACR_1.0', 'ACR_2.0', 'BLD_2.0', 'COW_0',
       'COW_1', 'COW_2', 'COW_3', 'COW_4', 'COW_5', 'COW_6', 'COW_7', 'COW_8',
       'FPARC_0', 'FPARC_1', 'FPARC_2', 'FPARC_3', 'HHL_1.0', 'HHL_2.0',
       'HHL_3.0', 'HHL_4.0', 'HHT_1.0', 'HHT_2.0', 'HHT_3.0', 'HHT_4.0',
       'HHT_5.0', 'HHT_6.0', 'LANX_0', 'LANX_1', 'MAR_1', 'MAR_2', 'MAR_3',
       'MAR_4', 'MV_1.0', 'MV_2.0', 'MV_3.0', 'MV_4.0', 'MV_5.0', 'MV_6.0',
       'R65_1.0', 'R65_2.0', 'RAC1P_1', 'RAC1P_2', 'RAC1P_3', 'RAC1P_4',
       'RAC1P_5', 'RAC1P_6', 'RAC1P_7', 'RAC1P_9', 'SCH_0', 'SCH_2', 'SCH_3',
```

```
       'SCHL_0', 'SCHL_2', 'SCHL_3', 'SCHL_4', 'SCHL_5', 'SCHL_6', 'SCHL_7',
       'SCHL_8', 'SCHL_9', 'SCHL_10', 'SCHL_11', 'SCHL_12', 'SCHL_13',
       'SCHL_14', 'SCHL_15', 'SCHL_16', 'SCHL_17', 'SCHL_18', 'SCHL_19',
       'SCHL_20', 'SCHL_21', 'SCHL_22', 'SCHL_23', 'SCHL_24', 'SEX_2'],
      dtype='object')
```

다음은 구간 변수의 스케일을 표준화한 df_num_standard와 범주형 변수를 모아 둔 df_cat을 병합하여 데이터프레임 dfu_standard를 만듭니다.

```
dfu_standard = pd.concat([df_num_standard, df_cat], axis=1)
dfu_standard.columns
```

【실행 결과】
```
Index(['AGEP', 'BDSP', 'ELEF', 'GASP', 'HINCP', 'NRC', 'RMSP', 'VALP', 'BATH',
       'FESRP', 'FKITP', 'FSCHP', 'FTAXP', 'R18', 'RWAT', 'VALP_B1',
       'ACCESS_1.0', 'ACCESS_2.0', 'ACR_1.0', 'ACR_2.0', 'BLD_2.0', 'COW_0',
       'COW_1', 'COW_2', 'COW_3', 'COW_4', 'COW_5', 'COW_6', 'COW_7', 'COW_8',
       'FPARC_0', 'FPARC_1', 'FPARC_2', 'FPARC_3', 'HHL_1.0', 'HHL_2.0',
       'HHL_3.0', 'HHL_4.0', 'HHT_1.0', 'HHT_2.0', 'HHT_3.0', 'HHT_4.0',
       'HHT_5.0', 'HHT_6.0', 'LANX_0', 'LANX_1', 'MAR_1', 'MAR_2', 'MAR_3',
       'MAR_4', 'MV_1.0', 'MV_2.0', 'MV_3.0', 'MV_4.0', 'MV_5.0', 'MV_6.0',
       'R65_1.0', 'R65_2.0', 'RAC1P_1', 'RAC1P_2', 'RAC1P_3', 'RAC1P_4',
       'RAC1P_5', 'RAC1P_6', 'RAC1P_7', 'RAC1P_9', 'SCH_0', 'SCH_2', 'SCH_3',
       'SCHL_0', 'SCHL_2', 'SCHL_3', 'SCHL_4', 'SCHL_5', 'SCHL_6', 'SCHL_7',
       'SCHL_8', 'SCHL_9', 'SCHL_10', 'SCHL_11', 'SCHL_12', 'SCHL_13',
       'SCHL_14', 'SCHL_15', 'SCHL_16', 'SCHL_17', 'SCHL_18', 'SCHL_19',
       'SCHL_20', 'SCHL_21', 'SCHL_22', 'SCHL_23', 'SCHL_24', 'SEX_2'],
      dtype='object')
```

모든 변수가 제대로 담겨 있습니다. 데이터 프레임 dfu_standard의 변수 개수를 확인해보겠습니다.

```
dfu_standard.shape
```

【실행 결과】
```
(20495, 94)
```

두 개의 타깃 변수를 포함하여 총 94개의 변수를 가지고 있습니다. VALP와 VALP_B1, 이 두 개의 타깃 변수 중에서 데이터세트마다 하나의 타깃 변수만 갖도록 다음과 같이 데이터프레임을 두 개 생성합니다.

```
# 이진값 타깃 변수 VALP_B1은 남기고, 연속형 타깃 변수 VALP를 데이터프레임에서 제거
dfu_standard_VALP_B1 = dfu_standard.drop('VALP', axis=1)
dfu_standard_VALP_B1.shape
```

【실행 결과】
```
(20495, 93)
```

```
# 연속형 타깃 변수 VALP는 남기고, 이진값 타깃 변수 VALP_B1을 데이터프레임에서 제거
dfu_standard_VALP = dfu_standard.drop('VALP_B1', axis=1)
dfu_standard_VALP.shape
```

【실행 결과】
```
(20495, 93)
```

각 데이터프레임을 csv 파일로 저장합니다. VALP_B1을 타깃 변수로 가진 파일은 house-standard.csv로, VALP를 타깃 변수로 가진 파일명은 house-standard-VALP.csv로 명명합니다.

```
# 데이터프레임을 csv 형태로 저장
dfu_standard_VALP_B1.to_csv('house-standard.csv', index=False)
dfu_standard_VALP.to_csv('house-standard-VALP.csv', index=False)
```

스케일 로그 변환 파일 생성 및 저장

앞에서 실행한 표준화가 반영되지 않은 기존 데이터프레임 df1에 대해서 로그 변환을 통한 스케일 조정을 시행하겠습니다. 이는 StandardScaler를 이용해서 스케일을 표준화한 데이터세트와 결과를 비교해보기 위해서입니다.

연속형 타깃 변수 VALP를 포함한 8개의 구간 변수의 스케일을 로그 변환 등으로 조정할 경우 개별 변수마다 특성을 고려하는 것이 바람직합니다. 8개의 구간 변수 중에서 달러로 표기된 월 전기료(ELEP), 월 가스비(GASP), 가계 소득(HINCP), 주택 가격(VALP) 변수를 먼저 살펴보겠습니다.

```
col_money = ['ELEP','GASP','HINCP','VALP']
df1[col_money].max()
```

【실행 결과】

```
ELEP         490.00
GASP         290.00
HINCP     319000.00
VALP      855000.00
dtype: float64
```

달러로 측정된 이 4개의 변수는 최댓값이 몇백 달러에서 몇십만 달러에 이릅니다. 다른 변수들에 비해 월등히 큰 스케일이므로 로그 변환을 통해서 스케일을 조정하겠습니다.

아래 코드에서 x값이 0이 되거나 0에 수렴할 경우 로그값이 마이너스 무한대로 치닫는 문제를 해결하기 위해 np.log(x) 대신 np.log(x+1)을 사용합니다. 그러면 x값이 0일 때 np.log(x+1)값도 0이 돼서 마이너스 무한대에 빠지지 않습니다.

```
# 데이터프레임에 로그 변환 적용
df_money_log = df1[col_money].transform(lambda x: np.log(x+1))
df_money_log.describe()
```

【실행 결과】

	ELEP	GASP	HINCP	VALP
count	20495.00	20495.00	20495.00	20495.00
mean	4.92	3.34	10.95	11.69
std	0.62	1.32	1.13	0.80
min	0.69	0.69	0.00	6.91
25%	4.62	1.39	10.59	11.29
50%	4.95	3.93	11.13	11.78
75%	5.30	4.26	11.56	12.21
max	6.20	5.67	12.67	13.66

로그 변환은 스케일 조정뿐만 아니라 오른쪽으로 치우친 분포를 완화하는 효과도 있습니다. 이를 확인하기 위해 히스토그램으로 로그 변환 전과 후의 데이터 분포를 비교해보겠습니다. 만약 주피터 노트북에서 시본 라이브러리의 histplot을 인식하지 못하는 에러가 발생하면, 시본 라이브러리를 업그레이드한 후 주피터 노트북 커널을 재시작하면 됩니다.

```
# histplot이 작동하지 않을 때 seaborn 버전 업데이트
# pip install -U seaborn

# 로그 변환 전 달러 표시 변수의 히스토그램
from matplotlib import pyplot as plt
import seaborn as sns

fig, axes = plt.subplots(1, 4, figsize=(18, 4))

sns.histplot(ax=axes[0], data=df1, x="ELEP", kde=True, bins=23)
sns.histplot(ax=axes[1], data=df1, x="GASP", kde=True, bins=23)
sns.histplot(ax=axes[2], data=df1, x="HINCP", kde=True, bins=23)
sns.histplot(ax=axes[3], data=df1, x="VALP", kde=True, bins=23);
```

【실행 결과】

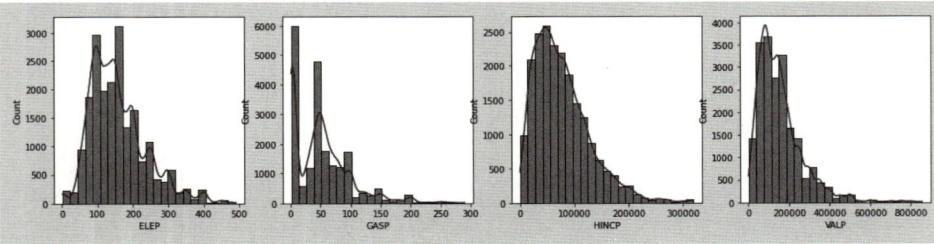

```
# 로그 변환 후 달러 표시 변수의 히스토그램
fig, axes = plt.subplots(1, 4, figsize=(18, 4))

sns.histplot(ax=axes[0], data=df_money_log, x="ELEP", kde=True, bins=23)
sns.histplot(ax=axes[1], data=df_money_log, x="GASP", kde=True, bins=23)
sns.histplot(ax=axes[2], data=df_money_log, x="HINCP", kde=True, bins=23)
sns.histplot(ax=axes[3], data=df_money_log, x="VALP", kde=True, bins=23);
```

【실행 결과】

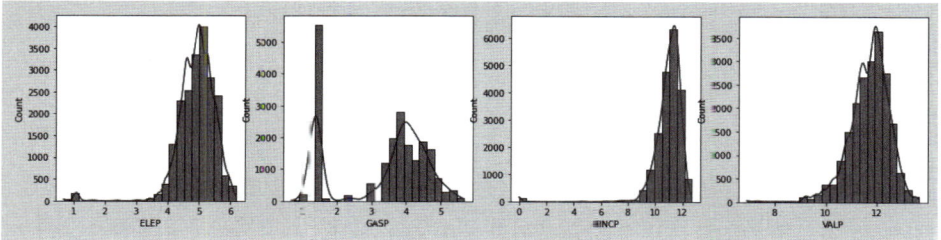

순서대로 로그 변환 전과 후의 데이터 궤적입니다. 오른쪽으로 치우쳤던 4개 변수의 분포가 모두 어느 정도 반듯한 종 모양으로 세워졌습니다. 월 가스비(GASP)는 로그 변환 후에도 1과 2값 사이에 분포가 높은 수치로 뭉쳐져 있는데, 주방에서 가스 대신에 전기 코일 혹은 인덕션 장치같이 전기를 쓰는 경향도 있기 때문입니다. 여기서는 이러한 특성을 감안하여 월 가스비의 특이한 분포에 대한 추가 조치를 취하진 않겠습니다.

이제 남은 구간 변수인 나이(AGEP), 침실 수(BDSP), 자녀 수(NRC), 방 수(RMSP)를 살펴보겠습니다. 이 4개 변수는 모두 정숫값을 가지며, 나이를 제외하고는 대부분 한 자릿수 정수입니다. 로그 변환 전 데이터프레임인 df1에서 해당 변수들의 분포를 확인하겠습니다.

```
# 로그 변환 전 나머지 4개 구간 변수 히스토그램
fig, axes = plt.subplots(1, 4, figsize=(18, 4))

sns.histplot(ax=axes[0], data=df1, x="AGEP", kde=True, bins=23)
sns.histplot(ax=axes[1], data=df1, x="BDSP", kde=True, bins=23)
sns.histplot(ax=axes[2], data=df1, x="NRC", kde=True, bins=23)
sns.histplot(ax=axes[3], data=df1, x="RMSP", kde=True, bins=23);
```

【실행 결과】

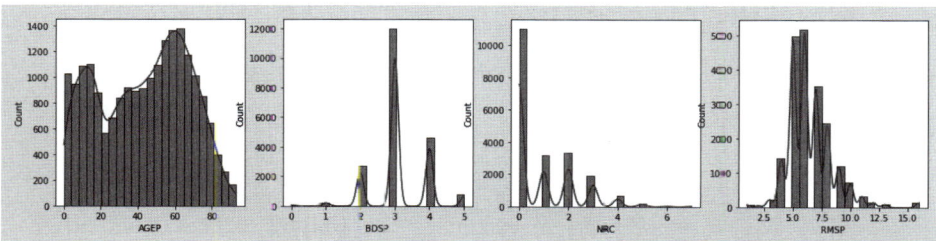

나이는 두 개의 봉우리를 보이며 최댓값이 90대입니다. 나머지 3개 변수는 대부분 한 자릿수 정수의 분포를 보이고, 방 수의 값도 16이 일부 보일 뿐 대부분 13 미만의 값들로 구성돼 있어서 크지 않은 정숫값이 대부분입니다.

앞에서 처리한 달러 표시 변수들의 로그 변환값 히스토그램을 보면 이들도 대부분 한 자릿수 실수로 변환되어 있으며, 최댓값이 15보다 작습니다. 즉, 침실 수(BDSP), 자녀 수(NRC), 방 수(RMSP)는 스케일이 먼저 로그 변환한 변수들의 스케일과 유사해서 추가적인 로그 변환이 필요 없습니다.

자녀 수(NRC)에서 0값이 많은 것은 현대 미국의 인구 통계를 반영한 것이므로 이 역시 그대로 두겠습니다. 다만 나이는 스케일을 조정해야 할 필요가 있습니다. 일단 시험 삼아 나이를 로그 변환해본 뒤 변환된 분포를 살펴보겠습니다.

```
df1['AGEP_log'] = df1['AGEP'].transform(lambda x: np.log(x+1))   # 로그 변환 적용
sns.histplot(data=df1, x="AGEP_log", kde=True, bins=23);
```

【실행 결과】

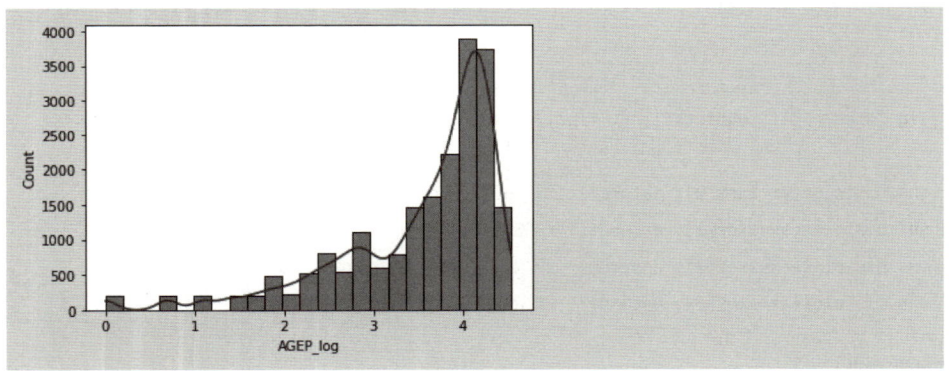

그 결과 최댓값이 5 이하로 조정되긴 했으나 이번에는 분포가 지나치게 왼쪽으로 치우친 (left-skewed) 분포가 나타납니다. 따라서 나이는 로그 변환을 하지 않고, 단순히 1/10을 곱해서 다른 변수들과 스케일을 맞추겠습니다.

🔍 로그 변환을 할까 말까?

실은 나이(AGEP) 변수도 로그 변환을 하고 분석을 이어나가도 됩니다. 다만, 여기서 강조하고 싶은 것은 변수를 변환할 때 의무적으로 로그 변환을 모든 변수에 적용할 필요는 없다는 것입니다.

변수 변환을 자제하고 단순히 스케일간 맞추면 추후 분석 결과의 해석을 직관적으로 할 수 있습니다. 비즈니스 현장에서 명확한 해석력은 아주 중요한 덕목입니다. 관련 규제 당국에 보고서를 제출할 때도 명확한 해석을 요구합니다.

그러므로 StandardScaler를 통한 표준화 혹은 로그 변환 등을 하지 않아도 되는 변수가 있으면 해당 변수는 원래 형태 그대로 유지하거나 최소한의 스케일 조정만 취하는 것을 권합니다.

나이의 스케일을 1/10로 만드는 방법은 다음과 같습니다.

```
df1['AGEP10th'] = df1['AGEP']/10
df1[['AGEP','AGEP10th']].head(3)
```

【실행 결과】

	AGEP	AGEP10th
0	74	7.40
1	46	4.60
2	45	4.50

나이의 로그 변환을 위해 시험 삼아 만들었던 AGEP_log 변수를 제거합니다.

```
df1.drop('AGEP_log', axis=1, inplace=True)
```

이제 원래 데이터프레임 df1에서 범주형 변수만 모은 데이터프레임 df_cat에 로그 변환한 구간 변수와 1/10로 스케일 조정한 변수, 그리고 그 어떤 변환도 하지 않은 구간 변수들을 병합합니다. 로그 변환한 구간 변수는 달러로 표기된 4개의 구간 변수이며, 1/10로 스케일을 조정한 변수는 나이(AGEP10th) 변수이고, 변환하지 않은 구간 변수는 나머지 3개 변수입니다.

```python
# df1의 구간 변수 중 달러 표기가 아닌 변수들을 df_num에 저장
# 이때 기존 구간 변수 AGEP를 1/10로 스케일 조정한 AGEP10th로 대체
df_num = df1[['AGEP10th', 'BDSP', 'NRC', 'RMSP']]

# 달러 표기된 변수명이 df_money_log에 담겨있는지 확인
df_money_log.columns
```

【실행 결과】
```
Index(['ELEP', 'GASP', 'HINCP', 'VALP'], dtype='object')
```

```python
# 스케일을 변경하지 않은 구간 변수를 담은 df_num, 로그 변환한 구간 변수를 담은 df_money_log,
# 그리고 범주형 변수를 모은 df_cat을 병합
dfu_log = pd.concat([df_num, df_money_log, df_cat], axis=1)
dfu_log.shape
```

【실행 결과】
```
(20495, 94)
```

데이터 프레임 dfu_log는 두 개의 타깃 변수를 포함하여 총 94개의 변수를 가지고 있습니다. dfu_log는 타깃 변수를 VALP와 VALP_B1으로 2개 가지고 있는데, 데이터세트마다 하나의 타깃 변수만 갖도록 다음과 같이 두 개의 데이터프레임을 생성합니다.

```python
# 이진값 타깃 변수 VALP_B1은 남기고, 연속형 타깃 변수 VALP를 데이터프레임에서 제거
dfu_log_VALP_B1 = dfu_log.drop('VALP', axis=1)
dfu_log_VALP_B1.shape
```

【실행 결과】
```
(20495, 93)
```

```python
# 연속형 타깃 변수 VALP는 남기고, 이진값 타깃 변수 VALP_B1을 데이터프레임에서 제거
dfu_log_VALP = dfu_log.drop('VALP_B1', axis=1)
dfu_log_VALP.shape
```

【실행 결과】
```
(20495, 93)
```

이 두 개의 데이터프레임을 csv 파일로 저장합니다. VALP_B1을 타깃 변수로 가진 파일은 house-log.csv로 명명하고, VALP를 타깃 변수로 가진 파일은 house-log-VALP.csv로 명명합니다. 그리고 Lasso (2017) 1.ipynb 파일을 저장하고 닫습니다.

```
dfu_log_VALP_B1.to_csv('house-log.csv', index=False)
dfu_log_VALP.to_csv('house-log-VALP.csv', index=False)
```

앞으로 사용할 데이터 파일들이 모두 성공적으로 만들어졌습니다. 이틀 표로 정리하면 다음과 같습니다.

타깃 변수	스케일 조정 방법		
	변경 없음	StandardScaler 표준화	로그 변환
이진값 타깃 변수 VALP_B1	house-unscaled.csv	house-standard.csv	house-log.csv
연속형 타깃 변수 VALP	house-unscaled-VALP.csv	house-standard-VALP.csv	house-log-VALP.csv

라쏘 모델 구축 및 실행

주피터 노트북에서 새롭게 Lasso (2017) 2.ipynb 파일을 생성합니다. 그리고 스케일을 변환하지 않은 데이터세트인 house-unscaled.csv를 가지고 라쏘 모델을 수립하고 실행하겠습니다.

다른 두 개의 데이터세트인 house-standard.csv와 house-log.csv 파일에 대한 코딩은 지금부터 설명하는 코드를 그대로 사용하되, 맨 처음에 데이터세트를 둘러오는 부분만 바꿔주면 됩니다. 먼저 house-unscaled.csv 파일을 불러옵니다.

```
import pandas as pd
import numpy as np

df = pd.read_csv('house-unscaled.csv')
df.shape
```

【실행 결과】
(20495, 93)

이제 입력 변수로 구성된 data와 타깃 변수로 구성된 target 데이터세트를 구성하고, 데이터를 5:5 분할합니다.

```
data = df.drop(['VALP_B1'], axis=1)
target = df['VALP_B1']

# 50:50 데이터 분할
from sklearn.model_selection import train_test_split
X_train, X_test, y_train, y_test = train_test_split(
    data, target, test_size=0.5, random_state=42)

print("X_train shape:", X_train.shape)
print("X_test shape:", X_test.shape)
```

【실행 결과】
X_train shape: (10247, 92)
X_test shape: (10248, 92)

X_train과 X_test의 변수 개수는 타깃 변수를 제외한 92개입니다. 그리고 다음은 이진값 타깃 변수를 사용하는 라쏘 모델을 설정할 때 주의해야 할 사항을 보여주기 위한 잘못된 코드이므로 눈으로만 확인하기 바랍니다.

```
# 잘못된 코딩의 예
from sklearn.linear_model import Lasso
lasso = Lasso(random_state=0).fit(X_train, y_train)
```

위 코드는 타깃 변수가 연속 변수(continuous variable)일 때는 정상적으로 작동합니다. 그러나 우리의 타깃 변수 VALP_B1은 이진값을 갖고 있어서 라쏘 모델이 로지스틱 회귀 형태를 가져야 합니다. 이럴 경우에는 사이킷런 로지스틱 회귀 estimator인 LogisticRegression에서 penalty값을 L1으로 설정하면 됩니다. 따라서 다음과 같이 라쏘 기본 모델을 실행합니다.

```python
# 라쏘 모델(liblinear를 사용한 기본 모델)
from sklearn.linear_model import LogisticRegression
from sklearn.metrics import accuracy_score
ls = LogisticRegression(penalty='l1',solver='liblinear',C=1,random_state=0)
model = ls.fit(X_train, y_train)
# 학습된 Classifier로 테스트 데이터세트를 이용해서 타깃 변수 예측값 생성
pred = model.predict(X_test)

print("Accuracy on training set:{:.5f}".format(model.score(X_train, y_train)))
print("Accuracy on test set:{:.5f}".format(accuracy_score(y_test, pred)))
```

【실행 결과】
```
Accuracy on training set:0.74851
Accuracy on test set:0.72834
```

로지스틱 회귀 estimator인 LogisticRegression의 penalty='l1' 구문이 로지스틱 회귀를 라쏘 모델로 만듭니다. 참고로 LogisticRegression의 solver값 중에 liblinear와 saga가 L1 규제를 지원합니다. 위 코드에서 solver값에 saga를 넣어 실행해보면, liblinear solver는 LogisticRegression의 기본 max_iter값인 100회 내에서 수렴하고 정확도도 높게 산출하는 반면에 saga solver는 max_iter값 10,000회부터 수렴을 해서 런타임이 1분을 넘어가고 정확도도 떨어집니다.

따라서 교차 검증과 모델 최적화를 위한 그리드 서치에서는 liblinear solver만 입력한 채 규제 강도를 나타내는 C값을 다양하게 넣어보겠습니다. 학습을 하지 않은 기본 라쏘 모델을 다시 생성한 후 그리드 서치 모델을 실행합니다.

```python
# 라쏘 모델(liblinear를 사용한 기본 모델)
ls = LogisticRegression(penalty='l1',solver='liblinear',C=1,random_state=0)

from sklearn.model_selection import GridSearchCV
from sklearn.model_selection import StratifiedKFold

# StratifiedKFold의 random_state 옵션값을 특정 숫자(예: 0)로 고정
cross_validation = StratifiedKFold(n_splits=5, shuffle=True, random_state=0)
params = {'solver':['liblinear'],
```

```
            'C':[0.01,0.05,0.1,0.2,0.3,0.5,1]
           }

# GridSearchCV의 cv=cross_validation 옵션값은 위의 StratifiedKFold의 random_state 옵션값
을 적용해 GridSearchCV를 실행할 때마다 항상 동일한 결과가 나오도록 보장
grid_ls = GridSearchCV(ls, param_grid=params, scoring='accuracy',
                       cv=cross_validation, n_jobs=-1, verbose=1)
grid_ls.fit(X_train, y_train)

print("GridSearchCV max accuracy:{:.5f}".format(grid_ls.best_score_))
print("GridSearchCV best parameter:", (grid_ls.best_params_))
```

【실행 결과】

```
Fitting 5 folds for each of 28 candidates, totalling 140 fits
GridSearchCV max accuracy:0.74393
GridSearchCV best parameter: {'C': 0.5, 'solver': 'liblinear'}
```

LogisticRegression의 파라미터 C는 규제 강도를 나타내는 alpha값의 역수로서, alpha값에 반비례합니다. C값이 작을수록 강한 규제를 의미하며 기본값은 1입니다. penalty 옵션으로 L1, L2값을 연달아 테스트해볼 수 있으나 여기서는 라쏘를 설명하고 있어서 L1 옵션만 고려하였습니다.

그리드 서치 결과에 의하면 최적 파라미터로서 C값은 0.5, solver는 liblinear가 선택되었습니다. 그리드 서치를 거쳐서 얻은 최적 모델을 테스트 데이터세트에 적용한 결과는 다음과 같습니다.

```
best_clf = grid_ls.best_estimator_
pred = best_clf.predict(X_test)
print("Accuracy on test set:{:.5f}".format(accuracy_score(y_test, pred)))

from sklearn.metrics import roc_auc_score

ROC_AUC = roc_auc_score(y_test,best_clf.predict_proba(X_test)[:, 1])
print("ROC AUC on test set:{:.5f}".format(ROC_AUC))
```

【실행 결과】
```
Accuracy on test set:0.72990
ROC AUC on test set:0.80693
```

라쏘 최적 모델의 정확도는 0.72990, ROC AUC는 0.80693으로 판명됐습니다. 이 결과와 StandardScaler로 표준화한 데이터세트, 그리고 로그 변환한 데이터세트를 사용한 라쏘 모델 결과를 표로 비교하면 다음과 같습니다. 표준화와 로그 변환을 적용한 코드는 실습 자료에서 확인할 수 있습니다.

모델명	정확도	ROC AUC
라쏘(기본)	0.72990	0.80693
라쏘(로그 변환)	0.72590	0.79936
라쏘(표준화)	0.72531	0.80707

세 모델 중에 가장 성능이 뛰어난 모델, 즉 스케일 조정을 하지 않은 데이터세트를 사용한 로지스틱 회귀 모델을 성능 지표에 추가하겠습니다.

모델명	정확도	ROC_AUC	순위
랜덤 포레스트	0.83265	0.90991	2
그레이디언트 부스팅	0.87812	0.94473	1
라쏘	0.72990	0.80693	3

이제 라쏘 모델의 계수값을 알아보겠습니다. 라쏘 모델은 L1 제약의 특성상 계수들을 0으로 만드는 경향이 있기 때문에 라쏘 모델의 계수 중에 0이 아닌 계수들을 확인해볼 필요가 있습니다. 라쏘 최적 모델 변수의 0이 아닌 계숫값의 개수는 다음과 같이 확인합니다.

```
print ("Number of features used:", np.sum(best_clf.coef_ != 0))
```

【실행 결과】
```
Number of features used: 77
```

총 92개의 입력 변수 중에서 77개의 변수가 0이 아닌 계숫값을 갖습니다. 나머지 25개 변수는 계숫값이 0이므로 모델에 기여하는 바가 없습니다. 라쏘 최적 모델의 변수명과 계숫값을 함께 출력하면 다음과 같습니다.

```python
feature_names = list(data.columns)
# 변수 index에 coefficient값을 매칭해 데이터프레임으로 저장
dft = pd.DataFrame(best_clf.coef_.transpose(), index=feature_names,
                   columns=['coef'])
dft1 = dft.sort_values(by='coef', ascending=False)
dft1
```

【실행 결과】

	coef
MV_2.0	1.533978
MV_3.0	1.116969
MV_4.0	1.011010
MV_1.0	0.871250
SCH_3	0.826206
...	...

계숫값을 e 지수 함수 np.exp에 넣어 계산한 오즈비를 출력합니다.

```python
# 오즈비(Odds ratio) 계산
feature_names = list(data.columns)
dft = pd.DataFrame(np.exp(best_clf.coef_).transpose(), index=feature_names,
                   columns=['Odds_ratio'])
dft1 = dft.sort_values(by='Odds_ratio', ascending=False)
dft1
```

【실행 결과】

	Odds_ratio
MV_2.0	4.636583
MV_3.0	3.055578
MV_4.0	2.748374
MV_1.0	2.389897
SCH_3	2.284635
...	...

여기서 오즈비가 1, 즉 계숫값이 0인 변수를 제거합니다.

```
# 오즈비가 1(계숫값이 0)인 변수를 제거
dft2 = dft1[dft1['Odds_ratio']!= 1]
dft2.shape
```

【실행 결과】
```
(77, 1)
```

이렇게 만든 데이터프레임 dft2를 막대그래프로 표현합니다.

```
# 데이터프레임 dft2의 막대그래프 그리기
import matplotlib.pyplot as plt
import seaborn as sns
%matplotlib inline

fig, ax = plt.subplots(figsize=(11, 20))
ax = sns.barplot(y=dft2.index, x="Odds_ratio", data=dft2)

for p in ax.patches:
    ax.annotate("%.3f" % p.get_width(), (p.get_x() + p.get_width(),
            p.get_y()+1.4), xytext=(5, 10), textcoords='offset points')
```

【실행 결과】

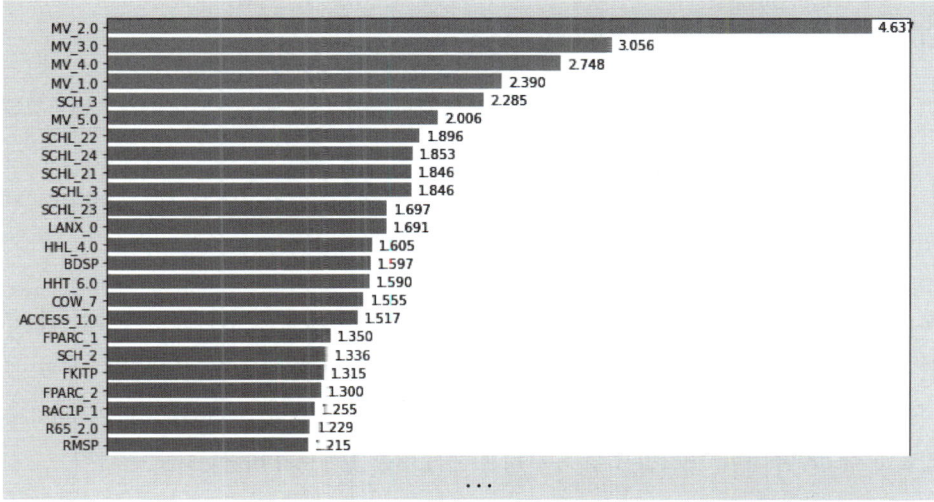

타깃 변수가 이진값을 갖는 라쏘 모델의 오즈비는 로지스틱 회귀 결과물로 나오는 오즈비와 똑같이 해석합니다. 기본적으로 타깃 변수가 이진값 형태일 때의 라쏘 모델은 로지스틱 회귀에 L1 규제를 가해서 실행한 모델이기 때문입니다.

오즈비의 해석은 구간 변수인지 범주형 변수인지에 따라 다르며, 우선 구간 변수의 오즈비 해석을 살펴보겠습니다. 침실 수(BDSP)의 오즈비는 1.597이고, 나이(NRC)의 오즈비는 1.009입니다.

- 침실 수(BDSP)의 수치가 1 증가할 경우, 주택 가격이 높은 그룹(VALP_B1=1)에 속할 가능성은 1.597만큼 변합니다. 즉, 59.7% 증가합니다.
- 나이(AGEP)가 1살 증가할 경우, 주택 가격이 높은 그룹(VALP_B1=1)에 속할 가능성은 1.009만큼 변합니다. 즉, 0.9% 증가합니다.

그래프를 쭉 살펴보면 오즈비가 1보다 작은 구간 변수는 없습니다. 만약 오즈비가 0.975인 구간 변숫값이 있다고 가정한다면 다음과 같이 해석합니다.

- 해당 변수가 1단위 증가할 때, 주택 가격이 높은 그룹(VALP_B1=1)에 속할 가능성은 0.975만큼 변합니다. 즉, 2.5% 감소합니다.

이번에는 범주형 변수의 오즈비 해석입니다. 대학교 졸업(SCHL_21)의 오즈비는 1.846이고, 결혼 여부에서 배우자와 사별한 상태(MAR_2)의 오즈비는 0.842입니다. 참고로 학업 성취 수준에서 비교 대상이 되는 기본 상태는 교육 미이수(SCHL_0)이며, 결혼 여부에서는 미혼이거나 15세 이하인 경우(MAR_5)입니다.

- 교육을 이수하지 않았을 때(SCHL_0)와 비교해서, 대학 졸업 시(SCHL_21) 주택 가격이 높은 그룹(VALP_B1=1)에 속할 가능성은 1.846배 높습니다.
- 미혼이거나 15세 이하인 경우(MAR_5)와 비교해서, 배우자와 사별한 상태(MAR_2)에 있으면 주택 가격이 높은 그룹(VALP_B1=1)에 속할 가능성은 0.842배 낮습니다.

오즈비 해석은 이렇게 구간 변수와 범주형 변수를 나누어서 해야 합니다. 구간 변수는 값 변환 과정을 거칠 경우 해석이 복잡해지지만, 범주형 변수는 변환 과정을 거치지 않으므로 해석이 단순 명료합니다. 오즈비 해석 능력은 머신러닝에서 기본 중의 기본입니다. 그러므로 각별히 주의해야 하며, 헷갈릴 경우 꼭 올바른 해석 예를 찾아보기 바랍니다.

스케일 조정과 오즈비

데이터 스케일 조정 혹은 표준화에는 대가가 따릅니다. 스케일 조정을 하면 회귀 계열 모델(회귀, 로지스틱 회귀, 릿지, 라쏘 등)에서 오즈비에 대한 직관적인 해석이 어려워집니다. 비즈니스 분석에서 직관적인 해석이 어려워지면 큰 노력과 희생이 필요합니다.

머신러닝과 딥러닝을 통틀어서 각 변수 혹은 계수가 모델 결과에 미치는 영향에 대해 직관적인 해석이 가능한 것은 결정 트리와 회귀 모델 계열 모델밖에 없습니다. 경우에 따라서는 데이터 스케일 조정을 했는데도 불구하고 모델 성능이 거의 변동이 없거나 오히려 떨어지기도 합니다.

따라서 머신러닝 및 딥러닝을 수행할 경우 직관적인 해석이 가능한 모델은 가급적 원본 데이터세트, 그리고 로그 변환과 표준화 등으로 스케일을 조정한 데이터세트를 모두 수행하고 그 결과를 간추려서 보고하는 것이 좋습니다. 특히 원본 데이터로 돌린 모델의 오즈비 해석은 꼭 필요합니다.

한편, 회귀 계열 모델은 모델 계숫값의 P값(p-value)이 통계적으로 유의미하지 않게 되면 (예: P > 0.05인 경우) 해당 지수는 해석에서 제외해야 합니다. 따라서 모델 변수별 계수의 P값을 확인하기 위해 statsmodels 라이브러리를 불러옵니다. 그리고 sm.Logit을 이용해 로지스틱 회귀 모델을 훈련시킵니다.

```python
import statsmodels.api as sm

# maxiter=1,000으로 설정. 이를 초과하면 singular matrix 에러 발생
log_reg = sm.Logit(y_train, X_train).fit(maxiter=1000)
```

【실행 결과】

```
Warning: Maximum number of iterations has been exceeded.
         Current function value: 0.517257
         Iterations: 1000
```

maxiter를 기본값인 35로 설정하고 실행하면 Maximum Likelihood Optimization이 수렴하지 않는다는 경고가 발생하기 때문에 1,000으로 설정했으나 여전히 경고가 발생합니다. maxiter=1,000을 초과하면 추가 에러가 발생해서 코드가 아예 동작하지 않으므로 여기서는 실행 결과를 얻기 위해 미수렴 경고는 안고 가겠습니다.

이제 이 모델의 요약을 불러오면 다음과 같이 계수별 P값을 확인할 수 있습니다.

```
print(log_reg.summary())
```

【실행 결과】

```
                           Logit Regression Results
==============================================================================
Dep. Variable:                 VALP_B1   No. Observations:                10247
Model:                           Logit   Df Residuals:                    10156
Method:                            MLE   Df Model:                           90
Date:                 Mon, 06 Dec 2021   Pseudo R-squ.:                  0.2535
Time:                         16:26:54   Log-Likelihood:                -5300.3
converged:                       False   LL-Null:                       -7099.9
Covariance Type:             nonrobust   LLR p-value:                     0.000
==============================================================================
                   coef    std err          z      P>|z|      [0.025      0.975]
------------------------------------------------------------------------------
AGEP             0.0122      0.003      4.258      0.000       0.007       0.018
BATH             0.6334      0.747      0.848      0.396      -0.830       2.097
BDSP             0.5052      0.043     11.771      0.000       0.421       0.589
ELEP             0.0012      0.000      3.482      0.000       0.001       0.002
FESRP            0.0225      0.128      0.176      0.860      -0.229       0.274
FKITP            0.4040      0.247      1.637      0.102      -0.080       0.888
FSCHP           -0.0610      0.130     -0.469      0.639      -0.316       0.194
FTAXP            0.0993      0.061      1.639      0.101      -0.019       0.218
GASP             0.0019      0.001      3.474      0.001       0.001       0.003
HINCP         1.356e-05   6.31e-07     21.498      0.000    1.23e-05    1.48e-05
                                       ...
```

P값은 P>|z| 열을 보면 됩니다. 예를 들어 나이(AGEP) 계수의 P값은 0.000이어서 나이의 계숫값은 통계적으로 유의미하다고 말할 수 있습니다. 그러나, 샤워 시설 유무(BATH) 계수의 P값은 0.396이어서 0.05보다 크므로 통계적으로 유의미하다고 주장할 수 없습니다. 이처럼 회귀 계열 모델의 계수 혹은 로지스틱 회귀 계열 모델의 오즈비를 해석할 때는 모델 계수의 P값을 반드시 확인하는 것이 좋습니다.

> **파이썬에서 변수의 개수 줄이기!**
>
> 모델의 입력 변수를 축소하면 모델이 간략해지므로 실용성을 증대시키고 성능을 올려주기도 합니다. 파이썬에서도 재귀적 특성 제거(recursive feature elimination) 기법 등 모델에 들어가는 변수의 개수를 줄이는 기법이 존재합니다. 그러나 50개 또는 100개처럼 선택할 변수의 개수를 지정해야만 그 개수만큼의 입력 변수를 타깃 변수에 영향력이 큰 순서대로 선택합니다.
>
> 상용 프로그램인 SAS EM에서는 회귀 모델 혹은 로지스틱 회귀 모델에서 단계적 선택(stepwise selection)이라는 옵션을 선택하면 P값에 의해 변수를 하나하나 추가하거나 저거하는 과정을 자동으로 수행합니다. 이를 통해 모든 계숫값이 통계적으로 유의미한 변수들만 선택됩니다. 그러나 파이썬에서는 이런 방법이 불가능하기 때문에 라쏘 모델을 통해 변수를 선택하는 것이 대세입니다.

라쏘 모델은 L1 제약 조건을 통해 계숫값을 0으로 수렴하게 하는 경향이 있어서 라쏘 모델 변수의 계숫값 중 일부분이 0으로 수렴합니다. 이런 제약 조건에도 살아남은, 즉 0이 아닌 계숫값을 가진 변수만을 선택하면 다른 머신러닝 및 딥러닝 모델에 입력 변수로 재투입할 수 있습니다. 자세한 과정은 부록의 고급 프로젝트 C.7.15절에서 소개하겠습니다.

4.7.6 텐서플로 케라스 신경망 모델

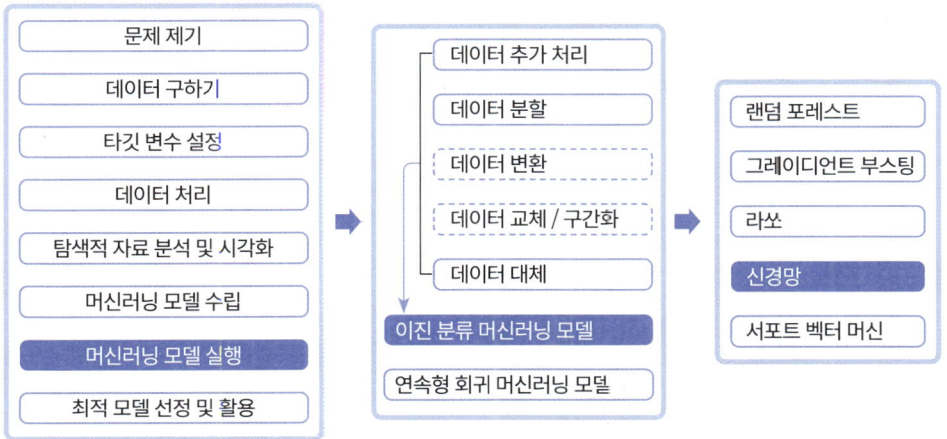

3장에서는 사이킷런 신경망 모델을 알아봤는데, 여기서는 텐서플로 케라스 신경망 모델을 소개합니다. 데이터는 house-standard.csv 파일을 사용하겠습니다. 텐서플로 케라스 신경망은 구글 코랩에서 작동하므로 이 절에서는 구글 코랩을 이용합니다.

구글 드라이브에 데이터 업로드

구글에 로그인한 후 구글 드라이브에 접속합니다. 그리고 구글 드라이브에 Data라는 폴더를 만들겠습니다. 구글 드라이브 첫 화면 왼쪽 상단에 있는 [+ 새로 만들기] 메뉴를 클릭합니다. 그 후 [📁 폴더] 메뉴를 클릭하여 Data 폴더를 생성합니다.

Data 폴더를 클릭하여 내 드라이브 > Data 폴더로 이동하고, 화면 왼쪽 상단의 [+ 새로 만들기] 메뉴를 누릅니다. 그다음 [📄 파일 업로드]를 선택하면 나타나는 윈도우 탐색기(혹은 맥 파인더)에서 house-standard.csv 파일이 있는 디렉터리를 찾아갑니다. 우리는 Documents > Book1 > Ch4에 해당 파일이 있습니다.

house-standard.csv 파일을 선택하고 하단의 〈열기〉 버튼을 누르면 해당 파일이 구글 드라이브의 내 드라이브 > Data 폴더에 업로드됩니다.

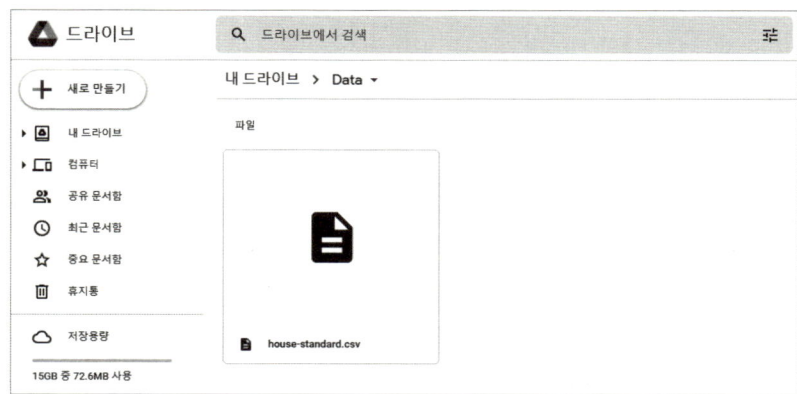

구글 드라이브 연동

구글 코랩에서 새 노트북을 생성하고 tf keras Neural Network (2017)로 명명합니다. 확장자는 자동으로 ipynb가 붙습니다. 구글 드라이브를 구글 코랩에 연동하기 위해 구글 코랩 맨 왼쪽의 파일 아이콘(🗀)을 클릭합니다.

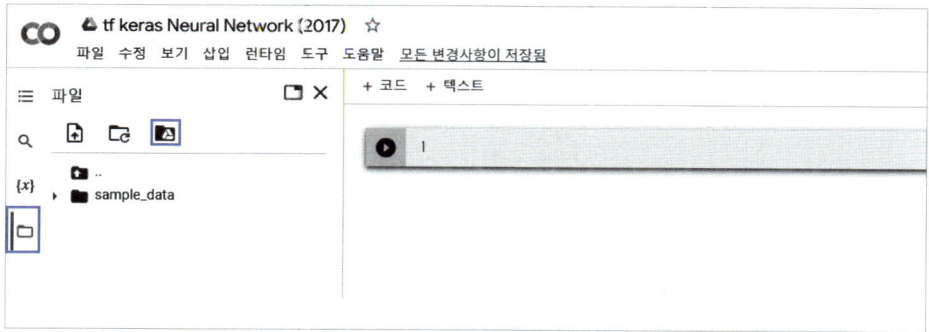

그러면 파일 화면이 열리는데, 여기 상단의 아이콘 세 개 중에 드라이브 마운트 아이콘(🛢)을 클릭합니다. 그러면 다음 메시지가 나타납니다.

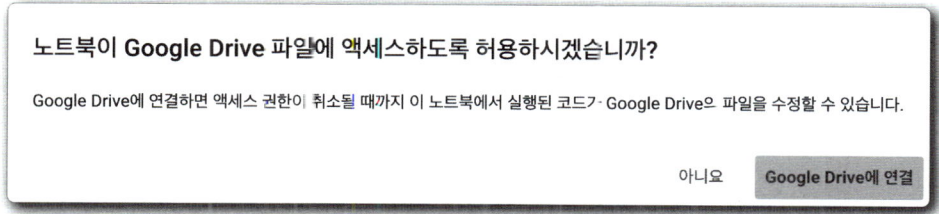

〈Google Drive에 연결〉 버튼을 클릭하면 구글 드라이브와 연결됩니다. 참고로 다음 코드는 드라이브 마운트를 시작할 때 자동으로 생성되며, 구글 드라이브와 연결에 성공하면 성공 메시지가 뜹니다. 메시지가 뜨지 않는 경우도 있는데, 왼쪽의 파일 화면에 drive 폴더가 보이면 연동이 된 것이니 폴더를 눌러서 구글 드라이브에 접근할 수 있습니다.

```
1 from google.colab import drive
2 drive.mount('/content/drive')

Mounted at /content/drive
```

이로써 구글 드라이브를 코랩에 연동시켰습니다. 이제 house-standard.csv 파일을 불러올 수 있습니다. 구글 드라이브에 업로드한 파일의 경로를 파악하려면 다음과 같이 코랩의 왼쪽에 펼쳐진 파일 화면을 살펴보면 됩니다.

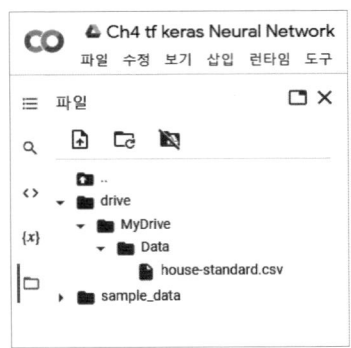

이 화면에서 보이는 drive 폴더가 코랩에 연동된 구글 드라이브 폴더이며, 해당 폴더 안의 내용은 구글 드라이브 폴더 안의 내용과 같습니다. 간혹 drive 폴더가 안 보일 때는 한 단계 위로 아이콘(📁 ..)을 클릭한 후 content > drive 폴더 순으로 클릭해서 경로를 찾아오면 됩니다.

코랩에서 데이터 불러오기

이제 house-standard.csv 파일을 불러오겠습니다. Drive > MyDrive > Data 폴더를 순차적으로 클릭합니다. house-standard.csv 파일을 선택한 후 오른쪽 마우스 버튼을 클릭합니다. 그러면 [경로 복사] 메뉴가 나타납니다.

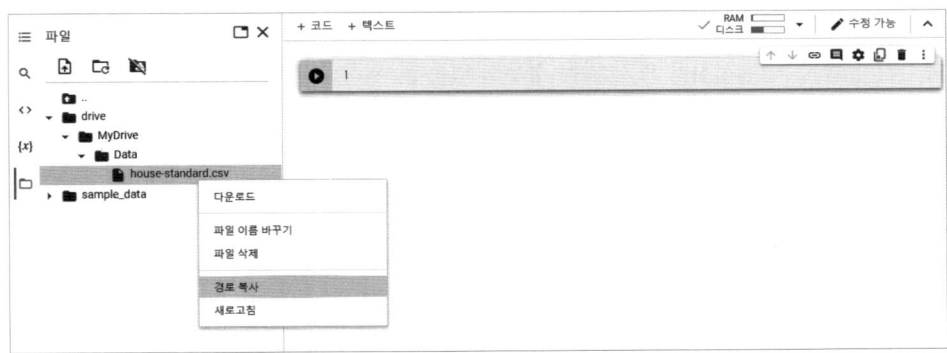

[경로 복사]를 눌러서 csv 파일의 경로를 복사하고, 코랩 노트북에서 다음 코드를 입력합니다. pd.read_csv(' ') 구문의 작은따옴표 안에 방금 복사한 경로를 붙여넣고 head 명령어를 실행합니다.

```
import pandas as pd
import numpy as np

df = pd.read_csv('/content/drive/MyDrive/Data/house-standard.csv')
df.head(3)
```

【실행 결과】

	AGEP	BDSP	ELEP	GASP	HINCP	NRC	RMSP	BATH	FESRP	FKITP	FSCHP	FTAXP	R18	RWAT	VALP_B1	AC
0	1.277527	-0.185587	-0.218278	-0.030785	-0.857357	-0.757285	-0.779457	1.0	0	0.0	0	0.0	0.0	1.0	1.0	
1	0.115555	-0.185587	1.548888	-1.029228	0.537778	-0.757285	-0.261327	1.0	0	0.0	0	0.0	0.0	1.0	1.0	
2	0.074056	-0.185587	1.548888	-1.029228	0.537778	-0.757285	-0.261327	1.0	0	0.0	0	0.0	0.0	1.0	1.0	

3 rows × 93 columns

코랩과 연동된 구글 드라이브에 있는 csv 파일을 성공적으로 불러왔습니다. shape 명령어를 통해 데이터 구조를 살펴보면 20,495개 행과 93개 열로 구성된 데이터임을 알 수 있습니다.

```
df.shape
```

【실행 결과】
```
(20495, 93)
```

우리는 지금까지 필요에 따라 프로젝트 중간까지 작업한 데이터프레임을 csv 파일로 저장하곤 했습니다. 여기서도 데이터 처리를 마친 데이터프레임을 저장한다고 생각하고, 데이터프레임 df를 구글 드라이브에 t.csv 파일로 저장해보겠습니다.

```
df.to_csv('/content/drive/MyDrive/Data/t.csv')
```

주피터 노트북에서는 경로 지정 없이 파일을 저장하면 해당 주피터 노트북이 있는 폴더에 파일이 저장됐었습니다. 그러나 구글 코랩에서는 구글 드라이브 경로를 지정해줘야 합니다.

위의 코드를 실행하면 데이터프레임이 /content/drive/MyDrive/Data/ 폴더 내에 t.csv라는 이름으로 저장됩니다. 코랩에서 구글 드라이브 폴더를 확인하면 t.csv 파일이 지정한 폴더에 저장된 것을 확인할 수 있습니다.

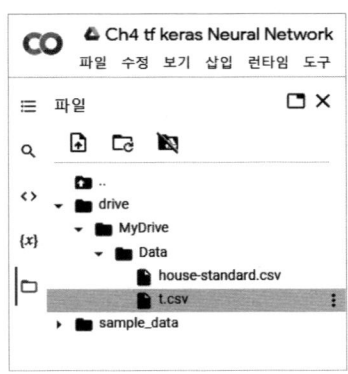

이번에는 경로를 지정하지 않고 다음과 같이 저장해보겠습니다.

```
df.to_csv('t.csv')
```

그러면 구글 드라이브에 t.csv 파일이 저장되는 것이 아니라, 구글의 content 폴더에 저장됩니다.

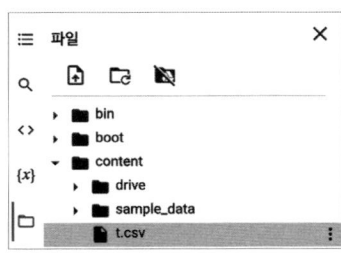

그런데 이렇게 저장하면 코랩을 종료했을 때 해당 파일이 사라집니다. 따라서 코랩에서 데이터프레임을 저장할 때는 반드시 /content/drive/MyDrive/Data/ 경로나 혹은 그 하위 폴더 경로를 지정해서 저장하기 바랍니다.

데이터 처리

불러온 데이터프레임 df의 결측값 유무를 살펴보겠습니다.

```python
# 결측값을 갖고 있는 변수명(컬럼명) 찾기
df.isna().any()[lambda x: x]
```

【실행 결과】
```
Series([], dtype: bool)
```

이 데이터세트는 미리 결측값이 없도록 조치해둬서 결과도 그렇게 나왔습니다. 이제 데이터프레임 df를 입력 데이터(data)와 타깃 데이터(target)로 나눈 후, 이를 학습 데이터세트와 테스트 데이터세트로 5:5 비율로 나눕니다.

```python
data = df.drop(['VALP_B1'], axis=1)
target = df['VALP_B1']

# 50:50 데이터 분할
from sklearn.model_selection import train_test_split
X_train, X_test, y_train, y_test = train_test_split(
    data, target, test_size=0.5, random_state=42)

print("X_train shape:", X_train.shape)
print("X_test shape:", X_test.shape)
```

【실행 결과】
```
X_train shape: (10247, 92)
X_test shape: (10248, 92)
```

원래 93개 변수에서 타깃 변수인 VALP_B1을 제외했으므로 X_train과 X_test는 92개 변수를 갖습니다. X_train과 X_test는 데이터프레임입니다. 이를 type 명령어로 확인할 수 있습니다.

```
type(X_train)
```

【실행 결과】
```
pandas.core.frame.DataFrame
```

텐서플로 케라스 신경망 모델은 입력 데이터로 데이터프레임을 받지 않기 때문에, 데이터프레임을 to_numpy 명령어를 통해서 넘파이 배열 형태로 변경하겠습니다.

```
X_train_np = X_train.to_numpy()
X_test_np = X_test.to_numpy()

y_train_np = y_train.to_numpy()
y_test_np = y_test.to_numpy()
```

X_train의 값 배열을 확인해보겠습니다.

```
print(X_train_np)
```

【실행 결과】
```
[[ 0.53054523  1.13282311 -0.09205177 ...  0.          0.
   0.        ]
 [ 0.94553516 -0.18558743 -0.84940858 ...  0.          0.
   0.        ]
 [-1.08791547  1.13282311  2.43247093 ...  0.          0.
   0.        ]
 ...
 [ 0.44754725 -2.82240852 -0.84940858 ...  0.          0.
   0.        ]
 [ 0.73804019 -0.18558743 -1.35431312 ...  0.          0.
   1.        ]
 [ 0.90403616 -1.50399798 -1.22808699 ...  0.          0.
   1.        ]]
```

넘파이 배열 형태로 변경되었습니다. y_train도 확인해보면 잘 바뀌었습니다.

```
print(y_train_np)
```

【실행 결과】
```
[1. 0. 1. ... 0. 1. 0.]
```

신경망 모델 생성 및 실행

이제 텐서플로 케라스를 활용하기 위해서 텐서플로와 layers 기능을 불러옵니다.

```
import tensorflow as tf
from tensorflow.keras import layers
```

생성할 텐서플로 케라스 신경망 모델은 은닉층을 2개 갖고 있는 완전 연결(fully-connected) 신경망입니다. 이 모델은 tf.keras.Sequential을 사용해서 생성합니다.

```
입력층
은닉층 1
드롭아웃층 1
은닉층 2
드롭아웃층 2
출력층
```

완전 연결 신경망 모델의 다이어그램을 보며 신경망 모델이 어떻게 작동하는지 살펴보겠습니다.

- 첫 번째 밀집(dense)층은 은닉층이며 신경 노드는 100개, 입력 변수는 92개입니다. 전통적으로 신경망에서 입력층은 언급하지 않고 최초의 은닉층부터 언급합니다. 따라서 입력층에 들어가는 변수 개수 92를 최초의 은닉층에 표기합니다.
- 드롭아웃층으로 50%의 데이터를 버리고 학습합니다.
- 두 번째 밀집층도 은닉층으로, 첫 번째와 같이 신경 노드를 100개로 설정합니다.

- 두 번째 드롭아웃층도 50%의 데이터를 버리고 학습합니다.
- 마지막 밀집층은 분류(classification)층으로서, 최종적으로 이진 분류결과를 출력합니다.

그럼 이제 다이어그램대로 텐서플로 케라스(tf.keras) 신경망을 생성하겠습니다. tf.keras는 활성화 함수로 relu와 tanh을 제공합니다. 또한 옵티마이저는 adam과 sgd를 제공합니다.

제가 먼저 활성화 함수와 옵티마이저 조합별로 모델을 만들어서 학습 데이터세트를 입력하여 실행해본 결과, 활성화 함수 relu와 옵티마이저 adam 조합이 가장 좋은 성능을 보였기 때문에 우리는 최종적으로 활성화 함수로 relu를 선택하겠습니다.

```
# 활성화 함수 relu
model = tf.keras.Sequential([
    layers.Dense(100, activation='relu', input_shape=[92]),
    layers.Dropout(.5),
    layers.Dense(100, activation='relu'),
    layers.Dropout(.5),
    layers.Dense(1, activation='sigmoid')
])
```

그리고 다음과 같이 컴파일합니다. 옵티마이저로 adam을 선택하고, 우리가 다루는 문제는 이진 분류 문제이므로 손실 함수로 BinaryCrossentropy를 사용합니다. 성능 평가 지표로는 정확도(accuracy)를 채택합니다.

```
# 옵티마이저 adam
model.compile(optimizer='adam',
              loss=tf.keras.losses.BinaryCrossentropy(),
              metrics=['accuracy'])
```

다음 코드에서는 에포크를 30으로 설정하고 모델을 학습시킵니다. 이때 가장 높은 검증 성능 평가 지표(여기서는 정확도)를 갖는 에포크를 저장하기 위해 keras.callbacks에서 ModelCheckpoint를 불러옵니다. 그리고 ModelCheckpoint에서 모델 학습 결과를 에포크별로 저장할 파일명 Ch4-NN1.tf를 입력합니다. 옵션인 save_best_only=True 구문을 넣으면 가장 높은 검증 성능 평가 지표를 기록한 에포크의 학습 결과만 저장합니다.

그다음 keras.callbacks.EarlyStopping을 사용해서 검증 정확도(val_accuracy) 기준으로 5회 연속으로 이전의 최고 검증 정확도를 넘어서지 못하면 에포크를 중단하도록 patience값을 5로 설정합니다.

```
from tensorflow import keras
from keras.callbacks import ModelCheckpoint

checkpointer = ModelCheckpoint('Ch4-NN1.tf', save_best_only=True)
early_stopping_cb = keras.callbacks.EarlyStopping(patience=5,
    monitor='val_accuracy', restore_best_weights=True)

history = model.fit(X_train_np, y_train_np,
                    validation_split=0.25,
                    shuffle=True,
                    epochs=30,
                    callbacks=[checkpointer, early_stopping_cb])
```

모델 학습을 담당하는 model.fit 구문을 좀 더 살펴보겠습니다. 학습 데이터로 X_train_np와 y_train_np를 입력하고, 학습 데이터에 대한 검증 데이터 분리 비율로 0.25(validation_split=0.25), 에포크 30, 콜백 옵션을 입력했습니다.

배치 사이즈 설정이 빠졌는데 이런 경우 기본 배치 사이즈 32가 자동으로 적용됩니다. 위의 코드를 실행하면 다음과 같은 결과를 얻습니다. 다만, tf.keras 신경망은 실행 때마다 초기 가중치가 랜덤하게 부여되기 때문에 실행 결과는 다를 수 있습니다.

【실행 결과】

```
Epoch 1/30
241/241 [==========================] - ETA: 0s - loss: 0.6090 - accuracy: 0.6606INFO:tensorflow:Assets written to: Ch4-NN1.tf/assets
241/241 [==========================] - 2s 7ms/step - loss: 0.6090 - accuracy: 0.6606 - val_loss: 0.5571 - val_accuracy: 0.7119
Epoch 2/30
231/241 [=======================>..] - ETA: 0s - loss: 0.5651 - accuracy: 0.7117INFO:tensorflow:Assets written to: Ch4-NN1.tf/assets
241/241 [==========================] - 1s 6ms/step - loss: 0.5645 - accuracy:
```

```
0.7131 - val_loss: 0.5486 - val_accuracy: 0.7229
Epoch 3/30
230/241 [==========================>..] - ETA: 0s - loss: 0.5453 - accuracy: 0.7227INFO:tensorflow:Assets written to: Ch4-NN1.tf/assets
241/241 [============================] - 1s 5ms/step - loss: 0.5451 - accuracy: 0.7227 - val_loss: 0.5376 - val_accuracy: 0.7319
                            ...
Epoch 11/30
215/241 [========================>....] - ETA: 0s - loss: 0.4849 - accuracy: 0.7677INFO:tensorflow:Assets written to: Ch4-NN1.tf/assets
241/241 [============================] - 1s 6ms/step - loss: 0.4881 - accuracy: 0.7650 - val_loss: 0.5111 - val_accuracy: 0.7475
Epoch 12/30
230/241 [==========================>..] - ETA: 0s - loss: 0.4831 - accuracy: 0.7734INFO:tensorflow:Assets written to: Ch4-NN1.tf/assets
241/241 [============================] - 1s 5ms/step - loss: 0.4822 - accuracy: 0.7733 - val_loss: 0.5101 - val_accuracy: 0.7529
Epoch 13/30
241/241 [============================] - 1s 2ms/step - loss: 0.4788 - accuracy: 0.7737 - val_loss: 0.5131 - val_accuracy: 0.7416
Epoch 14/30
241/241 [============================] - 1s 2ms/step - loss: 0.4694 - accuracy: 0.7748 - val_loss: 0.5126 - val_accuracy: 0.7436
Epoch 15/30
241/241 [============================] - 1s 3ms/step - loss: 0.4724 - accuracy: 0.7777 - val_loss: 0.5112 - val_accuracy: 0.7463
Epoch 16/30
241/241 [============================] - 1s 2ms/step - loss: 0.4604 - accuracy: 0.7846 - val_loss: 0.5107 - val_accuracy: 0.7482
Epoch 17/30
222/241 [=========================>...] - ETA: 0s - loss: 0.4514 - accuracy: 0.7910INFO:tensorflow:Assets written to: Ch4-NN1.tf/assets
241/241 [============================] - 1s 5ms/step - loss: 0.4540 - accuracy: 0.7879 - val_loss: 0.5051 - val_accuracy: 0.7514
```

모델의 학습을 완료했습니다. 에포크마다 정확도와 손실이 출력됩니다. 에포크를 30회로 설정했는데 EarlyStopping 콜백 기능으로 인해 에포크 17회에서 학습이 멈췄습니다. 에포크

12회의 최고 검증 정확도(0.7529)를 그다음 5회의 에포크 동안 넘어서지 못했기 때문입니다. 이를 그래프로 확인합니다.

단, 딥러닝 신경망은 실행할 때마다 결과가 약간씩 달라집니다. 여기서는 17회 에포크를 돌고 모델이 멈췄지만, 15회에서 모델이 멈출 수도 있습니다. 이때 epochs_range = range(1, 17+1) 구문에서 17을 그대로 두면 에러가 발생합니다. 모델이 에포크 15에서 멈췄다면 17을 15로 고친 뒤 실행하도록 하세요.

```python
# 에포크마다 모델 정확도와 손실 그래프
import matplotlib.pyplot as plt

acc = history.history['accuracy']              # 모델 학습 정확도를 acc에 저장
val_acc = history.history['val_accuracy']      # 모델 검증 정확도를 val_acc에 저장
loss = history.history['loss']                 # 모델 학습 손실을 loss에 저장
val_loss = history.history['val_loss']         # 모델 검증 손실을 val_loss에 저장
epochs_range = range(1, 17+1)                  # 에포크가 17회 수행을 반영

# 학습 정확도와 검증 정확도 그리기
plt.figure(figsize=(10, 5))
plt.subplot(1, 2, 1)
plt.plot(epochs_range, acc, label='Training Accuracy')
plt.plot(epochs_range, val_acc, label='Validation Accuracy')
plt.legend(loc='lower right')
plt.title('Training and Validation Accuracy')

# 학습 손실와 검증 손실 그리기
plt.subplot(1, 2, 2)
plt.plot(epochs_range, loss, label='Training Loss')
plt.plot(epochs_range, val_loss, label='Validation Loss')
plt.legend(loc='upper right')
plt.title('Training and Validation Loss')
plt.show()
```

【실행 결과】

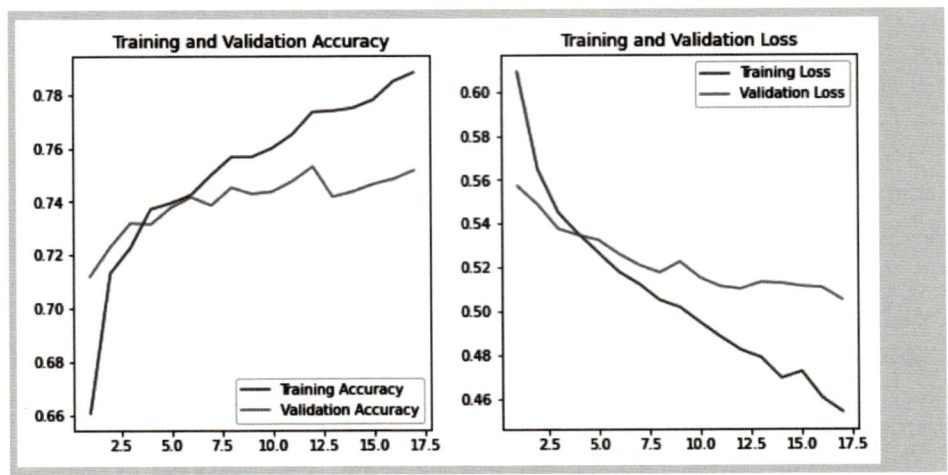

왼쪽 그래프를 보면 검증 정확도는 에포크 12회에서 최댓값을 갖습니다. 가장 높은 검증 정확도를 저장한 Ch4-NN1.tf에 에포크 12회일 때의 학습 결과가 담겨 있습니다. 우리가 필요한 것은 이 최적 모델의 가중치 계수입니다. 이를 model.load_weights를 통해 불러옵니다.

```
# model.fit() 실행 시 검증 정확도가 가장 높은 에포크 모델의 가중치 계수 불러오기
model.load_weights('Ch4-NN1.tf')
```

학습된 최적 모델을 테스트 데이터세트에 적용해서 모델을 평가(evaluate)합니다.

```
test_loss, test_accuracy = model.evaluate(X_test, y_test)
print("test accuracy:", test_accuracy)
```

【실행 결과】
```
321/321 [==============================] - 1s 2ms/step - loss: 0.5183 - accuracy: 0.7418
test accuracy: 0.7418032884597778
```

실행 결과를 보면 321/321로 학습을 321회 했습니다. 테스트 데이터세트 행 10,247개를 기본 배치값 32로 나누면 약 321회가 나옵니다. 즉, 기본 배치값이 32로 적용됐음을 알 수 있습니다. 테스트 데이터세트에 적용한 모델은 약 74.18%의 정확도를 보입니다.

이제 ROC AUC값을 구해보겠습니다. 사이킷런 분류 모델에서는 model.predict_prob 구문을 통해서 클래스(레이블)값 0과 1이 나올 확률을 구하고, 이 중에서 클래스 1이 나올 확률을 테스트 데이터세트의 원본 레이블과 함께 roc_auc_score에 투입하여 ROC AUC값을 구합니다.

그러나 tf.keras는 model.predict_prob 명령어를 없애고 model.predict 명령어로 통합했습니다. 또한 사이킷런의 predict 명령어는 클래스값을 출력하는 데 반해서 tf.keras의 model.predict는 다음과 같이 클래스 1이 나올 확률만 출력합니다.

```
y_prob = model.predict(X_test)
y_prob.round(2)
```

【실행 결과】
```
array([[0.3 ],
       [0.7 ],
       [0.7 ],
       ...,
       [1.  ],
       [0.33],
       [0.99]], dtype=float32)
```

그럼, 타깃 변수의 클래스값 1이 나올 확률인 y_prob을 테스트 데이터세트의 원본 레이블(y_test)과 함께 roc_auc_score에 투입하여 ROC AUC값을 구합니다.

```
from sklearn.metrics import roc_auc_score

y_prob = model.predict(X_test)
ROC_AUC = roc_auc_score(y_test, y_prob)
print("ROC AUC on test set:{:.5f}".format(ROC_AUC))
```

【실행 결과】
```
ROC AUC on test set:0.82188
```

ROC AUC값은 0.82188이 나왔습니다. 지금까지 구한 모델들의 성능 지표에 이를 추가합니다.

모델명	정확도	ROC AUC	순위
랜덤 포레스트	0.83265	0.90991	2
그레이디언트 부스팅	0.87812	0.94473	1
라쏘	0.72990	0.80693	4
신경망(tf.keras)	0.74180	0.82188	3

4.7.7 서포트 벡터 머신 모델

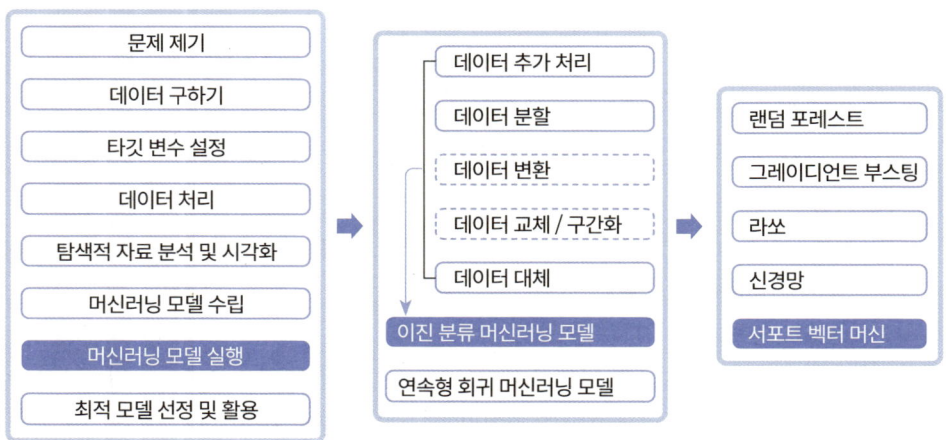

서포트 벡터 머신(Support Vector Machine, SVM) 모델은 2차원 평면에 흩뿌려진 점들을 구분 짓는 경계선 간의 간격(margin)이 최대로 되게 두 경계선을 그어서 각 클래스(0과 1 점들의 집합)로 구분하는 원리입니다.

만약 2차원 평면에서 직선으로 각 클래스 집단을 구분할 수 없을 경우에는 3차원으로 공간으로 차원을 확대하면 집단을 가르는 두께를 지닌 2차원 평면을 구할 수 있습니다. 3차원 이상의 데이터도 더 높은 차원(higher dimensions)에서 초평면(hyperplane)을 도입하는 방식으로 SVM 모델에 의한 분류가 가능합니다.

주피터 노트북에서 새롭게 노트북을 생성하고 SVM (2017).ipynb로 명명합니다. house-standard.csv를 불러온 후 사전 처리 코드를 실행합니다.

```python
import pandas as pd
import numpy as np

df = pd.read_csv('house-standard.csv')
df.shape
```

【실행 결과】
```
(20495, 93)
```

```python
data = df.drop(['VALP_B1'], axis=1)
target = df['VALP_B1']

# 50:50 데이터 분할
from sklearn.model_selection import train_test_split
X_train, X_test, y_train, y_test = train_test_split(
    data, target, test_size=0.5, random_state=42)

print("X_train shape:", X_train.shape)
print("X_test shape:", X_test.shape)
```

【실행 결과】
```
X_train shape: (10247, 92)
X_test shape: (10248, 92)
```

이제 SVM 기본 모델을 실행합니다. 단, ROC AUC값을 얻기 위해서는 SVM 모델의 estimator인 SVC에 probability=True를 추가해야 하는 것에 주의하기 바랍니다. 다음 SVM 기본 모델을 실행하는 코드는 런타임이 1분 40초 남짓 소요됩니다.

```python
# 서포트 벡터 머신(기본 모델)
from sklearn.svm import SVC
from sklearn.metrics import accuracy_score

clf_svm = SVC(kernel='rbf',C=1,gamma='auto',random_state=0,probability=True)
```

```
clf_svm.fit(X_train, y_train)
pred = clf_svm.predict(X_test)

print("Accuracy on training set:{:..5f}".format(clf_svm.score(X_train, y_train)))
print("Accuracy on test set:{:..5f}".format(accuracy_score(y_test, pred)))
```

【실행 결과】
```
Accuracy on training set:0.75349
Accuracy on test set:0.73488
```

SVM 모델은 linear, rbf, poly, sigmoid 이렇게 네 가지 커널을 가집니다. 규제 강도(regularization)를 나타내는 C값(default=1)과 rbf, poly, sigmoid의 커널 계수인 Gamma값(default='scale')을 변경해가면서 교차 검증과 모델 최적화를 위해 그리드 서치를 시도하겠습니다.

단, linear와 poly 커널은 시간이 과다하게 소요되어 그리드 서치 실행에서 제외합니다. 아울러 SVM 모델 실행에도 시간이 다소 걸리는 관계로 교차 검증 시 CV값을 5 대신 3으로 설정하여 실행 시간을 줄이겠습니다.

이제 학습을 하지 않은 SVM 기본 모델을 다시 수립한 후 그리드 서치 모델을 실행합니다. 커널 rbf와 sigmoid를 대상으로 0.0001부터 10까지 C값에 다양한 제약 조건을 넣겠습니다. 다음 두 번의 그리드 서치는 시간이 오래 걸리므로 C값과 Gamma값을 한두 개만 넣고 구동해보기 바랍니다. 먼저 다음과 같은 파라미터 조합으로 sigmoid 커널을 사용하면 약 240초가 소요됩니다.

```
# 서포트 벡터 머신(기본 모델)
clf_svm = SVC(kernel='rbf', C=1, gamma='auto', random_state=0, probability=True)

from sklearn.model_selection import GridSearchCV
from sklearn.model_selection import StratifiedKFold

# StratifiedKFold의 random_state 옵션값을 특정 숫자로 고정
cross_validation = StratifiedKFold(n_splits=3, shuffle=True, random_state=0)
params = {'kernel':['sigmoid'], 'C':[0.0001, 0.01, 1, 10],
          'gamma':['auto','scale']}
```

```python
grid_svm = GridSearchCV(clf_svm, param_grid=params, scoring='accuracy',
                        cv=cross_validation, n_jobs=-1)
grid_svm.fit(X_train, y_train)

print("GridSearchCV max accuracy:{:.5f}".format(grid_svm.best_score_))
print("GridSearchCV best parameter:", (grid_svm.best_params_))
```

【실행 결과】
```
GridSearchCV max accuracy:0.73641
GridSearchCV best parameter: {'C': 1, 'gamma': 'auto', 'kernel': 'sigmoid'}
```

그다음 rbf 커널은 약 320초의 런타임이 소요됩니다.

```python
# 서포트 벡터 머신(기본 모델)
clf_svm = SVC(kernel='rbf',C=1,gamma = 'auto',random_state=0,probability=True)

from sklearn.model_selection import GridSearchCV
from sklearn.model_selection import StratifiedKFold

# StratifiedKFold의 random_state 옵션값을 특정 숫자로 고정
cross_validation = StratifiedKFold(n_splits=3, shuffle=True, random_state=0)
params = {'kernel':['rbf'],  'C':[0.0001, 0.01, 1, 10],
          'gamma':['auto','scale']}

grid_svm = GridSearchCV(clf_svm, param_grid=params, scoring='accuracy',
                        cv= cross_validation, n_jobs=-1)
grid_svm.fit(X_train, y_train)

print("GridSearchCV max accuracy {:.5f}".format(grid_svm.best_score_))
print("GridSearchCV best parameter:", (grid_svm.best_params_))
```

【실행 결과】
```
GridSearchCV max accuracy:0.76110
GridSearchCV best parameter: {'C': 10, 'gamma': 'scale', 'kernel': 'rbf'}
```

두 그리드 서치의 실행 결과를 비교하면 최적 파라미터는 C=10, gamma=scale, kernel=rbf이고, 학습 데이터세트 내 교차 검증(CV=3)을 통한 정확도는 0.76110으로 판명되었습니다.

그리드 서치 최적 모델을 테스트 데이터세트에 적용한 결과는 다음과 같습니다.

```
best_clf = grid_svm.best_estimator_
pred = best_clf.predict(X_test)
print("Accuracy on test set:{:.5f}".format(accuracy_score(y_test, pred)))

from sklearn.metrics import roc_auc_score
ROC_AUC = roc_auc_score(y_test,best_clf.predict_proba(X_test)[:, 1])
print("ROC AUC on test set:{:.5f}".format(ROC_AUC))
```

【실행 결과】
```
Accuracy on test set:0.76883
ROC AUC on test set:0.84251
```

지금까지 실행한 모델들의 성능을 종합하면 다음과 같습니다.

모델명	정확도	ROC AUC	순위
랜덤 포레스트	0.83265	0.90991	2
그레이디언트 부스팅	0.87812	0.94473	1
라쏘	0.72990	0.80693	5
신경망(tf.keras)	0.74180	0.82188	4
서포트 벡터 머신	0.76883	0.84251	3

4.7.8 회귀 및 릿지 모델

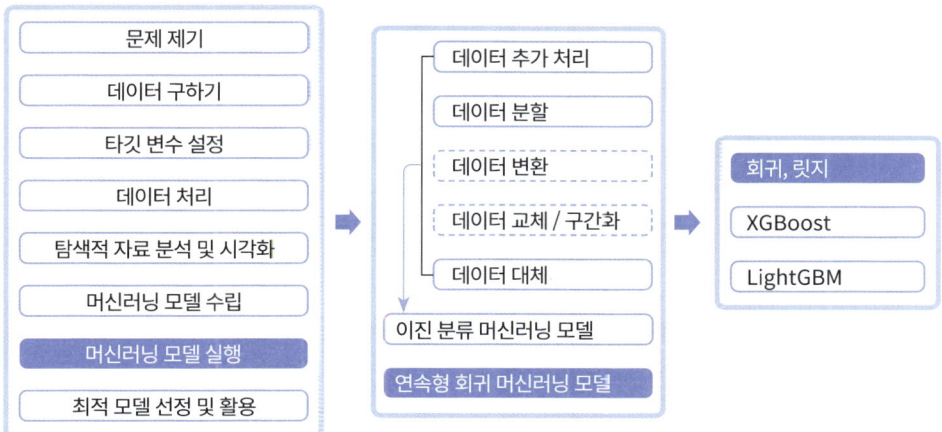

주피터 노트북에서 새롭게 노트북을 생성하고 Regression and Ridge (2017).ipynb로 명명합니다. 지금까지 이진값 타깃 변수를 가진 분류 문제를 다뤘는데, 이제부터는 주택 가격 데이터세트가 가지고 있는 연속형 타깃 변수인 주택 가격(VALP)을 이용해 연속형 타깃 변수 회귀 모델들을 다뤄보겠습니다.

앞에서 스케일 조정을 하면서 서로 만들었던 데이터세트를 다시 살펴보겠습니다.

타깃 변수	스케일 조정 방법		
	변경 없음	StandardScaler 표준화	로그 변환
연속형 타깃 변수 VALP	house-unscaled-VALP.csv	house-standard-VALP.csv	house-log-VALP.csv

위의 표처럼 연속형 타깃 변수(VALP)를 갖고 있는 데이터세트는 스케일 조정을 하지 않은 house-unscaled-VALP.csv, StandardScaler 표준화 처리를 거친 house-standard-VALP.csv, 그리고 로그 변환을 거친 house-log-VALP.csv 파일이 있습니다.

주피터 노트북에서 데이터 스케일 변환을 하지 않은 데이터세트인 house-unscaled-VALP.csv를 불러와서 회귀(regression) 모델과 릿지(ridge) 모델을 수립하고 실행하겠습니다. 다른 두 개의 데이터세트인 house-standard-VALP.csv와 house-log-VALP.csv 파일에 대한 코딩은 지금부터 설명하는 코드를 그대로 사용하되, 맨 처음에 데이터세트를 불러오는 부분만 바꿔주면 됩니다.

> **회귀, 릿지, 라쏘 모델**
>
> 회귀 문제는 역사적으로 연속형 타깃 변수를 대상으로 출발했습니다. 따라서 특별한 언급이 없으면 회귀 문제는 연속형 타깃 변수를 가진 데이터세트를 대상으로 분석합니다. 이러한 회귀 개념을 구현한 모델이 회귀 모델입니다. 회귀 모델에 L2 규제를 걸어주면 릿지 모델이 되고, L1 규제를 걸어주면 라쏘 모델이 됩니다.
>
> 연속형 타깃 변수를 가진 데이터세트에서 사이킷런 회귀 모델의 estimator는 LinearRegression입니다. 연속형 타깃 변수 릿지 모델과 라쏘 모델 각각의 사이킷런 estimator는 Ridge와 Lasso입니다.
>
> 참고로 이진값 타깃 변수를 가진 분류 문제에서도 릿지 모델과 라쏘 모델을 적용할 수 있는데, 이때는 사이킷런 로지스틱 회귀 모델의 estimator인 LogisticRegression의 파라미터 중 penalty값을 L2 혹은 L1으로 입력하면 됩니다.

데이터 스케일 변환을 하지 않은 데이터세트인 house-unscaled-VALP.csv를 불러옵니다.

```
import pandas as pd
import numpy as np

df = pd.read_csv('house-unscaled-VALP.csv')
df.shape
```

【실행 결과】
```
(20495, 93)
```

입력 변수로 구성된 data와 타깃 변수로 구성된 target을 구성하고 5:5 데이터 분할을 실행합니다.

```
data = df.drop(['VALP'], axis=1)
target = df['VALP']
```

```python
# 50:50 데이터 분할
from sklearn.model_selection import train_test_split
X_train, X_test, y_train, y_test = train_test_split(
    data, target, test_size=0.5, random_state=42)

print("X_train shape:", X_train.shape)
print("X_test shape:", X_test.shape)
```

【실행 결과】
```
X_train shape: (10247, 92)
X_test shape: (10248, 92)
```

회귀 모델을 다음과 같이 설정하고 수행합니다. 성능 평가 지표로는 결정계수 R^2(R-squared)를 사용하겠습니다.

 / 결정계수 R^2

R^2의 정의는 모델에 의해서 설명된 분산을 전체 분산으로 나눈 것입니다. 즉, R^2는 타깃 변수의 전체 분산에서 모델이 설명하는 타깃 변수의 분산 비율입니다. 회귀 모델에도 성능 지표가 여러 개 있지만, 결정계수 R^2를 쓰는 이유는 결정계숫값의 크기 자체로 회귀 모델의 우수성을 판별할 수 있기 때문입니다. 탐색적 접근에서는 결정계수 R^2가 최소 0.6에 근접해야 좋고, 통상적으로 0.7은 돼야 좋은 모델이라고 할 수 있습니다.

```python
# 선형 회귀 모델(기본 모델)
from sklearn.linear_model import LinearRegression
from sklearn.metrics import r2_score

linr = LinearRegression(n_jobs=-1)
model = linr.fit(X_train, y_train)
pred = model.predict(X_test)

print("Training set score:{:.5f}".format(model.score(X_train, y_train)))
print("Regression Test set r2 score:{:.5f}".format(r2_score(y_test, pred)))
```

【실행 결과】
```
Training set score:0.34406
Test set r2 score:0.33370
```

테스트 데이터세트에서의 결정계수 R^2가 0.34406, 즉 0.5보다 훨씬 낮은 값이 나왔습니다. 이런 모델은 설명력이 약해서 활용도가 떨어집니다. 이는 우리 모델에 변수가 너무 많아서 차원의 저주(curse of dimensionality)에 빠져 연속형 타깃 변수인 주택 가격(VALP)을 잘 설명하지 못하고 있다는 증거입니다.

그렇다면 정확히 무엇 때문에 이렇게 결정계수 R^2값이 낮은지 알아보기 위해서 테스트 데이터세트에 타깃 변수(VALP)를 담고 있는 변수인 y_test와 모델이 예측해 낸 pred값의 산포도를 그려보겠습니다.

y_test는 데이터프레임 형식입니다. 기존의 행 인덱스는 순서가 임의로 정해져 있으므로 reset_index(drop=True) 명령어로 행 인덱스를 깔끔하게 정리합니다. pred는 넘파이 배열 형태이기 때문에 pd.DataFrame으로 데이터프레임 형식으로 바꿔줍니다. 그리고 두 데이터프레임을 pd.concat을 사용해 가로 방향(axis=1)으로 병합합니다.

```
import seaborn as sns

final_result = pd.concat([y_test.reset_index(drop=True), pd.DataFrame(pred)], axis=1)
final_result.columns = ['y_test','pred']
sns.regplot(x='y_test', y='pred', data=final_result);
```

【실행 결과】

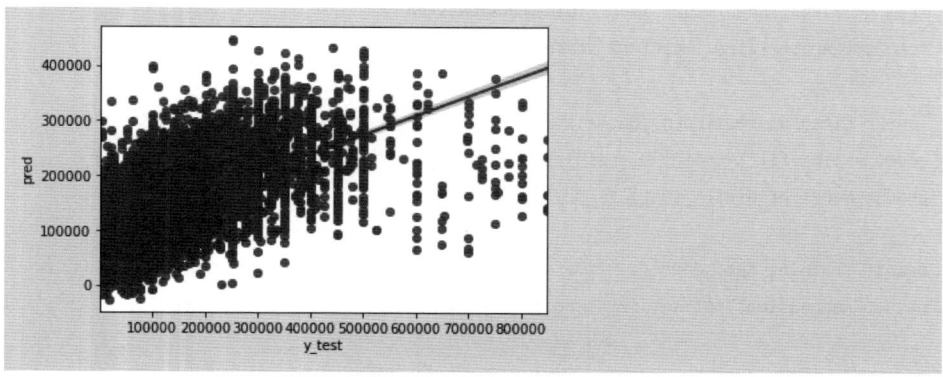

이처럼 시본 라이브러리의 regplot은 데이터의 산포도를 그려줄 뿐 아니라 회귀선까지 같이 그려줘서 편리합니다. 산포도를 보면 실제 타깃 변수 분포인 y_test의 값이 60만 달러보다 큰 영역에 있을 때, 모델이 예측한 타깃 변숫값 pred는 회귀선보다 대부분 낮은 곳에 위치합니다. 회귀선이 이 부분에 대한 설명력이 약하기 때문에 결정계수 R^2값을 떨어뜨리고 있는 것으로 보입니다.

이제는 사이킷런 라이브러리에서 릿지 모델 estimator인 Ridge를 불러와서 실행해보겠습니다. 위에서 이미 데이터 분할까지 실행했으므로 여기서는 다음 코드만 실행하면 됩니다.

```python
# 릿지 모델(기본 모델)
from sklearn.linear_model import Ridge
from sklearn.metrics import r2_score

Ridge = Ridge()
model = Ridge.fit(X_train, y_train)
pred = model.predict(X_test)

print ("Training set score:{:.5f}".format(model.score(X_train, y_train)))
print ("Test set score:{:.5f}".format(r2_score(y_test, pred)))
```

【실행 결과】
```
Training set score:0.34405
Test set score:0.33378
```

릿지 모델의 테스트 데이터세트에서의 결정계수 R^2를 더 향상시키기 위해 학습하지 않은 릿지 모델을 새롭게 생성하고 그리드 서치를 실행하겠습니다. alpha값은 Ridge 모델의 계수 크기를 제약하는 강도를 의미하며, 값이 클수록 제약 강도가 세고 기본값은 1입니다. 이를 다양한 값으로 설정하겠습니다. 아울러 릿지 모델이 사용할 수 있는 파라미터 solver의 값도 모두 넣겠습니다.

```python
# 릿지 모델(기본 모델)
from sklearn.linear_model import Ridge
from sklearn.model_selection import GridSearchCV
```

```
Ridge = Ridge()
params = {'alpha':[0.001, 0.01, 0.1, 1, 10, 100, 1000],'solver':['auto', 'svd',
          'lsqr', 'cholesky','sparse_cg','sag','saga','lbfgs']}

grid_Ridge = GridSearchCV(Ridge, param_grid=params, scoring='r2', cv=5,
                          n_jobs=-1, verbose=1)
grid_Ridge.fit(X_train, y_train)

print("GridSearchCV max score:{:.5f}".format(grid_Ridge.best_score_))
print("GridSearchCV best parameter:", (grid_Ridge.best_params_))
```

【실행 결과】
```
Fitting 5 folds for each of 56 candidates, totalling 280 fits
GridSearchCV max score:0.33139
GridSearchCV best parameter: {'alpha': 10, 'solver': 'svd'}
```

최적 alpha는 10, 최적 solver는 svd로 판명되었습니다. 다만 그리드 서치의 교차 검증 과정에서 데이터세트 분할이 다르게 될 수 있습니다. 따라서 최적 solver값이 다르게 나오기도 함에 유의하기 바랍니다.

테스트 데이터세트의 입력 변수를 그리드 서치 최적 모델에 넣어서 y_test에 대한 예측값을 생성하고, R^2값을 출력합니다.

```
best_clf = grid_Ridge.best_estimator_
pred = best_clf.predict(X_test)

print("R2 Score on test set:{:.5f}".format(best_clf.score(X_test, y_test)))
```

【실행 결과】
```
R2 Score on test set:0.33410
```

결정계수 R^2값은 0.33410으로 나왔습니다. 성능 지표로 보았을 때 회귀 모델과 릿지 모델은 연속형 타깃 변수인 주택 가격(VALP)에 대한 설명력이 턱없이 부족합니다. 참고로 분류 모델에서 구했던 성능 지표 ROC AUC값은 연속 변수 회귀 모델에는 적용되는 개념이 아니기에 여기서는 구할 수 없습니다.

지금까지 데이터 스케일 변환을 하지 않은 데이터세트를 가지고 회귀 모델과 릿지 모델을 돌려봤습니다. 아울러 StandardScaler로 표준화한 데이터세트와 로그 변환 데이터세트를 각기 불러와서 회귀 모델과 릿지 모델을 실행한 결과는 아래 표에 있으니 직접 실행해보고 비교하기 바랍니다.

모델명	스케일 조정 방법에 따른 R^2값		
	스케일 변경 없음	StandardScaler 표준화	로그 변환
회귀 모델	0.33378	0.33367	0.28755
릿지 모델	0.33410	0.33415	0.28864

예상과는 달리, 스케일 조정이 없는 데이터세트로 실행한 회귀 모델 및 릿지 모델의 성능이 StandardScaler로 표준화한 데이터세트로 실행한 두 모델의 성능과 비슷한 결과를 냅니다. 그러나 이론적으로는 거리 기반의 모델에서는 스케일 조정을 한 데이터세트를 이용하는 것을 추천합니다.

참고로 로그 변환 데이터세트의 머신러닝 성능은 이에 비하면 한참 뒤떨어지는데, 이것은 우리가 사용한 데이터 특성에 기반한 것이기 때문에 일반적으로 로그 변환 데이터세트의 머신러닝 성능이 뒤떨어진다고 단언할 수는 없습니다.

4.7.9 XGBoost 모델

프로젝트 흐름도

주피터 노트북에서 새롭게 노트북을 생성하고 XGB and LGB (2017).ipynb로 명명한 뒤 XGBoost 모델을 구축하고 실행하겠습니다. 우리는 앞에서 그레이디언트 부스팅을 이용해 분류 문제를 다뤄본 적이 있습니다. XGBoost 모델은 부스팅 방식에 속하는 그레이디언트 부스팅 모델을 발전시킨 것입니다. XGBoost는 그레이디언트 부스팅 모델에 규제를 더 가해 과적합을 방지하고, 더 나은 성능을 냅니다. 아울러 그레이디언트 부스팅 모델을 병렬로 학습할 수 있게 한 모델입니다.

결정 트리 기반의 모델들은 분류 문제뿐만 아니라 회귀 문제에도 적용할 수 있습니다. 따라서 약한 학습기(기본 모델)로 결정 트리 모델을 쓰는 XGBoost 모델도 회귀 문제에 적용할 수 있습니다. 사이킷런에서는 이를 위해 XGBRegressor를 제공합니다.

그럼 XGBoost와 다음 절에서 필요한 LightGBM을 설치하겠습니다. 참고로 주피터 노트북이나 macOS에서 설치가 정상적으로 작동하지 않을 수 있습니다. 이럴 경우에는 웹 클라우드 환경인 구글 코랩을 사용하기 바랍니다. 설치를 완료하고 나면 커널을 재시작합니다.

```
pip install xgboost
pip install lightgbm
# 위의 코드로 설치되지 않는다면 conda install -c conda-forge lightgbm으로 설치
```

트리 계열의 모델은 범주형 변수를 더미 변수로 바꾸지 않고 그 자체로 처리할 수 있으며, 데이터 스케일 조정이 필요 없어서 연속형 타깃 변수 회귀 모델에 비해 데이터 처리가 적습니다.

여기서는 이러한 트리 계열 모델에 사용하기 위해 만들어 둔 데이터세트인 2017DC1-all.csv 파일을 사용하겠습니다. 이 파일은 연속형 타깃 변수(VALP)와 이진값 타깃 변수(VALP_B1)를 모두 포함하고 있습니다. 먼저, 2017DC1-all.csv 파일을 불러와서 XGBRegressor를 수행하기 위해 필요한 라이브러리와 데이터세트를 불러옵니다.

```
import pandas as pd
import numpy as np
import matplotlib.pyplot as plt
import seaborn as sns
from xgboost import XGBRegressor
```

```python
from lightgbm import LGBMRegressor

df = pd.read_csv('2017DC1-all.csv')
df.shape
```

【실행 결과】
(20495, 31)

데이터프레임 df의 컬럼을 확인해보겠습니다.

```python
df.head(3)
```

【실행 결과】

	ACCESS	ACR	AGEP	BATH	BDSP	BLD	CCW	ELEP	FESRP	FKITP	...	R18	R65	RAC1P	RMSP	RWAT	SCH	SCHL	SEX	VALP	VALP_B1
0	1.0	1.0	74	1.0	3.0	2.0	0	140.0	0	0.0	...	0.0	1.0	1	5.0	1.0	1	21	2	200000.0	1.0
1	1.0	3.0	46	1.0	3.0	2.0	1	280.0	0	0.0	...	0.0	0.0	1	6.0	1.0	1	16	2	850000.0	1.0
2	1.0	3.0	45	1.0	3.0	2.0	1	280.0	0	0.0	...	0.0	0.0	1	6.0	1.0	1	16	1	850000.0	1.0

3 rows × 31 columns

데이터프레임에 있는 마지막 두 컬럼이 VALP와 VALP_B1인 것을 알 수 있습니다. 이 절에서는 연속 변수 타깃에 대한 XGBRegressor 모델을 구축할 것이므로 불필요한 이진값 타깃 변수 VALP_B1을 제거합니다.

```python
# 이진값 타깃 변수 VALP_B1을 제외
df.drop(['VALP_B1'], axis=1, inplace=True)
df.shape
```

【실행 결과】
(20495, 30)

데이터프레임의 컬럼 수가 하나 줄어서 30개가 되었습니다. 이는 4.7.3 랜덤 포레스트 모델부터 4.7.4 그레이디언트 부스팅 모델에 쓰인 데이터세트의 컬럼 수와 동일합니다. 다만 타깃 변수가 이진값 타깃 변수인 VALP_B1에서 연속 타깃 변수인 VALP로 바뀌었다는 점만 다릅니다. 이제 입력 변수와 타깃 변수를 나누고, 데이터를 분할합니다.

```
data = df.drop(['VALP'], axis=1)
target = df['VALP']

from sklearn.model_selection import train_test_split
X_train, X_test, y_train, y_test = train_test_split(
    data, target, test_size=0.5, random_state=42)
```

XGBRegressor 기본 모델을 실행합니다.

```
# 기본 XGBRegressor 모델
from sklearn.metrics import r2_score

xgb = XGBRegressor(random_state=0)
xgb.fit(X_train, y_train)
pred = xgb.predict(X_test)

print('r2: {0:.5f}'.format(r2_score(y_test, pred)))
```

【실행 결과】
```
r2: 0.53065
```

와우! 기본 모델을 실행한 결과, 회귀 모델과 릿지 모델보다 결정계수 R^2값이 대폭 상승했습니다. 이렇게 성능 지표가 쑥쑥 올라가면 머신러닝을 실행하는 입장에서 보람을 느낍니다. 다음은 그리드 서치를 통해 XGBRegressor의 파라미터를 최적화합니다.

```
from sklearn.model_selection import GridSearchCV

xgb = XGBRegressor()
parameters = {'colsample_bytree': [0.7],
              'learning_rate': [0.05],
              'max_depth': [16],
              'min_child_weight': [4],
              'n_estimators': [1000],
              'subsample': [0.8, 0.9]
              }
xgb_grid = GridSearchCV(xgb,
                        parameters,
                        scoring='r2',
```

```
                    cv=3,
                    n_jobs=-1,
                    verbose=True)
xgb_grid.fit(X_train, y_train)
```

XGBRegressor는 실행 시간이 오래 걸리는 관계로 여러 조합의 파라미터값들을 미리 그리드 서치에 넣어서 성능을 확인한 뒤 얻은 값들을 그리드 서치에 입력했습니다. XGBRegressor의 파라미터, 즉 그리드 서치의 하이퍼파라미터에 대한 설명은 다음과 같습니다.

- colsample_bytree: 약한 학습기인 각각의 트리를 구축할 때 입력 데이터 컬럼(변수)을 샘플링하는 비율
- learning_rate: 학습률
- max_depth: 약한 학습기로서의 트리가 최대한 뻗을 수 있는 뎁스
- min_child_weight: 트리의 자녀 노드(child)에 필요한 최소한의 데이터 가중치(instance weight)
- n_estimators: 약한 학습기로서의 트리 개수
- subsample: 학습 데이터 샘플링 비율

아울러 그리드 서치에서 scoring='r2'로 설정함으로써 검증(validation) 데이터세트에서 최대의 결정계수 R^2를 산출하는 파라미터 조합을 찾게 합니다. 그리고 시간 소요를 줄이기 위해 GridSearchCV에서의 교차 검증 횟수인 cv값을 3으로 주었습니다. 이 과정을 통해 구해진 최적 파라미터는 다음과 같습니다.

```
print('GridSearchCV 최적 파라미터:', xgb_grid.best_params_)
```

【실행 결과】
```
GridSearchCV 최적 파라미터: { colsample_bytree': 0.7, 'learning_rate': 0.05, 'max_depth': 16, 'min_child_weight': 4, 'n_estimators': 1000, 'subsample': 0.9}
```

그리드 서치 최적 모델에 테스트 데이터세트를 넣어 타깃 변수의 값을 예측합니다. 그리고 이를 바탕으로 결정계수 R^2를 구합니다.

```
model = xgb_grid.best_estimator_
pred = model.predict(X_test)

print('r2: {0:.5f}'.format(r2_score(y_test, pred)))
```

【실행 결과】
```
r2: 0.65092
```

결정계수 R^2값이 0.65092로 나왔습니다. XGBRegressor에 대한 그리드 서치 최적화로 인해 지금까지 실행해본 모델 중에서 가장 높은 결정계수 R^2값을 구했습니다.

모델명	스케일 조정 방법에 따른 R^2값		
	스케일 변경 없음	StandardScaler 표준화	로그 변환
회귀 모델	0.33378	0.33367	0.28755
릿지 모델	0.33410	0.33415	0.28864
XGBoost 모델	0.65092		

편리하게도 XGBoost 모델은 변수 중요도를 그래프로 그려주는 plot_importance 기능을 별도로 가지고 있습니다. 이를 이용해서 변수 중요도를 그려보겠습니다.

```
from xgboost import plot_importance

plot_importance(model, max_num_features=10);
```

【실행 결과】

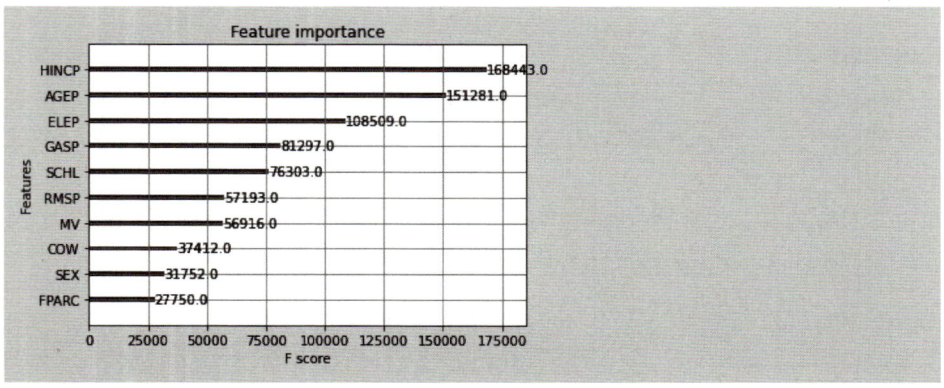

앞의 코드에서 max_num_features 파라미터는 그래프에 출력할 변수의 개수를 정합니다. 우리 데이터세트는 타깃 변수를 제외하고 총 29개 입력 변수가 있는데, max_num_features 파라미터를 제거해서 모든 변수를 그래프로 그리면 한정된 그래프 공간에 너무 많은 변수가 출력돼서 가독성이 떨어집니다.

맷플롯립의 plt.subplots 기능을 사용해 그래프 크기를 확대하면 이를 해결할 수 있습니다.

```
from xgboost import plot_importance
import matplotlib.pyplot as plt
%matplotlib inline

fig, ax = plt.subplots(figsize=(8, 10))
plot_importance(model, ax=ax);
```

【실행 결과】

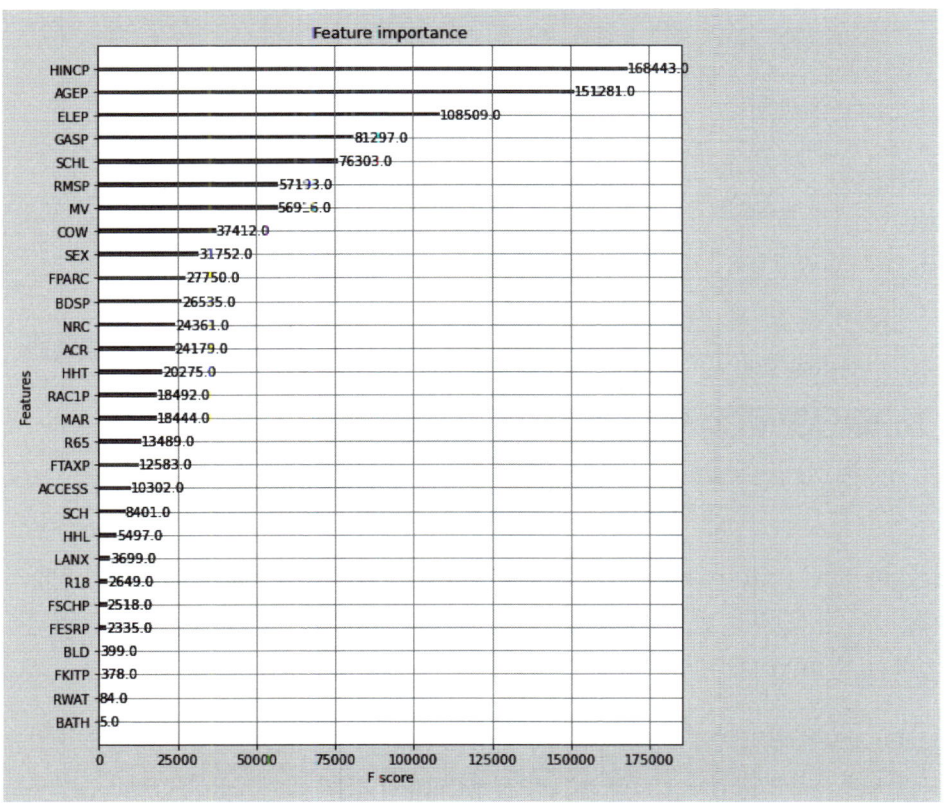

추가로, 앞 절에서 사용한 데이터세트인 house-unscaled-VALP.csv 파일로도 XGBRegressor 모델을 구축하고 최적화해보겠습니다. 이는 회귀와 릿지 모델과 동일한 데이터세트를 사용했을 때 XGBRegressor 모델의 성능을 비교하기 위함입니다.

이 데이터세트는 더미 변수로 만든 범주형 변수를 담고 있습니다. 지금까지의 코드에서 불러오는 데이터세트를 house-unscaled-VALP.csv로 바꾸고 df.drop 구문만 제외하고 실행하면 결정계수 R^2값으로 0.65615를 얻습니다.

여기서는 결과적으로 범주형 변수를 더미 변수화한 데이터세트가 조금 더 나은 결정계수 R^2 값을 보이지만, 이론적으로 트리 계열 모델에서 범주형 변수의 더미 변수화가 꼭 필요한 조치는 아닙니다.

4.7.10 LightGBM 모델

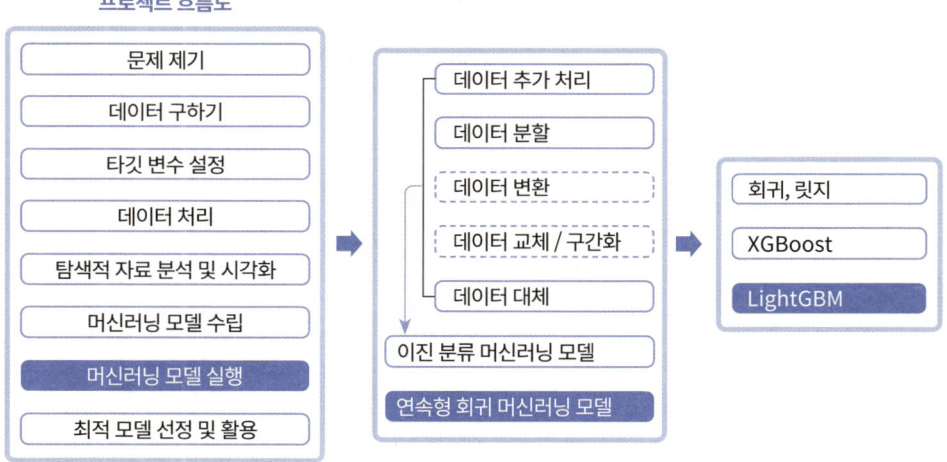

LightGBM은 XGBoost를 개선한 모델입니다. XGBoost 모델이 그레이디언트 부스팅 모델을 개선한 모델이지만, XGBoost 모델도 제법 긴 실행 시간이 소요됩니다. 이를 개선한 것이 LightGBM 모델입니다.

LightGBM은 트리를 성장시킬 때 대칭이 아닌 비대칭으로 성장하기 때문에 학습 시간을 대폭 단축시키고 작업에 필요한 메모리를 절감합니다. 실제로 대용량 데이터로 실행해보면 LightGBM 모델이 XGBoost 모델보다 훨씬 빨리 실행되는 것을 체감할 수 있습니다. XGBoost와 LightGBM 두 모델이 트리를 성장시키는 방법은 다음 그림과 같습니다.

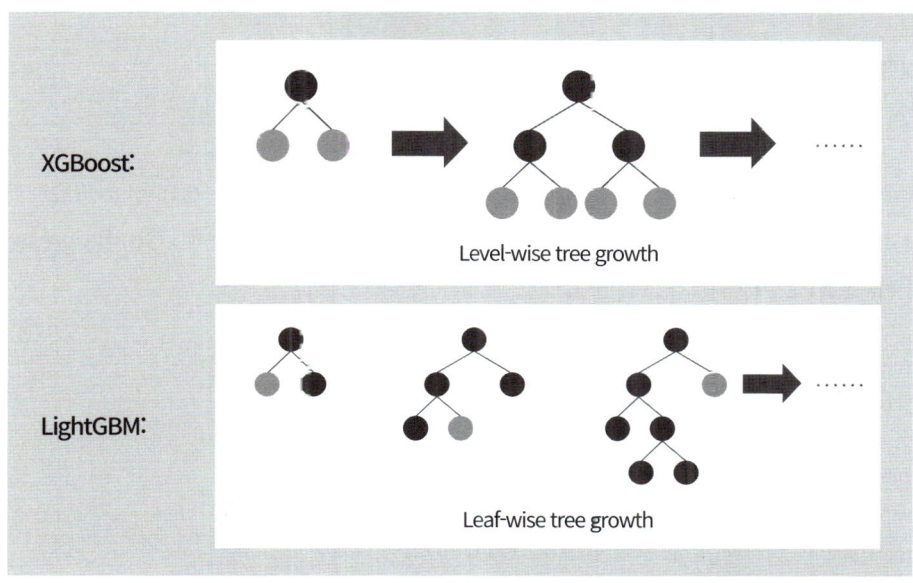

LightGBM도 결정 트리 기반 모델이므로 분류 문제뿐만 아니라 회귀 문제에도 적용할 수 있습니다. 사이킷런에서는 이를 위한 estimator로써 LGBMRegressor를 제공합니다. 트리 계열의 모델은 데이터 스케일 조정과 범주형 변수의 더미 변수화가 필요하지 않기 때문에 앞 절에서 사용한 2017DC1-all.csv를 그대로 이용하겠습니다.

2017DC1-all.csv는 이진값 타깃 변수(VALP)를 제거하고 학습 데이터세트와 테스트 데이터세트로 분할하는 사전 처리가 이미 이루어졌기 때문에 여기서는 바로 LGBMRegressor 기본 모델을 구축하고 실행하겠습니다. XGBoost와 LightGBM은 같은 뿌리에서 나온 모델이라서 연달아 실행하고 결과를 비교해보는 것이 좋은 습관입니다.

```
# LGBMRegressor 기본 모델
from lightgbm import LGBMRegressor
from sklearn.metrics import r2_score

lgb = LGBMRegressor(random_state=0)
```

```
lgb.fit(X_train, y_train)
pred = lgb.predict(X_test)

print('r2: {0:.5f}'.format(r2_score(y_test, pred)))
```

【실행 결과】
```
r2: 0.46083
```

LGBMRegressor 기본 모델을 실행해서 결정계수 R^2값으로 0.46083을 얻었습니다. XGBRegressor 모델보다는 낮은 값입니다. 다음은 그리드 서치를 통해 LGBMRegressor의 파라미터를 최적화해보겠습니다.

```
from sklearn.model_selection import GridSearchCV
from lightgbm import LGBMRegressor

lgb = LGBMRegressor()
parameters = {'colsample_bytree': [0.7, 0.8],
              'learning_rate': [0.1, 0.15, 0.2],
              'max_depth': [11],
              'min_child_weight': [4],
              'n_estimators': [1000],
              'subsample': [0.3, 0.4]
              }
lgb_grid = GridSearchCV(lgb,
                        parameters,
                        scoring='r2',
                        cv=3,
                        n_jobs=-1,
                        verbose=True)
lgb_grid.fit(X_train, y_train)
```

여기서도 여러 조합의 파라미터값을 미리 그리드 서치에 넣어서 성능을 확인해본 뒤에 파라미터값을 입력했습니다. 그리드 서치에서 scoring='r2'로 설정했고, 교차 검증 횟수인 cv값을 3으로 주었습니다. 최적 파라미터는 다음과 같습니다.

```
print('GridSearchCV 최적 파라미터:', lgb_grid.best_params_)
```

【실행 결과】
```
GridSearchCV 최적 파라미터: {'colsample_bytree': 0.7, 'learning_rate': 0.1, 'max_depth': 11, 'min_child_weight': 4, 'n_estimators': 1000, 'subsample': 0.3}
```

그리드 서치 최적 모델에 테스트 데이터세트를 넣어 타깃 변수의 값을 예측합니다. 그리고 이를 바탕으로 결정계수 R^2를 구합니다.

```
model = lgb_grid.best_estimator_
pred = model.predict(X_test)

print('r2: {0:.5f}'.format(r2_score(y_test, pred)))
```

【실행 결과】
```
r2: 0.55647
```

결정계수 R^2값이 0.55647이 나왔습니다. 그리드 서치에 의한 최적화 결과, LGBMRegressor 모델은 XGBRegressor 모델보다는 낮은 결정계수 R^2값을 도출하지만 회귀 모델과 릿지 모델보다는 월등히 높은 성능을 보입니다.

지금까지 모델들의 성능을 표로 종합하겠습니다. 추가로 회귀 모델 및 릿지 모델에 사용한 house-unscaled-VALP.csv 데이터세트로 LGBMRegressor 모델을 최적화한 결과는 0.56425입니다.

모델명	스케일 조정 방법에 따른 R^2값		
	변경 없음	StandardScaler 표준화	로그 변환
회귀 모델	0.33378	0.33367	0.28755
릿지 모델	0.33410	0.33415	0.28864
XGBoost 모델	0.65092		
LightGBM 모델	0.55647		

결과적으로 범주형 변수를 더미 변수화한 데이터세트가 조금 더 나은 결정계수 R^2값을 보이지만, 이론적으로 트리 계열 모델에서 범주형 변수의 더미 변수화는 꼭 필요한 조치가 아니라는 점을 다시 한번 유념하기 바랍니다.

아울러 LightGBM 모델도 변수 중요도를 그래프로 그려주는 plot_importance 기능이 있습니다. 이를 이용해서 변수 중요도를 그려보겠습니다.

```
from lightgbm import plot_importance
import matplotlib.pyplot as plt
%matplotlib inline

fig, ax = plt.subplots(figsize=(8, 10))
plot_importance(model, ax=ax);
```

【실행 결과】

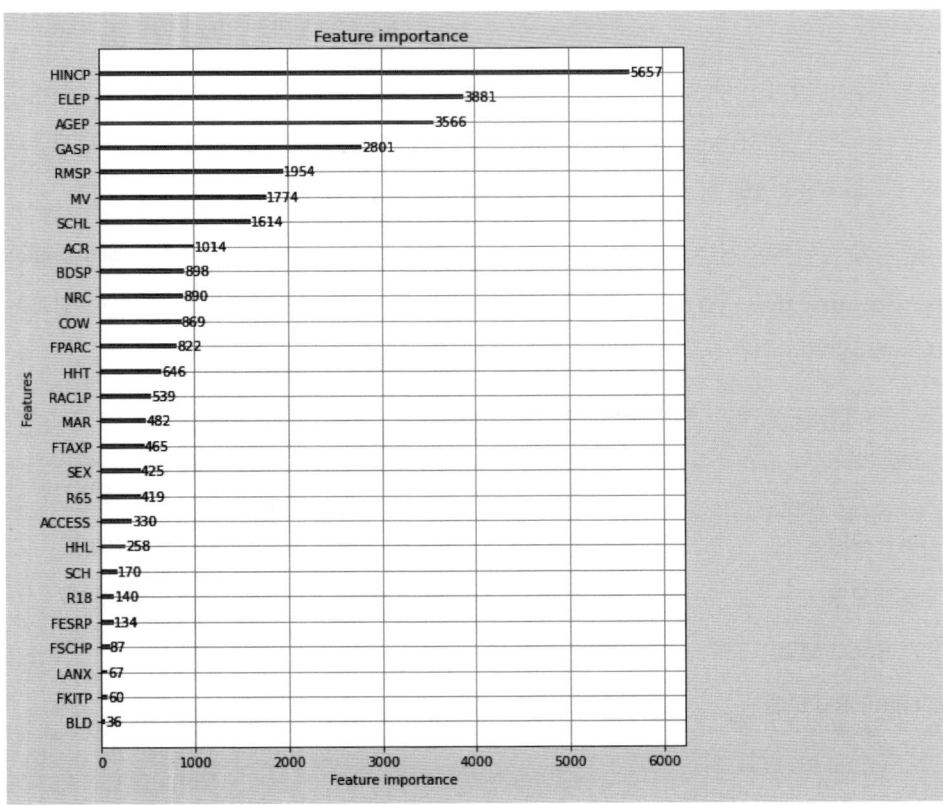

랜덤 포레스트와 그레이디언트 부스팅 모델은 각기 개별 모델 안에 앙상블 프로세스를 내재화한 모델입니다. XGBoost 모델과 LightGBM 모델도 그렇습니다. 연속 변수 타깃 분류 문제에서는 여러 모델의 예측 결과를 평균 혹은 가중 평균하는 방법으로 추가적인 앙상블을 시도할 수 있습니다.

2017DC1-all.csv 데이터세트를 가지고 실행한 XGBoost 모델과 LightGBM 모델의 예측값(pred)을 가중 평균하는 앙상블 기법을 살펴보겠습니다. 각 모델의 그리드 서치 최적 모델 예측값을 pred_xgb와 pred_lgb 변수에 담습니다.

```
model_xgb = xgb_grid.best_estimator_
pred_xgb = model_xgb.predict(X_test)

model_lgb = lgb_grid.best_estimator_
pred_lgb = model_lgb.predict(X_test)
```

그리고 pred_xgb와 pred_lgb의 평균을 새로운 pred 변수에 담고 결정계수 R^2값을 도출합니다.

```
from sklearn.metrics import r2_score

pred = 0.5*pred_xgb + 0.5*pred_lgb
print('r2: {0:.5f}'.format(r2_score(y_test, pred)))
```

【실행 결과】
```
r2: 0.62143
```

5:5 가중치를 둔 평균으로 만든 앙상블 기법은 XGBoost의 R^2값인 0.65092를 넘지 못합니다. 이는 앙상블 기법에 문제가 있는 것이 아니라 앙상블을 구성하는 두 모델 중 하나인 LightGBM의 성능이 상당히 떨어져서 앙상블이 별 효과를 못 보는 것입니다. 만약 두 모델의 성능이 엇비슷하다면 앙상블로 인해 성능 향상을 볼 수 있을 것입니다.

이번에는 두 모델 중 성능이 더 좋은 XGBRegressor의 가중치를 높여 9:1 가중치의 평균 앙상블 결과를 출력하겠습니다.

```
pred = 0.95*pred_xgb + 0.05*pred_lgb
print('r2: {0:.5f}'.format(r2_score(y_test, pred)))
```

【실행 결과】
```
r2: 0.64957
```

성능이 향상되었지만 아직도 XGBoost 단일 모델 자체의 성능에는 미치지 못합니다. 이처럼 여러 모델을 이용해 앙상블 기법을 시도해 보는 것이 바람직합니다.

4.8 그래서 주택 가격은 얼마일까?

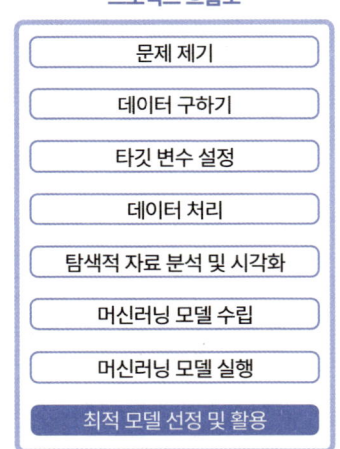

이제 종합적으로 전체 모델의 성능을 비교해보겠습니다. 주택 가격의 높고 낮음으로 구분한 이진값 타깃 변수(VALP_B1)를 예측하는 분류 모델에서는 그레이디언트 부스팅 모델이 최고의 성능을 보인 챔피언 모델입니다.

모델명	정확도	ROC AUC	순위
랜덤 포레스트	0.83265	0.90991	2
그레이디언트 부스팅	0.87812	0.94473	1
라쏘	0.72990	0.80693	5
신경망(tf.keras)	0.74180	0.82188	4
서포트 벡터 머신	0.76883	0.84251	3

아울러 연속형 타깃 변수인 주택 가격을 예측하는 회귀 모델에서는 XGBoost 모델이 최고의 성능을 보인 챔피언 모델입니다.

모델명	스케일 조정 방법에 따른 R^2값		
	변경 없음	StandardScaler 표준화	로그 변환
회귀 모델	0.33378	0.33367	0.28755
릿지 모델	0.33410	0.33415	0.28864
XGBoost 모델	0.65092		
LightGBM 모델	0.55647		

주어진 자료로 여러 모델을 실행해보고, 분류 문제와 회귀 문제에서 각기 최적 모델을 선정하였습니다. 이게 데이터 분석 프로젝트의 끝일까요? 아닙니다. 가장 중요한 해석 및 활용 단계가 남아있습니다. 약간의 상상력이 있으면 더욱 흥미진진한 단계입니다. 회사에서라면 상사에게 보일 결과 보고서에 꼭 들어가야 하는 내용이기도 합니다.

최적 모델 해석

최적 모델을 선정하고 보고할 때는 우선 성능 지표인 정확도와 ROC AUC값, 결정계수 R^2에 대해 명확하게 설명할 수 있어야 합니다. 첫째, 정확도는 이진값 분류 모델에서 모델이 타깃 변수를 예측한 값과 실제 타깃 변숫값이 일치할 확률입니다. 즉, 테스트 데이터세트 타깃 변수의 실제값이 1일 때 모델의 예측값도 1이고, 타깃 변수의 실제값이 0일 때 모델의 예측값도 0일 확률입니다.

타깃 변수의 0과 1값이 5:5 비율에 근접한 균형 잡힌 분포라면 문제가 없는데, 예를 들어 9:1의 불균형 분포를 보인다고 가정해볼까요? 이때 모델이 예측값으로 0만 토해내는 매우 단순한 기능만 갖고 있어도 정확도는 0.9가 되어 대단히 높은 성능을 보이는 것처럼 오해를 불러일으킬 수 있습니다.

따라서 타깃 변수의 값 비율을 균형 잡히게 샘플링하는 것이 중요합니다. 실제로 3장에서 데이터세트가 균형 잡히지 않은 타깃 변수 클래스(값) 분포를 보여서 RandomUnderSampler 기능을 통해 이러한 불균형 분포를 어느 정도 완화했었습니다.

둘째, 이진값 분류 모델에서 ROC AUC값은 1에 가까울수록 우수한 모델입니다. ROC AUC값은 예측 모델이 실제 1값을 1로 제대로 예측하는 비율(true positive rate)과 실제 0값을 1로 잘못 예측하는 비율(false positive rate) 간의 트레이드-오프 상황을 각기 다른 분류 확률 결정 임곗값을 따라 그린 ROC 곡선의 아래 면적입니다. 타깃 변수의 분포가 균형 잡혀 있을 때는 ROC AUC값이 성능 지표로 적합하고, 그렇지 않은 경우는 성능 지표로 정밀도-재현율 곡선을 참조할 수 있습니다.

이번 프로젝트처럼 타깃 변수가 균형 분포라면 정확도와 ROC AUC값을 동시에 살펴보고, 두 지표가 최상단에 있는 모델을 최적 모델로 선정합니다. 두 지표가 상위권에 비슷한 순위로 있는 최적 모델을 선택할지, 아니면 한쪽이 월등한 지표 결과를 따라 최적 모델을 선택할지는 모델 및 데이터별로 판단해야 하며, 두 지표의 순위가 최적 모델에서 상당한 차이를 보이는 것은 좋은 현상이 아니므로 가급적 원인을 파악하고 대처하는 것이 좋습니다.

셋째, 연속형 타깃을 사용하는 회귀 모델에서 결정계수 R^2는 타깃 변수 전체의 분산 중에서 모델이 설명하는 분산 비율을 의미합니다.

그 외에 개별 변수가 모델에 미치는 중요성을 트리 계열 모델에서는 변수 중요도가 대변하고, 분류 문제의 로지스틱 회귀 계열 모델은 오즈비 해석으로 파악합니다. 연속 변수 타깃 회귀 문제에서의 회귀 계열 모델은 계수가 모델에 미치는 중요도를 대변하므로 결과 보고서 작성 시 이들의 수치를 가급적 기재하고, 해석도 곁들이는 것이 좋습니다.

마지막으로 신경망 모델과 서포트 벡터 머신 모델은 모델의 성능 지표 이외에 다른 해석이 쉽지 않기 때문에 이들은 성능 지표를 보고하고 해석하는 데 그칠 수밖에 없습니다.

최적 모델 활용

머신러닝 프로젝트 결과는 다음과 같이 세 가지로 활용할 수 있습니다.

- 예측(scoring): 향후에 최적 모델을 이용해서 새로운 데이터를 활용하여 타깃 변숫값을 예측하는 용도
- 기존 문헌 연구 확인(confirmation): 프로젝트에서 발견된 중요한 변수들이 기존의 문헌에서 나오는 중요 변수들과 일치하는지를 확인하는 용도
- 탐색적 연구(exploratory study): 여러 가지 모델 중에서 공통으로 도출되는 중요한 변수를 살펴서 기존 문헌에서 알려지지 않았던 변수를 찾아내는 탐색적인 용도

이 중에서 예측에 대해 알아보겠습니다. 머신러닝 모델을 학습할 때 썼던 데이터가 아닌 완전히 새로운 데이터를 모델에 입력하면 현재 알려지지 않은 타깃 변숫값 혹은 미래의 타깃 변숫값을 예측하는데, 이 장에서 쓰인 테스트 데이터세트를 입력해서 모델이 출력하는 예측값(여기서는 pred)을 기준으로 활용 용도를 설명하겠습니다.

우리의 목표는 테스트 데이터세트에서의 실제 타깃 변숫값과 모델이 테스트 데이터세트를 기반으로 예측한 타깃 변숫값을 비교하는 것으로, 가장 성능이 잘 나온 챔피언 모델인 그레이디언트 부스팅 모델을 사용하겠습니다. 2017DC1.csv 파일을 불러와서 타깃 변수와 입력 변수를 분리하고, 데이터 분할을 수행합니다. 그리고 앞에서 도출해낸 최적 그레이디언트 부스팅 모델을 실행합니다.

```
import pandas as pd
import numpy as np

df = pd.read_csv('2017DC1.csv')
data = df.drop(['VALP_B1'], axis=1)
target = df['VALP_B1']

from sklearn.model_selection import train_test_split
X_train, X_test, y_train, y_test = train_test_split(
    data, target, test_size=0.5, random_state=42)

# 그레이디언트 부스팅 최적 모델
import pandas as pd
```

```
import numpy as np

from sklearn.ensemble import GradientBoostingClassifier
from sklearn.metrics import accuracy_score
gr = GradientBoostingClassifier(learning_rate=0.1, max_depth=13,
                                n_estimators=200, random_state=0)
model = gr.fit(X_train, y_train)
pred = model.predict(X_test)
```

최적 모델이 예측한 타깃 변숫값은 pred에 저장돼 있습니다. 이를 테스트 데이터세트의 타깃 변숫값(레이블)이 담긴 y_test와 비교해보겠습니다. 우선 y_test와 pred의 타입을 알아봅니다.

```
type(y_test)
```

【실행 결과】
```
pandas.core.series.Series
```

```
type(pred)
```

【실행 결과】
```
numpy.ndarray
```

y_test는 시리즈이고, pred는 넘파이 배열입니다. 시리즈와 배열에 대한 자세한 설명은 다음 팁을 참고하세요.

 / 데이터프레임 vs 리스트 vs 배열 vs 시리즈

1. 데이터프레임

데이터프레임의 개념은 간단합니다. 행과 열로 구성된 데이터 테이블입니다. 단, 행 번호(혹은 인덱스명)와 열 번호(혹은 컬럼명)를 가진 테이블입니다.

2. 리스트

시리즈를 알려면 우선 리스트를 알아야 합니다. 리스트는 여러 가지 데이터 타입의 값을 나열해 놓은 것입니다. 즉, 값들의 배열(sequence of values)입니다. 리스트는 안에 있는 원소들이 동일한 데이터 타입을 가지도록 제약을 받지 않아서 숫자 연산에 불리합니다. 리스트를 생성하기 위해서는 값들을 나열하고 쉼표로 구분한 후, 앞뒤로 대괄호([ ])를 붙여주면 됩니다. 다음은 리스트 L을 생성하는 예시입니다.

```
L = ['A', 30, 'C']
type(L)
```

【실행 결과】
```
list
```

3. 배열

배열은 넘파이 라이브러리의 데이터 저장 구조이며, 1차원 구조 및 다차원(n-dimensional) 구조 모두 가능합니다. 또한, 배열은 모든 값이 동일한 데이터 타입을 갖습니다. 넘파이가 가장 유명한 과학 연산 라이브러리로서 실행 속도가 빠른 것은 동일한 데이터 타입을 저장하는 구조 때문입니다.

4. 시리즈

시리즈는 인덱스 번호를 가진 1차원 배열 혹은 인덱스 번호를 가진 1차원 리스트입니다. 시리즈가 배열의 한 형태인 경우, 원소들이 동일한 데이터 타입을 가지며 배열과 다르게 인덱스 번호(혹은 인덱스명)를 가집니다. 시리즈가 리스트인 경우, 역시 인덱스 번호(혹은 인덱스명)를 가지며 이때는 원소들의 데이터 타입이 다를 수 있습니다. 다음 예시로 좀 더 살펴보겠습니다.

```
import pandas as pd
data = {'Name': ['A', 30, 'C'], 'Age': [20, 21, 22]}

df_example = pd.DataFrame(data)   # 데이터프레임 생성
print(df_example)
```

【실행 결과】
```
  Name  Age
0    A   20
1   30   21
2    C   22
```

여기서 일부러 Name 컬럼의 값은 숫자와 문자를 혼용하여 입력하고, Age 컬럼은 깔끔하게 숫자형으로 값을 통일했습니다. 이 두 컬럼을 각각 데이터프레임에서 df_example['Name'], df_example['Age'] 형태로 추출하여 타입을 확인하겠습니다.

```
type(df_example['Name'])
```

【실행 결과】
```
pandas.core.series.Series
```

```
type(df_example['Age'])
```

【실행 결과】
```
pandas.core.series.Series
```

모두 시리즈로, 시리즈는 포함하는 값의 데이터 타입이 혼재될 수 있음을 알 수 있습니다. 또한 시리즈는 데이터프레임 중에서 하나의 컬럼만 뽑아서 만들 수도 있음을 알 수 있습니다. 단, 이렇게 시리즈를 작성할 경우에는 컬럼명 자체는 포함하지 않는다는 것에 유의하기 바랍니다.

위에서 작성한 리스트 L과 시리즈 df_example['Name']은 같은 값을 갖고 있습니다. 차이점은 시리즈 df_example['Name']이 인덱스 행 번호를 갖고 있다는 것뿐입니다.

y_test와 pred의 형식이 어떻게 다른지 알아보기 위해 두 변수를 모두 출력합니다.

```
y_test
```

【실행 결과】
```
12981    1.0
16392    1.0
19633    1.0
15201    1.0
2235     0.0
         ...
2576     0.0
2373     0.0
16447    1.0
6633     0.0
16828    1.0
Name: VALP_B1, Length: 10248, dtype: float64
```

```
pred
```

【실행 결과】
```
array([1., 1., 1., ..., 1., 0., 1.])
```

이 둘을 하나의 데이터프레임에 담으려면 타입을 통일해야 합니다. 이를 위해 시리즈인 y_test를 to_numpy 명령어를 통해 넘파이 배열로 바꿔주고, 그 결과는 y_test_arr 변수에 저장합니다.

```
y_test_arr = y_test.to_numpy()
y_test_arr
```

【실행 결과】
```
array([1., 1., 1., ..., 1., 0., 1.])
```

이제 둘의 형식이 같아졌습니다. 이 두 개의 배열을 데이터프레임 df_comparison에 담습니다. 컬럼명은 각각 y_test와 pred로 명명하고, 데이터프레임 df_ccmparison의 처음 20개 행만 결과를 출력합니다.

```
df_comparison = pd.DataFrame({'y_test': y_test_arr, 'pred': pred})
df_comparison.head(20)
```

【실행 결과】

	y_test	pred
0	1.0	1.0
1	1.0	1.0
2	1.0	1.0
3	1.0	1.0
4	0.0	0.0
5	0.0	0.0
6	1.0	1.0
7	1.0	1.0
8	1.0	1.0
9	0.0	0.0
10	1.0	1.0
11	0.0	1.0
12	1.0	1.0
13	0.0	0.0
14	0.0	0.0
15	0.0	0.0
16	1.0	1.0
17	1.0	1.0
18	0.0	1.0
19	0.0	1.0

그 결과 y_test와 pred가 둘 다 1이거나 둘 다 0인 경우는 17번, 다른 조합인 경우는 3번이 나왔습니다. 실행 화면에 표시한 인덱스 행 11, 18, 19번 데이터가 다른 조합인 경우입니다. 데이터가 총 20개라고 가정한다면, 정확도는 17/20=0.85로 계산됩니다.

이제 테스트 데이터세트 X_test와 방금 작성한 df_comparison을 수평 방향으로 병합하겠습니다. 다만, X_test는 기존에 임의로 정해진 인덱스가 붙어있어서 df_comparison의 잘 정렬된 인덱스와 일치하지 않으므로 인덱스를 정리해 줄 필요가 있습니다.

```
# reset_index( ) 조치 전 정렬되지 않은 기존 인덱스 확인
X_test.head(3)
```

【실행 결과】

	ACCESS	ACR	AGEP	BATH	BDSP	BLD	COW	ELEP	FESRP	FKITP	...	MV	NRC	R18	R65	RAC1P	RMSP	RWA
12981	1.0	2.0	17	1.0	3.0	2.0	0	150.0	0	0.0	...	5.0	1.0	1.0	0.0	9	6.0	1
16392	1.0	1.0	67	1.0	3.0	2.0	0	210.0	0	0.0	...	4.0	0.0	0.0	1.0	1	6.0	1
19633	1.0	2.0	37	1.0	3.0	2.0	1	260.0	0	0.0	...	3.0	1.0	1.0	0.0	1	7.0	1

이를 위해 X_test에 reset_index(drop=True) 명령어를 실행합니다. 참고로 drop=True를 꼭 입력해야 기존 인덱스를 완전히 제거할 수 있습니다.

```
# 기존 인덱스를 삭제하고 새로운 인덱스로 리셋
X_test.reset_index(drop=True).head(3)
```

【실행 결과】

	ACCESS	ACR	AGEP	BATH	BDSP	BLD	COW	ELEP	FESRP	FKITP	...	MV	NRC	R18	R65	RAC1P	RMSP	RWAT	S
0	1.0	2.0	17	1.0	3.0	2.0	0	150.0	0	0.0	...	5.0	1.0	1.0	0.0	9	6.0	1.0	
1	1.0	1.0	67	1.0	3.0	2.0	0	210.0	0	0.0	...	4.0	0.0	0.0	1.0	1	6.0	1.0	
2	1.0	2.0	37	1.0	3.0	2.0	1	260.0	0	0.0	...	3.0	1.0	1.0	0.0	1	7.0	1.0	

인덱스 번호가 말끔하게 정리된 것을 확인할 수 있습니다. X_test와 df_comparison 모두 데이터프레임이므로 pd.concat을 통해 통합 데이터프레임인 dfu를 생성합니다. 이때 수평 방향으로 병합하기 위해 axis=1 문구도 입력합니다.

```
dfu = pd.concat([X_test.reset_index(drop=True), df_comparison], axis=1)
dfu.head()
```

【실행 결과】

	ACCESS	ACR	AGEP	BATH	BDSP	BLD	COW	ELEP	FESRP	FKITP	...	R18	R65	RAC1P	RMSP	RWAT	SCH	SCHL	SEX	y_test	pred
0	1.0	2.0	17	1.0	3.0	2.0	0	150.0	0	0.0	...	1.0	0.0	9	6.0	1.0	2	14	2	1.0	1.0
1	1.0	1.0	67	1.0	3.0	2.0	0	210.0	0	0.0	...	0.0	1.0	1	6.0	1.0	1	21	2	1.0	1.0
2	1.0	2.0	37	1.0	3.0	2.0	1	260.0	0	0.0	...	1.0	0.0	1	7.0	1.0	1	21	2	1.0	1.0
3	1.0	3.0	57	1.0	2.0	2.0	6	170.0	0	0.0	...	0.0	0.0	1	4.0	1.0	1	17	1	1.0	1.0
4	1.0	1.0	59	1.0	3.0	2.0	0	130.0	0	0.0	...	0.0	0.0	1	7.0	1.0	1	20	1	0.0	0.0

5 rows × 31 columns

데이터프레임 dfu의 맨 오른쪽에 있는 두 컬럼은 y_test와 pred입니다. 참고로 테스트 데이터세트에 있는 타깃 변수 VALP_B1값이 y_test에 그대로 담겨있습니다. pred는 X_test를 입력해서 최적 모델이 예측한 타깃 변숫값입니다. 그렇다면 테스트 데이터세트인 X_test에 기존 타깃 변수(VALP_B1값을 담은 y_test)와 모델이 산출한 타깃 변수 예측값(pred)을 붙인 게 무슨 의미일까요? 여기서부터는 약간의 상상력이 필요합니다.

데이터 프레임 dfu를 얻으면 뭐가 좋을까요? 타깃 변숫값(0 혹은 1)을 구할 수 없는 상황을 상상해보세요. 이런 상황이 있기는 할까요? 있습니다. 놀랍게도 대부분의 경우에 타깃 변수의 값을 구하기 위해 학수고대합니다. 과거의 타깃 변수들은 구할 수 있습니다. 그러나 당장 의사결정을 내려야 하는 순간에는 타깃 변수의 값을 머신러닝 기법 말고는 구하기 힘듭니다.

주택을 구매하려고 한다면 욕실 수, 방 수, 월 전기료 등 여러 가지 변수를 고려해서 주택 가격을 예측할 것입니다. 우리 모델은 이런 자료를 입력하면 특정 주택의 가격이 중위수를 넘어서는 고가 주택인지, 그렇지 않은 저가 주택인지를 예측합니다. 그러면 주택 가격을 흥정할 때도 도움이 되겠지요.

어떻게 보면 주택 가격 자체보다는 학군, 교통의 편리성, 지역 안정성 등이 더 중요할 수도 있습니다. 이러한 주택 관련 데이터가 있다면 모델에 입력해서 대학 진학률이 높은 지역, 범죄율이 낮은 지역을 뽑아내도록 모델을 변경할 수도 있습니다. 이렇게 머신러닝 모델을 실생활에서도 활용할 수 있습니다.

또 다른 예로, 축구 선수별 기술 수준을 세분화한 수백 개 변수로 구성된 20년 치 데이터가 있다고 하겠습니다. 타깃 변수는 챔피언스 리그에 올라간 유럽 5대 리그 팀 구성원이면 1, 아니면 0으로 설정합니다. 입력 변수는 골 수, 어시스트 수, 태클 성공률, 수비 성공률, 전체 뛴 거리, 스프린트 수, 패스 수 및 성공률, 나이, 국적, 이적 횟수, 국가대표 출전 횟수, 경고 횟수, 선발 출전 횟수 등 수백 개의 변수로 구성돼 있다고 하겠습니다.

이러한 데이터세트가 있으면 수십 개의 머신러닝 모델을 돌려서 타깃 변수에 맞는 최적 모델을 선정할 수 있고, 결과를 다양하게 활용할 수 있습니다. 만약 유럽 5대 리그 스카우터가 전 세계에서 축구 선수들의 스카우팅 보고서를 작성할 때 머신러닝 툴을 활용하면 다음과 같은 내용을 작성할 수 있습니다.

> A 선수는 유럽 5대 리그 챔피언스 진출팀 일원이 될 자격이 된다(혹은 안 된다).
> 그 확률은 87.812%이다.

즉, pred값은 과거의 값이 아닌 의사결정의 시점인 현재 혹은 미래 시점에서의 축구 선수별 진출팀에 속할 가능성을 알려줍니다. 모델에 기반한 정확한 확률은 덤으로 알 수 있습니다. 여기서 87.812%라는 수치는 이번 장에서 다룬 모델 중 최적 모델인 그레이디언트 부스팅 모델에 기반한 정확도입니다.

만약 B 선수가 유럽 5대 리그 팀 소속일 때 슈팅 횟수, 슈팅 종류, 슈팅 거리에 따른 승리 기여도가 얼마인지 알 수 있을까요? 그리고 이러한 모을 수 있는 모든 축구 경기 데이터를 가지고 내일 있을 상대 팀과의 경기에서 감독이 선수들에게 다음과 같은 자세한 지시를 내릴 수 있을까요?

> 전후반에 슈팅을 1개씩 더 시도하고, 슈팅 거리는 20m에서 오른쪽 45도 각도로 왼발로 감아 차되
> 가까운 골문 방향으로 차라

충분히 이렇게 조언할 수 있습니다. 데이터만 충분하다면 머신러닝 모델을 실행해서 결과를 활용하면 됩니다. 이것이 pred값 예측의 묘미입니다. 실제로 독일 대표팀은 2014년 브라질 월드컵에서 브라질 대표팀의 경기를 구할 수 있는 데까지 모두 구해서 데이터 분석을 통해 브라질과의 경기를 준비했고, 그 결과 7:1의 대승을 거두었습니다. 이때 독일 대표팀 선수들은 데이터 분석가가 권고한 대로 공을 찼더니 브라질 수비수나 골키퍼가 없는 쪽으로 공이 가는 것을 보고 놀라워했다고 합니다.

그렇다면 축구 선수의 평균 연령이 팀의 승률에 몇 번째 순위로 영향을 미치는지 알 수 있을까요? 알 수 있습니다. 트리 계열 머신러닝 모델의 변수 중요도를 크기순으로 비교하면 됩니다. 또, 축구 선수가 전체 뛴 거리 수로 팀의 승률을 얼마나 올리는지 구체적인 숫자로 알 수

있을까요? 이번에도 알 수 있습니다. 개개인이 뛴 거리를 변수로 넣고 로지스틱 회귀 모델에서 해당 변수의 오즈비를 구하면 다음과 같이 해석할 수 있습니다.

> 한 선수가 경기에서 뛴 평균 전체 거리가 상대 팀보다 1km 더 많으면, 승률은 7.5% 올라간다.

오즈비 해석의 묘미는 이런 것입니다. 이제는 홈구장 관중의 만석 여부가 홈팀의 승률에 기여하는 정도를 % 단위로 알 수 있습니다. 왜냐하면 이 책을 쓰는 현재 코로나로 인해 전 세계 축구 관중의 입장에 제한이 있어 무관중 혹은 부분 관중 입장 경기 데이터가 쌓였기 때문입니다. 결국, 데이터 확보가 관건입니다.

아울러 타깃 변숫값을 이진값 대신에 연속형 변수(continuous variable)로 정할 수 있습니다. 예를 들어 축구 데이터에서는 타깃 변수를 이적료 혹은 연봉 등으로 설정하는 것입니다. 우리가 이번 장에서 주택 가격 데이터세트의 타깃 변수를 집값으로 두고 분석했던 것처럼 말입니다. 집값 상승률을 타깃 변수로 잡으면 이것 또한 연속 변수 타깃입니다.

집값을 상위 50%는 1로, 하위 50%는 0으로 두면 집값 변수가 이진값 타깃 변수로 변합니다. 즉, 타깃 변수 설정을 연속 변수로 하느냐 아니면 이진값 등의 범주형 변수로 하느냐는 연구 주제와 상황에 맞게 선택하면 됩니다.

머신러닝 모델을 해석할 때 이처럼 약간의 상상력을 가미해서 여러 관점으로 보면, 모델의 결과로 얻을 수 있는 의미도 다양해집니다. 매장에서 어떤 위치에 상품을 진열하냐에 따라 매출이 증대하고, 로봇 청소기의 이동 경로 로직을 어떻게 바꾸냐에 따라 청소 효과가 달라집니다. 학생의 특성별로 전공이나 직업 선택에 도움을 주기도 하고, 동영상 플랫폼에서 영화를 추천하는 등등의 머신러닝 결과를 해석하고 활용하는 분야는 무궁무진합니다.

데이터를 축적하고 관심 있는 타깃 변수를 설정하는 능력, 그리고 머신러닝 모델링 능력에 따라 흥미로운 주제는 어디에서든 발견할 수 있습니다. 특히 데이터 확보가 머신러닝 분야의 관건입니다. 요즘에는 공개 데이터가 숫자는 물론이고 텍스트, 음성, 이미지, 동영상으로 진화해가고 있습니다. 이러한 데이터만 확보할 수 있으면 머신러닝, 딥러닝 기술을 갈고 닦을 수 있습니다. 그리고 숫자 데이터 이외에 비정형 데이터를 분석할 수 있는 틀이 있다면 금상첨화겠지요.

마지막으로 머신러닝 분야에서 공공 부문 혹은 민간 부문의 데이터 공유 중요성을 언급하면서 이 장을 마무리하겠습니다. 전 세계는 물론 특히 우리나라는 공공 부문 혹은 민간 부문의 데이터 공개로 인해 많은 성과를 이루었습니다. 따라서 앞으로도 적극적인 정보 공개가 예상되며, 이는 머신러닝과 딥러닝을 학습하고 적용하는 데 매우 바람직한 환경입니다. 더욱이 데이터 분석가라는 직종은 전 세계적으로 각광받고 있으니 데이터 분석과 머신러닝에 흥미가 있다면 도전해보기 바랍니다.

PART

03

딥러닝 프로젝트

Part 3에서는 두 개의 딥러닝 예제를 살펴봅니다. 딥러닝 예제는 딥러닝 신경망을 사용하며, 이는 여러 겹의 은닉층을 사용하는 신경망을 의미합니다. 대표적인 딥러닝 신경망으로는 합성곱 신경망과 순환 신경망을 들 수 있습니다. 과일 이미지 데이터세트를 새로 다운받아 합성곱 신경망으로 이미지 분석을 하고, 이어서 순환 신경망으로 트위터에 올라온 코로나 백신 관련 트윗 내용에 대한 텍스트 분석을 수행합니다.

05 _ 합성곱 신경망 이미지 분석
06 _ 순환 신경망 텍스트 감성 분석

05 합성곱 신경망 이미지 분석

이 장에서는 캐글 사이트에서 다운받은 과일 이미지 데이터세트를 가지고 합성곱 신경망(Convolutional Neural Network, CNN) 이미지 분석을 수행합니다. 단, 원본 데이터양이 방대해서 합성곱 신경망 실행만 최소 30분 내지 1시간씩 걸립니다. 따라서 우리는 실행 시간을 단축하기 위해 다섯 개의 과일 품종으로 구성된 미니 데이터세트를 만들어서 사용하겠습니다.

5.1 미니 데이터세트 만들기

> **미니 데이터세트를 만드는 이유**
>
> 딥러닝 모델을 배우는 단계에서는 용량이 작은 데이터세트를 이용해 짧은 시간 동안 모델을 이것저것 변경해보고, 이런저런 시도를 해보는 것이 좋습니다. 따라서 외부에서 다운로드한 대용량 데이터세트의 일부만 취해서 용량이 작은 데이터세트를 만든 후에, 이를 텐서플로 Dataset으로 변환해서 이용하는 것이 바람직합니다.

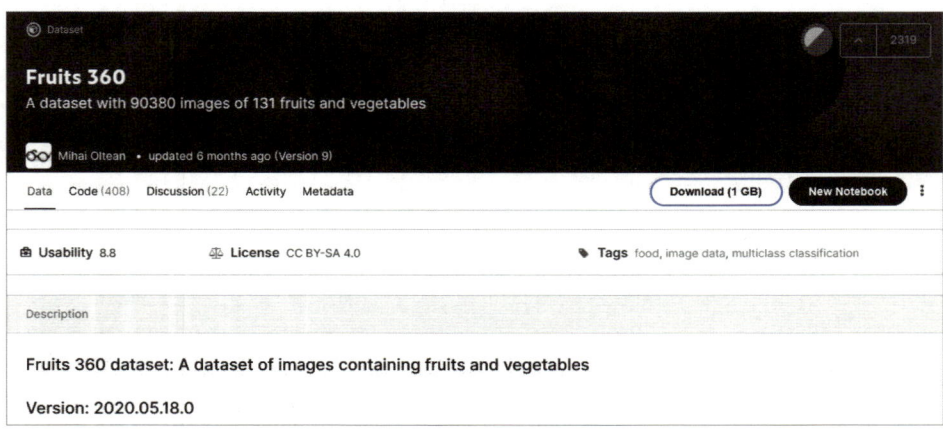

Dataset properties
The total number of images: 90483.
Training set size: 67692 images (one fruit or vegetable per image).
Test set size: 22688 images (one fruit or vegetable per image).
The number of classes: 131 (fruits and vegetables).
Image size: 100×100 pixels.

캐글(www.kaggle.com)의 [Datasets] 메뉴에서 'Fruits 360'을 검색한 뒤 〈Download (1 GB)〉 버튼을 클릭하여 archive.zip 파일을 다운받습니다. 다운받은 zip 파일은 컴퓨터의 Documents 〉 Book1 〉 Ch5 폴더로 옮깁니다. 이 파일에는 131가지 종류의 과일과 채소 사진이 들어 있습니다.

이번 데이터세트는 용량이 커서 데이터를 불러오거나 딥러닝 모델을 실행할 때 시간이 많이 소요됩니다. 따라서 131개의 과일과 채소 중에 다섯 가지 사과 품종만 선택한 작은 데이터세트인 fruits-360-5.zip 파일을 생성해서 분석할 것입니다.

지금부터 fruits-360-5.zip 파일을 만드는 방법을 따라 해도 되지만, 압축을 푸는 단계부터 시간이 소요되는 관계로 실습 자료에서 다운받아서 바로 실습으로 넘어가도 됩니다. 우선 앞에서 다운받은 archive.zip 파일의 압축을 풉니다. 그러면 fruits-360_dataset 폴더 밑에 fruits-360 폴더가 생깁니다. 그리고 또 하위 폴더로 Training 폴더와 Test 폴더를 포함한 여러 폴더가 있습니다.

이름	수정한 날짜	유형
papers	2022-03-08 오후 12:37	파일 폴더
Test	2022-03-08 오후 12:01	파일 폴더
test-multiple_fruits	2022-03-08 오후 12:37	파일 폴더
Training	2022-03-08 오후 12:37	파일 폴더
LICENSE	2022-03-08 오전 11:49	파일
readme.md	2022-03-08 오전 11:49	MD 파일

Training 폴더를 클릭하여 하위 폴더를 살펴보겠습니다.

이름	수정한 날짜	유형
Apple Braeburn	2022-03-08 오후 12:01	파일 폴더
Apple Crimson Snow	2022-03-08 오후 12:01	파일 폴더
Apple Golden 1	2022-03-08 오후 12:01	파일 폴더
Apple Golden 2	2022-03-08 오후 12:02	파일 폴더
Apple Golden 3	2022-03-08 오후 12:02	파일 폴더
Apple Granny Smith	2022-03-08 오후 12:02	파일 폴더
Apple Pink Lady	2022-03-08 오후 12:02	파일 폴더
…(중략)…		
Tomato Yellow	2022-03-08 오후 12:36	파일 폴더
Walnut	2022-03-08 오후 12:37	파일 폴더
Watermelon	2022-03-08 오후 12:37	파일 폴더

경로: « archive > fruits-360_dataset > fruits-360 > Training

브레이번 품종의 사과(Apple Braeburn)부터 수박(Watermelon)까지 131개의 하위 폴더가 있고, 각 폴더 밑에 수십 개에서 수백 개의 사진이 있습니다. 이 131개의 하위 폴더 중에서 Apple Braeburn부터 Apple Golden 3까지 상위 5개의 폴더만 남겨두고 나머지는 지웁니다. 마찬가지로 Test 폴더에서도 131개의 하위 폴더 중 위의 5가지 품종 폴더만 남겨두고 나머지는 지웁니다.

이렇게 만든 Training 폴더와 Test 폴더의 가장 상위 폴더 이름을 fruits-360-5로 바꿉니다. 그리고 폴더를 압축하여 fruits-360-5.zip 파일을 만들면 미니 데이터세트가 완성됩니다.

5.2 데이터 업로드하기

딥러닝은 구글 코랩에서 실습하도록 하겠습니다. 딥러닝 모델은 복잡한 연산이 많아서 뛰어난 컴퓨팅 성능을 요구하기에 개인의 컴퓨터를 이용하기보다는 구글이 제공하는 클라우드 서비스인 구글 코랩을 이용하는 것이 바람직합니다. 아울러 구글 코랩은 딥러닝 모델을 구성하는 텐서플로 케라스(tf.keras) 패키지를 지원합니다. 우선 구글 드라이브의 내 드라이브 > Data 폴더에 fruits-360-5.zip 파일을 업로드합니다.

Fruits-360-5.zip 파일이 구글 드라이브의 Data 폴더에 업로드됐습니다. 코랩에서 새로운 노트북을 만들고 Ch5 Fruits CNN으로 명명합니다. 확장자 ipynb는 자동으로 붙습니다.

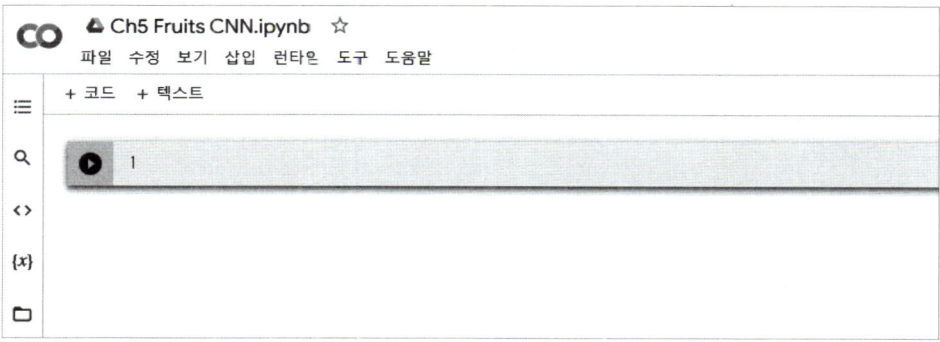

구글 드라이브를 코랩에 연동합니다.

```
from google.colab import drive
drive.mount('/content/drive')
```

【실행 결과】
```
Mounted at /content/drive
```

코랩 화면에서 맨 왼쪽에 파일 아이콘(📁)을 클릭하면 구글 드라이브에 접근할 수 있습니다. Fruits-360-5.zip의 경로를 다음과 같이 복사합니다.

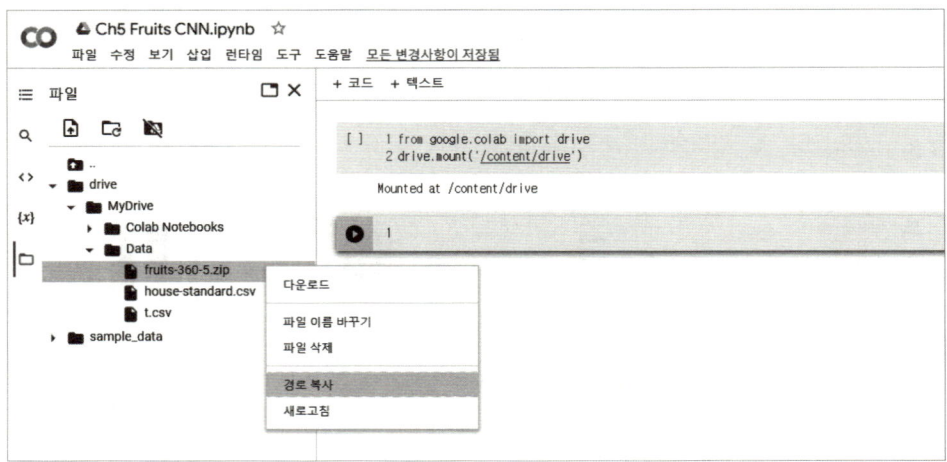

fruits-360-5.zip 파일의 압축을 풀기 위해서 코드 셀에 zipfile 라이브러리를 불러오고, 다음과 같이 zipfile.ZipFile(' ', 'r') 구문의 작은따옴표 안에 방금 복사한 fruits-360-5.zip 파일의 경로를 붙여넣습니다.

```
# 압축 파일을 풀기 위한 라이브러리 불러오기
import zipfile

# 압축 파일(zip file) 읽기
zip_ref = zipfile.ZipFile('/content/drive/MyDrive/Data/fruits-360-5.zip', 'r')
```

그리고 압축을 풀어서 Data 폴더에 저장합니다.

```
# 압축 파일을 풀어서 Data 폴더에 저장
zip_ref.extractall('/content/drive/MyDrive/Data/')
zip_ref.close()
```

위의 코드를 실행시키면 압축 파일을 풀어서 구글 드라이브에 저장합니다. 코랩 화면 왼쪽의 파일 화면을 보면, 압축이 풀린 결과로 Data 폴더에 fruits-360-5 폴더가 생겼습니다. Fruits-360-5 폴더를 클릭해서 하위 폴더를 살펴보겠습니다.

/ **외부 데이터를 텐서플르 튜토리얼(tutorials)에 적용하고 싶다면?**

텐서플로 사이트에서 제공하는 튜토리얼에서는 텐서플로가 자체적으로 제공하는 데이터를 불러와서 분석합니다. 텐서플로가 제공하는 데이터는 텐서플로 사이트의 [리소스] → [모델 및 데이터 세트] → [Catalog] 메뉴에서 확인할 수 있습니다.

그런데 텐서플로 튜토리얼에서 사용하는 데이터는 이미 텐서플로 Dataset 형식이기 때문에 다른 형태의 데이터세트를 튜토리얼 코드에 적용하는 것이 초보자에게는 어렵습니다. 예를 들어서 csv 파일, excel 파일, json 파일, 혹은 폴더별로 구성된 이미지의 압축 파일 등을 원본 데이터로 가지고 있으면 텐서플로 튜토리얼 코드를 그대로 적용하기가 힘듭니다. 따라서 압축 파일을 텐서플로 Dataset 형식으로 바꾸는 코드를 소개한 것이니 필요할 때 요긴하게 사용하기 바랍니다.

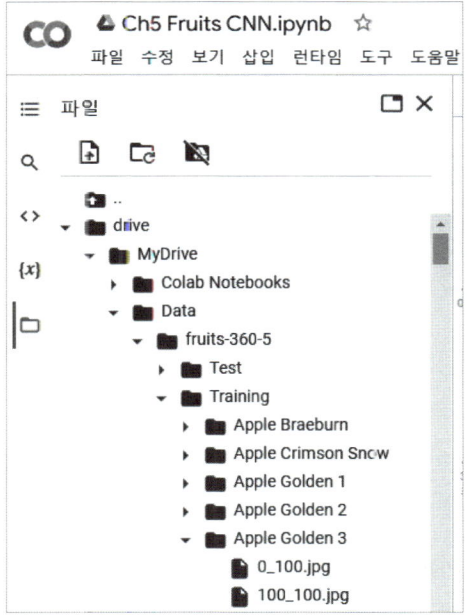

fruits-360-5 폴더의 하위 폴더인 Training 폴더와 Test 폴더에는 브레이번 사과(Apple Braeburn)부터 골든 3 사과(Apple Golden 3) 품종까지 5개의 품종 폴더가 있고, jpg로 된 사과 이미지 파일들이 품종 폴더별로 담겨 있습니다.

원본 데이터의 이미지 파일을 크랩에서 시각적으로 확인해보기 위해 필요한 라이브러리를 불러옵니다.

```python
import numpy as np
import matplotlib.pyplot as plt
import tensorflow as tf
import tensorflow_datasets as tfds
```

그리고 Apple Golden 3 폴더의 0_100.jpg 이미지 파일을 불러오면 다음과 같이 사과 이미지를 확인할 수 있습니다.

```python
img = tf.keras.preprocessing.image.load_img('/content/drive/MyDrive/Data/fruits-360-5/Training/Apple Golden 3/0_100.jpg')
plt.imshow(img)
plt.axis("off")
plt.show()
```

【실행 결과】

5.3 데이터 불러오기

지금부터는 텐서플로 사이트(www.tensorflow.org)에 나와 있는 튜토리얼 중에서 이미지 분류(image classification)와 이미지 로드 및 사전 처리(load and preprocess images)의 예제 코드를 우리 자료에 맞게 변형하여 설명하겠습니다.

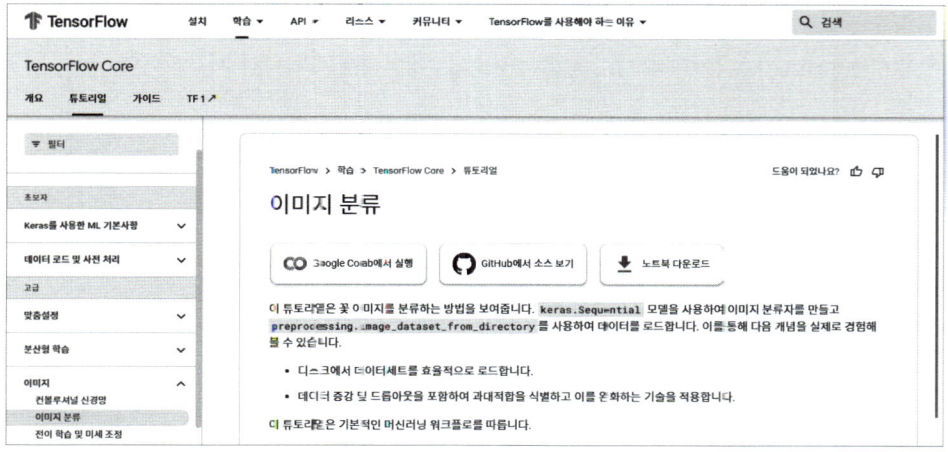

코랩에서는 합성곱 신경망을 구현할 때 원본 데이터를 텐서플로 Dataset 형태로 불러오는 것이 편리합니다. 딥러닝 신경망 모델은 텐서플로에서 빠르게 처리할 수 있는데, 그러려면 입력 데이터의 형태도 텐서플로에 적합한 텐서플로 Dataset을 사용하는 것이 좋습니다.

우선 구글 드라이브에 있는 Training 폴더와 Test 폴더의 이미지 데이터와 레이블(사과 품종명)을 불러오겠습니다.

```
# 학습 데이터세트와 테스트 데이터세트의 경로를 저장
train_data_dir = '/content/drive/MyDrive/Data/fruits-360-5/Training'
test_data_dir = '/content/drive/MyDrive/Data/fruits-360-5/Test'
```

그리고 배치 사이즈와 이미지 사이즈를 설정합니다.

```
# 배치 사이즈는 32로 지정
# 이미지 사이즈는 원본 이미지의 크기인 100x100 pixels로 지정
batch_size = 32
img_height = 100
img_width = 100
```

배치 사이즈 32는 텐서플로 모형에서 기본값으로 설정하는 값입니다. 이미지 사이즈는 원본 이미지 크기인 100*100픽셀을 그대로 적용합니다.

이제 원본 Training 폴더의 이미지와 레이블을 쌍(pair)으로 불러와서 70:30 비율로 나눈 후 70%는 train_ds 데이터세트로, 30%는 val_ds 데이터세트로 각각 저장합니다.

```
# 원본 학습 데이터세트 불러오기
train_ds = tf.keras.preprocessing.image_dataset_from_directory(
    train_data_dir,
    validation_split=0.3,
    subset="training",
    seed=1,
    image_size=(img_height, img_width),
    batch_size=batch_size)
```

【실행 결과】
```
Found 2389 files belonging to 5 classes.
Using 1673 files for training.
```

```
# 원본 학습 데이터세트에서 검증 데이터세트를 분리
val_ds = tf.keras.preprocessing.image_dataset_from_directory(
    train_data_dir,
    validation_split=0.3,
    subset="validation",
    seed=1,
    image_size=(img_height, img_width),
    batch_size=batch_size)
```

【실행 결과】
```
Found 2389 files belonging to 5 classes.
Using 716 files for validation.
```

원본 데이터세트의 이미지 파일은 총 2,389개가 있는데 이 중에서 70%인 1,673개 파일은 train_ds 데이터세트로, 나머지 30%인 716개 파일은 val_ds로 분리됐습니다. 이미지 파일을 불러올 때 image_dataset_from_directory 기능은 이미지 파일이 속한 폴더명을 레이블로 기록합니다.

train_ds에 있는 레이블의 이름을 확인해보겠습니다.

```python
# 학습 데이터세트에서 레이블(여기서는 5개 사과 품종) 확인
class_names = train_ds.class_names
print(class_names)
```

【실행 결과】

```
['Apple Braeburn', 'Apple Crimson Snow', 'Apple Golden 1', 'Apple Golden 2', 'Apple Golden 3']
```

사과 품종 5개의 레이블이 출력됐습니다. 이 5개의 레이블은 train_ds, val_ds, 그리고 바로 이어서 만들 test_ds, test_ds1에서도 같습니다. 이제 테스트 데이터세트를 불러와서 학습 데이터세트와 마찬가지로 test_ds 데이터세트를 만듭니다.

```python
# 원본 테스트 데이터세트 불러오기
test_ds = tf.keras.preprocessing.image_dataset_from_directory(
    test_data_dir,
    seed=1,
    image_size=(img_height, img_width),
    batch_size=batch_size)
```

【실행 결과】

```
Found 797 files belonging to 5 classes.
```

추가로 test_ds1 데이터세트도 만드는데, 여기서는 image_dataset_from_directory 기능에 shuffle=False 옵션을 주었고, 나머지 코드는 test_ds를 만들 때와 같습니다.

```python
# 원본 테스트 데이터셋에 shuffle=False 옵션 추가하여 데이터셋 test_ds1을 생성합니다.
test_ds1 = tf.keras.preprocessing.image_dataset_from_directory(
    test_data_dir,
    seed=1,
    image_size=(img_height, img_width),
    batch_size=batch_size,
    shuffle=False)
```

【실행 결과】

```
Found 797 files belonging to 5 classes.
```

test_ds와 test_ds1 모두 797개의 이미지 파일과 5개의 레이블을 갖습니다. test_ds 데이터세트의 타입을 알아봅니다.

```
type(test_ds)
```

【실행 결과】
```
tensorflow.python.data.ops.dataset_ops.BatchDataset
```

텐서플로의 BatchDataset 형식이네요. image_dataset_from_directory 기능으로 만든 4개의 데이터세트 모두 텐서플로 BatchDataset입니다. image_dataset_from_directory 기능은 shuffle 옵션의 기본값이 True입니다. 즉, 원본 데이터의 이미지 파일을 불러올 때 순서대로 불러들이지 않고 랜덤하게 불러옵니다.

신경망 모델을 학습할 때 같은 품종의 사과 이미지를 수백 개, 수천 개씩 입력하는 것보다는 다양한 품종의 사과 이미지를 입력하는 것이 학습 성과를 높일 수 있습니다. 32로 지정한 배치 사이즈에 따라 32개씩 데이터를 모아서 계속 모델에 넣는데, 초반에 같은 품종의 사과 이미지만 입력하면 학습이 지지부진할 수 있고, 검증 시에도 문제가 생깁니다.

shuffle 옵션을 기본값인 True를 적용하여 만든 test_ds의 레이블값(사과 품종명을 나타내는 숫자)을 알아봅니다.

```
# test_ds에서 레이블 정보만 추출하여 y에 저장
# 이 코드는 실행할 때마다 y 배열이 변경됨에 주의
y = np.concatenate([y for x, y in test_ds], axis=0)

print(y)
```

【실행 결과】
```
[3 1 3 0 1 1 4 2 2 3 0 1 2 3 2 3 0 1 1 1 1 4 4 1 3 2 2 0 0 1 4 3 0 3 0 3 3
 4 4 3 4 0 4 1 0 4 3 3 2 4 0 3 3 0 4 1 0 4 2 1 0 1 1 1 4 0 1 4 0 4 4 3 3 3
 0 3 0 2 3 2 0 4 3 0 3 3 3 0 1 2 2 2 3 4 0 4 3 0 2 4 4 2 4 0 2 2 1 4 0 4 0
 4 2 1 4 2 2 4 3 1 3 1 2 0 0 4 3 1 2 3 1 4 2 4 3 4 1 0 1 3 4 2 2 3 3 0 2 4
 0 1 3 4 0 3 4 3 0 1 2 1 4 4 1 0 3 0 0 2 3 3 2 1 0 3 0 3 4 3 1 3 2 0 2 3 1
 4 4 2 1 0 3 3 1 2 2 1 3 0 2 2 4 2 4 0 2 2 2 0 2 1 1 1 3 0 2 0 3 1 4 4 2 1
 3 3 2 1 4 3 0 0 4 0 3 2 1 4 0 0 0 2 4 3 4 0 4 3 3 0 4 0 2 0 1 2 4 3 1 4 0
```

```
3 4 4 2 3 4 0 0 0 1 1 0 3 3 1 4 4 2 3 0 4 4 2 0 4 2 2 0 4 4 3 0 1 3 1 1 2
0 4 4 2 2 1 1 0 0 3 0 1 3 0 0 2 3 3 4 0 3 0 2 2 3 1 2 1 0 1 2 1 2 2 3 3 2
0 0 1 0 2 4 1 4 0 1 2 0 0 2 2 0 3 3 1 2 0 4 1 3 1 1 1 1 3 3 2 1 4 4 3 2 0
2 0 3 3 3 0 0 3 4 2 4 2 2 3 1 1 0 3 3 4 0 4 4 2 2 1 0 1 3 1 4 1 1 0 4 3 4
0 4 3 3 0 4 2 4 0 1 1 4 4 3 2 0 4 4 4 3 2 3 1 4 0 4 1 4 4 4 3 4 0 4 4 1 2
4 2 4 4 1 4 0 4 4 3 2 2 2 1 2 3 4 4 1 0 1 3 4 2 1 4 0 0 2 3 2 0 2 3 3 2 2
0 2 2 3 3 4 3 0 2 1 3 1 2 0 1 1 1 0 4 3 4 3 2 0 1 2 1 2 2 1 2 0 4 2 2 2 4
3 3 1 0 0 2 3 2 4 2 1 2 2 3 1 1 1 4 1 3 2 2 1 0 2 4 2 4 4 3 3 1 3 3 0 3 4
2 4 1 3 4 2 1 4 1 3 1 2 3 4 1 0 3 0 4 3 4 3 0 0 0 0 2 0 4 0 0 2 2 4 0 0 4
4 0 4 4 0 0 0 4 4 4 2 3 1 1 0 1 1 0 2 2 3 4 4 1 3 0 1 4 2 4 2 2 3 4 0 2 3
4 2 0 4 3 4 0 2 0 1 3 3 4 3 1 1 3 4 3 1 2 0 2 1 0 0 1 1 3 1 2 2 4 4 0 3 1
2 3 2 0 1 2 2 0 2 4 2 3 4 3 2 3 1 1 2 1 0 4 1 1 1 2 3 0 3 3 0 4 3 1 4 1 2
0 3 0 1 1 1 2 4 3 0 2 1 3 0 2 3 3 1 1 0 2 3 3 2 0 3 3 3 3 1 2 3 1 4 1 0
4 4 1 4 0 0 1 0 2 2 1 0 1 4 3 2 4 3 1 2 2 0 1 1 0 4 3 0 3 3 0 3 0 4 1 4 0
4 3 3 2 0 0 4 4 2 2 2 0 2 1 3 2 0 0 2 0]
```

변수 y는 test_ds의 레이블값인 0에서 4까지 순서대로 브레이번 사과 품종, 크림슨 스노우 사과 품종, 골든 1, 2, 3 사과 품종을 나타냅니다. test_ds 레이블값의 결과 화면을 보면 숫자가 랜덤하게 배열된 것을 볼 수 있습니다. 이는 image_cataset_from_directory 기능을 통해 원본 데이터를 랜덤하게 불러왔기 때문입니다.

반면에 test_ds1은 합성곱 신경망 모델을 예측(predict)할 때 필요하므로 일부러 shuffle=False 옵션값을 주겠습니다. test_ds1의 레이블값을 알아봅니다.

```python
# test_ds1에서 레이블 정보만 추출하여 y에 저장
y = np.concatenate([y for x, y in test_ds1], axis=0)

print(y)
```

【실행 결과】
```
[0 0 0 0 0 0 0 0 0 0 0 0 0 0 0 0 0 0 0 0 0 0 0 0 0 0 0 0 0 0 0 0 0 0 0 0
 0 0 0 0 0 0 0 0 0 0 0 0 0 0 0 0 0 0 0 0 0 0 0 0 0 0 0 0 0 0 0 0 0 0 0 0
 0 0 0 0 0 0 0 0 0 0 0 0 0 0 0 0 0 0 0 0 0 0 0 0 0 0 0 0 0 0 0 0 0 0 0 0
 0 0 0 0 0 0 0 0 0 0 0 0 0 0 0 0 0 0 0 0 0 0 0 0 0 0 0 0 0 0 0 0 0 0 0 0
 0 0 0 0 0 0 0 0 0 0 0 1 1 1 1 1 1 1 1 1 1 1 1 1 1 1 1 1 1 1 1 1 1 1 1 1
 1 1 1 1 1 1 1 1 1 1 1 1 1 1 1 1 1 1 1 1 1 1 1 1 1 1 1 1 1 1 1 1 1 1 1 1
```

```
1 1 1 1 1 1 1 1 1 1 1 1 1 1 1 1 1 1 1 1 1 1 1 1 1 1 1 1 1 1 1 1
1 1 1 1 1 1 1 1 1 1 1 1 1 1 1 1 1 1 1 1 1 1 1 1 1 1 1 1 1 1 1 1
1 1 1 1 1 1 1 1 1 1 1 1 1 1 1 2 2 2 2 2 2 2 2 2 2 2 2 2 2 2 2 2
2 2 2 2 2 2 2 2 2 2 2 2 2 2 2 2 2 2 2 2 2 2 2 2 2 2 2 2 2 2 2 2
2 2 2 2 2 2 2 2 2 2 2 2 2 2 2 2 2 2 2 2 2 2 2 2 2 2 2 2 2 2 2 2
2 2 2 2 2 2 2 2 2 2 2 2 2 2 2 2 2 2 2 2 2 2 2 2 2 2 2 2 2 2 2 2
2 2 2 2 2 2 2 2 2 2 2 2 2 2 2 2 2 2 2 2 2 2 2 3 3 3 3 3 3 3 3 3
3 3 3 3 3 3 3 3 3 3 3 3 3 3 3 3 3 3 3 3 3 3 3 3 3 3 3 3 3 3 3 3
3 3 3 3 3 3 3 3 3 3 3 3 3 3 3 3 3 3 3 3 3 3 3 3 3 3 3 3 3 3 3 3
3 3 3 3 3 3 3 3 3 3 3 3 3 3 3 3 3 3 3 3 3 3 3 3 3 3 3 3 3 3 3 3
3 3 3 3 3 3 3 3 3 3 3 3 3 3 3 3 3 3 3 3 3 3 3 3 3 3 3 3 3 3 3 3
3 3 3 3 3 3 4 4 4 4 4 4 4 4 4 4 4 4 4 4 4 4 4 4 4 4 4 4 4 4 4 4
4 4 4 4 4 4 4 4 4 4 4 4 4 4 4 4 4 4 4 4 4 4 4 4 4 4 4 4 4 4 4 4
4 4 4 4 4 4 4 4 4 4 4 4 4 4 4 4 4 4 4 4 4 4 4 4 4 4 4 4 4 4 4 4
4 4 4 4 4 4 4 4 4 4 4 4 4 4 4 4 4 4 4 4 4 4 4 4 4 4 4 4 4 4 4 4
4 4 4 4 4 4 4 4 4 4 4 4 4 4 4 4 4]
```

원본 데이터를 순서대로 불러들이므로 첫 번째 품종인 브레이번 사과 품종(0)을 먼저 불러오고, 그 후에 두 번째 사과 품종인 크림슨 스노우 사과 품종(1)을 불러옵니다. 이런 식으로 마지막 사과 품종인 골든 3 사과 품종(4)까지 질서정연하게 불러옵니다.

test_ds1의 첫 번째 이미지 파일의 데이터는 다음과 같이 확인합니다.

```python
# test_ds1에서 이미지 정보만 추출하여 x에 저장
x = np.concatenate([x for x, y in test_ds1], axis=0)

print(x[0])
```

【실행 결과】

```
[[[255. 255. 255.]
  [255. 255. 255.]
  [255. 255. 255.]
  ...
  [255. 255. 255.]
  [255. 255. 255.]
  [255. 255. 255.]]
```

```
[[255. 255. 255.]
 [255. 255. 255.]
 [255. 255. 255.]
 ...
 [255. 255. 255.]
 [255. 255. 255.]
 [255. 255. 255.]]

...

[[255. 255. 255.]
 [255. 255. 255.]
 [255. 255. 255.]
 ...
 [255. 255. 255.]
 [255. 255. 255.]
 [255. 255. 255.]]]
```

이제 test_ds1의 첫 번째 이미지인 x[0]와 레이블값 y[0]의 쌍(pair)을 입력하여 이미지와 레이블을 함께 표시하겠습니다.

```
# test_ds1의 첫 번째 이미지와 레이블을 불러와 그림으로 확인
import matplotlib.pyplot as plt

plt.figure(figsize=(3, 3))
plt.imshow(x[0].astype("uint8"))
plt.title(class_names[y[0]])
plt.axis("off")
plt.show()
```

【실행 결과】

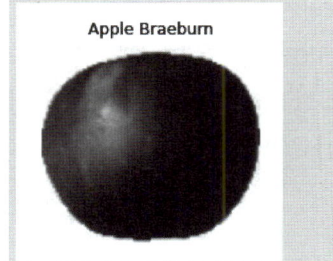

다음으로 test_ds1의 마지막 이미지인 x[-1]과 레이블값 y[-1] 쌍을 입력하여 이미지와 레이블을 함께 표시합니다.

```python
# test_ds1의 마지막 이미지와 레이블을 불러와 그림 확인
import matplotlib.pyplot as plt

plt.figure(figsize=(3, 3))
plt.imshow(x[-1].astype("uint8"))
plt.title(class_names[y[-1]])
plt.axis("off")
plt.show()
```

【실행 결과】

이렇듯 매우 편리하게 test_ds1의 데이터를 시각적으로 확인할 수 있습니다. 다만, test_ds1 데이터세트는 예측(predict)을 위해 일부러 만든 데이터세트라 당분간은 학습 데이터세트 train_ds, 검증 데이터세트 val_ds, 테스트 데이터세트 test_ds만 사용하겠습니다. 이들은 원본 데이터로부터 랜덤하게 불러들인 데이터세트입니다.

5.4 데이터 셔플 및 배치 생성

train_ds의 이미지와 레이블 쌍 데이터를 셔플 처리하고, prefetch 기능을 train_ds, val_ds, test_ds에 모두 적용합니다. prefetch는 신경망 모델이 t번째 학습을 실시하는 동안 다음 t+1번째 학습에 쓰일 데이터를 불러오기 때문에 prefetch를 사용하면 모델 학습 시간이 단축됩니다. prefetch의 괄호 안에 들어가는 tf.data.AUTOTUNE은 prefetch를 자동으로 설정하는 기능입니다.

```
# test_ds1을 제외한 세 가지 데이터세트를 Prefetch 데이터세트로 설정
BUFFER_SIZE = 10000
AUTOTUNE = tf.data.experimental.AUTOTUNE

train_ds = train_ds.cache().shuffle(BUFFER_SIZE).prefetch(buffer_size=AUTOTUNE)
val_ds = val_ds.cache().prefetch(buffer_size=AUTOTUNE)
test_ds = test_ds.cache().prefetch(buffer_size=AUTOTUNE)
```

이렇게 생성된 결과물인 train_ds의 타입은 다음과 같습니다.

```
type(train_ds)
```

【실행 결과】
```
tensorflow.python.data.ops.dataset_ops.PrefetchDataset
```

train_ds 타입이 텐서플로 PrefetchDataset으로 변경됐습니다. val_ds와 test_ds도 마찬가지입니다.

5.5 합성곱 신경망 모델 생성 및 실행

여기서 사용할 합성곱 모델은 합성곱층과 밀집층의 신경 노드 개수를 조절하여 모델을 단순하게 설정함으로써 모델의 실행 시간을 줄이는 데 초점을 두었습니다.

```
# 합성곱 신경망(CNN) 모델 구성
num_classes = 5   # 레이블값의 개수, 즉 사과 품종의 개수
from tensorflow.keras import layers

model = tf.keras.Sequential([
  layers.experimental.preprocessing.Rescaling(1./255, input_shape=(img_height,
                                                                    img_width, 3)),
  layers.Conv2D(16, 3, padding='same', activation='relu'),
  layers.MaxPooling2D(2),
  layers.Dropout(.50),
  layers.Conv2D(32, 3, padding='same', activation='relu'),
  layers.MaxPooling2D(2),
```

```
    layers.Dropout(.50),
    layers.Flatten(),
    layers.Dense(500, activation='relu'),
    layers.Dropout(.50),
    layers.Dense(num_classes, activation='softmax')
])
```

tf.keras.Sequential( )에 입력한 첫 번째 층은 Rescaling 기능을 통해 입력된 이미지 데이터의 스케일을 표준화합니다. 사과 이미지 데이터는 컬러 이미지이기 때문에 삼원색 필터인 RGB(빨간색, 초록색, 파란색) 채널을 갖습니다. RGB 채널의 값은 [0, 255] 범위인데, 이 범위는 신경망이 취급하기에 너무 커서 [0, 1] 범위로 표준화합니다.

그 뒤에 나오는 합성곱층(Conv2D)+풀링층(MaxPooling2D)+드롭아웃층(Dropout)이 한 묶음입니다. 최초의 합성곱층은 16개의 필터를 사용하고, 커널 사이즈를 3으로 정해 가로와 세로가 3 크기인 (3, 3) 격자로 설정했습니다.

padding='same' 옵션은 입력 데이터 격자의 맨 바깥쪽에 좌우 혹은 상하로 가상의 빈 격자를 추가하여 0을 채워 넣는 패딩을 의미합니다. 이 조치를 통해 패딩 후의 결과 데이터가 입력 데이터와 같은 격자 차원(행과 열)을 갖게 됩니다.

그리고 활성화 함수는 렐루 함수를 사용하며, 풀링층은 일반적으로 사용하는 (2, 2)의 격자형 풀 사이즈(pool_size)를 사용합니다.

드롭아웃층에서는 이전 층에서 넘어온 데이터의 일부를 버리는 역할을 합니다. 예를 들어 layers.Dropout(0.2)는 이전 층 결과 데이터의 20%를 버리고 80%만 다음 층으로 전달합니다. 우리 모델의 드롭아웃층은 layers.Dropout(0.5)이므로 이전 층의 결과 데이터에서 절반을 버리고, 나머지 절반만 다음 층으로 전달합니다.

이렇게 하면 결과의 일부를 잃어버려서 모형의 성능이 저하될 것 같지만, 드롭아웃층을 중첩함으로써 학습 데이터세트의 부분을 학습한 것을 종합적으로 취합하게 만들어 모형 안정화와 모형 성능 향상을 불러옵니다. 이는 트리 계열 모형에서 단순히 주어진 데이터를 모두 사용하는 결정 트리 모형보다 일부 데이터를 사용하는 다수의 트리를 생성해서 그 결과를 취합하는 랜덤 포레스트 모델 혹은 그레이디언트 부스팅 계열 모델의 성능이 더 좋은 이치와 같습니다.

다음으로 이러한 합성곱층+풀링층+드롭아웃층의 묶음이 한 번 더 나타납니다. 이 두 번째 묶음은 합성곱층에서 32개의 필터를 사용한다는 점만 다르고 나머지 설정은 첫 번째 묶음의 설정과 같습니다.

그 후 플래튼층(Flatten)을 지나 밀집층(Dense)을 지납니다. 이 첫 번째 밀집층은 500개의 신경 노드를 갖도록 설정했고, 바로 뒤에 드롭아웃층이 따릅니다. 마지막이자 두 번째 밀집층은 출력층입니다. 입력한 레이블 개수(num_classes, 즉 사과 품종 5개) 및 소프트맥스(softmax) 활성화 함수를 사용해 최종 결과를 출력합니다.

합성곱신경망 모델의 구성을 확인하면 다음과 같습니다. 출력된 요약표의 맨 오른쪽 컬럼(열)에 보이는 Param #은 각 층에서 측정해야 할 가중치의 수입니다.

```
model.summary()
```

【실행 결과】

```
Model: "sequential"
_____
 Layer (type)                    Output Shape              Param #
=================================================================
 rescaling (Rescaling)           (None, 100, 100, 3)       0

 conv2d (Conv2D)                 (None, 100, 100, 16)      448

 max_pooling2d (MaxPooling2D)    (None, 50, 50, 16)        0

 dropout (Dropout)               (None, 50, 50, 16)        0

 conv2d_1 (Conv2D)               (None, 50, 50, 32)        4640

 max_pooling2d_1 (MaxPooling2D)  (None, 25, 25, 32)        0

 dropout_1 (Dropout)             (None, 25, 25, 32)        0

 flatten (Flatten)               (None, 20000)             0

 dense (Dense)                   (None, 500)               10000500
```

```
dropout_2 (Dropout)              (None, 500)              0

dense_1 (Dense)                  (None, 5)                2505
=================================================================
Total params: 10,008,093
Trainable params: 10,008,093
Non-trainable params: 0
_____
```

결과를 보면 드롭아웃층을 지날 때마다 이미지 픽셀이 (100, 100) → (50, 50) → (25, 25)로 변경되는 것을 알 수 있습니다. 플래튼층 바로 앞에 있는 드롭아웃층의 이미지 차원은 (25, 25)이며, 이때 사용된 필터 개수가 32개입니다. 이들을 모두 곱한 20,000(=25*25*32)개의 픽셀을 일렬로 늘어놓은 것이 플래튼층입니다. 따라서 플래튼층에서의 출력물은 20,000입니다. 맨 마지막 출력층의 출력물 개수는 레이블 수, 즉 사과 품종의 수(5)를 의미합니다.

이제 모델을 다음과 같이 컴파일합니다. 이미지 파일의 다중 분류 문제를 다루고 있으므로 손실 함수로 SparseCategoricalCrossentropy를 사용하고, 성능 평가 지표로는 정확도(accuracy)를 채택합니다.

```python
# 모델 컴파일
model.compile(
    optimizer='adam',
    loss=tf.losses.SparseCategoricalCrossentropy(),
    metrics=['accuracy'])
```

다음으로 에포크를 20으로 설정해서 이 모델을 학습시키겠습니다. 에포크는 전체 학습 데이터세트를 모델에 반복적으로 투입하는 횟수를 의미합니다. 아울러 에포크 중에서 가장 높은 검증 성능 평가 지표를 갖는 에포크를 저장하기 위해 keras.callbacks에서 ModelCheckpoint를 불러옵니다.

ModelCheckpoint에는 모델 학습 결과를 에포크별로 저장할 파일명을 CNNClassifier.h5로 지정하고, save_best_only=True 옵션으로 가장 높은 검증 성능 평가 지표를 기록한 에포크의 학습 결과만 저장하도록 합니다.

그리고 keras.callbacks.EarlyStopping을 사용해서 검증 정확도(val_accuracy) 기준으로 5회 연속으로 이전의 최고 검증 정확도를 넘어서지 못하면 에포크를 중단하도록 patience값을 5로 설정합니다. 마지막에 있는 model.fit 구문에는 학습 데이터(train_ds), 배치 사이즈(32), 검증 데이터(val_ds), 에포크(20), 콜백 활성화 옵션을 입력합니다.

tf.keras 신경망은 실행 때마다 초기 가중치가 랜덤하게 부여되기 때문에 코드를 실행한 결과는 매번 다를 수 있습니다.

```
# 모델 학습
from tensorflow import keras
from keras.callbacks import ModelCheckpoint

checkpointer = ModelCheckpoint('CNNClassifier.h5', save_best_only=True)
early_stopping_cb = keras.callbacks.EarlyStopping(patience=5,
                                                  monitor='val_accuracy',
                                                  restore_best_weights=True)
epochs = 20

history = model.fit(
    train_ds,
    batch_size=batch_size,
    validation_data=val_ds,
    epochs=epochs,
    callbacks=[checkpointer, early_stopping_cb])
```

【실행 결과】
```
Epoch 1/20
53/53 [==============================] - 20s 364ms/step - loss: 1.3143 - accuracy: 0.5613 - val_loss: 1.2108 - val_accuracy: 0.4399
Epoch 2/20
53/53 [==============================] - 19s 363ms/step - loss: 0.3098 - accuracy: 0.8739 - val_loss: 0.8740 - val_accuracy: 0.5461
```

```
...
Epoch 9/20
53/53 [==============================] - 19s 362ms/step - loss: 0.0057 - accuracy:
0.9988 - val_loss: 0.0891 - val_accuracy: 0.9804
Epoch 10/20
53/53 [==============================] - 19s 364ms/step - loss: 0.0024 - accuracy:
1.0000 - val_loss: 0.1856 - val_accuracy: 0.9330
Epoch 11/20
53/53 [==============================] - 19s 364ms/step - loss: 0.0025 - accuracy:
0.9994 - val_loss: 0.1777 - val_accuracy: 0.9316
Epoch 12/20
53/53 [==============================] - 19s 362ms/step - loss: 9.8308e-04 - accuracy:
1.0000 - val_loss: 0.1457 - val_accuracy: 0.9399
Epoch 13/20
53/53 [==============================] - 19s 362ms/step - loss: 6.8680e-04 - accuracy:
1.0000 - val_loss: 0.1580 - val_accuracy: 0.9358
Epoch 14/20
53/53 [==============================] - 19s 362ms/step - loss: 5.1366e-04 - accuracy:
1.0000 - val_loss: 0.2600 - val_accuracy: 0.8785
```

모델의 학습을 완료했습니다. 에포크마다 정확도와 손실이 출력됩니다. 에포크를 20회로 설정했는데 EarlyStopping 콜백 기능으로 인해 에포크 14회에서 학습이 멈췄습니다. 이는 에포크 9회의 최고 검증 정확도(0.9804)를 그다음 5회의 에포크 동안 넘어서지 못했기 때문입니다.

이를 그래프로 확인하겠습니다. tf.keras 신경망은 실행 때마다 초기 가중치가 랜덤하게 부여되기 때문에 코드를 실행한 결과는 매번 다를 수 있으므로 그래프 모양도 다르게 나올 수 있습니다. 여기서는 14회 에포크를 돌고 모델이 멈췄지만, 예를 들어 10회에서 모델이 멈췄다면 epochs_range = range(1, 14+1) 구문에서 14를 10으로 고쳐야 에러가 나지 않습니다.

```
# epochs마다 모델 정확도와 손실을 그래프로 그리기
acc = history.history['accuracy']           # 모델의 학습 정확도를 acc에 저장
val_acc = history.history['val_accuracy']   # 모델의 검증 정확도를 val_acc에 저장
loss = history.history['loss']              # 모델의 학습 손실을 loss에 저장
```

```
val_loss = history.history['val_loss']      # 모델의 검증 손실을 val_loss에 저장
epochs_range = range(1, 14+1)               # epochs가 14회까지만 수행된 것을 반영

# 학습 정확도와 검증 정확도를 그리기
plt.figure(figsize=(10, 5))
plt.subplot(1, 2, 1)
plt.plot(epochs_range, acc, label='Training Accuracy')
plt.plot(epochs_range, val_acc, label='Validation Accuracy')
plt.legend(loc='lower right')
plt.title('Training and Validation Accuracy')

# 학습 손실와 검증 손실을 그리기
plt.subplot(1, 2, 2)
plt.plot(epochs_range, loss, label='Training Loss')
plt.plot(epochs_range, val_loss, label='Validation Loss')
plt.legend(loc='upper right')
plt.title('Training and Validation Loss')
plt.show()
```

【실행 결과】

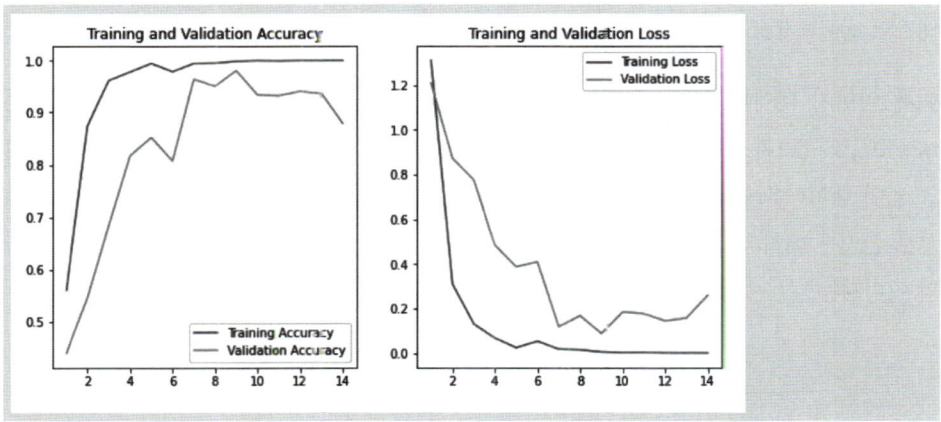

왼쪽 그래프를 보면 검증 정확도는 에포크 9회에서 최댓값을 갖습니다. 앞에서 ModelCheckpoint의 옵션을 통해서 가장 높은 검증 정확도를 CNNClassifier.h5에 저장했습니다. 즉, 에포크 9회일 때의 학습 결과가 담겨 있습니다.

우리가 필요한 것은 이 최적 모델의 가중치 계수입니다. 이를 model.load_weights를 통해 불러옵니다.

```
# 검증 정확도가 가장 높은 에포크의 모델 가중치 계수 불러오기
model.load_weights('CNNClassifier.h5')
```

학습된 최적 모델을 테스트 데이터세트 test_ds에 적용해서 모델을 평가(evaluate)합니다.

```
# test_ds를 사용하여 모델을 평가
test_loss, test_acc = model.evaluate(test_ds)

print("test loss: ", test_loss)
print("test accuracy: ", test_acc)
```

【실행 결과】
```
25/25 [==========================] - 2s 91ms/step - loss: 0.3526 - accuracy: 0.8657
test loss:  0.3526283800601959
test accuracy:  0.8657465577125549
```

테스트 데이터세트에 적용한 모델은 약 86.6%의 정확도를 나타냈습니다.

이제 이미지 데이터 test_ds1을 모델에 입력해서 해당 이미지의 레이블(사과 품종)을 model.predict를 통해 예측해보겠습니다. test_ds1은 shuffle=False 옵션을 주어 셔플 기능 없이 데이터를 불러오기 때문에 사과 품종을 브레이번 품종부터 골든 3 품종까지 순차적으로 불러온 데이터세트입니다. 즉, test_ds1의 첫 번째 이미지는 브레이번 품종이고, 마지막 이미지는 골든 3 품종입니다.

```
# 특정 이미지의 레이블을 test_ds1을 사용하여 예측
# test_ds1의 첫 번째 이미지의 예측 결과
predictions = model.predict(test_ds1)
score = tf.nn.softmax(predictions[0])

print(
    "This image most likely belongs to {} with a {:.2f} percent confidence."
```

```
    .format(class_names[np.argmax(score)], 100 * np.max(score))
)
```

【실행 결과】

This image most likely belongs to Apple Braeburn with a 40.46 percent confidence.

```
# test_ds1의 마지막 이미지의 예측 결과
score = tf.nn.softmax(predictions[-1])

print(
    "This image most likely belongs to {} with a {:.2f} percent confidence."
    .format(class_names[np.argmax(score)], 100 * np.max(score))
)
```

【실행 결과】

This image most likely belongs to Apple Golden 3 with a 37.49 percent confidence.

우리가 도출한 최적 모델은 첫 번째 이미지 데이터의 사과 품종을 브레이번 품종으로, 마지막 이미지 데이터의 사과 품종을 골든 3 품종으로 정확하게 예측한 것을 알 수 있습니다.

06 순환 신경망 텍스트 감성 분석

이 장에서는 트위터(Twitter)에 올라온 코로나 백신에 관련한 트윗 내용을 대상으로 순환 신경망(Recurrent Neural Network, RNN) 텍스트 감성 분석을 수행합니다. 원본 데이터 세트는 코로나 백신과 관련하여 작성된 글을 긍정적, 중립적, 부정적, 이렇게 세 가지 감성 상태로 판별해 놨습니다. 이를 긍정적 감성과 부정적 감성으로 재분류한 후 순환 신경망 텍스트 감성 분석을 진행합니다.

6.1 데이터 다운받기

캐글에서 Covid-19 Vaccine Tweets with Sentiment Annotation을 검색하여 코로나 백신에 대한 트윗 내용을 다룬 데이터를 다운받습니다.

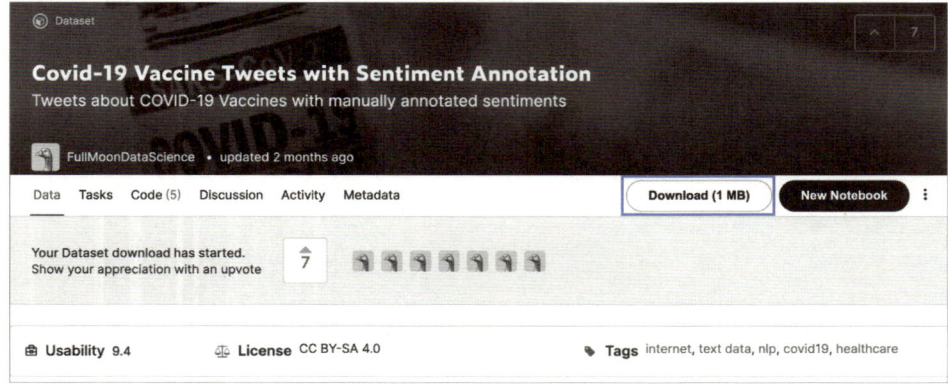

〈Download (1 MB)〉 버튼을 클릭하여 archive.zip 파일을 다운받고, 컴퓨터의 Documents 〉 Book1 〉 Ch6으로 옮겨서 압축을 풉니다. 그러면 covid-19_vaccine_tweets_with_sentiment.csv 파일을 얻을 수 있습니다.

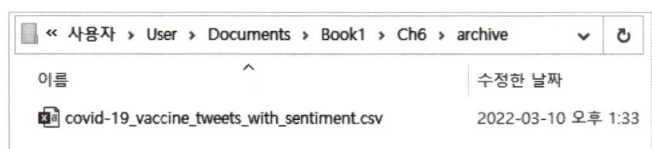

데이터세트는 화이자(Pfizer), 시노팜(Sinopharm), 시노백(Sinovac), 모더나(Moderna), 아스트라제네카(Astra-Zeneca), 코백신(Covaxin), 스푸트니크(Sputnik V)에 관한 6천 여개의 트윗을 모은 것입니다. 트윗에 담긴 감성은 다음과 같이 분류되어 있습니다.

- 부정적 감성: 1
- 중립적 감성: 2
- 긍정적 감성: 3

캐글에서 제공하는 데이터 설명에 의하면 중립적 감성이 가장 많고, 부정적 감성이 가장 적습니다.

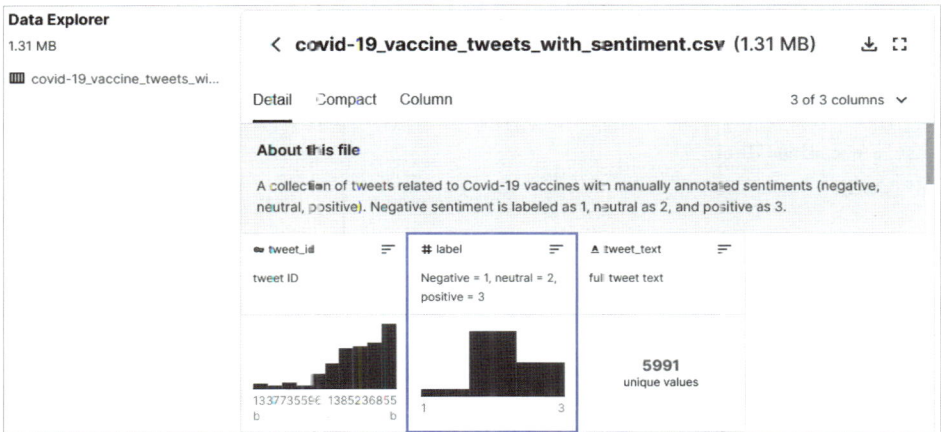

6.2 데이터 불러오기

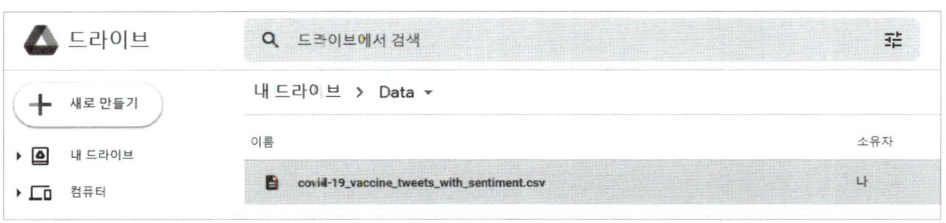

구글 드라이브의 My Drive 〉 Data 폴더에 covid-19_vaccine_tweets_with_sentiment. csv 파일을 업로드합니다. 그리고 구글 코랩에서 새로운 노트북을 생성한 뒤 Ch6 Covid 19 RNN으로 명명하고, 코랩에 구글 드라이브를 연동합니다.

```
from google.colab import drive
drive.mount('/content/drive')
```

【실행 결과】
```
Mounted at /content/drive
```

구글 드라이브에 올린 csv 파일의 경로를 복사해서 다음 코드를 코드 셀에 작성합니다.

```
import pandas as pd
import numpy as np

# encoding='latin'을 넣지 않으면 불러올 때 에러 발생
df = pd.read_csv('/content/drive/MyDrive/Data/covid-19_vaccine_tweets_with_sentiment.csv', encoding='latin')
df.shape
```

【실행 결과】
```
(6000, 3)
```

csv 파일을 성공적으로 불러왔습니다. shape 명령어를 통해 6000개의 행과 3개의 열로 구성된 데이터임을 알 수 있습니다.

6.3 데이터 처리

head 명령어를 통해 불러온 데이터프레임 df의 내용을 살펴봅니다.

```
df.head()
```

【실행 결과】

	tweet_id	label	tweet_text
0	1.360342e+18	1	4,000 a day dying from the so called Covid-19 ...
1	1.382896e+18	2	Pranam message for today manifested in Dhyan b...
2	1.375673e+18	2	Hyderabad-based ?@BharatBiotech? has sought fu...
3	1.381311e+18	1	Confirmation that Chinese #vaccines "don☐t hav...
4	1.362166e+18	3	Lab studies suggest #Pfizer, #Moderna vaccines...

tweet_id 컬럼은 이번 분석에서 쓰지 않습니다. 아울러 tweet_text라는 변수명을 text로 고치고, text와 label 순으로 변수를 저장한 새로운 데이터프레임 df1을 생성합니다.

```
df = df.rename(columns={"tweet_text": "text"})
df1 = df[["text","label"]]
df1.head()
```

【실행 결과】

	text	label
0	4,000 a day dying from the so called Covid-19 ...	1
1	Pranam message for today manifested in Dhyan b...	2
2	Hyderabad-based ?@BharatBiotech? has sought fu...	2
3	Confirmation that Chinese #vaccines "don☐t hav...	1
4	Lab studies suggest #Pfizer, #Moderna vaccines...	3

트윗 내용의 감성 분포를 알아봅니다.

```
df1['label'].value_counts()
```

【실행 결과】

```
2    3680
3    1900
1     420
Name: label, dtype: int64
```

부정적인 감성(값 1)이 420개, 중립적인 감성(값 2) 3,680개, 긍정적인 감성(값 3)이 1,900개입니다.

세 개의 감성 분류를 이진 분류 문제로 만들기 위해서 중립적인 감성 2와 부정적인 감성 1의 값을 0으로 대체하고, 그 결과를 데이터프레임 df2에 저장합니다. 그리고 긍정적인 감성 3의 값은 1로 대체합니다.

```
df2 = df1.replace({1: 0, 2: 0})
df2.replace({3: 1}, inplace=True)

df2['label'].value_counts()
```

【실행 결과】
```
0    4100
1    1900
Name: label, dtype: int64
```

결과를 보면 긍정적인 값 1은 1,900개, 비긍정(중립/부정)인 값 0은 4,100개입니다. 데이터프레임 df2의 첫 5행을 살펴보겠습니다.

```
df2.head()
```

【실행 결과】

	text	label
0	4,000 a day dying from the so called Covid-19 ...	0
1	Pranam message for today manifested in Dhyan b...	0
2	Hyderabad-based ?@BharatBiotech? has sought fu...	0
3	Confirmation that Chinese #vaccines "don☐t hav...	0
4	Lab studies suggest #Pfizer, #Moderna vaccines...	1

레이블값을 대체하기 전인 df1.head의 결과와 비교해보면 원하는 의도대로 레이블값이 변경된 것을 알 수 있습니다. 이제 데이터프레임 df2의 학습 데이터세트와 테스트 데이터세트를 3:1 비율로 분할합니다.

```
from sklearn.model_selection import train_test_split

train_df, test_df = train_test_split(df2, test_size=0.25, random_state=0,
                                     shuffle=True)
train_df.shape
```

【실행 결과】
```
(4500, 2)
```

```
test_df.shape
```

【실행 결과】
```
(1500, 2)
```

데이터프레임 train_df와 test_df의 행 개수를 보면 전체 6,000개 행 중에서 3:1의 비율인 4,500개 행과 1,500개 행으로 나뉜 것을 알 수 있습니다.

6.4 텐서플로 Dataset 형식으로 변환

코랩에서는 순환 신경망을 비교적 간단하게 구현할 수 있습니다. 다만 이를 위해서는 기존 데이터프레임 형식의 데이터를 텐서플로 Dataset 형식으로 변환해야 합니다. 앞 절에서 작성한 train_df의 타입을 알아봅니다.

```
type(train_df)
```

【실행 결과】
```
pandas.core.frame.DataFrame
```

train_df는 데이터프레임 형식으로 나오네요. train_df를 텐서플로 Dataset 형식으로 바꾸기 위해서 tensorflow와 tensorflow_datasets 라이브러리를 불러옵니다.

```
import tensorflow as tf
import tensorflow_datasets as tfds
```

그리고 데이터프레임 train_df를 다음과 같이 텐서플로 Dataset으로 변환하고, train_dataset으로 저장합니다.

```
train_dataset = (
    tf.data.Dataset.from_tensor_slices(
        (tf.cast(train_df['text'].values, tf.string),
         tf.cast(train_df['label'].values, tf.int64))
    )
)
```

이제 train_dataset의 features_tensor와 target_tensor의 첫 번째 쌍(pair)을 출력해 봅니다.

```
for features_tensor, target_tensor in train_dataset.take(1):
    print(f'text:{features_tensor}')
    print()
    print(f'label:{target_tensor}')
```

【실행 결과】
text:b'With his intellectual capacity & vision, I bet if Taksin were still the PM, #Thailand wouldn\xc2\x92t be in such a bad shape right now. Too bad Thai people have stupid & selfish politicians in the government now. #????? #?????19 #Sinovac #?????? #??????????? https://t.co/Dth4bUVCB8'

label:0

이렇게 작성한 train_dataset의 타입을 알아봅니다.

```
type(train_dataset)
```

【실행 결과】
tensorflow.python.data.ops.dataset_ops.TensorSliceDataset

결과를 보면 텐서플로의 Dataset 형식 중 하나인 TensorSliceDataset으로 변환된 것을 알 수 있습니다. 데이터프레임 test_df도 마찬가지로 test_dataset을 생성합니다.

```
test_dataset = (
    tf.data.Dataset.from_tensor_slices(
        (tf.cast(test_df['text'].values, tf.string),
         tf.cast(test_df['label'].values, tf.int64))
    )
)
```

기존 데이터프레임 train_df와 test_df가 모두 텐서플로 Dataset 형식으로 변환됐습니다.

6.5 데이터 셔플 및 배치 생성

여기서는 텐서플로 사이트(www.tensorflow.org)에서 제공하는 순환 신경망 텍스트 분류 작업 예제에 대한 코드를 참고하여 분석을 진행하겠습니다. 단, 이 예제는 IMDB 영화 리뷰 데이터세트를 분석 대상으로 하고 있으므로 우리 데이터세트에 맞게 약간 변형해서 사용합니다.

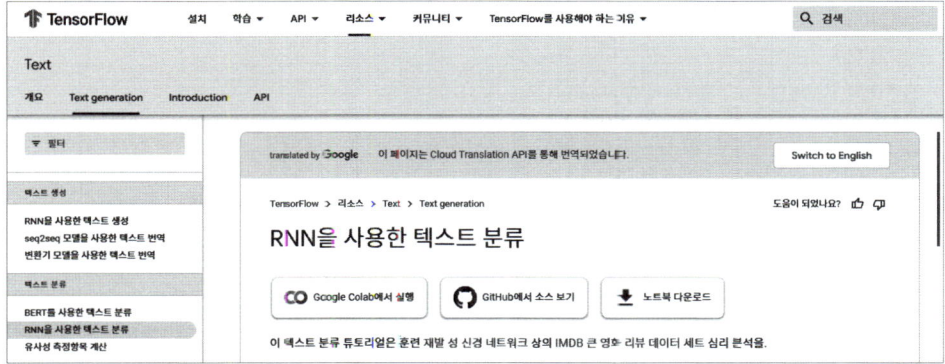

train_dataset의 데이터를 셔플 처리한 후, train_dataset과 test_dataset 모두에 prefetch를 적용하겠습니다. prefetch는 신경망 모델이 t번째 학습을 실시하는 동안 다음 t+1번째 학습에 쓰일 데이터를 불러오며, prefetch에 입력한 tf.data.AUTOTUNE은 prefetch를 자동으로 설정합니다.

```
BUFFER_SIZE = 10000
BATCH_SIZE = 30

train_dataset = train_dataset.shuffle(BUFFER_SIZE).batch(BATCH_SIZE).prefetch(tf.data.
AUTOTUNE)
test_dataset = test_dataset.batch(BATCH_SIZE).prefetch(tf.data.AUTOTUNE)
```

이렇게 생성된 train_dataset과 test_dataset의 타입을 알아봅니다.

```
type(train_dataset)
```

【실행 결과】
```
tensorflow.python.data.ops.dataset_ops.PrefetchDataset
```

train_dataset의 타입이 텐서플로 PrefetchDataset 형식으로 변경됐습니다. test_dataset도 확인해보면 마찬가지입니다.

이제 변경된 train_dataset의 첫 번째 배치의 text와 label 쌍을 출력합니다. 출력 결과는 매번 달라질 수 있음에 유의하기 바랍니다.

```
for text, label in train_dataset.take(1):
    print('text: ', text.numpy())
    print()
    print('label: ', label.numpy())
```

【실행 결과】
```
text:  [b'Good thread by @VincentRK on the #oxfordastrazeneca #vaccine \n\nWhat
would the screening test be, though? PF4 antibodies?\n\n#AstraZeneca https://t.co/
rfRyRt4wMh'
--- 중략 ---
b'Download the EUA for the Moderna COVID-19 Vaccine in effect for the duration of the
COVID-19 EUA declaration justifying emergency use of the product, unless the declara-
tion is terminated or the authorization is revoked sooner. #Moderna #vaccine #getthe-
facts https://t.co/l73xf2wEtv']

label:  [0 0 0 1 0 1 1 0 1 0 0 0 0 0 0 0 1 0 0 0 0 1 0 0 1 0 1 1 0]
```

앞에서 배치 사이즈를 30으로 설정했으므로 첫 번째 배치의 text와 label 쌍은 30개가 출력됩니다.

6.6 텍스트 인코더 생성

이제 experimental.preprocessing.TextVectorization층을 사용해서 학습 전에 train_dataset의 텍스트 처리를 실행합니다. TextVectorization층에서는 표준화, 토큰화, 벡터화를 동시에 수행합니다.

- 표준화(standardization): 구두점 및 HTML 요소를 제거하고 모든 문자를 소문자로 통일합니다.
- 토큰화(tokenization): 스페이스(공백) 등을 기준으로 문장을 단어로 나눕니다. 이렇게 생성된 단어를 토큰(token)이라고 부릅니다.
- 벡터화(vectorization): 토큰을 숫자로 전환합니다.

```
VOCAB_SIZE = 1000
encoder = tf.keras.layers.experimental.preprocessing.TextVectorization(
    max_tokens = VOCAB_SIZE
)
```

그리고 람다 함수와 map 기능을 이용해서 text와 label 쌍으로 된 데이터세트를 text만 있는 데이터세트로 만듭니다. 데이터세트에는 adapt를 사용하여 TextVectorization 층의 vocabulary를 설정합니다.

```
encoder.adapt(train_dataset.map(lambda text, label: text))
```

이렇게 설정된 encoder의 첫 20개 vocabulary를 살펴보겠습니다. 결과는 vocabulary가 빈도수에 의해 정렬된 상태로 출력됩니다.

```
vocab = np.array(encoder.get_vocabulary())
vocab[:20]
```

【실행 결과】
```
array(['', '[UNK]', 'the', 'to', 'of', 'vaccine', 'and', 'moderna', 'in',
       'covid19', 'is', 'a', 'for', 'covaxin', 'i', 'sputnikv', 'my',
       'on', 'it', 'with'], dtype='<U19')
```

일단 vocabulary가 설정되면 텍스트를 숫자로 나타낼 수 있습니다. 즉, 텍스트를 숫자(indices)로 인코딩(encoding)합니다. 다음은 처음 두 text 구문이 인코딩되어 숫자로 변환된 예입니다. 출력 결과는 매번 달라질 수 있습니다.

```
encoded_example = encoder(text)[:2].numpy()
encoded_example
```

【실행 결과】
```
array([[  1,  88,   1,   1, 565,  98, 105,   5,  22,  41,  26, 102,   7,
          1,   0,   0,   0,   0,   0,   0,   0,   0,   0,   0,   0,   0,
          0,   0,   0,   0,   0,   0,   0,   0,   0,   0,   0,   0,   0,
          0,   0,   0,   0,   0,   0,   0,   0,   0,   0],
       [  2,   1, 498,   1,   9,  37,  24,   1,   1,   1, 341,   1,   1,
          9,   1,   1,   0,   0,   0,   0,   0,   0,   0,   0,   0,   0,
          0,   0,   0,   0,   0,   0,   0,   0,   0,   0,   0,   0,   0,
          0,   0,   0,   0,   0,   0,   0,   0,   0,   0]])
```

6.7 순환 신경망 모델 생성 및 실행

생성할 순환 신경망 모델을 다이어그램으로 나타내면 다음과 같습니다.

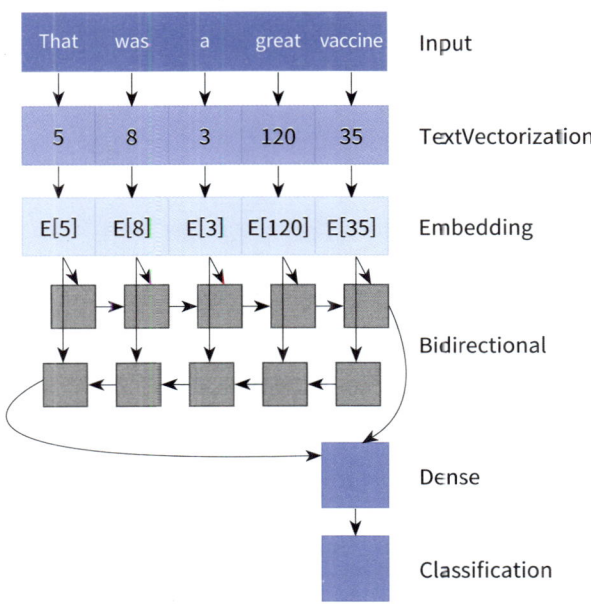

위 모델은 tf.keras.Sequential을 사용해서 생성합니다.

- 입력층 다음에 나오는 첫 번째 층은 TextVectorization층으로, 텍스트로 된 단어를 숫자(token indices)로 바꿉니다.
- 두 번째 층은 Embedding층입니다. 이 층은 숫자화된 시퀀스(sequence)를 벡터 시퀀스로 바꿉니다.
- 세 번째 층은 순환 신경망층입니다. 이 층은 특정 타임 스텝(time step)의 출력물을 그다음 타임 스텝의 입력 데이터로 전달합니다.
- 그리고 Bidirectional이라는 래퍼(wrapper)가 순환 신경망층을 감쌉니다. Bidirectional은 순환 신경망에 입력 데이터를 시간의 순방향으로 혹은 역방향으로 전달한 후 결과를 최종 결과물에 반영합니다. 이때 순환 신경망층은 입력 시퀀스를 단일 벡터(single vector)로 변환합니다.
- 그다음에 나오는 첫 번째 dense층에서는 이 단일 벡터의 차원을 줄입니다.
- 마지막 dense층은 분류(classification)층으로, 분류 결과를 최종적으로 출력합니다.

우선 위의 다이어그램에서 세 번째로 배치한 순환 신경망층을 Bidirectional 래퍼가 없는 단순 순환 신경망층으로 대체한 모델을 생성해보겠습니다. 다음 코드에서 tf.keras.layers.SimpleRNN(64)가 단순 순환 신경망층입니다.

```python
# SimpleRNN 모델 구축
model = tf.keras.Sequential([
    encoder,
    tf.keras.layers.Embedding(
        input_dim=len(vocab),
        output_dim=64,
        mask_zero=True
    ),
    tf.keras.layers.SimpleRNN(64),
    tf.keras.layers.Dense(64, activation='relu'),
    tf.keras.layers.Dense(1, activation='sigmoid')
])
```

그리고 모델을 컴파일합니다. 우리가 다루는 문제는 이진 분류 문제이므로 손실 함수는 BinaryCrossentropy를 사용하고, 성능 평가 지표로는 정확도를 채택합니다.

```python
model.compile(loss=tf.keras.losses.BinaryCrossentropy(),
              optimizer=tf.keras.optimizers.Adam(1e-4),
              metrics=['accuracy'])
```

다음으로 에포크를 20으로 설정하고 모델을 학습시키겠습니다. 아울러 에포크 중에서 가장 높은 검증 성능 평가 지표를 갖는 에포크를 저장합니다. 이를 위해 keras.callbacks에서 ModelCheckpoint를 불러옵니다.

ModelCheckpoint에서 모델 학습 결과를 에포크별로 저장할 파일명은 RNNClassifier.tf를 입력합니다. 5장에서 생성한 CNNClassifier.h5 파일이 남아있는데 여기서도 h5 확장자를 사용하면 파일 확장자를 tf로 바꾸라는 경고 메시지가 뜰 수 있으므로 확장자를 tf로 지정합니다.

save_best_only=True 옵션으로 가장 높은 검증 성능 평가 지표를 기록한 에포크의 학습 결과를 저장하고, keras.callbacks.EarlyStopping을 사용해서 검증 정확도(val_accuracy) 기준으로 5회 연속으로 이전의 최고 검증 정확도를 넘어서지 못하면 에포크를 중단하도록 patience값을 5로 설정합니다.

모델 학습을 담당하는 model.fit 구문에는 학습 데이터 train_dataset, 검증 데이터 validation_data, 배치 사이즈이자 검증 스텝 30, 에포크 20, 콜백 옵션을 입력합니다.

```
# SimpleRNN 모델 학습
from tensorflow import keras
from keras.callbacks import ModelCheckpoint

checkpointer = ModelCheckpoint('RNNClassifier.tf', save_best_only=True)
early_stopping_cb = keras.callbacks.EarlyStopping(patience=5, monitor='val_accuracy',
                                                  restore_best_weights=True)

history = model.fit(train_dataset, epochs=20,
                    validation_data=test_dataset,
                    validation_steps=30,
                    callbacks=[checkpointer, early_stopping_cb])
```

【실행 결과】

```
Epoch 1/20
150/150 [==============================] - 6s 29ms/step - loss: 0.6233 - accuracy: 0.6778 - val_loss: 0.6070 - val_accuracy: 0.6844INFO:tensorflow:Assets written to: RNNClassifier.tf/assets
Epoch 2/20
150/150 [==============================] - 4s 26ms/step - loss: 0.5664 - accuracy: 0.7222 - val_loss: 0.5674 - val_accuracy: 0.7233INFO:tensorflow:Assets written to: RNNClassifier.tf/assets
Epoch 3/20
150/150 [==============================] - 4s 27ms/step - loss: 0.5227 - accuracy: 0.7613 - val_loss: 0.5306 - val_accuracy: 0.7511INFO:tensorflow:Assets written to: RNNClassifier.tf/assets
Epoch 4/20
150/150 [==============================] - 4s 26ms/step - loss: 0.4904 - accuracy: 0.7822 - val_loss: 0.5193 - val_accuracy: 0.7622INFO:tensorflow:Assets written to: RNNClassifier.tf/assets
Epoch 5/20
150/150 [==============================] - 4s 27ms/step - loss: 0.4562 - accuracy: 0.8020 - val_loss: 0.4929 - val_accuracy: 0.7756INFO:tensorflow:Assets written to: RNNClassifier.tf/assets
```

```
Epoch 6/20
150/150 [==============================] - 4s 26ms/step - loss: 0.4231 - accuracy:
0.8211 - val_loss: 0.4904 - val_accuracy: 0.7744INFO:tensorflow:Assets written to:
RNNClassifier.tf/assets
Epoch 7/20
150/150 [==============================] - 4s 26ms/step - loss: 0.3920 - accuracy:
0.8322 - val_loss: 0.4935 - val_accuracy: 0.7711
Epoch 8/20
150/150 [==============================] - 4s 27ms/step - loss: 0.3656 - accuracy:
0.8502 - val_loss: 0.4943 - val_accuracy: 0.7689
Epoch 9/20
150/150 [==============================] - 4s 26ms/step - loss: 0.3417 - accuracy:
0.8607 - val_loss: 0.5042 - val_accuracy: 0.7656
Epoch 10/20
150/150 [==============================] - 4s 28ms/step - loss: 0.3083 - accuracy:
0.8751 - val_loss: 0.5482 - val_accuracy: 0.7656
```

모델의 학습이 완료되었습니다. 에포크마다 정확도와 손실이 출력됩니다. 에포크를 20회로 설정했는데 EarlyStopping 콜백 기능으로 인해 에포크 10회에서 학습이 멈췄습니다. 이는 에포크 5회의 최고 검증 정확도(0.7756)를 그다음 5회의 에포크 동안 넘어서지 못했기 때문입니다. 단, 딥러닝 신경망은 실행할 때마다 약간씩 결과가 달라집니다.

이를 그래프로 확인하기 위해 맷플롯립 라이브러리를 불러오고, plot_graphs 함수를 정의합니다.

```python
import matplotlib.pyplot as plt

def plot_graphs(history, metric):
    plt.plot(epochs, history.history[metric])
    plt.plot(epochs, history.history['val_'+metric], '')
    plt.xlabel("Epochs")
    plt.ylabel(metric)
    plt.legend([metric, 'val_'+metric])
```

plot_graphs 함수를 이용해서 에포크별 손실과 정확도를 그려봅니다. 여기서는 10회 에포크를 돌고 모델이 멈췄지만, 예를 들어 7회에서 모델이 멈췄다면 epochs = range(1, 10+1) 구문에서 10을 7로 고쳐야 에러가 나지 않습니다.

```
epochs = range(1, 10+1)  # epochs가 10까지만 수행된 것을 반영

plt.figure(figsize=(10, 5))
plt.subplot(1, 2, 1)
plot_graphs(history, 'accuracy')
plt.ylim(None, 1)
plt.subplot(1, 2, 2)
plot_graphs(history, 'loss')
plt.ylim(0, None)
plt.show()
```

【실행 결과】

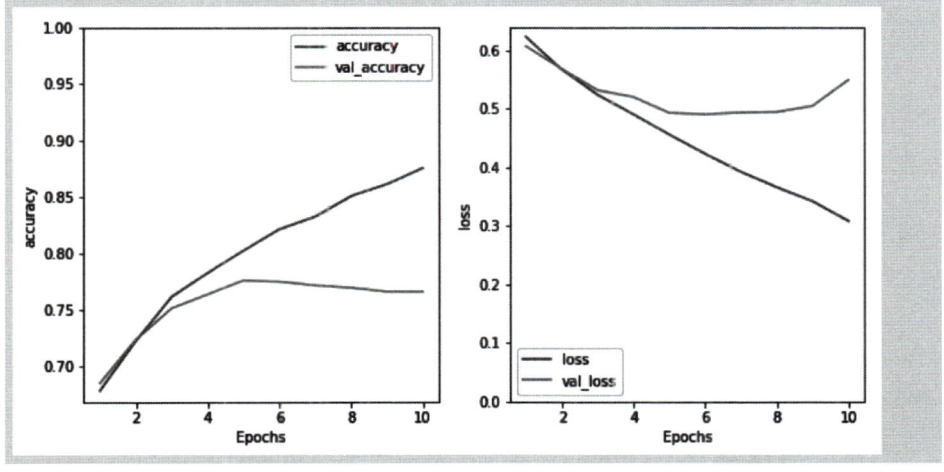

왼쪽 그래프를 보면 검증 정확도는 에포크 5회에서 최댓값을 갖습니다. ModelCheckpoint의 옵션을 통해서 가장 높은 검증 정확도를 저장한 RNNClassifier.tf에는 에포크 5회일 때의 학습 결과가 담겨 있습니다.

이 최적 모델의 가중치 계수를 model.load_weights를 통해 불러옵니다.

```python
# 검증 정확도가 가장 높은 에포크 모델의 가중치 계수 불러오기
model.load_weights('RNNClassifier.tf')
```

【실행 결과】
```
<tensorflow.python.training.tracking.util.CheckpointLoadStatus at 0x7fe925218490>
```

학습된 최적 모델을 테스트 데이터세트에 적용해서 모델을 평가(evaluate)합니다.

```python
# SimpleRNN 모델 평가
test_loss, test_acc = model.evaluate(test_dataset)

print("test loss: ", test_loss)
print("test accuracy: ", test_acc)
```

【실행 결과】
```
50/50 [==============================] - 0s 8ms/step - loss: 0.4910 - accuracy: 0.7740
test loss:  0.4909991919994354
test accuracy:  0.7739999890327454
```

테스트 데이터세트에 적용한 모델은 약 77.4%의 정확도를 나타냈습니다. 지금까지가 단순 순환 신경망(SimpleRNN) 모델을 돌린 결과입니다.

이제 앞에서 소개한 다이어그램대로 모델을 작성해보겠습니다. Bidirectional 래퍼가 포함된 LSTM 순환 신경망 모델을 구축하고 컴파일까지 진행합니다.

```python
# LSTM RNN 모델 구축
model = tf.keras.Sequential([
    encoder,
    tf.keras.layers.Embedding(
        input_dim=len(vocab),
        output_dim=64,
        mask_zero=True),
    tf.keras.layers.Bidirectional(tf.keras.layers.LSTM(64)),
    tf.keras.layers.Dense(64, activation='relu'),
    tf.keras.layers.Dense(1, activation='sigmoid')])
```

```python
model.compile(loss=tf.keras.losses.BinaryCrossentropy(),
              optimizer=tf.keras.optimizers.Adam(1e-4),
              metrics=['accuracy'])
```

단순 순환 신경망 모델과 유사하게 콜백 옵션을 불러오고 모델을 학습시킵니다. 단, ModelCheckpoint에 최적 모델을 저장하는 save_best_only=True 옵션을 유지하면 경고가 발생하므로 대신에 save_weights_only=True 옵션을 사용합니다. 이는 최적 모델의 가중치만 저장합니다.

```python
# LSTM RNN 모델 학습
from tensorflow import keras
from keras.callbacks import ModelCheckpoint

checkpointer = ModelCheckpoint('RNNClassifier.tf', save_weights_only=True)
early_stopping_cb = keras.callbacks.EarlyStopping(patience=5, monitor='val_accuracy',
                                                  restore_best_weights=True)

history = model.fit(train_dataset, epochs=20,
                    validation_data=test_dataset,
                    validation_steps=30,
                    callbacks=[checkpointer, early_stopping_cb])
```

【실행 결과】

```
Epoch 1/20
150/150 [==============================] - 23s 100ms/step - loss: 0.6450 - accuracy: 0.6762 - val_loss: 0.6055 - val_accuracy: 0.6711
Epoch 2/20
150/150 [==============================] - 12s 82ms/step - loss: 0.5823 - accuracy: 0.6851 - val_loss: 0.5783 - val_accuracy: 0.6800
                                ...
Epoch 8/20
150/150 [==============================] - 12s 80ms/step - loss: 0.3806 - accuracy: 0.8316 - val_loss: 0.4644 - val_accuracy: 0.7944
Epoch 9/20
150/150 [==============================] - 12s 82ms/step - loss: 0.3677 - accuracy:
```

```
0.8378 - val_loss: 0.4637 - val_accuracy: 0.7878
Epoch 10/20
150/150 [==============================] - 12s 80ms/step - loss: 0.3578 - accuracy:
0.8440 - val_loss: 0.4903 - val_accuracy: 0.7822
Epoch 11/20
150/150 [==============================] - 12s 80ms/step - loss: 0.3515 - accuracy:
0.8453 - val_loss: 0.4741 - val_accuracy: 0.7889
Epoch 12/20
150/150 [==============================] - 12s 80ms/step - loss: 0.3429 - accuracy:
0.8518 - val_loss: 0.4859 - val_accuracy: 0.7833
Epoch 13/20
150/150 [==============================] - 12s 81ms/step - loss: 0.3364 - accuracy:
0.8531 - val_loss: 0.4805 - val_accuracy: 0.7800
```

모델의 학습이 완료되었습니다. 에포크마다 정확도와 손실이 출력됩니다. 에포크를 20회로 설정했는데 EarlyStopping 콜백 기능으로 에포크 13회에서 학습이 멈췄습니다. 이는 에포크 8회의 최고 검증 정확도(0.7944)를 그다음 5회의 에포크 동안 넘어서지 못했기 때문입니다.

이를 그래프로 확인합니다. 만약 13이 아닌 다른 에포크에서 모델 실행이 멈췄다면 epochs = range(1, 13+1) 구문에서 13을 해당 에포크 수로 대체해주면 됩니다.

```
epochs = range(1, 13+1)    # epochs가 13까지만 수행된 것을 반영

plt.figure(figsize=(10, 5))
plt.subplot(1, 2, 1)
plot_graphs(history, 'accuracy')
plt.ylim(None, 1)
plt.subplot(1, 2, 2)
plot_graphs(history, 'loss')
plt.ylim(0, None)
plt.show()
```

【실행 결과】

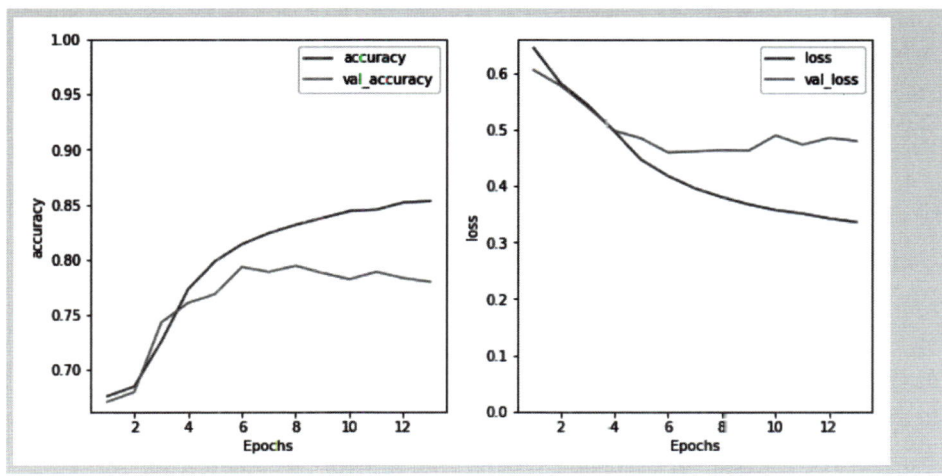

왼쪽 그래프를 보면 검증 정확도는 에포크 8회에서 최댓값을 갖습니다. 가장 높은 검증 정확도를 가진 가중치를 저장한 RNNClassifier.tf에는 에포크 8회일 때의 모델 가중치가 담겨 있습니다.

이를 model.load_weights를 통해 불러옵니다.

```python
# 검증 정확도가 가장 높은 에포크 모델의 가중치 계수 불러오기
model.load_weights('RNNClassifier.tf')
```

【실행 결과】

```
<tensorflow.python.training.tracking.util.CheckpointLoadStatus at 0x7fe923faf310>
```

학습된 최적 모델을 테스트 데이터세트에 적용해서 모델을 평가합니다.

```python
# LSTM RNN 모델 평가
test_loss, test_acc = model.evaluate(test_dataset)

print("test loss: ", test_loss)
print("test accuracy: ", test_acc)
```

【실행 결과】
```
50/50 [==============================] - 1s 18ms/step - loss: 0.4759 - accuracy: 0.7807
test loss:   0.4759272336959839
test accuracy:   0.7806666493415833
```

테스트 데이터세트에 적용한 모델은 약 78.1%의 정확도를 나타냈습니다. 단순 순환 신경망(SimpleRNN) 모델의 77.4% 정확도보다는 개선된 결과입니다.

다음으로는 모델의 예측 능력을 확인하기 위해 COVID-19 백신에 대한 트윗 두 개를 웹에서 새로 추출해서 모델에 적용해보겠습니다. 이 트윗은 우리가 사용한 데이터세트에는 포함되지 않은 새로운 트윗입니다. 과연 우리가 학습시킨 모델이 인간이 느끼는 것과 비슷하게 긍정적인 트윗과 그렇지 않은 트윗으로 구분할 수 있을까요?

```
# 샘플 텍스트에 담긴 감성을 예측(predict)
sample_text = ('Good news/Bad news! Good news: I just got vaccinated!'
               'Bad news: I got it because I'm 75. Ha! The operation in NYC was
                smooth as silk')
predictions = model.predict(np.array([sample_text]))
predictions
```

【실행 결과】
```
array([[0.85883874]], dtype=float32)
```

첫 번째로 사용한 샘플 트윗은 '백신을 맞아서 기쁘고, 뉴욕시의 백신 조치가 매끄럽게 돌아간다'는 내용을 담고 있습니다. 모델의 predictions값이 0.5 이상인 약 0.86으로 나왔기 때문에 이 트윗은 긍정적인 트윗으로 간주할 수 있습니다. 이어서 다음 트윗을 보겠습니다.

```
sample_text = ('I just left ER. We are officially backed to getting crushed by
                Covid 19 Delta variant.')
predictions = model.predict(np.array([sample_text]))
predictions
```

【실행 결과】
```
array([[0.08013311]], dtype=float32)
```

두 번째로 사용한 샘플 트윗은 코로나바이러스 중 델타 변종 바이러스로 인한 우려를 나타낸 트윗입니다. 모델의 predictions값이 0.5 미만인 약 0.08을 산출했으므로 이 트윗은 긍정적이지 않은 트윗으로 간주할 수 있습니다.

이처럼 웹에서 추출한 새로운 트윗으로 성능을 시험해본 결과, 우리 모델은 학습에 사용하지 않은 새로운 데이터에 대해 비교적 잘 작동함을 알 수 있습니다.

에필로그

지금까지 긴 내용을 읽어주신 독자분들께 감사드립니다. 이 책을 읽으면서 처음부터 끝까지 직접 프로젝트를 수행하고 있는 느낌이 들었다면, 그건 2년 동안 미국 대학에서 MSBA 과정에서 수행한 연구 프로젝트가 잘 녹여져 있기 때문일 것입니다. MSBA 과정을 통해 배운 것을 집대성한 것인 만큼 한꺼번에 이해하기가 쉽지 않을 수도 있습니다. 때문에 최대한 쉽게 설명하려고 노력했습니다. 여러 번 이 책으로 실습을 하다 보면 기본적인 데이터 처리와 머신러닝 실력을 갖추게 될 것입니다.

저는 SAS Enterprise Miner라는 상용 프로그램으로 너무나 쉽게 머신러닝 모델링을 배웠다가 그 프로세스를 파이썬으로 다시 짜야 했을 때 정말 엉망진창이었습니다. 파이썬 수업을 들으면서 뭔가 좀 배웠다고 생각했는데, 정작 프로젝트를 시작해 보니 파이썬 수업 교재는 거의 도움이 되지 않았습니다. 관련 내용을 찾아보기 힘들었거나, 아니면 필요한 기능이 영어권 교재에는 아예 없었습니다.

그때부터 웹에서 검색을 하기 시작하면서 스택 오버플로 사이트(www.stackoverflow.com)와 친구가 되었습니다. 처음에는 스택 오버플로에 올라온 설명을 해석조차 하지 못했습니다. 영어보다는 파이썬 기초 지식이 부족해서 해석하는 데 한참이 걸렸습니다. 'Tuple? Indexing? 대체 뭔 소리야?' 하면서 말입니다.

이런 우여곡절을 거쳐 졸업 전까지 크고 작은 파이썬 프로젝트를 대여섯 개 정도 수행했습니다. 그런데 저처럼 미국 MSBA 학과에 진학하면 머신러닝 전문가가 될 수 있을까요? 짧은 영어 실력이지만 제가 좋아하는 영어 표현으로 답변을 드리겠습니다. It may be or may not be(그럴 수도 있고 그렇지 않을 수도 있습니다).

그것은 여러분이 수업에서 개인별, 팀별 연구 프로젝트를 얼마나 수행하느냐에 달려있습니다. MSBA를 가더라도 프로젝트를 수행하지 않고 수업만 듣는다면 좋은 교육 성과를 기대하기 힘듭니다. 모든 것은 프로젝트 수행 여부에 달려있습니다. 다양한 연구 프로젝트를 수행한다면 더 많은 것을 배울 수 있습니다. 다양한 프로젝트 수행 경험이 지금 저의 자산이 됐고, 그 경험을 바탕으로 이 책을 쓸 수 있게 된 것처럼 말입니다.

SAS Enterprise Miner 머신러닝 과정을 파이썬으로 똑같이 수행하면 새로운 시각으로 파이썬 데이터 처리 및 머신러닝 기법을 알릴 수 있겠다는 생각으로 출발한 이 책이 여러분에게 조금이나마 도움이 되기를 희망합니다.

이 책의 한계는 머신러닝과 딥러닝의 이론 설명이 간소화돼 있다는 점입니다. 여러분이 따라올 수 있도록 코드를 하나도 생략하지 않다 보니 다른 내용을 최대한 짧게 줄여서 기술했습니다. 이론 부분은 머신러닝과 딥러닝 모델의 개념을 상세히 설명해 놓은 국내외 책이나 부록을 참고하기를 당부드립니다.

아울러 이 책의 코드에서는 파이썬 함수를 다루지 않았습니다. 파이썬 초보자들이 넘기 힘든 장벽 중 하나가 파이썬 함수입니다. 파이썬 함수를 쓰면 반복해서 나오는 코드를 간단하게 처리할 수 있지만, 독자 여러분이 책의 어느 부분을 펼쳐도 쉽게 이해할 수 있도록 일부러 파이썬 함수 사용을 최대한 배제하였습니다.

아울러 이 책을 쓰면서 희망 사항이 몇 개 있었습니다. 첫째는 MSBA를 경험하지 않아도 해당 학과를 다닌 것 같은 내공과 분위기를 책에서 제공하려는 것이었고, 둘째는 어떤 데이터를 손에 쥐어도 데이터 처리와 머신러닝 및 딥러닝을 파이썬과 텐서플로로 처음부터 끝까지 수행할 수 있는 능력을 심어주기를 바랐습니다.

이 뜻이 조금이라도 전해졌기를 바라며, 마지막으로 책 내용에 대한 질문을 이메일로 보내주시면 부족한 내공이지만 제 능력과 시간의 한계 내에서 답변해 드리겠습니다. 이 책을 끝까지 읽어주신 데 대해 다시 한번 깊은 감사를 드립니다.

찾아보기

기호 · 번호

%s	103
1.5*IQR 규칙	85, 179
1사분위수(Q1)	85
3사분위수(Q3)	85
3*IQR 규칙	85, 179

A – B

accuracy	122
activation function	152, 304
adam	152
alpha	152, 288, 319
bagging	251
base dummy variable	137, 270
Bidirectional	385
binary	97
BinaryCrossentropy( )	304, 386
boolean indexing	73, 182
boosting	251

C

C	288, 312
classification	26
comment	65
contingency table	78, 209
continuous variable	286
Conv2D	366
corr( )	89
csv	39
curse of dimensionality	318
cv	125

D

data cleaning	61
decision tree	120
DecisionTreeClassifier( )	121
Dense layer	367
describe( )	39
df.columns	108
drop( )	109
Dropout	366
dtype	66, 241
dummy variable	134

E

E 표기법	98, 194
EarlyStopping	370
Embedding	385
encoding	384
E notation	98
ensemble	251
estimator	151
exploratory study	160

F

feature importance	126
fillna( )	247
filter( )	184
flag	243
Flatten layer	367
flow chart	16
frequency	95

G

Gamma	312
gradient boosting	257
GradientBoostingClassifier( )	258
Graphviz	130
GridSearchCV( )	125
groupby( )	94, 230

H

head( )	39
heatmap	225
hidden layer	150
hidden_layer_sizes	153
hyperplane	310

I

imbalanced_learn	116
imputation	72
info( )	65
information gain	121
inner	175
input layer	150
ipynb	49, 63
IQR(Interquartile Range)	85, 211
isna( ).any( )	77
isnull( ).sum( )	67

J – K

Jupyter notebook	44
K-최근접 이웃	155
kaggle	58
Keras	43
K-Nearest Neighbors	155
KNeighborsClassifier	157, 158
KNN	155
kurtosis( )	80, 178

L

L1 규제	263, 286, 316
L2 규제	141, 263, 316
lasso	263
Lasso( )	286
lbfgs	152
left-skewed	79
LGBMRegressor( )	329
LightGBM	328
LinearRegression( )	317
loc	183
logistic	152
logistic regression	133
LogisticRegression( )	140
log transformation	211
LSTM	390

찾아보기

M

matplotlib	84
MaxPooling2D	366
MLPClassifier( )	151, 152
mode	247
MSBA	16
multi-category	97
multicollinearity	88, 224

N - O

nominal variable	59, 137
np.exp( )	290
np.log(x+1)	279
null hypothesis	98
null value	67
odds ratio	143
OrdinalEncoder( )	106
output layer	150
overfitting	120

P

P값(p-value)	98, 238, 293
padding	366
panel data	37
param_grid	154
pd.concat( )	147, 200, 277
pd.crosstab( )	81, 208
pd.get_dummies( )	135, 136, 269
pd.merge( )	174, 175
pd.read_csv	64
penalty	141
plot_importance( )	326, 332
prefetch	364, 381
PUMS data	163

Q - R

quantile( )	179
quartile	211
R	34
random forest	251
RandomForestClassifier( )	253
random_state	41, 117
RandomUnderSampler( )	115, 117
Recurrent Neural Network	374
regression	315
regularization	312
relu	152
rename( )	75
reset_index( )	318, 342
ridge	141, 315
Ridge( )	319
right-skewed	79, 177
RNN	374
ROC AUC값	255, 336

S

SAS Enterprise Miner(SAS EM)	16, 23
SAS Studio	236
scikit-learn	40
SciPy	98
seaborn	84
series	114

sgd	152
shape	65
Shift 키와 Enter 키	33
skew( )	79, 178
sns.barplot( )	127
sns.boxplot( )	86, 178
sns.countplot( )	95, 187, 232
sns.heatmap( )	89, 225
sns.histplot( )	84, 92, 177
sns.regplot( )	318
softmax	367
solver	141, 287
sort_index	40
sort_values( )	127
SparseCategoricalCrossentropy( )	368
SPSS	236
standardization	145, 275
StandardScaler( )	146, 275
statsmodels	293
StratifiedKFold( )	254
summary statistics	78
Support Vector Machine	310
SVC( )	311
SVM	310

T

t-검정	97, 238
tableau	237
tanh	152
target variable	68
TensorFlow	43
test dataset	110
TextVectorization	383
tf.keras 패키지	44
tf.keras.Sequential( )	366
threshold	133
time.time( )	260
to_csv( )	90
tokenization	383
to_numpy( )	302, 341
training dataset	110
train_test_split( )	118
t-test	97, 238

U – V

unary 변수	207
val_accuracy	305, 369
value_counts( )	40, 81
values.reshape( )	107
voting	251

W – X

weak learner	251
XGBoost	322
XGBRegressor( )	322, 325

찾아보기

ㄱ

감성 분석	374
강화 학습	28
검증 정확도	305, 369
결정계수 R^2	317
결정 트리	120
결측값	67, 77
과대적합	120
교차 검증	124
구간 변수	59
구글 드라이브	52
구글 드라이브를 코랩에 연동	50, 297
구글 코랩	31
귀무가설	98, 238
규제 강도	312
그레이디언트 부스팅	257
그리드 서치	124
기준 더미 변수	137, 270
기초 통계량	71

ㄴ - ㄷ

넘파이	35
넘파이 배열	302, 339
다중공선성	88, 224
다중 범주형	97
단일 신경망	149
대체	72
더미 변수	134, 264
데이터 병합	173
데이터 분할	110
데이터 처리	61
데이터 타입	66, 241

데이터프레임	37, 114, 338
도수분포표	78, 232
드롭아웃층	303, 366
딥러닝	24, 150

ㄹ

라쏘	263
라이브러리	35
랜덤 포레스트	251
레이블	338, 358
로그 변환	211, 278
로지스틱 함수	133
로지스틱 회귀	133
리스트	338
릿지	141, 315, 319

ㅁ

맷플롯립	84
머신러닝	23
명목형 변수	59, 137
밀집층	367

ㅂ

배깅	251
범주형 변수	59
변수 중요도	126
보팅	251
부스팅	251
분류	26
분할표	78, 82, 209

찾아보기

불순도	121
불 인덱싱	73, 182
비지도 학습	27
빈도수	95

ㅅ

사분위 간 범위	85
사분위수	211
사이킷런	40
사이파이	98
산포도	212, 215, 318
상관계수	88
상관관계	88
상자그림	84, 227
서포트 벡터 머신	310
선형 회귀	133
설명 변수	60
소프트맥스	367
손실 함수	304, 368
순환 신경망	374
스택 오버플로	22, 30
시각화	76, 91
시그모이드 함수	133
시리즈	114, 339
시본	84

ㅇ

아나콘다 내비게이터	44
앙상블	251, 257, 333
약한 학습기	251
에포크	304
엔트로피	121

연속 변수	286
연속형 타깃 변수	285
오브젝트 자료형	66, 191
오즈비	143, 292
옵티마이저	304
완전 연결 신경망	303
왜도	79, 177
왜도와 첨도으 허용 범위	178
요약 통계	78
은닉층	150, 303
이상값	83
이진값	91, 97
인코딩	384
임계치	133
입력 변수	60
입력층	150, 303

ㅈ

정규분포	84
정보 이득	121
정확도	122
종속 변수	60
주석문	65
주피터 노트북	44
중위수	85
지니 지수	121
지도 학습	25

ㅊ

차원의 저주	318
챔피언 모델	159, 334
첨도	79, 177

403

찾아보기

초평면	310
최빈값	247
최적 모델	159
출력층	150

ㅋ

캐글	58, 351
커널	312
케라스	43
코랩	48
콜백	305
클래스값	41

ㅌ

타깃 변수	60, 68
탐색적 연구	160
탐색적 자료 분석	76
태블로	237
테스트 데이터세트	110
텐서플로	43
텐서플로 케라스 신경망	295
텐서플로 Dataset	350, 357, 379
토큰화	383

ㅍ

파이썬	30
판다스	37
패널 데이터	37
표준화	145, 275
풀링층	366

플래그	243
플래튼층	367

ㅎ

하이퍼파라미터	126
학습 데이터세트	110
합성곱 신경망	365
합성곱층	366
활성화 함수	152, 304
회귀	315
흐름도	16
히스토그램	84, 218
히트맵	225